取調べ可視化論の展開

小坂井 久 著
KOSAKAI Hisashi

現代人文社

はしがき

　私が前著『取調べ可視化論の現在』を上梓したのは 2009 年 9 月である。それから 3 年半余りの時間が経過した。この間、我が国において、「取調べ可視化」は法制度としての実現には至っていない。それは私自身の予見の範囲内であったと言うべきなのであろうか、それとも、この歩みは、私の想定よりも明らかに遅いと断じるべきであろうか。

　この間、私は 2010 年 2 月に、国家公安委員会委員長の「捜査手法、取調べの高度化を図るための研究会」委員となり、2012 年 2 月まで計 23 回に亘る同研究会の議論に参加し、また、2011 年 6 月からは法制審議会新時代の刑事司法制度特別部会の幹事として、同部会の議論に加わらせていただいた（2013 年 1 月末まで計 19 回の会議が開かれており、これは現在進行中である）。これらの機会は私に、「日本型刑事司法改革」の難しさを痛感させるものだったといえるけれども、こういった過程をも経て、「取調べの可視化」、もしくは、これに関わる事項について、前著で必ずしも論じえていない（もしくは、発表できていない）課題が幾つかあることに気づいた。それで、自分なりに考えを進めるべきだと思った。この間、果たして、「考え」が「進んだ」かどうかは覚束ない。ただ、「取調べ可視化」の制度化に向けて法案（ないしは、そのための要綱）が作成されるであろう、この時期・機会に、拙い考えであっても、1 冊にまとめておきたいと考えた。それが本書である。

　自分なりの原理的な考察の跡を明示しておくためもあって、1990 年代に書いたものなども併せ掲載しており、前著で既に述べているところとの重なりもある。けれども、これらもまた、「現在」の「展開」を示すものとして、読者各位に御海容いただければ幸甚である。

　本書の刊行についても、現代人文社の北井大輔さん、成澤壽信さんには、大変お世話になった。心から謝辞を述べたい。

　　2013 年 5 月

　　　　　　　　　　　　　　　　　　　　　　　　　　　　　　小坂井　久

取調べ可視化論の展開◎目次

はしがき　iii

序　章　**取調べ可視化論の理論的展望**……1
　　　　はじめに　1　／　デュー・プロセスの問題　4　／　供述の自由ないし取調べの適正化について（黙秘権ないし任意性の問題――憲法38条１項・２項）　12　／　弁護人依頼権との関係――憲法34条・37条３項　19　／　刑訴法レベルの問題　24　／　国家の義務として　29　／　証拠能力について　30　／　結びに代えて　32

第Ⅰ部
取調べ可視化論の展開

第１章　**冤罪防止と可視化の意義**……34
　　　　――可視化立法に向けて
　　　　冤罪の「原因」と「虚偽自白」　34　／　可視化の意義　37　／　そこで大風呂敷を広げて――日本の刑事司法の「現在」　37　／　刑事司法改革と刑事弁護の「現在」　39　／　海外の状況　40　／　可視化の制度化へ　41　／　被疑者取調べ「全過程」の可視化実現のために　43

第２章　**「取調べの可視化を求める宣言」の意義**……44
　　　　――第52回日弁連人権擁護大会報告
　　　　はじめに――80年代・90年代　44　／　20世紀の司法から21世紀の司法へ　44　／　取調べ可視化の動向　45　／　私たちの立場について　46

第３章　**取調べ可視化の動向**……48
　　　　はじめに――可視化の定義について（なぜ、「全過程」か）　48　／　「現在」の動向など　49　／　2009年から2011年への動向など　52　／　まとめに代えて――その他の動向と「現在」　59

第４章　**取調べ可視化反対論を検証する**……61
　　　　――取調べ可視化（全過程録画・録音）の「何が」「どう」危険なのか？
　　　　導入　61　／　可視化の目的・機能・必要性など　63　／　捜査機関の反対論の本音は何か　66　／　捜査機関の反対論を検証する　67　／　警戒論などに関連する問題　72　／　可視化は捜査機関に「有利」というパラドクス　74

第5章 「取調べ可視化」論の展開……76
　　　──法務省「取りまとめ」を踏まえて
　　導入ないし前提──問題の所在と課題　76　／　法務省「取りまとめ」について──その概括的評価　80　／　反対論・警戒論に対する配慮如何の問題──いわば政策論　89　／　まとめに代えて──その具体的制度構想等　93

第6章 取調べの可視化をめぐる現状と課題……96
　　なぜ可視化なのか──可視化とは何か　96　／　運用と制度化への動きの現況　98　／　可視化の展望　99

第7章 取調べ「可視化」の情況……101
　　　──国家公安委員会委員長研究会・最終報告を契機として
　　はじめに　101　／　最終報告の概要　102　／　最終報告についての若干のコメント　106　／　まとめに代えて　108

第8章 最高検「『可視化』試行『検証』」を検証する……110
　　はじめに　110　／　総括的観点と「検証」の実情について　111　／　有効性について　113　／　問題点について　115　／　有効性と問題点とを検証する　118　／　まとめに代えて　120

第9章 取調べ可視化論の事実的基礎……122
　　「残された」反論にはどのようなものがあるのか　122　／　実は問題は残されていない　123　／　問題は解決出来る　125

第10章 取調べ可視化の証拠としての意義……128
　　はじめに　128　／　20世紀から現在までの動向　128　／　実務（試行）の実施情況──数字上の情況　129　／　記録媒体の現実の使われ方　131　／　証拠としての今後の展望　132

第Ⅱ部
法制審議会新時代の刑事司法制度特別部会での議論

第1章 法的効果や供述調書の在り方などをめぐって……137
　　　──2012年5月
　　法的効果（証拠能力）の問題　137　／　実質証拠の問題をめぐって　138　／　取調べへの弁護人立会いについて　138　／　刑事訴訟法321条1項2号、あるいは、供述調書の在り方について　139　／　議論は継続　140

第2章　可視化制度構想の「本番」に向けて……141
　　　──2012年7月
　　　法制審議会の経緯と情況など　141　／　「可視化」制度構想の論点など　142　／　可視化制度構想の分岐点は何か　143　／　今後に向けて　143

第3章　イタリア、フランス視察……145
　　　──2012年9月
　　　イタリア　145　／　フランス　147

第4章　アメリカ・ワシントンDC視察……150
　　　──2012年10月
　　　司法省刑事局詐欺部　150　／　DC地区上級裁判所　152　／　司法省国際犯罪課・国際案件担当　152　／　FBI（連邦捜査局）　154　／　ワシントンDC地区連邦検察庁　155　／　ワシントンDC首都警察　156　／　ワシントンDC地区公設弁護人事務所　157

第5章　2013年は「可視化元年」か?!……159
　　　──2012年12月
　　　法制審・特別部会の2012年12月25日の議論　159　／　今後の展望　160

第6章　基本構想から作業部会へ……162
　　　──2013年1月
　　　議論の情況について　162　／　可視化に関わる構想　163　／　今後の日程など　163

第Ⅲ部
取調べ可視化論の基礎とその周辺

第1章　憲法第38条第1項……167
　　　はじめに──訳文について　167　／　制定過程　168　／　アメリカ判例理論における自己負罪拒否特権（The privilege against self-incrimination）　172　／　憲法解釈・刑事訴訟法解釈と我が刑事訴訟実務　197

第2章　憲法第38条第2項……215
　　　制定過程　215　／　憲法38条2項の法意と我が実務①──「逮捕」をめぐって　222　／　憲法38条2項の法意と我が実務②──勾留あるいは任意性　229

第3章 **黙秘権をめぐって**……240
　　はじめに——大法廷判決の憲法38条1項に関する判断　240　／　大法廷判決の判示に則しての批判①——取調受忍義務をめぐって　241　／　大法廷判決の判示に則しての批判②——黙秘権の実効的な保障をめぐって　249　／　黙秘権の課題①——ミランダルールと自白法則との関係など　251　／　黙秘権の課題②——ディカソン判決をめぐって　261　／　大法廷判決の射程とさらなる展望　270　／　結語に代えて　276

第4章 **主張明示義務と黙秘権**……279
　　はじめに　279　／　黙秘権の意義および効果　279　／　合憲論・「前倒し」論について　280　／　「前倒し」論批判　281　／　防御権のコアとしての黙秘権　282　／　主張明示義務と不利益取扱いの限界　283　／　合憲限定解釈の視点　284　／　弁護実践について　285

第5章 **刑事訴訟法第316条の17**……288
　　本条の趣旨　288　／　総説　289　／　各説　305

第Ⅳ部

取調べ可視化を語る

第1章 **今、可視化弁護実践とは何か**……318
　　——裁判員裁判を視野に入れて
　　はじめに　318　／　可視化申入れの法的根拠について　320　／　可視化にかかわる学説の状況について　323　／　可視化の必要性　323　／　警察・検察の対応について　324　／　可視化申入れの方法　325　／　被疑者ノートと申入れの関係　326　／　違法取調べへの対応　326　／　可視化申入れの意味について　328　／　申入れと事件の種類・依頼者の意向について　330　／　申入れに不利益はあるかなど　332　／　一部録画の現状について　333　／　一部録画についてのアドバイスなど　334　／　任意性の争いと公判前整理手続　336　／　一部録画DVDの証拠開示について　337　／　任意性の争いと予定主張明示　339　／　被疑者ノートの証拠能力など　341　／　主張関連証拠開示請求について　342　／　一部録画DVDの検討と証拠能力について　343　／　任意性の争いと審理について　345　／　大阪地決平19・11・14について　349　／　共犯者供述について　351　／　可視化立法について　353

第2章 **何故、日本の司法に取調べの可視化は必要なのか**……356
　　高野山放火事件で、可視化が重要テーマに　356　／　日本の刑事司法に対する、伝統的な考え方　359　／　取調べ可視化の意義とは　362　／　可

視化をもっとも恐れるのは真犯人 363 ／ 取調べの可視化は世界標準 364 ／ 裁判員制度によって進んだ取調べ可視化論 365 ／ 政権を獲った民主党の、可視化政策への変化 368

第3章 **可視化論の誕生と展望**……371
可視化論が生まれるまで 371 ／ 「調書裁判」への疑問 372 ／ 弾劾的捜査観への違和感 374 ／ 大阪流の実践型、共有型の刑事弁護 376 ／ 「可視化」運動への展開 378 ／ 可視化運動の転機、2003年 380 ／ 政策運動と弁護実践の共存 383 ／ 可視化が政治的課題になる 385 ／ 今後の展望 387

終　章 **「転換点」としての刑事司法の「現在」**……391
　　──「取調べ観」に関わる幾つかの論点について
「取調べ観」という視点について 391 ／ 司法制度改革審議会、そして、その「取調べ観」 392 ／ 「取調べ観」と「8号書面」、そして、その意味 396 ／ 「取調べ観」と取調べ可視化に関わる本質論・原理論 399 ／ 「取調べ観」の近代化① 405 ／ 「取調べ観」の近代化② 411 ／ 「取調べ観」と縦横の手続二分論 417 ／ 「取調べ観」と「刑事司法改革」のその他の課題 420

初出一覧　422

※　本書収録論文について
・本文注の役職名は在職当時のものである。
・既発表の文については、必要に応じて修正を施し、注釈を付した。

序章　取調べ可視化論の理論的展望

はじめに

1　改革論議の視点

　刑事司法改革は、現在、まず、「可視化」制度の実現を前提にして、構想されようとしている[1]。もっとも、「可視化」をめぐるスタンスの相違に連動しつつ、刑事司法「改革」に向かう立場には、相当の違いがありうる。「可視化」を前提としつつも[2]、その余の「改革」課題は各論者によって様々であり、その意味で、未だ「改革」の全貌はおよそ見えていない。その進展は、具体化しているとはいえず、予断を許さないところがある。可視化の展望もまた、そのような情況の幅をも見据えざるをえないやもしれない。

　私は、個別的に言うならば、「人質司法」の打破（身体不拘束の原則の徹底）、伝聞法則・直接主義の貫徹、全面的証拠開示（及び捜査段階の一定の証拠開示をも含む、捜査過程全体の可視化）制度の構築、弁護人取調べ立会の現実化、以上の4つが取調べ可視化に連なる改革テーマになると考えている。これと並行的に、より総体的かつ根本的な目的を1つ掲げるとするならば、それは、「調書の廃絶」という課題になるのではないだろうか。けだし、取調べ可視化の制度化の論議は、「取調べ及び供述調書に過度に依存しない刑事司法」の実現を目指すという総論的な前提のもとでなされているのだからである[3]。捜査段階で作成されている供述

　1　さしあたり、検察の在り方検討会議「提言『検察の再生に向けて』」（2011年3月31日）、法務省「取調べの可視化の実現に向けて」（2011年8月8日）、法制審議会新時代の新たな刑事司法制度特別部会「第9回会議議事録」（2012年4月17日）、同「第10回会議議事録」（同年5月24日）、同「第13回会議議事録」（同年9月19日）など参照。
　2　「可視化」というとき、法務・検察及び警察は（たとえ一部の取調べを対象とするものであれ）、取調べの録音・録画自体の意味で用い、日弁連のように、取調べ「全過程」録画・録音のみを可視化とする立場を採っていない。本稿では、基本的に、カッコ書きを伴わずに可視化の語を用いることとするが、これは、日弁連の定義概念に従い、「全過程」の録画・録音を意味する。他方、「可視化」とカッコ書きで表記するときは、これを相対的概念としてのそれとして用いるという意味であるが、この場合は、一部録画・録音をも含む趣旨であることを付言することとしたい。なお、さらに広義に言えば、むろん弁護人立会も可視化の一環といえるが、本稿では、両者を区別して論じる。

調書というものが、質の悪い証拠にすぎないことが共通認識になってきている現在[4]、捜査段階「供述」の保全の在り方と公判での証拠化の意味を根本的に問い直すべき段階に来ていると思われるのである。

2　可視化論の根拠など

同時に、可視化をめぐっての原理的な考察も改めて必要になっているといってよい。可視化請求権といった権利を認めうるか否か、その権利は（あるいは、可視化制度というものが）憲法上の要請か否か（そうだとして、どの条項がどのような理由で根拠足りうるのか）、といった論点が、考察の対象になると思われる。それが、具体的な可視化の制度構想に直ちに連動するかどうかは議論がありうるかもしれないが[5]、いずれにしても、理論的根拠の新たな捉え直しのなかで、議論を深化させる必要性が認められるだろう。

たとえば、かつて私が、被疑者には可視化請求権があるとして、列挙した、その権利性の根拠は、甚だ未成熟な議論ではあるものの、およそ以下のとおりであった。

①憲法13条、②憲法31条、③憲法38条1項、④憲法38条2項、⑤憲法34条（37条3項）、⑥刑訴法1条、⑦包括的防御権、また、権利性如何に関わらず、国家の義務を根拠づける条文として挙げたのは、⑧憲法37条1項である[6]。可視化を被疑者の権利とみるか、国家の義務とみるのか、あるいは、その両者でありうるのか、さらには、憲法が具体的立法化をこそ要請しているとみるべきなのか（そのように、解しうるのか、そうだとして、どのような条項によってか）、いくつかの重要なテーマが浮かび上がってくるように思われる。

この点、クリストファー・スロボキンは（以下、敬称は基本的に、これを略す）、取調べの可視化を放棄不可能な被疑者の権利とし、「デュー・プロセス」と「自己負罪拒否特権」と「証人対質権」の3つに、その根拠を求めている[7]。スロボキンの考

3　検察の在り方検討会議・前掲注1提言、法務大臣「法制審議会への諮問92号」（2011年5月18日）参照。

4　調書が「作文」であることは今や共通認識になりつつあるであろう。証拠としての「質」が「悪い」所以については、いくつかの観点・側面があるが、この点（さらに、そのような調書が、何故今日迄生き延び続けたかということをも含め）、本書第I部第9章参照。

5　この点、たとえば、井上明彦「取調べの可視化（取調べの全過程の録画）の権利性とその実現にあたっての問題に関する考察」広島法科大学院論集7号（2011年）188頁参照。

6　小坂井久『取調べ可視化論の現在』（現代人文社、2009年）56～82頁、同209～210頁、同227～229頁。

えに学ぶならば、我が憲法 37 条 2 項もまた、可視化請求権の根拠となりうるであろう。

そして、これは被疑者自身による、被疑者以外の者（参考人）に対する可視化請求権の根拠にもなりうる[8]。もとより、我が憲法 37 条 2 項は証人対質権を規定していると解すべきであり[9]、証人対質権は、事実認定の正確性を高めるだけではなく、「秘密とされるであろう方法を訴追側が用いることに対する抑制という意義も有する」ものである[10]。それゆえ、「捜査機関による供述採取過程の可視化の必要性は……証人審問権の担保という点から憲法上の要請と解することもできるのではなかろうか」との問題提起が既になされているところである[11]。

3　憲法上の要請と論述の順序など

これらの論理展開は、あまりに総花的にみえるかもしれない。しかし、これらは、取調べの可視化について、憲法的な要請が重畳的に存在していることを示しているというべきである。むしろ、可視化と憲法上の刑事人権規定（さらに憲法 13 条に表象される基本的権利）との根深い連関・構造的な要請をこそみてとることができる。

以上を踏まえ、というよりはむしろ、以上のことを一層明らかにすべく、一応、各論的な論述の順序について述べておくこととする。

まず、上記①と②を「デュー・プロセスの問題」として、これを一体化して論じる。

7　クリストファー・スロボキン（指宿信訳）「取調録音録画に向けて──その憲法的考察」指宿信『被疑者取調べと録画制度』（商事法務、2010 年）315 頁以下参照。
8　もっとも、スロボキン説においては、「（面通し）識別過程」に対する十分な観察との対比において、証人対質権が被疑者自身の自らの「取調べ過程」についての請求権（観察を可能にする権利）の根拠になるとして語られているようである（スロボキン・前掲注 7 論文 337 頁参照）。このことは、訳者の指宿信教授に直に御教示いただいた。ただ、この見解は、本人自身の対質権というより（本人は、たえず立会っているのであるから、むしろ）弁護人の固有権に繋がってくる議論のように思える（本文で後に述べるとおり）。同時に、私見は、本文で述べたとおり、証人対質権から参考人の取調べについての被疑者の可視化請求権を観念しうるというものである（ちなみに、参考人自身の自らの取調べ──事情聴取──に対する可視化請求権の根拠は、後に本文で言及するとおり憲法 13 条である）。
9　竹之内明「第 37 条 2 項」憲法的刑事手続研究会編『憲法的刑事手続』（日本評論社、1997 年）381 ～ 383 頁参照。また、アメリカ合衆国憲法修正 6 条の証人対質権の意義については、伊藤博路「伝聞法則の適用範囲に関する一試論（2）」北大法学論集 48 巻 5 号（1998 年）36 頁以下、「同（3）」同 49 巻 1 号（1998 年）123 頁以下が詳しい。
10　伊藤・前掲前注 9 論文「伝聞法則の適用範囲に関する一試論（2）」43 頁参照。
11　伊藤博路「伝聞法則の適用範囲に関する一試論（4）」北大法学論集 49 巻 2 号（1998 年）120 頁参照。

デュー・プロセスは、やはり、可視化を被疑者の権利として捉えるにせよ、国家の義務として構成するにせよ、いずれにしても、もっとも重要な条項であろう。

また、私見では、上記③と④もほぼ同一の問題で、表裏の関係にあるから、これを「供述の自由ないし取調べの適正化について（黙秘権ないし任意性の問題）」と括って論じることとする。自己負罪拒否特権（黙秘権）と自白法則は、デュー・プロセスと並んで（あるいは、デュー・プロセスを媒介として）、可視化の権利・義務を論じる際、必ず考察しなければならないテーマである。

さらに、⑤は「弁護人依頼権との関係」として述べる。ここでスロボキン的「証人対質権」についても、併せて論及し、幾分新たな視点を提供できれば、と考えている。

⑥及び⑦については、今回、これを改めて論じることはしないものの、「刑訴法レベルの問題」は、それはそれとして新たに言及することとする。刑訴法の条文自体から、可視化への途を探る試みと理解していただきたい。

以上の議論を参照しながら、⑧についても、少し述べることになるだろう。重畳的な権利性は国家の義務を導くものというべきである。そして、最後に、可視化記録媒体を欠いた場合の捜査段階供述の証拠能力についても若干言及しておきたい。

以下、これらを順次、論じていくこととする（論述の性格上、幾分重複的ともみえる記載があることをあらかじめお断りしておきたい）。

デュー・プロセスの問題

1　人権保障を確保する観点から

(1)　上田信太郎は、「憲法31条は、取調べの適正化を目的とする可視化の議論と最も関連する条項といえよう。ただ、憲法31条から導き出せるのは、取調べ方法それ自体の適正化、つまりは取調べにあたって暴行、脅迫、強制等行なわないといった類の適正化に過ぎず、取調べの適正を監視する可視化（録音・録画実施）とは一応、別個であるともいいうる。すなわち、取調べを可視的に行わないということから直ちにそれが適正手続に違反する、とまではいえないとも考えられる」と、まずは説いている。しかし、「一般条項としての憲法31条は、裏返していえば、政策目的に適うよう現行法を解釈する余地を残している。……結局、取調べ可視化の問題は、取調べ適正化に対する憲法31条の射程の問題、すなわち、適正手続が意味するものは、取調べ自体の適正を意味する他に、取調べ監視に関する

方策にも及ぶと考えられるかどうか、という適用範囲の問題に帰着すると考えられる。……人権制約的にそれを解釈・適用することは厳に慎むべきことであるが、逆に、人権保障を確保する観点から、適正手続条項を指針とすることはなお積極に解されてよい」とされている[12]。

　上田が示唆するように、デュー・プロセス（適正手続）とは、手続自体の「適正」さという「（手続的）実体」と同時に、その検証可能性自体の完備（上田の言によれば、「取調べ監視に関する方策」）とセットにされるべき概念だと思う[13]。けだし、そうでなければ、少なくとも、「適正」手続が全うされたかどうかがクリアーにはならないのは確かだからである。「適正」である（あった）か否かについて不分明な領域を残しておくということは、「適正」手続を全うさせる所以ではない。言い換えれば、全てを明らかにしえないのならば、「適正」手続は全うされない筋合いである。

　(2)　刑事司法の世界において、国家の「適正」さは証明の対象であり、本来、それを基礎づける事実は一義的に明らかにされなければならない。それが、いわば物理的に可能で容易な時代にあっては、そうである以上、デュー・プロセス条項とは、「適正」であること自体をも明確にするとの要請を含むのであり、そのように解されるべき存在である。

　この点、判例理論を前提として、「……取調べの適正化は、取調べそれ自体の方法の適正化であって、『社会通念上相当』な方法によれば良いと考えられるとすれば、現在の社会通念において、録音・録画を伴わない取調べが直ちに適正でないとは言えないように思われる」とする見解がある[14]。しかし、時代は今や、「社会通念上相当」と認められる「取調べ」方法ないし態様か否か（許容される限度か否か）を検証するためにこそ、「全過程」を録画・録音することによる保全を要請するようになってきているのではないだろうか。けだし、実際に、一義的な明確化のためには、そのような方法以外考え難いからである。判例理論における「社会通念上相当」という文言・概念が、現在において、そのような確認の必要性までを

12　上田信太郎「取調べ可視化についての一考察」広島法科大学院論集7号（2011年）179頁。
13　もっとも、私は、全面的な検証可能性というテーマは、単なる「監視に関する方策」を越えたものだと思う。なお、従来説かれてきた「手続的適正」の中身については、杉原泰雄「人身の自由」芦部信喜編『憲法（3）――人権（2）』（有斐閣、1981年）96～97頁、同110～117頁など参照。
14　大久保隆志「『取調べの可視化』について――今なぜ可視化か」広島法科大学院論集7号（2011年）168頁。最決平成元（1989）年7月4日刑集43巻7号581頁、最決昭和59（1984）年2月29日刑集38巻3号479頁などを前提とした立論である（なお、これらの判決には反対意見あるいは意見がある。このことには着目しておいてよい）。また、吉沢徹「取調べの可視化の是非について」広島法科大学院論集7号（2011年）198頁も併せ参照。

否定する役割をもっているとは思われない。その意味では、可視化それ自体によってこそ「社会通念上相当」であることが導かれ、人権保障が確保されるのである。逆の見方をすれば、社会通念上相当な方法如何の検証（その事実認定と評価・判断）については既に、いわゆる「可視化」（一部録画・録音をも含んだ録画・録音）を前提として議論・理解される以外なくなってきており、結局、この動向は、本義の可視化に行き着かざるをえない筋合いである。

「……取調べが録音録画されていなければ任意性に関する客観的な分析は決して行われることはない。要するに、取調録音録画の不履行は、裁判の結果にきわめて重大な影響を及ぼすような証拠保全の不履行といえるのであり、さらにいえば（録音録画が可能だった場合は）意図的な不履行といわざるをえず、そうなれば警察には悪意があったとみなされるべきである。……テープがなければ裁判所は対立当事者の不完全で見方の偏った説明に頼ることを強いられ、これでは任意性判断の根拠としては不十分」なのである[15]。現に既に、1985年にアラスカ州最高裁は、ステファン判決において、デュー・プロセス条項のうちに可視化の要請を読み込んでいる[16]。基本権の保障を確保することこそが、デュー・プロセスのデュー・プロセスたる所以に外なるまい。

2　証拠保存義務の観点から

(1)　以上論じたところに関連して、堀田周吾は、次のとおり述べている。すなわち、ステファン判決は、その後、米国の諸州の裁判例で踏襲されていないとし、また、スロボキンのような学説も多数の支持を得ていないとして、このような動向をみても、米国においては、デュー・プロセスを根拠とする可視化請求権に否定的な傾向があると言うのである[17]。堀田によれば、米国連邦最高裁の判例は、デュー・プロセス上の証拠保存義務を認めるために、

15　スロボキン・前掲注7論文333頁。本文でも言及するが、スロボキン自身、デュー・プロセスと任意性判断という問題とを不可分のものとして捉えているのであり、両者が連関していることが判る。

16　Stephan v. State 711 P. 2d 1156 (Alaska 1985).　スロボキン・前掲注7論文329頁、333頁、小坂井・前掲注6書228頁、金山泰介「米国における取調べの録画録音について（下）」警察学論集60巻2号（2007年）129頁、鈴木邦夫＝松井由紀夫「諸外国における刑事司法制度の調査研究（2）――米国における刑事司法制度について」警察学論集64巻8号（2011年）103頁など参照。

17　堀田周吾「取調べの録音・録画と被疑者の権利」法学会雑誌52巻2号（2012年）248～260頁参照。

  A 証拠の重大性（その証拠によって結果が異なる合理的な蓋然性があること）
  B その価値が（その証拠の）破棄前から明らかであったこと
  C 他の手段で同等の証拠を入手できないこと
  D （Aの点について潜在的な利用価値をもつ証拠については）Aの点（すなわち、潜在化している重大性の存在）につき捜査機関が「悪意」であること

といった要件を課しており、これが判例理論として定着しているとのことである[18]。
 そして、堀田は、取調べの録画・録音に関する米国連邦最高裁の明示的判断は未だ存在しないものの、控訴裁判所のほとんどの判断は、これらの要件に照らして、取調べの録画・録音は憲法上の要請ではないとしているとして、その義務化について否定的な立場を採っているとする。このような立場について、堀田は、州判例の動向も同様であると紹介している[19]。
 (2) しかし、堀田は、「憲法的基礎あるいは被疑者の権利性は概ね否定され……少なくとも重視されていないといえる」としつつも、「任意性立証のためのツールとして取調べの電子的記録を位置づける方向性は……近時の州判例においても顕著である」とも指摘している。すなわち、「一言で言えば可視化がなされなかったときのそこで得られた（とされる）供述の任意性評価について、特別な注意をもって臨むべき旨の警告的説示を裁判所は陪審に対しておこなわなければならない」のである[20]。
 もちろん、堀田の知見を越えて、米国の判例や学説の情況や動向を私が予見できようはずもないし、そのような試みをしてみたとしても、それ自体に意味はない。ただ、堀田が示した、米国の判断枠組を考慮してみたとき、私は、デュー・プロセスにもとづく可視化請求権というアプローチ（もしくは、その義務付けというアプローチ）は、それ自体、かなり合理的にみえることを否定できないと思う。上記「警告的説示」も、やはり、少なくとも、請求権構成（もしくは、国家への義務付け）の萌芽とみうるのではないだろうか。

---

 18 堀田・前掲注17論文238～244頁参照。
 19 堀田・前掲注17論文244～253頁参照。連邦について、法務省「取調べの録音・録画制度等に関する国外調査結果報告書」（2011年8月8日）7～8頁も、同様の見解を示している。
 20 堀田・前掲注17論文253～255頁。

⑶　取調べにおける上記A（及びB）という要素の存否如何は、とりわけ「被疑者」取調べにあっては、まさに国家から告発されている段階において個人が自らの内から発する言葉（ないし言動）が証拠となり、それが本人の命運そのものに関わるという場面での問題だということを想起すべきであろう。そうだとすると、刑事手続上の扱いにおいて、このA（及びB）という要件が肯定されないということは、本来的に、考えにくいのではないか。

　また、上記Cの点は、その余の手段で質的におよそ同等のものを代替できない（だからこそ、可視化が最重要論点となっている）と断じてよいであろう。すなわち、可視化記録は、証拠としての「質の悪い」調書や報告書、その場での手書きやパソコンで打ち込まれた（不完全な）メモなどによっては、およそ代替されえないものである。また、証拠の保存という観点からは、弁護人の立会いも、代替性をもっているとはいいえない。

　ここでの鍵は、原理的には、逐語記録如何ということになると思われる。そうだとすると、もちろん、速記官を立ち会わせて速記録が残るというのでも、本来は、差し支えない筋合いであろう。ただ、その正確性を客観的に担保するのは、結局は可視化記録のみということになると思われるのである。

　⑷　以上のとおりだとすると、そのような設備が存在する環境下では（すなわち、物理的条件があり）、同時に、上記「警告的説示」をすべきことが前提とされ慣習化しつつあるような状況にあっては（すなわち、規範的条件があれば）、上記Dの点も肯定されるほかないのではなかろうか。

　日本の現状にあって、物理的条件が整いつつあることは明らかである。また、規範的条件についていえば、下位規範とはいえ、刑訴規則198条の4が既に存在していることを看過してはならない（規則の制定・施行時は、書面記録をまずは念頭に置いていたとしても、もはや「取調べ状況に関する資料」として録画・録音記録媒体を軸に想定せざるをえなくなっていることは明らかである）。

　このように考えていくと、デュー・プロセス条項は、米国の判例で示されているような諸要件を前提にして考えても、結局は、中途半端な一部録画・録音などではなく、まさに全過程の録画・録音（＝可視化）そのものを国家に要請している条文といいうるのではないか。すなわち、デュー・プロセスとは、取調べという場での「供述」そのものの状況・経緯についての全面的な検証可能性を要求しているといって差し支えない。デュー・プロセスとしての証拠保存義務は存在しているのであり、憲法31条は、それを求めている条文に外ならないと思われる。

　それは時代の要請にこたえるものである。結局、その証拠保存とは、可視化そ

のものと同義とさえ言えるのではないか。

3　憲法13条という根拠について

(1)　ところで、ここで憲法13条をも掲げているのは、これをデュー・プロセスの根拠条文とする有力な見解があるからであるが[21]、憲法13条と可視化の関係について、近時、注目すべき見解が表明されている。川又伸彦は、「取調べの過程それ自体が、もともと基本的人権侵害の危険をはらんでいる。したがって、取調べについて憲法学から検討することも重要である」とし、「被疑者が取調べにおいて供述したこととは異なる内容が調書に記された場合」について、次のとおり、論及している。

すなわち、川又は、このような場合、「自己負罪拒否の権利を定める憲法38条1項で包摂され」ることがあるとしつつ、「この規定の問題とするためには、たとえば強要の有無を問題としなければならない。このため、必ずしも強要があったといえない場合については、この規定によることはできない」とする[22]。また、川又は、憲法21条1項の問題とみる見方にも言及したうえで[23]、「ある人の発言を、本来の内容とは異なった内容で公にするということは、その人の人柄や性格などについて誤った理解を第三者に与えるという点で、その人の人格とかかわる。このように理解して、ドイツでは、個人の発言内容やプロフィールを本来とは異なる内容で公にすることを、自己の人格の叙述に対する権利（……以下「自己人格叙述権」）の侵害と構成する」としている。

川又の理解によれば、「この権利は、一般的人格権、すなわち各人に自己の個性を展開しまた保持することのできる、私的生活を形成する自律的な領域を保護する権利、いいかえれば『人格として存在すること……』を保護する権利の一内容である」。そして、川又は、「この自己人格叙述権とは、個人は、第三者あるいは

21　杉村敏正「行政行為と適正手続」同『法の支配と行政法』（有斐閣、1970年。初出は1956年）144頁（ただし、行政手続について）、佐藤幸治『憲法（現代法律学講座〔5〕）』（青林書院新社、1981年）318～319頁、松井茂記『裁判を受ける権利』（日本評論社、1993年）93頁、髙野隆「第31条」憲法的刑事手続研究会編『憲法的刑事手続』（日本評論社、1997年）212頁参照。なお、杉原・前掲注13論文95頁も併せ参照。

22　川又伸彦「違憲収集証拠と取調べの可視化」笠原俊宏編『日本法の論点（1）』（文眞堂、2011年）20～21頁。なお、この点、私見は、そうは考えていない。すなわち、本文で後述するとおり、強要の存否如何が「わからない」場合は、憲法38条の適用があるという見解である。

23　私自身、取調べに内在する「公表」という契機から、憲法21条に言及したことがある（小坂井・前掲注6書78～79頁参照）。

公に対して自らをどのように叙述するか、社会的にどのような存在としてありたいかを自ら決定する権利であり、具体的内容として、たとえば、公の場で自己の人格について偽られた、あるいは歪曲された叙述をされない権利、発言していないことを発言したとされない権利などがある」としている[24]。

(2) かくて、川又は、「供述していない内容を供述したとして調書を作成されることは、このような意味での自己人格叙述権にふれることになる。……この自己人格叙述権は日本国憲法のもとで……は、……憲法13条、具体的には幸福追求権から導く可能性を検討することになろう」とし、「自己人格叙述権は、第三者あるいは公に対しての自己の人格的存在を自ら決定する権利であるから、『人格的自律の存在として自己を主張』することと密接にかかわるといえる。そうだとすると、幸福追求権の一内容として自己人格叙述権を解することは十分に可能」とする。

そして、「供述と異なる内容を調書に記載されることは、日本国憲法の解釈としても、憲法13条の幸福追求権、とりわけ自己人格叙述権という意味での人格権侵害であり、また、そのような不真実供述調書は憲法に反して作成された違憲なものということができよう」と結論づけているのである[25]。自己人格叙述権は、必然的に、個々の具体的で現実的な取調べ場面で、供述を歪曲されずに記録化する、可視化請求権を導くと考えてよいのではないか[26]。

私自身、取調べという過程で、人はその人自身の言葉を「奪われている」として、これを人格の根本的な決定権に関わる問題とし、可視化請求権の根拠を憲法13条に求める議論を展開したことがある[27]。そのとき、これを「自己情報支配権」と表現したが[28]、その表現が適切であったかどうかはともかく、また、憲法13条をデュー・プロセス条項とみることとの関係をどのように整理するかといった課題はあると思われるものの、川又の言う「自己人格叙述権」は、私の発想と同質のものと考えられる。

(3) この点、吉沢徹は、「(憲法13条により) 権利性が認められているのはプライバシー権や肖像権など極めて限られており、これらは個人の人格的生存に不可欠な権利といえる。これに対し、取調べの可視化が個人の人格的生存に不可欠と

24　川又・前掲注22論文21頁。
25　川又・前掲注22論文22頁。
26　この点、川又自身は、憲法上の要請として立法による具体化が求められているとしている（川又・前掲注22論文26〜27頁）。
27　小坂井・前掲注6書77〜79頁。
28　この用語自体は、小林直樹『現代基本権の展開』（岩波書店、1976年）184頁に依る。

は言い難い」として、「同条に可視化の権利性の根拠を求めるのも困難」としている[29]。しかし、川又が述べるように、この場面は国家の前に、まさに個人が「人格として存在する」場である。プライバシー権や肖像権が、「人格的生存に不可欠」であるならば、取調べという場面で、そのような権利が一個の人間に発現しないはずはない[30]。

あるいは、仮に「生存」ということにこだわるならば、端的に、死刑求刑されうる事件での被疑者取調べの場面を想定すればよい、というべきであろうか。むろん、それは、1つの比喩である。

ただ、取調べという場面は、個々の具体的な現実の在り様がどのようなものであったとしても（たとえ、親しく信頼し合っている人間同士のダイアローグの如き様相を呈したとしても）、一個人が国家と対峙する場面以外の何ものでもない。それは、まさに「法的に」そうなのだ。私自身、以前から指摘しているとおり、これは、まさしく公の場なのである[31]。

それは鴨良弼が、「裸の力関係」と呼んだものでもある[32]。「捜査という特殊の場で捜査を行なう者とその防禦を行なう者との間に展開される人間関係は、けっして一般社会に展開される人間関係とは同視しがたいものがある。なんらかの法的抑制なくしては、それは容易に不合理な人間関係に移行しやすい人間関係を含んでいる。いわゆる『裸の力関係』naked powerは、法のもっとも警戒を要する領域であるが、刑事訴訟にはえてして、この『裸の力関係』に移行しがちな危険な法現象を内容としている」のである。「裸」なのは、権力が剥き出しになるからである。そのような場において、その実態・過程そのものを正確に記録しておくことは、個人の人格にとって「不可欠」のことと思われる。

4　小括に代えて

デュー・プロセス条項それ自体は、憲法における法的価値体系にもとづく利益衡量を本質とする柔軟な内容を有する原理である[33]。それはまた、時代に伴って、

---

[29]　吉沢・前掲注14論文198頁。
[30]　自白法則について、人格侵害説が唱えられているのも、これらの根深い連関を示しているように思われる（全国裁判官懇話会報告「20年目を迎えた全国裁判官懇話会（2）」判例時報1423号〔1992年〕7頁参照）。
[31]　小坂井・前掲注6書155～157頁参照。
[32]　鴨良弼「刑事訴訟法——人権ときびしい接触をもつ法現象（法学入門・私の講義から）」法学セミナー170号（1970年）159頁参照。

その価値衡量の在り方を変化させるものでもある。これは現代にあっては、国家が行う手続そのものの「実体」の「適正」を求めつつ、同時にその「適正」確保のための措置（それはまた、そのこと自体を明確にする措置をも当然含むことになる）をも要請する規定になっていると思われる。

憲法13条における論議でも示されているように、それは基本的人権の「実体」そのものに関わる議論でありながら、「手続」を求めることそれ自体の（さらには、手続過程全体の「適正」さの確保それ自体を求める）権利としても構成されうる。「適正」「手続」の意味内容が時代とともに変化することは当然であろうし、少なくとも今、これが国家における手続の透明化や説明責任を果たさせる方向のうちに構成されていくことは不可避である。

すなわち、国家は刑事手続において、自らが関与して以降の事実関係を一義的に明らかにすることが、本来可能である。まして、それが容易な時代にあって、それをことさら曖昧にすることなどはもはや許されない。かくて、国家は今や、デュー・プロセスの名において、可視化を義務づけられているというべきである。

なお、参考人自らの取調べ可視化請求権を導くものとしては、憲法13条こそが、その根拠条文となるであろう。前記川又の見解を敷衍すれば、少なくとも、憲法が、そのような具体的な立法化を要請していることは、これを肯定してよいはずである。

供述の自由ないし取調べの適正化について
（黙秘権ないし任意性の問題——憲法38条1項・2項）

1　可視化の不作為は憲法38条1項の侵害ないし同2項違反になるのか

黙秘権（憲法38条1項）、あるいは自白法則（憲法38条2項）に関して、上田は、「……黙秘権保障のために取調べ監視の必要性や、あるいは自白法則を担保するために監視の必要を説くことは可能だと思われる」としつつ、「これらの規定を直接に適用して、直ちに可視化の論拠とすることにはやや無理があるように思われる」としている。

上田は、「可視化を行わなければ黙秘権侵害になるのであろうか、あるいは自白

33　井上正仁『刑事訴訟における証拠排除』（弘文堂、1985年）371〜372頁参照。なお、「やわらかいデュー・プロセス論」と「固いデュー・プロセス論」に関わる論争については、杉原泰雄『基本的人権と刑事手続』（学陽書房、1980年）58頁以下参照。

法則違反となるのであろうか」と問うている。「可視化の不作為（録音・録画をしないこと）と黙秘権侵害とが等価値であり、またその不作為は、強制や拷問、不当に長期にわたる拘禁下での自白など、その採取方法が問題となる場合と等価値だとする論拠が説得的に示される必要があろう」と説くのである。この観点から、私が録音されない限り供述しないという権利が「黙秘権に含まれるものとして存在していることは自明」であり、供述する以上、録音されなければならないとする権利は、被疑者の黙秘権から「ダイレクトに導かれる」としたことについて、これを疑問とされている[34]。

この点、吉沢は、「黙秘権を保障する同法38条1項との関係を検討するに、可視化がなされていない被疑者取調べにおいてかなりの高確率で黙秘権侵害がなされているという実態が存在するというのであれば、可視化がなされていない取調べはそれ自体から黙秘権侵害があった可能性が高いことを推認させる事情といえるのかもしれない。しかし、そのような実態はない」としており[35]、上田の「等価値論」を、いわば、実態論から補強して論じているようにみえる。あるいは、「等価値論」へと繋ぐ媒介項としての実態の存否を問題にされているようにも思われる。

さらに、佐藤隆之も、「憲法38条1項の存在にもかかわらず、それに背反するような取調べが頻発するとき、それを抑止し、人権の保障を実現するうえで、取調べの全過程の録音・録画が唯一の方策であると認められるならば、仮に上記の弊害（信頼関係の醸成を阻害したり、組織犯罪の情報に関する供述が獲得されないなど、取調べが困難になり、事案解明の機能が損なわれること：引用者注）があろうとも、同条項自身がそれを要求すると解することも不可能ではないだろう」とされたうえ、「確かに、富山事件や志布志事件に対する無罪判決は、不適正な取調べの危険が過去の問題ではないことを再認識させたが、わが国において、録音・録画による取調べの全過程の記録がそれを抑止する唯一の方策であり、これを憲法が要求してい

---

[34] 上田・前掲注12論文180～181頁。確かに、黙秘権の放棄に条件付けをすること自体を、たとえ、その条件が法の趣旨に適うものであったとしても、黙秘権の行使そのものと同視することは必ずしも論理的に整合した考え方ではないであろう。実際、供述するにせよ、しないにせよ、「取調べ」という場を設定しようとする以上は、「全過程」録画・録音が必須と考えられる。

[35] 吉沢・前掲注14論文198～199頁。なお、吉沢は、「（憲法）38条2項……の名宛人は国（裁判所）である。……被疑者の取調べ可視化要求権は、被疑者個人の国家に対する積極的権利たる性質と捉えられるところ、上記のような全く異質の同法2項に可視化の権利性の根拠を求めるのは解釈上無理があると言わざるを得ない」とされている（同169頁）。が、名宛人が「国家」である以上、解釈上の難が必ずしもあるとは思われない。

ると位置付けるためには、上述した取調べ監督制度(警察における取調べ適正化指針・規則などを指す:引用者注)等他の手段の有効性も含め、なお慎重な検討が必要であるように思われる」と論じている[36]。

佐藤は吉沢ほどには否定的な表現をしていないと評すべきかもしれない。むしろ、黙秘権と可視化請求権を結びつけるモチーフを明らかにされていると思われる。が、これらの論者は、その基底においては、類似した発想のもとで考察されているように思える。

2 可視化の不作為は憲法 38 条 1 項の侵害ないし同 2 項の違反になる

(1) さて、ここでも課題は、その実態とそれを明らかにできるかどうか(明らかにするとはどういうことか)という問題のなかにある。結論的に言えば、既に触れたとおり、明らかに出来ない以上は、ほんとうは、そのような実態がないといいきることはできない。吉沢の言は、その視点自体は相当なものを含んでいると思われる。が、「結論先取」というべきで、「実態はない」といえる根拠が実はないというべきなのである。

上田の論法も実はそうなのではないか。「作文」調書の実態をこそ踏まえて、事態を見直さなければならない。先にみた、川又の言及からも明らかなとおり、「作文」調書は「供述の自由」を侵している。少なくとも、黙秘権侵害の危険性は絶えず存在しているのである[37]。密室での取調べシステムそれ自体において、その蓋然性が低くない以上、国家の側は、そうでないことを明らかにしなければならない(「立証責任」が個人の側にあるわけではない)。

その意味で、米国において、(「身体拘束」下における取調べについて)自己負罪拒否特権(黙秘権)による手続的保護措置として、(弁護人立会権を含む)ミランダ・ルールが確立されたことは理論的に妥当な筋である。そして、同ルールが、憲法上の要請とされた以上は[38]、同様に、可視化もまた、憲法上の手続的保護としての環境設定であることは明らかであるといえるのではないか。

(2) このように、弁護人立会と可視化の関係については、ともに憲法 38 条 1

---

36 佐藤隆之「被疑者取調べの適正化」ジュリスト 1370 号 (2009 年) 105 頁。なお、井上正仁・前掲注 33 書 89 頁が参照されている。
37 井上明彦・前掲注 5 論文 190〜191 頁は、この点を説いている。
38 Miranda v. Arizona, 384 U.S. 436 (1966) (ミランダ判決)、及び、Dickerson v. United States, 530 U. S. 428 (2000) (ディカソン判決)。ただし、ここでいう「身体拘束」は形式的なものではなく、実質的なものであることに注意すべきである。

項上の要請とみてよいと思う。後述するとおり、他方がもう一方を完全に代替する関係にないことは明らかであり、一義的な事実の確定のためには可視化こそが不可欠である。そうであるがゆえにこそ（そのような事実確定のためには、全面的な検証可能性の保障が前提になるからこそ）、可視化は「自由な意思決定」そのものと不可分の関係に立つとみることができる。

　もとより、私見によれば、憲法38条1項と同2項は表裏の関係にあるところ[39]、同2項は本来は国家による、自白の獲得を目的とした違法・不当な取調べをまさに防止しようとする意図のもとに設定された規定である[40]。むしろ「供述の自由」のほうは、その当然の反映として、位置づけられていたといってよいほどである。その意味でも、憲法38条1項・2項は可視化を要請しているといえるであろう。

　上田も「……可視化の議論を自白法則と関連させて考察することはまだ理解が容易である。録音・録画を行わない下で採取された自白は任意性が十分に確認できない、としてその証拠能力を否定することは特に違法排除説を前提にすると想定できる」としている[41]。実際、証拠排除という論点との関連でいえば、「……自己に不利益な供述を強要されない権利（38条1項）のように、現在又は将来の訴訟手続の結果奪われることになるかもしれない享受者の利益の適正な保護を、少なくともその窮極の目的としている……場合には、それに反する行為がなされたときにも、保護目的の侵害はそれだけで完了するものではなく、その結果が享受者に対する訴訟の過程において利用されることにより、その侵害はより決定的なものとなるものであるから、そのようにして得られた証拠の排除は、出発点である権利保障自身の――従ってまた、適正手続の保障の――要求するところであるといえよう」とし、38条1項・2項の場面では、証拠排除について相対的概念を用いないものとする見解がある[42]。憲法38条1項・2項に伴って可視化の措置を採

---

[39] 小坂井久「第38条第1項」憲法的刑事手続研究会編『憲法的刑事手続』（日本評論社、1997年）441～443頁。関口和徳も、「憲法学説においてはこのような解釈が支配的であるといってよい」とされている（関口和徳「自白排除法則の研究（5）」北大法学論集60巻6号〔2010年〕148頁）。

[40] 井上正仁・前掲注33書23～25頁参照。なお、いわゆる自白法則についてのGHQの原初的提案が、弁護人の立会のない取調べの場における自白に証拠能力を認めないというものであったことは繰り返し想起するに足ることである。

[41] 上田・前掲注12論文181頁。ただ、もし虚偽排除説や人権擁護説からは基礎付けしにくいと考えられているとすれば、それは、やはり「任意性」というものの基準について、旧来型の考えを採られるからではないだろうか（本文においても後に触れるところである）。

るという考えは、全く奇異なものではないというべきである[43]。

(3)　そして、佐藤が指摘した、2つの要素は、実は既に充されているというべきではなかろうか。まず前者の点であるが、黙秘権の存在に背反するような取調べが頻発しているかどうかを実務的観点から言えば、次のとおりとなろう。

すなわち、ほとんどの被疑者は「供述」して調書の作成に応じているが、これは黙秘権が行使されていないことを意味する。取調べ開始段階で黙秘権告知は必ずなされているはずであるから、権利の不行使（＝「供述」）の前提として、まずは当然に権利放棄が存在しているということになるわけであるが、黙秘権の場合は、「供述」すること自体が直ちに権利放棄となる。そうだとすれば、いやしくも、それが憲法上の権利放棄である以上は、それは、最低限、熟慮のうえ理性的に、そして、もとより自発的になされるべき筋合いである。それが、なし崩し的な状態でなされてよいはずはない。

しかし、刑事弁護の視点からあえていえば、我が捜査実務において、黙秘権告知は単なる儀式と化しており、まるで実質がない[44]。儀式の終了とともに「なし崩し」に権利放棄（＝「供述」）という事態に移行しているのが実務の現状であって、そのような放棄の形態が通常化しているのである。そういって少しも過言ではない。そういう事態はとても正常とは思われないのである（さらに、そのことが「作文」調書の作成と地続きになっているのであるから、これは、なおさらのことである）。

42　井上正仁・前掲注33書372頁（同545〜546頁も同旨）。この点、中島宏「自白法則における違法排除説再論」法律時報83巻2号（2011年）34頁以下は、新たな立場として、この見解を主張されるようである。

43　大久保・前掲注14論文169〜170頁は、「自白法則は、一般に事後規制として、裁判において自白を使用する場合の規制と解されているが、取調べの適正の前提として自白の任意性を要求するのであれば、任意に供述するに足りる取調べ環境を確保しておく必要があり、そのための有効な手段として、取調べの可視化を要求することは可能であるようにも思われる」としつつ、「しかし、有効な手段であるとしても、そのことと、それを要求権として認めることができるかどうかとは、理論的には区別されるべきであるように思われる」とされている。要求は自由だが、国の側が応じる義務までが憲法規範として存在しているわけではないとの趣旨であろうか。けれども、それが有効な手段であり、他に代替性のないことが確認されるとすれば、国家の側がその義務付けを拒みうる根拠はないと思う。

44　むろん、これを実効的なものにするのは、刑事弁護の力である。我が国において、捜査弁護の冬の時代ともいうべき80年代（まで）を過ぎ、90年代の当番弁護士活動を経、21世紀となって、被疑者国選制度が機能するようになって、2010年代になってきて、捜査弁護の芯の部分に黙秘権行使を据えた活動が活性化してきていることは確かであろう。しかし、それらは、なお総体のなかでは少数の弁護人の活動に留まっている憾もある。その打開もまた、可視化制度の確立のなかにあるというべきだと思う。

要するに、そのこと自体が、黙秘権侵害そのものとみられるというべきである。少なくとも、そのような侵害の恒常化の存在を疑って少しもおかしくはない。既にみたとおり、そのような情況を否定する資料はないのである（少なくとも、その危険性は、およそ払拭されていない）。佐藤のいう第1の条件は現に充たされていることは、むしろ明らかというべきである。

　他方、後者についていえば、違法・不当な取調べの抑止手段として、可視化を伴わない適正化施策が効を奏したといえないことは、これもまた、既に明らかである。今日なお、適正化指針・規則に添わない取調べの存在は、必ずしもまれともいえないのである。その現場で、適正化指針・規則の浸透が進んでいるとは、思い難いといわざるをえまい[45]。ブラックボックスが存在する以上は、不相当な取調べは後を絶たない（絶てない）のである。そのような実効性の行きわたらない方途にかかわりわずらって、可視化制度の実現を遅滞させるべきではない。

　このように、可視化が唯一の方策であることは既に実証されつつある。それは、そうだろうとしか言いようのないことである。可視化以外で、どうやって、事実を一義的に確定しうるであろうか。ブラックボックスを残し、曖昧にしか事実を推し量れないということ自体が、不適正な取調べを温存することと同義になるというべきである。佐藤のいう第2の要素もこれを肯定するほかはない。

3　可視化なくして取調べの適正化（供述の自由）なし

　従来の任意性審理の問題点について、ここで、ことさらに繰り返して論じようとは思わない。ただ、従来の任意性審理にあって、任意性の存在基準は余りにも低すぎ、その証明基準も緩やかにすぎたのであり、その見直しが求められてきたこと

---

[45]　たとえば、国家公安委員会委員長「『捜査手法、取調べの高度化を図るための研究会』最終報告書」（2012年2月23日）3頁参照。あるいは、秋田真志「ICレコーダで明らかになった自白強要の実態——大阪府警東署事件が示す可視化の必要性」季刊刑事弁護65号（2011年）91頁参照。残念ながら、近時においても、警察における不祥事は極めて多い（しかも、続いている）といわざるをえない（ひとつひとつ言及することは煩に耐えないほどといわざるをえないが、たとえば、警察官の証拠品捏造に関し、罰金求刑に対し、懲役3カ月執行猶予2年の判決が言渡された大阪地裁のケースがある〔2012年6月12日付朝日新聞参照〕）。さらに衝撃的な事件としてPC遠隔操作事件があった（たとえば2012年10月16日付各紙、10月17日付東京新聞、11月6日付中日新聞夕刊特集など参照）。もとより、PC遠隔操作事件が露呈させた問題の根の深さは司法が抱えるものといわねばならない。これら問題事例は取調べに関するものには限られないものの、いずれにせよ、捜査全体の可視性の低さがその根にあることは明らかである。最低限、取調べの可視化が必要な所以である。

は明らかである[46]。ここでも結論をまず言えば、供述の自由を確保し、「任意」であることを明らかにするのは可視化しかない。

国家による違法・不当な取調べを防止する（すなわち、取調べを適正なものにする）のであれば、それは、事後的規制だけでは足りず、リアルタイムの規制であって、然るべきである。むしろ、そうでなければならず、これによって、はじめて供述の自由というものが観念できる。

そのリアルタイムの規制には、後述するように、確かに、弁護人立会は有効であろう[47]。可視化はこれに比すると、事後的検証可能性を全うさせるという機能により重点があり、そのことを通して、リアルタイムでの適正化にも大きく寄与する面がある。

その意味で、弁護人立会が、そのときそのときの取調べに対応するもので即時的でありうるのに比し[48]、可視化は、即時性には、あるいは、欠けるきらいがある

---

[46] 後藤貞人「自白の任意性を争う弁護活動」季刊刑事弁護14号（1998年）42頁、小坂井・前掲注6書263頁以下、今崎幸彦「共同研究『裁判員制度導入と刑事裁判』の概要――裁判員制度にふさわしい裁判プラクティスの確立を目指して」判例タイムズ56巻26号（2005年）10頁、吉丸眞「録音・録画記録制度について（上）」判例時報1913号（2006年）20～21頁など。任意性の存在基準について、一定の捉え直しを試みたとも思われる決定例の一つとして、大阪地決平成19（2007）年11月14日判タ1268号85頁参照。

[47] もっとも、ミランダの国・アメリカでは、ミランダの権利を行使し弁護人立会を要求することは、実務上、実際は取調べ（そういう場の設定自体）を拒否することと同義に扱われており、弁護人立会のうえでの取調べの遂行といったものは、ほぼ存在しないのが実情のようである（私は2012年10月、法制審議会新時代の刑事司法制度特別部会のアメリカ〔ワシントンDC〕視察に参加したが、以上は、そのときの私自身の見分による。この点、たとえば、小早川義則「取調受忍義務再論――アメリカ法との比較」法律時報83巻2号〔2011年〕14頁も「被疑者が積極的に取調べを受けることに同意しない限り、被疑者を取り調べることは一切できない。ここに『ミランダのエッセンス』がある」としている）。他方、イタリア・フランスでは、（その取調べの内実が、日本と何処まで違うのか議論はともかくも）弁護人立会の下での取調べが現に行われている（2012年9月私は、法制審同特別部会のイタリア〔ローマ〕、フランス〔パリ〕の視察に参加した。これも、そのときの自らの見分による。イタリアの捜査官は「ミランダをまねている」と述べていたものの、その実情には差異があると思われる）。弁護人立会の下で取調べが遂行されているのは、イギリスも、同様である（日本弁護士連合会『可視化への道　可視化からの道――イギリスの取調べ、その進化を見る』〔2011年〕参照）。私自身の見聞ないし知見では、台湾、香港、韓国のアジアの各法域も取調べ自体は立会の下で行われている。以上の意味で、アメリカ型は、世界的にみて、やや特殊と認識すべきではないかと思う。

[48] 前掲注47からすれば、「アメリカを除いては」と注記すべきなのかもしれない（アメリカでは、「即時対応」の、いわば極限形態として、取調べ拒否が常態化しており、したがって、それは弁護人の「対応」という問題では最早ないともいえよう）。以下、本文の記載も上記した意味において、アメリカ型を除外して議論していることになるであろうことを予めお断りしておきたい。

やもしれないものの、通時的であり、永続的である。また、その性質上、客観性があって、（その意味では）共時的にもなりうる。

弁護人立会は、現実問題としては、弁護士の個別的な能力、関与の仕方などに依存し、バラツキが生じることは避けられない。主観性にとどまるところもある。それによって全てカバーできるわけではない[49]。それゆえ、可視化を欠かすことはできない。弁護人立会も可視化もともに必要であるが、以上のような意味においては、可視化は唯一の適正化手段なのである。

このように可視化なくして、取調べの適正化はなく、そのような適正化なくして、供述の自由はない。憲法38条1項・2項は、それをこそ求めている。このことは既に明らかというべきである。

弁護人依頼権との関係──憲法34条・37条3項

弁護人依頼権それ自体から可視化の要請を読みとる理論構成は、まず次の **1** で紹介するような構成になるだろう。それは弁護人立会の代替という考え方で、もっともシンプルなようにみえる。

ところで、弁護人依頼権は、被疑者・被告人が弁護人を依頼する権利であるが、ただ、同時に、弁護関係の成立を前提として（弁護人となろうとする者である場合を含め）、弁護人にも接見交通権・秘密交通権といった固有の権利が生じるとされている。すなわち、弁護人は、被疑者・被告人の権利（防御権）の反射的利益として構成されるような利益・権利にとどまらない独自固有の権利群を獲得するとされる。

これを弁護権と呼ぶとすると、可視化請求権は、弁護人依頼権と弁護権という両者の権利から同時に導かれうるとも考えうる。以下、**1** でシンプルな見解についてみた後、**2** で立会権の諸相と可視化との関係を概観し、**3** では、そのうえで弁護人依頼権と弁護権の構造上、可視化要請が導かれることを述べておきたい。

1　立会権の代替として

上田は、「取調べ適正化と弁護人依頼権……との関係も検討に値する。……。……、（接見交通権で弁護人が行う：引用者注）法的助言が最も有効に効果を持つの

---

[49]　これも前掲注48と同様で、アメリカのように取調べ拒否を常態化させるなら、別の議論をすべきこととなろう。

は、取調べに弁護人が立ち会うことによって、逐次、弁護人が専門家として法的判断を行い、被疑者に助言を与え、捜査官の質問に即時的に応対できる場合といえよう。そしてそのことを通じて、弁護人立会いは、取調べ適正の確保という役割も担うこととなろう。密室で行なわれる取調べに問題があるとすれば、弁護人立会いは極めて有効な監視手段となりうる。しかし、現行法は、弁護人依頼権と接見交通権を認めるにとどまり、弁護人の立会権は法定していない。そこで、弁護人立会いが認められていない中で、取調べ適正化を図る次善策として、取調べの可視化が想定できる。逆にいえば、弁護人立会権が認められたならば、相対的に可視化の必要性は後退するといってよい。弁護人選任権・接見交通権から、弁護人立会権への繋ぎの役割を取調べ可視化が暫定的に担っているともいえる」と評している[50]。

　大久保も「……弁護権を構成する内容として、取調べに対する弁護人の立会権を認めるとすれば、その代替機能を果たすために、録音・録画を権利として要求する余地は考慮に値すると考えられよう」としている[51]。

　いずれにしても、これらの考えは、弁護人立会権の代替として、可視化請求権を位置づけるものである[52]。そのような側面自体は、存在すると思われるが、ただ、両者の関係は、必ずしも、そのような単線的なものとはいえないであろう。もう少し複雑に入り組んでいるようにも思われるので、この点を分析してみたい。

---

[50] 上田・前掲注12論文179～180頁。この上田見解についても、前掲注47・48・49を参照されたい。なお、本文でも言及するとおり、私自身は、可視化について、これを「次善策」とか「繋ぎの役割」にするといった発想を全くもっていない。また、上田は即時に助言・対応できるものとして弁護人立会権を構想しているが、本文でも示すとおり、制度の在り方としては、必ずしもそうではないものもあることにも留意しておく必要がある。

[51] 大久保・前掲注14論文170頁。この大久保見解についても前掲注47・48・49参照。もっとも、大久保は、「そもそも刑訴法においては、捜査機関による捜索に弁護人の立会権がないこと、起訴前の証人尋問にも弁護人の立会権がないこと、鑑定嘱託についても弁護人の不服申立権がないことなどに鑑みると、捜査機関による捜査は、当事者の一方的証拠収集活動であって、原則として、他方当事者の捜査活動に関与する権利を認めていないのではないかとの疑問が残る。当事者主義と相互監視の在り方を含め、さらに検討すべきように思われる」とされている。しかし、そもそも、取調べにあっては、被疑者自身が防御の主体（すなわち、当事者）として、その場にいる（にもかかわらず、「客体」として扱われている）ということを看過すべきではない。

[52] 私自身、そのような見解を表明したことがある（小坂井・前掲注6書70頁）。もっとも、同書191頁では、本文に通底する考えを述べている。

2　立会権の諸相と可視化

　一言で取調べへの弁護人立会といっても、そこで営まれる弁護活動ないしその機能は、次の3段階ないし6段階に分けて考えうるように思われる[53]。次のaないしdになるのではないか[54]。

　　a　　監視（人間カメラ型）
　　b-1　助言・その1（リアルタイムでの即時の助言）
　　b-2　助言・その2（取調べを中断しての接見での助言）
　　c-1　異議申立、若しくは、これに類する申し出や注文など（取調べへの介入・その1）
　　c-2　意見陳述（取調べへの介入・その2。但し、取調べ終了時になされる）
　　d　　処分への関与（答弁取引などの場面にリアルタイムで立会うこと――このときは、aからcの全ての機能が含まれうる）

　このうち、aの監視機能は、可視化のそれと重なる。が、弁護人立会はリアルタイムで即時性がある一方、既述のとおり、通時的ではなく、事後的に永続的・全面的な検証措置足りえない憾みがある。可視化は、いわば監視主体が即時的には不在といえなくはなく、あるいは、その意味では、必ずしもリアルタイムの監視そのものとまではいえない面があるものの、事後的には全面的検証可能性・共有性をもつ（そして、それゆえに、リアルタイムの適正化機能をも当然果たす）。
　その意味でも、弁護人立会の本質は、bの助言機能こそが大きいとみてよいのかもしれない（bのうち、1型と2型の、その両立をも含め、いずれの制度を設計するかは、ひとつの問題であろう）。そのうえで、cの機能をどこまで持たせるかということになるであろう[55]。
　ただし、b（さらにはc）の機能を十全に果たすには、一定の証拠開示を受けてお

---

[53]　この点、第90回日本刑法学会（2012年5月）の分科会II「『新時代の刑事司法』の展望」における岡慎一弁護士の報告に示唆を受けた（刑法雑誌52巻3号〔2013年〕に掲載予定）。ただし、前掲注47・48・49に記載したように、「アメリカ型を除く」と注記しておくべきかもしれない（もっとも、アメリカにおいて、「取引」の場面は、「取調べ」とは別のものとして扱われ、当然に弁護人立会がなされていることを併せて注記しておくべきであろう）。
[54]　取調べ拒絶型は、あえて本文における考察の対象とはしていない（もっとも、dはアメリカ型でも存在することは既述のとおりである）。

くことなど、前提となる制度的な担保も必要となるように思われる（もとより、黙秘の助言はbの機能として極めて重要なものと考えられるが、それもまた、選択の一つである以上は、上記のような制度的担保が不要ということにはならないであろう）。なお、dについては、そのような制度が導入される場合は、必須の前提条件とされなければならない。

　弁護人立会の代替として可視化を捉えたとき、上述のとおり、その機能を事後的に果たす側面は認められる（監視というところに抽象化すれば、それは確かに同一の機能といえる）。そして仮に、可視化記録媒体の開示が、ほぼリアルタイムでなされる制度（1回毎の取調べ終了後直ちに開示される制度）となれば、b-2に近似した機能は、可視化によって、これを果たしうるだろう。

　しかし、それ以外は、aないしdと並べてみて、意外ともいうべきであるが、いずれも、可視化によって、必ずしも直ちに代替できるというものではない[56]。このことがむしろ判るというべきである。弁護人立会は、やはり即時性に大きな意味が認められ、そこにこそ相当に固有の機能があるようにも思われるのである。

　他方で、可視化もまた、既に述べたように、即時性とは異なる固有の機能をもつといえよう（上述したところから明らかなように、私は、可視化が「取調べ適正化を図る次善策」だとは決して思わないし、「弁護人立会権が認められたならば、相対的に可視化の必要性」が後退するとも全く考えていない）。

　そうだとすると、弁護人依頼権との関係では、幾分別の観点から可視化請求権を捉えてみる余地もあるのではないだろうか。

3　弁護権としての可視化請求権

　被疑者取調べに関する可視化記録媒体の弁護人への開示が何時になされるかは、重要な問題である。上述のとおり、ほぼリアルタイムの開示が果たされれば、弁護人立会に準じた、捜査弁護活動も相応に可能となりうる。実際、本人に対する取調べの全状況を、その弁護人が即時的に逐一チェックしうることは大きな意味が認められ、それは、憲法34条あるいは37条3項のまさに実効化といいうる

　55　アメリカ型（取調べ拒否そのもの）を採用しない以上、取調べの場自体は設定される。日本型の出発点としては、aは当然として、b-2を組み込み、c-2を付加するというかたちから立法実務を開始させるのが相当ではないだろうか（本文にあるとおり、dは自明の前提というべきである）。
　56　念の為に注記しておけば、アメリカでは、イニシアルアピアランスで弁護人が必要とされるまでの時間帯が取調べの時間なのであり、可視化はその場面でこそ問題となるテーマとされていると思われる。そうだとすると、アメリカでは実務上、可視化と弁護人立会（＝取調べ拒絶）は非両立の関係に立っていることになろう。

であろう（この意味において、可視化より弁護人立会権は防御上の課題が明確であるとして、より優位に立つべきと考える見解には、相当の根拠があると思う）。他方、弁護人に即時的にチェックさせることで何か問題が生じるとは思われないから[57]、本来はリアルタイムの開示が制度化されるべきである。

しかし、ここでは、その点はさておき、可視化記録によって、弁護人は、自らの依頼者に対する取調べの実態・状況を認識し、把握することができることに着目して論じてみたい。けだし、スロボキンが面通し手続の（弁護人立会の）アナロジーとして、「証人対質権」のなかに可視化請求権を読み込んだ所以は、そのプロセスの十分な観察であり、それを前提にしての（誰よりも、弁護人の）チェック機能であったと思われるからである[58]。これは、弁護人依頼権として、被疑者・被告人の側からも求めうると同時に、弁護人固有の弁護権の立場からも要請可能なもののように思える。

すなわち、可視化がなされてはじめて、弁護人は、自らの依頼者に対する取調べの全過程をリアルに掌握し、かつ検討対象とすることになるといえる。そして、それによってこそ、弁護活動が充実するという要素は、これを当然に認めうるであろう。けだし、弁護人自らが判断を下し、弁護方針を定める前提として、（仮に事後的であっても）ダイレクトな被疑者取調べの全状況を掌握し、これを検討することは極めて有意義といえるからである。あえて固有権としての弁護権として、これを位置づけるとすれば、被疑者・被告人本人自身の姿勢を相対化しつつ、より的確な判断を導きうる点に重点を置くことができる。それは同時に不可避的に公平で公正な立場からのチェックをも行うことを意味することにもなるだろう（それが、何よりも実質的弁護を導くといえるであろう）。

スロボキンの「証人対質権」は（そして、伊藤の「証人対質権」もまた）、そのような意味をも含んでいるのではないだろうか。この点は、まだ議論の端緒にすぎないし、弁護人の任務論の見地からも、さらに検討を要するところがあるやもしれない[59]。ただ、可視化が、（即時的な弁護人立会権とは、幾分異なった位相から）弁護の実効化を導き、新たな局面を拓くことは、かなり確実だと思えるのである。憲法34

---

[57] ただし、この点をめぐっては、さらに「組織の弁護人」論ともいうべき論理が展開されることがある（可視化も立会も、捜査段階の証拠開示も、情報が、本人だけでなく第三者に流出するとして、これらの実現への消極論を唱える立場がある）。これは、弁護人の任務論の問題である。

[58] 伊藤が、対質の目的を「訴追側の証拠作出過程を可視化することを要求するものである」としていることは（伊藤・前掲注9「同（3）」論文147頁参照）、前掲注10・11でも言及したとおりである。

条・37条3項も、上述した意味で、可視化をこそ要請しているというべきである。

刑訴法レベルの問題

1　何ら規定されていないということについて

　上田は、「取調べ可視化を刑訴法との関係で考えるとどうか。刑訴法には直接、可視化を求める規定はない。むしろ、刑訴法は、捜査機関の行なう捜査活動への弁護人の立会いや関与に消極的であるとさえいいうる」とし[60]、捜査機関が行なう捜索差押に対して、被疑者・弁護人の立会権は認められていないことを挙げている（222条は113条を準用していない——捜査機関の裁量により、これを必要と認めた場合に立会いをなしうるにとどまる——222条6項）。

　しかし、他方で上田は、「このことを根拠として直ちに、刑訴法は、取調べに対する弁護人立会いはもちろんのこと、可視化も許容していないという結論を推論・演繹することはできないように思われる。ここでいえることは、刑訴法は、取調べへの弁護人立会い、あるいは可視化について何ら規定していない、法定していない、というにとどまる。刑訴法は、この問題について何ら態度決定をしていない、ということはいえても、これを禁止しているとまではいえないのではなかろうか。ある事項が法定されていないことを根拠として、法は当該事項を禁止、あるいは不許容の立場を採っていると速断することはできない」としている。そのうえで、捜索証明書を発行しなければならないこと（119条。刑訴規96条）、あるいは、押収品目録の作成と交付が義務づけられていること（120条。刑訴規則96条）などに触れ、「可視化は、（捜査官の側からいえば）義務であり、（被処分者たる被疑者の側からいえば）権利でもあるといいうるのである。このことは、弁護人の取調べ立会権が認められていない現状において、なお強調されるべきことのように思われる」とされている[61]。

　上田の言うとおり、刑訴法は可視化について、なるほど直接の規定を措いているとはいえまい（後述の316条の14の規定があるくらいである）。立法は、たえず時代の制約のなかでなされているといえようから、刑訴法の条文において、2012年の現

---

[59]　さしあたり、福井厚「刑事弁護と弁護士倫理」現代刑事法23号（2001年）4頁、小坂井久「弁護人の誠実義務」季刊刑事弁護22号（2000年）44頁など。
[60]　上田・前掲注12論文180〜181頁。
[61]　上田・前掲注12論文182〜183頁。

段階において、録画・録音について、必ずしも前面に記載されていないこと自体はやむをえないであろう。しかし、果たして、刑訴法において、ほんとうに何ら規定されていない（態度決定されていない）のだろうか。この点、改めて問うてみる必要があるように思われる。

2　果たして態度決定していないのか──法は可視化を求めてはいないのか

(1)　刑訴法上の条文の文言を今一度、みてみよう。刑訴法198条は、その3項で、「被疑者の供述は、これを調書に録取することができる」とし、4項で、「前項の調書は、これを被疑者に閲覧させ、又は読み聞かせて、誤がないかどうかを問い、被疑者が増減変更の申立をしたときは、その供述を調書に記載しなければならない」としている。そして、同条5項では、「被疑者が、調書に誤のないことを申し立てたときは、これに署名押印することを求めることができる。但し、これを拒絶した場合は、この限りではない」と定めている。法223条2項は、これを準用している。

また、法321条1項は「被告人以外の者が作成した供述書又はその者の供述を録取した書面で供述者の署名若しくは押印のあるもの」の証拠能力について、法322条1項では、「被告人が作成した供述書又は被告人の供述を録取した書面で被告人の署名若しくは押印のあるもの」の証拠能力について、それぞれ規定している。

さらに、法316条の14は、その第2号で、「供述録取書等」を「供述書、供述を録取した書面で供述者の署名若しくは押印のあるもの又は映像若しくは音声を記録することができる記録媒体であって供述を記録したものをいう」と定義している。

ここでの「調書」「供述録取書」「供述録取書等」の意味を考えたとき、少なくとも可視化が条文の文言上否定されているわけではないことは明らかであろう。けだし、「録取」とは、文字通りの意味でいえば、そのまま記録することなのだからであり、それ以外の理解は、本来ないからである。また、可能な限り正確な記録が志向されていることも、その条文自体から、むしろ明らかなように思われる。

そうだとすれば、むしろ、法は、もともと、逐語記録を（少なくとも理想形として）想定していたのではないのだろうか。その意味においては、可視化は法にとって、自明のこととされていたとさえいうべきなのではないだろうか。すなわち、法の態度自体は明らかなのではなかろうか。

(2)　もっとも、従来の実務上の通説は、次のように解釈してきた。すなわち、「供

述の『録取』は、被疑者の供述の文字通りの再現を要求するものではないし、被疑者の供述した事項の全てにわたる要もない。犯罪の成否、情状など重要と判断される事項を中心に、被疑者の供述を整理し、時には深く掘り下げ、関連性の乏しい事項についての供述は調書上取り上げないなど、供述の各事項の取捨選択、その取扱いの程度などについて捜査官の判断を経て作成されることはもとより許される」としている。そして、「調書の形式も問・答の方式を取る必要はなく、実務上多くの調書は、被疑者が語る物語形式で作成されている。調書は取調べが行われたときに作成されるが、必要でないときには作らなくてもよい」などとしてきたのである[62]。下級審の判決も、そのように説いているといえる[63]。

　しかし、この点、今一度、より正確に捉え直してみる必要があるのではないか。「調書」というにせよ、「供述録取書」というにせよ、これらを「取調べの記録文書」とみて、ありのままの記載を当然とする考えは、従来から有力に存在していた[64]。既述のとおり、本来、「録取」とは逐語録がイメージされていたとみて、それほど奇異な話だとは思われない。法は、そのまま記録することそれ自体を、何ら否定してきたわけではないのである。

　他方、いうまでもないことであるが、「作文」してよいとは、条文の何処にも書いていない。判決例も調書の「作文」性を否定するからこそ、その証拠能力や信用性を認めてきたのであり、従来の上記通説をも含め、誰も「作文」を許容できるなどとは解釈していないのである。

　このことはいうまでもないのであって、「供述していない」ことを「記載してよい」などとは刑訴法の条文の何処にも書かれてはいない。刑訴法は「作文」をおよそ許していない。その自明性こそを改めて確認しておかねばならない。

62　伊藤栄樹ほか『注釈刑事訴訟法（3）〔新版〕』（立花書房、1996年）88頁［東條伸一郎］。藤永幸治ほか『大コンメンタール刑事訴訟法（3）』（青林書院、1996年）174～175頁［河村博］は、「文理上も『録取することができる』と規定されており、……被疑者の弁解を録取することが義務づけられているものでもない」ことを理由として記載内容を取調官の裁量で決することができるとしている。

63　たとえば、東京地判昭和58（1983）年10月12日刑裁月報15巻10号521頁（いわゆるロッキード事件・丸紅ルート第1審判決）参照。東京高判昭和29（1954）年5月6日特報40号86頁は、「供述調書は供述者が供述したところを録取するものであるから、通常は供述者の供述とこれを録取した調書の作成年月日は同一時である」と判示しながらも、「後日……一括録取して調書を作成すること」も当然許されるなどとしている。

64　井戸田侃「取調の法的規制」熊谷弘ほか編『捜査法大系（1）』（日本評論社、1972年）238頁以下参照。

(3)　同時に、従来の通説にあっても、次のように解釈されていることには着目しておいてよい。すなわち、「調書は、被疑者に閲覧させるか又は読み聞かせて、誤りがないかどうかを尋ねる。この手続は調書の内容を被疑者に理解させ、その正確性について被疑者の確認を求めるものであるから、原則として省略してはならない」のである。そして、「誤りがないかどうかを尋ねて、誤りがないと申し立てたときは、その旨を調書に記載し、被疑者の署名押印を求めることができる。被疑者は署名又は押印を拒絶することもできる。……誤りがないかどうかを尋ねて、被疑者が増減変更の申立てをしたときはその旨を調書に記載する。……調書についての増減変更の申立ては、申立てをそのままに記載すべきであり、調書作成者において取捨選択することはできない。申立ての内容を確認するために問を発し、誤解と思われる点は再度調書の内容を読み聞かせるなどして説明するなどは許されるが、それでもなお、申立てを続けるのであれば、それが誤解に基づくと思われるときでも、そのまま記載すべきである」とされている[65]。

　これらは、むしろ文字通りの「録取」に、条文が極めて親和的なことを示している。実際、少なくとも、調書の完成時には、本人の供述そのままの「録取」以外許されないとされていることは明らかである。それを取調官が勝手に解釈して書き直して良いという前提は全く措かれていない。

　(4)　そのことは、「供述録取書」そのものについての通説的理解からも、さらに裏付けうるであろう。すなわち、「供述書と供述録取書の区別」は、「供述書の場合には供述者の署名押印は証拠能力が生じるための要件とされていないのに対し、供述録取書の場合にはそれが要件とされていることにある……。これは、供述書の場合には、供述者が作成した書面であることが明らかになれば<u>供述者がその内容を供述したことが明らかになる</u>のに対し、供述録取書の場合には、供述者の供述を他の者が記録した再伝聞なので、供述者の署名押印により<u>供述者が供述したとおりが記録されていること</u>を認証させた上、供述者自身が作成した供述書と同様に扱うためである。結局、供述書と供述録取書の双方を通じて重要となるのは、<u>供述者の供述したとおりが記録されている書面</u>であるか否かであり、供述録取書の署名押印はそれを確認するための手段にとどまることである。……供述録取書に署名又は押印を必要としているのは、供述者の供述を録取者が録取した点で二重の伝聞証拠にあたる供述録取書から録取による伝聞性を除去し、単純な伝聞証拠とし、供述者自身が作成したのと同様に取り扱い得るようにする

65　伊藤ほか・前掲注62『注釈刑事訴訟法(3)〔新版〕』89～90頁。

ためである」(下線引用者) と解されているわけである[66]。

法の建前も通説的理解も、あくまでも「供述者の供述したとおりが記録されている」ことを自明の前提としていることが判る。少なくとも逐語録が法の趣旨に適うことはいうまでもなく、法は逐語録であることが担保されないときにこそ、署名又は押印をもって、正確性 (いわば、逐語録性と等価の正確性) の保障としたわけである。

そうだとすると、むしろ法は可視化を志向する態度を決定しているというべきではないだろうか。

3　法と実務の乖離について

法の趣旨は上述のとおりだと考えられる。が、実際の今日までの実務は、むしろ、このような法の趣旨とは全く異なった実態のもとに、運用されてきたというべきである。先に述べた従来型通説の解釈は、いわば肥大化し、取調官の裁量でおよそ自由な調書記載が可能であるかの如き錯覚が蔓延してきたといわなければならない。

たとえば、既述の調書完成時の増減変更申立も、実務にあっては、まさに取調官のまことに勝手な自由裁量によって、「取捨選択」されてきた。それは、調書の信用性を仮装するためにこそ用いられてきたと断じてよいほどである (増減変更の申立を受けた取調官は、どうでもいいような訂正だけを受け容れ、重要部分は、変更を申立てられても修正しないで済ませることが多い。そうすることによって、重要部分の調書記載の信用性を──訂正されていないことをもって──認める扱いが続いてきたからである)[67]。

かくて、「作文」調書という「フィクション」に証拠能力を与えるため、ある種の「処分」行為としてなされたのが、「署名若しくは押印」となってしまったと理解しうる (そうとしか実務運用は理解できないものである)。

まさに取調べの場面で、どのような「フィクション」で「妥協」するかという「取引」(=「処分」) がなされてきたのである。それが日本の刑事司法実務の実態というべきである。ここにおいて、「実体的真実主義」という名の「フィクション」による刑

---

[66]　伊藤栄樹ほか『注釈刑事訴訟法 (5)〔新版〕』(立花書房、1998 年) 307 頁〔香城敏麿〕。しかし、現実の実務運用が二重の伝聞性の一つを除去することにあるといえるような性質のものかどうかは、全く疑問である。この点、むしろ「処分」性の意味が強いことは本文で言及するとおりである。

[67]　たとえば、田中森一『反転──闇社会の守護神と呼ばれて』(幻冬舎、2007 年) 147 頁以下参照 (特捜部の「供述調書作りのテクニック」が披瀝されている)。

事司法運営がなされてきたといわなければならない。それは、我が刑事司法実務において、まさにその根幹で生じてきた問題にほかならないだろう。それは、ここでの論点とは少し別個の問題ということになるのかもしれない。しかし、隠されてきた問題が「視え」はじめたのである。それには、おそらく、可視化論の進展が寄与している。

　ともあれ、ここで言いたいことは、結局は、ひとつである。刑訴法もまた、本来、可視化を求めてきたはずだということである。そのような態度は既に決められているとみるべきであろう。このことを通じて、従来の実務において肯定されてきた「調書裁判」というものに対する発想は、今こそ根本から転換されなければならない。

国家の義務として

1　義務付けの根拠など

　以上、可視化請求権の憲法上の根拠について論及したうえで、刑訴法上も、むしろ、可視化こそが自明の前提ではないのかとの論点にも言及してきた。可視化について、憲法上の要請は重畳的である。それだけでなく、循環的であり、まさに構造的であることが、以上の論述で少しでも示しえていればと思う。これは、繰り返し確認するに足ることである。もとより、それは個人の人格・基本権の問題だからであり、可視化ということがそのことと密接不可分だからである。

　さて、スロボキンは、「政府と一般社会が供述の逐語的な録音録画に強い関心をもっていて、そのため、被疑者はたとえその権利を放棄する合理的な理由をあげることができたとしても放棄できるようにすべきではない」と説いている。すなわち、「この社会では、裁判過程の品位が守られ、訴追側と被告人間が実質的に平等になっていることが求められているため、一定の被告人は、その人の要求とはかかわりなく訴訟無能力として裁判にかけられないという場合もある。同様に、刑事裁判のプロセスに信頼をおくことができ、かつ公正であることを保障する方法として、政府も取調室で何が起きていたかを正確に知ることを望むはずであり、録音録画義務はことに神聖なものであるべきである」[68]。

　これはパターナリズムと批判されるかもしれない。しかし、本人の意思をも越えた公正さは、裁判手続上必要である。憲法37条1項が志向するフェアトライアルの理念も、そのようなものなのではないか。放棄不可能な権利とは[69]、国家に対

---

[68]　スロボキン・前掲注7論文338～339頁。

する絶対的な義務付けにほかならない。

　より適正で、より公正で、より正確であるということにおいて、権利と義務は合体する。憲法は可視化を求めているといわなければならない。

2　義務付けのレベル（いわゆる録画拒否問題）について

　もっとも、それが個人に対する義務付けとの側面をももつに至ることを考えると、「供述」の逐語記録というもの（その義務付け自体）を厳格に解する余地はありうる。「より適正、より公正、より正確」な地点というものは、もしかすると、その均衡点が存在するものなのかもしれない。あるいは、その均衡は、防御権との関係で存在しうるものなのかもしれない。このような観点から、私は、肖像権などにまつわり、本人にコントロール不能な「録画」は拒否しうる制度にしてよいのではないかと考えている。

　録画で映される状態は、ボディランゲージ（＝「供述」）になりうるとはいえ、必ずしも「供述」になるとは限らないのではないだろうか。そうだとすると、その部分の記録化如何を本人の選択に委ねる余地もあるのではないか。逆に言うと、そのような状態そのものについて本人への記録化の義務付けを相当としうるかどうか、慎重に考えるべきところがあるだろう。

　要するに、録画拒否可能・録音拒否不能説である。しかし、この点は、さらに検討しなければなるまい[70]。

証拠能力について

　本稿は、現憲法もしくは現行法のもとで、個々の被疑者において、個々の事件の取調べ場面で、当然に可視化請求に及ぶことが出来、捜査機関の側は、これに応えなければならないということを主に示そうとしたものである。そして、そのことについての証拠能力論の帰結は簡明といわなければならない。

　69　たとえば、杉原・前掲注33書259頁は弁護人依頼権（憲法37条3項）を原則として放棄不能としている。
　70　スロボキン・前掲注7論文339頁は録画の拒否も認めない。確かに、そこで大切な情報が落ちるという点をどう理解するかは重要な論点である（録画と録音では、情報の質量に相当の差異があるとの見方もあろう）。この点、全過程録画をこそ義務付け、再生場面は録音にとどめるとの構想もあるだろう。いろいろ考えると、ここには様々の要請が集約されており、私自身、未だ一義的な答は出せていない。

証拠能力の点について、制度化を考えたとき、個々の事件において、取調べ「全過程」の録画・録音がなされていないのなら、その捜査段階供述（供述録取書でもあればもちろんのこと、供述書であれ、録画・録音記録媒体であれ）は、その証拠能力を認めるべきではない。国家の義務をどのレベルにするかは上述したとおりの議論がありうるが、いずれにしても、義務に違背して「全過程」の録画・録音を欠いた以上、捜査段階供述そのものについて（それが、「全過程」を欠いたうえでのものである限り）、その制裁として、法定で証拠能力を欠くこととするのは、極めて自然な発想である（厳然たる法定証拠主義が採用されてよい）。
　もとより、自白法則における違法排除説からも、この理が導かれることは、当然であろう（既に述べた憲法38条への理解などからすれば、この理解は、むしろ容易ともいうべきであろう）。既述したとおり、供述の採取過程にあっては、「違法」が存在したということ以上の複雑な要件付けは、むしろ不要というべきだからである[71]。
　そして、私自身は、いわゆる「任意性説」の立場から考えても[72]、録画・録音記録媒体の欠如から証拠能力を欠くとの結論を導くことを少しも奇異とは考えていない。任意性の立証を果たせないとの宣明が、可視化記録媒体の欠如そのものなのだからである。その意味では、制度化以前の現段階の実務運用でも同様に解されて然るべきだと考えている。
　この点、もともと訴追側に立証責任のあるものについて、さらに立証方法を限定するかのような手法を採ることはオカシイとするむきもあるかもしれない。しかし、法定証拠主義を採用する以上、たとえば、物理的支障を例外事由とする制度化を想定した場合、国家は、まず物理的支障の存在を立証しなければならない[73]。それに成功したときにはじめて、一般の任意性審理で決着をつけうるというだけのことである。このように考えると、任意性の問題として捉えても、「全過程」録画・録音記録媒体の存在と証拠能力とをリンクさせる制度を構築することは、不合理ではないものと思われる。

---

[71] この謂において、ロザール事件控訴審判決（東京高判平成14〔2002〕年9月4日判時1808号144頁）は、あくまでも一般的な違法収集証拠排除論を述べたものであることは、その判決文自体において明らかであり、本文の如き意味で証拠排除を導いた先例というわけではない（もっとも、中島・前掲注42論文40頁は、同判決について「自白については排除のハードルを下げているようにもみえる」としている）。
[72] 「任意性説」については、たとえば、中島・前掲注42論文35頁参照。
[73] 「全過程」の例外事由は物理的支障にとどまると考えるべきではないか。例外事由に多義的な要素を含めてしまうと、たとえば、証拠能力についての処理・判断も難度が非常に高くなってしまうため、そのような要素は排除するのが相当だと思われる。この点、なお検討したい。

これもまた、現在の実務運用自体、そのように展開されて然るべきだと思う。私自身は、前述したとおり、そもそも「録取」という言葉の意味自体、逐語録を志向しているとみるべきであるという観点からも、録画・録音が普及している現段階での証拠能力論を改めて展開すべきではないかと考えている。

結びに代えて

　以上のような個別実践論とともに、次のようにも言えるはずである。すなわち、我が憲法の要請にもとづき、まさに取調べの「全過程」を録画・録音する具体的立法措置をすみやかに果たさなければならない。もとより、前述のとおり、録画・録音を一部でも欠けば、捜査段階供述は、その証拠能力を失う。そういう法制化をすべきである。これは目前の現実の立法課題である。

　ここでの議論が極めて拙いことは承知している。しかし、刑事司法の新たな原理として可視化が要請されていることは、もはや否定の余地がない。ここで述べてきたことには、いくつもの誤りが含まれているであろう。が、この論議の発展に少しは寄与しているところがあるものと信じたい。

〈2012年11月脱稿〉

第I部 取調べ可視化論の展開

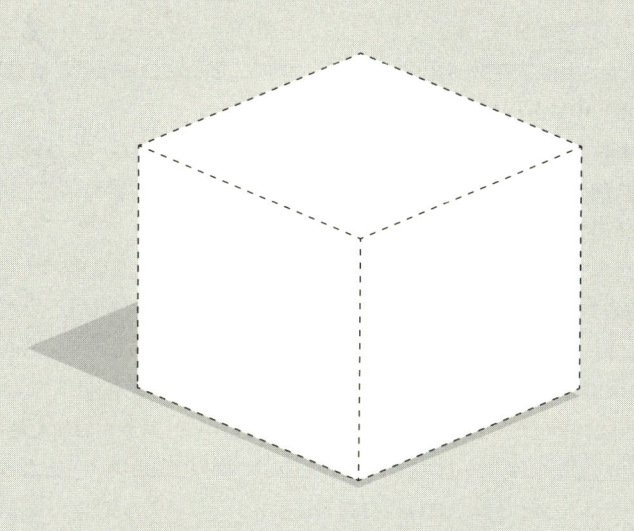

第1章 冤罪防止と可視化の意義
——可視化立法に向けて

　弁護士の小坂井久と申します。今日は冤罪防止のために可視化がどんな意味を果たすのか、今、可視化立法がどんな段階にあるのかをお話しします。

冤罪の「原因」と「虚偽自白」

1　氷見事件

　警察官が被疑者からいろいろな事情を聞いてまとめたものを「供述録取書」と言います。一般的には「供述調書」という言い方がされています。

　その供述調書の中に、「犯行現場に行く途中に、新聞配達の人とすれ違いました」という記載があったとします。すごくリアルではないでしょうか。さりげないエピソードに見えながら、体験した者でないと語れないだろうと思わせるだけのものがあります。実はこの供述記載は、冤罪であることが明白になった氷見事件の被告人調書の中にあった記載です。

　氷見事件は、実刑判決を受け、服役を余儀なくされたが、服役後になって真犯人があらわれたという事案です。検察が無実だったと再審を申し立てるという異例の経過をたどり、2007年に無罪が確定しました。

　2002年の1月と3月に強姦未遂、あるいは強姦既遂事件が発生しました。そして、その年の4月上旬に柳原さんという方が任意同行というかたちで警察に呼ばれ、取調べを受けることになります。彼は任意同行というかたちでしたが、朝から晩まで取調室で取調べを受けました。1日目、彼は否認し続けます。2日目も彼は否認し続けました。そして、3日目の取調べの途中に「家族もお前を疑っている」という話が出ます。あるいは取調べの暑さの中で柳原さんがボーッとなる場面もあります。そういった過程で彼は自白調書にサインしてしまいました。柳原さんとお会いしたときに、私たちが「そこで自白したんですね」という言い方で質問してしまうと、「『自白した』とされている調書にサインをさせられ、それが自白調書になってしまったんだ」ということを彼はよく言われます。自分から何か言ったんじゃないんです。取調官に言われて、黙ってうなずいてしまった。そのようにして虚偽自白

の調書が作られ、先ほど申し上げたようないかにもリアルなエピソードが挟み込まれました。こういったことは日本の供述調書では「よくあること」なのです。

2　志布志事件

鹿児島の志布志事件を少し見てみましょう。志布志事件というのは、2003年の鹿児島県議会議員選挙での、買収が問題になった事件です。選挙運動で買収があったということで13人の方が起訴されました。結論から言いますと、途中おひとりの方がお亡くなりになったので12人の方全員に、鹿児島地裁は2007年2月に無罪判決を下しました。これも冤罪であることが明らかになった事件です。

調書の中の4回の買収会合が問題になりました。ある被告人の方の調書にはこんなことが書いてあったようです。「会合では、つまみにさきいかと落花生が出た。ビールはアサヒビールだった」。他の会合では、「アサヒビールの350ミリリットル缶が振る舞われ、おつまみはウィンナーだった」とあります。4回あったとされている会合のうちの2回については、公判でアリバイがあることが明確になりましたし、結局、裁判所は4回の会合そのものが存在していなかったという認定をしました。しかし、存在もしなかった会合でアサヒビールやさきいかの話がいかにもリアルに語られている調書ができあがっているのです。「いったい、どういうことであろう」と思わざるをえません。

3　「虚偽自白」発生のメカニズム

さて、問題は先ほど申し上げましたような、さりげないエピソードを挟み込んだ調書の書き方です。ありもしないことについて、なぜこんなことが書かれてしまっているんだろう、ということです。このことについて、刑事司法に携わる者はみんな必死になって考えなければなりません。しかし、日本の刑事司法はその問題をずっと放置して今日にまで至りました。ただ、今はその大きな転換期の中に間違いなくあると言えると思います。

こういう「虚偽自白」が生まれるメカニズム自体は比較的わかってきています。取調べにはまず取調官と取り調べられる者がいます。事件が起こると、取調官は取調べの場を設定し、取り調べられる者と相対していて、供述調書を作ります。この過程がまったくのブラックボックスです。ところが、日本の刑事司法はずっとこの供述調書からダイレクトに事実認定をしてきました。

警察の取調室と言えば、2畳から3畳ぐらいの小さい部屋で、非常に圧迫感があります。調べる側は1人だったり2人だったりしますが、そういうところに押し

込められて、朝から晩まで責められるのです。それが外部からまったく見えない状態になるわけです。ここで何が起こっているのかを明らかにするのが、まさに可視化の第一歩です。可視化することで、取調べの過程を「見る」ことができるようになります。

　取調室で、取調官が発した問いに取り調べられる側は答えます。それまで黙秘していて、ようやく答えているかも知れません。最初から自主的にしゃべっている場合もあるでしょう。いずれにしても、取り調べられる人がそこで表現した内容を取調官が認識します。だいたい取調べノートみたいなものがあって、メモをしてためていると言われます。実はまだ次の過程があって、ここで取調官の中で加工がなされるのです。

　というのは、何日か調べて、ひとかたまりの話になったところで、取調官によって供述調書が作られるのですが、日本の供述調書は、一人称独白形式です。取調官が取調べを受ける者になりかわって「私は〇月〇日に……」と独白形式で記録する方法です。これは取り調べられている者が自分で書くのではないのです。取調官が一人称独白形式という独特の形式で作っていくのが日本の供述調書です。この形式では、本来、取調室で行われているコミュニケーションの過程、情報の交換過程がまったく消え去ってしまうという問題があります。取調べの実態が見えないのです。

　取調べの全過程を見える状態にすれば、私どもは全過程の録画をもって可視化と呼んでいますが、ブラックボックス状態よりは状況はわかってくるかと思います。どこまで取調官が正確に取調べの状況を供述調書に反映しているのかは、可視化されることによってはっきりしてきます。やはり取調べ構造自体の問題が虚偽自白を生んでいるのです。取調べ過程を可視化することによって、取り調べられる者の側がどういう質問を受け、どういうふうに答えているのかという過程が明らかになります。取り調べられる側がどんな出来事を体験し、そのうえでどのようにそれを記憶しているのか、そしてどのようにそれを表現しているのかも、よりわかるようになります。

　法廷で立証したい側が明らかにしたいことを証人に語ってもらう尋問を主尋問と言います。そこで一通り証人が話すと次に必ず反対尋問をすることになっています。これが近代的な刑事裁判のシステムです。証人が本当に出来事を正確に記憶しているのか、そもそも正確に感じ取ったのか、記憶として正確に保持し続けているか、さらに法廷で正確に表現しているのかどうかを確かめるために行います。その反対尋問に耐えた証言が、証拠として使えるようになります。これが近代の

刑事裁判の大原則です。

　なぜ虚偽自白が生じるかの端的な答えはまだ出ていません。しかし、少なくともこのブラックボックスでの取調べ過程というものが虚偽自白を生んでいるということは明らかです。何もおかしな取調官がいたから起こったという問題ではありません。まさに取調べのシステムそのものに問題があるからこそ、こういう状況が起こっていると見るべきです。

可視化の意義

　取調べ可視化の意義として2つのことを申し上げておきます。
　ひとつは見える状態になれば、違法な捜査はできなくなります。そういう抑止効果があると言えます。今でもまだ暴力的な取調べはあります。そういうものを可視化が防ぐことは間違いありません。
　可視化のもうひとつの大きな意義は検証可能性です。つまり全過程を可視化することによって、なぜその人がそういう供述をしたのか、なぜそういうことになったのかを客観視して見ていくことができるようになります。今はそういう材料さえない状態ですから、可視化された状態が今よりもベターなことは誰にも疑う余地はないだろうと思います。

そこで大風呂敷を広げて──日本の刑事司法の「現在」

　ここで日本の刑事司法に関して大風呂敷を広げたお話をしていきたいと思います。
　1985年に刑事法学者の平野龍一さんが論文の中で「我が国の刑事司法はかなり絶望的である」というように言いました[1]。戦後40年の段階における日本の刑事司法の実務を見て、著名な学者が言った言葉が、この言葉だったということは非常に象徴的だと思います。
　さらに1989年に大阪高裁の裁判長を長年務めた石松竹雄さんが退官されるときに、「わが国の刑事被告人は、裁判官による裁判を本当に受けているのか」[2]と言われました。日本の場合起訴されれば、99.9％が有罪です。争っていない事件

　1　平野龍一「現行刑事訴訟の診断」平場安治ほか編『団藤重光博士古稀祝賀論文集（4）』（有斐閣、1985年）423頁。

もかなりあるので、こういう数字になっています。では、争っている事件についての無罪率を調べてみると、だいたい2％です。つまり98％が有罪です。石松さんはそのような現状を指してこのように言ったのです。起訴された段階でほぼ有罪が決まってしまっているというわけです。

みなさんご承知のとおり、1980年代は死刑が確定したあとに再審によって無罪になった事件が4つも出た年代です。このときに日本の刑事司法は変革を遂げておくべきでした。そのような誤判の存在が明らかになったのですから、日本の刑事司法システムは根本的におかしなところがあるということです。

その原因はやはり調書裁判の問題だと思います。密室の取調べでできあがった調書に基づいて事実を認定するということを延々と繰り返してきました。さらに、いったん勾留されるとなかなか保釈されません。「人質司法」と呼ばれるものですが、そのようなことも合わさって虚偽自白がつくられる要因になっています。

1　一人称独白形式

戦後に新憲法ができ、新刑訴・昭和刑訴もできました。そこで新たな刑事実務が始まるはずだったのですが、そうならずに、旧態依然の取調べや調書裁判を続けています。

いわゆる明治憲法のもと、戦前は大正刑訴と言われた旧刑訴のもとで、職権主義的な刑事訴訟法ではあるんですが、そう悪い刑訴でもないんですね、当時も法律を守らない取調べが横行していたので、ひどい事件がいっぱいあった、となるわけで、法を軽視する刑事司法実務自体は意外と変わっていないのではないかと思います。

そういう意味であえて申し上げておきますと、先ほど申しました一人称独白形式の供述調書には相当ふるい歴史があると私は考えています。例えば、旧刑訴時代には警察や検察に尋問する権利はありませんでした。予審判事のみが被疑者に対して問いを発することができ、尋問調書というものがつくられました。「問い」のまま、被疑者の「答え」のまま書いていくのが尋問調書です。これは尋問権があるからこそ尋問調書がつくられる。

この旧刑訴の時代のさらにまえの旧々刑訴・明治刑訴の時代に、検察、警察が、問うてはいない＝被疑者が自分でしゃべる、こういう形式を編み出したのです。つ

2　石松竹雄「わが国の刑事被告人は、裁判官による裁判を本当に受けているのか」法学セミナー423号（1990年）62頁。

まり、予審判事でない、尋問権がない自分たちが証拠をつくるためには、自分たちが尋問したという形跡を消さねばならなかった。「聴取書」といいます。ですから、主語は「私は」になるわけです。

明治時代にいったん、こういったものは尋問調書ではないので証拠としては用いることができない、事実認定につかうことができないという判例が出ました。しかし時代が変わり、被疑者が任意に話している以上は、それを証拠としてよいという大審院の判断が、これも明治時代ですが、出ました。この伝統を日本の警察、検察はずっと引き継ぎ、それがまさに戦後の供述調書に結びついているという推測です。

実はさらに遡ることが可能です。吉田松陰の『留魂録』におもしろいエピソードがあります。吉田松陰が安政の大獄によって奉行から尋問を受けることになりました。当時は供述調書のことを「口書」と言いました。当初松陰は奉行と論争をします。ところが、松陰が自分の主張を説明してもまったく受け付けず、奉行は自分でつくったストーリーに合わせた「口書」を作りました。松陰はばかばかしくなったということを『留魂録』に書いているのです。つまり、このシステムはそれだけの長い歴史があるということです。

私自身が可視化の問題に取り組み出したのは十数年前ですが、21世紀に入ったころから正月になると「今年は可視化元年である」とみんなの前で言っていました。しかしいまだにその第一歩しか踏み出せていない状況があります。それはなぜかと言うと、日本の刑事司法システムに、密室での取調べが根づいてしまっているからです。いろいろな刑事司法改革を日弁連も考えてきましたが、取調べシステムに思い至ったとき、その問題こそが焦点だと考えました。やはり可視化が最優先課題になるんではないかというふうに思っています。

刑事司法改革と刑事弁護の「現在」

ここ数年の動きをおさらいしておきます。日弁連は1989年から90年にかけて当番弁護士制度を立ち上げました。背景には80年代の、死刑が確定した人が再審無罪になる事件などの教訓があります。やはり起訴前の捜査段階においても弁護活動をしないといけないということで、当番弁護士活動が始まりました。その10年後には国費による被疑者弁護制度にそれが移行しました。次に日弁連が取り組む改革はやはり可視化です。もちろん可視化の中には、弁護人立会いも含まれます。録画、録音することだけで解決するものではありません。日本の刑事司法

には多くの課題がありますが、その課題の核になっているのが可視化だと考えています。

大阪弁護士会では、90年代の半ばから2000年ぐらいにかけて、可視化をテーマとして掲げるようになりました。日弁連が可視化を最重要課題として捉えるようになったのは2003年です。そこに至る過程に司法制度改革審議会というものがありました。その刑事司法の分野では、まさに裁判員裁判の導入が決められました。

しかし残念ながら、可視化制度の導入は見送られました。その理由は反対勢力が非常に強大だったからです。司法制度改革審議会では、可視化や弁護人立会いの議論が出ましたが、取調べの障害になるのではということで先送りにされました。ただし、その代わりと言ってはなんですが、書面によって、いつ、どこで、誰が、どれだけの時間調べたのかを残しておくこととなりました。今は開示要求すれば、この書面を見ることができます。

80年代の死刑再審4事件のときは、私の知る限り公式な検証の記録は公表されていません。しかし、あのような大事件が起こって最高検が何の内部検討もしていないはずはありません。しかし、少なくとも根本的に捜査や取調べのあり方を変えようとする動きは出てきませんでした。

ですが、ご承知のとおり氷見事件、志布志事件、足利事件、布川事件という流れが起こってきて、さすがに警察・検察も、氷見のとき、志布志のときに、検証結果の報告書を公表しています。それはひとつの進歩です。ただ同時に、捜査機関が発表した報告書には違和感を禁じえないところがあります。それは「虚偽自白を見抜けなかった捜査のあり方に問題がある」という総括の仕方がされていた点です。そうではなく、虚偽自白を生む捜査システムそのものを根本的に考え直してもらわないといけないのです。

海外の状況

海外に目を向けてみましょう。いわゆる可視化先進国はイギリスです。どこの国でも可視化をするきっかけはやはり冤罪事件です。他にもオーストラリア、アメリカ、台湾がそうです。取調べの過程での暴行事件や違法捜査が主なきっかけとなった国もあります。

基本的に先進国と言われている国では、可視化はすでに実現していますが、アメリカは可視化に関しては後進国です。アメリカではミランダルールというものが、

1966年のミランダ判決によってできています。ミランダルールとは、取調べ時に「弁護士を呼べ」と言えば、弁護士が来るまで取調べができないというシステムです。ミランダルールがある以上はビデオ録画ないし録音しなくても大丈夫だろうと言われていましたが、間違いであることが明らかになりました。平たく言えば「弁護士を呼ばなくてもいいよな」「はい」となれば、ミランダルールの権利を放棄したことになり、密室での取調べが続くことになります。これは「ミランダの矛盾」と言われ、その反省からアメリカでも可視化が進んできました。アメリカでは州法や州の最高裁判決によって可視化の導入が決められた地域があります。イリノイ州は2003年に州法が成立しました。この州法を当時の議会で提案したのが現在のアメリカ大統領であるバラク・オバマです。

　アジアに目を転じてみても、日本が立ち遅れていることは言うまでもない状態です。アジアでの可視化の先進システムは香港です。台湾も90年代から導入しています。韓国では昨年（2009年）立法化されました。それ以前には憲法上、弁護人が取調べに立ち会う権利があるという強力な決定が出ていました。韓国では捜査官の裁量で録画をするのですが、録画をしておかないとそのときに作った調書は裁判では使えません。ですから、調書を裁判で証拠として使いたい以上は録画することになります。

　それに比べて日本は後進性を深めたままの状態がいまだに続いています。私どもが可視化の運動を始めたころ、政府の見解が出されました[3]。ここに可視化反対論の大きな枠組みがすでに出ていました。ひとつが信頼関係構築論と言われるもので、「可視化をすると取調官と取り調べられる側との間に信頼関係が築けない」という論理です。もうひとつは、可視化をするにはもっと全体を見直さなければならない、例えば盗聴とかいろんな捜査手法をセットにしないといけないというような論です。このようなことでずっと反対されてきました。

可視化の制度化へ

　民主党は2007年12月以降「取調べ可視化法案」を提出し、2008年と2009年に、参議院で2回可決しています。この法案は「全過程を録画・録音しなければ、そのときにつくられた調書は証拠して使えない」ということがセットになっています。

---

[3] たとえば、2003年1月18日の小泉純一郎首相の衆議院提出・答弁書参照。

現在は国家公安委員会委員長により、取調べの高度化に向けての研究会が開かれており、12人の委員によって議論をしています。私もその委員の1人です。元検察官、元警察官、元裁判官、社会学者、元ジャーナリスト、あるいは可視化に関して熱心に取り組んでいる供述心理学者などが集まり、月に1回ぐらいのペースで議論をしています。警察庁のホームページに議事概要だけは載っていますから見ていただければと思います。

　法務省はこの間に法務三役で勉強会をしています。今年（2010年）の6月に中間とりまとめが出ました[4]。そこで「可視化」という言葉を法務省が明確に出しているのですが、残念ながら中身はありません。そこには「全事件・全過程の可視化は不可能である」ということが書かれています。

　法務省勉強会中間とりまとめでは、全事件可視化すると予算がこれだけかかるという議論がなされています。日弁連は全事件・全過程の可視化と言っています。が、「全過程」は現実です。「全事件」のほうは「理想」なので、明日ただちに道路交通法違反まで可視化しろとは言っていません。私どもがいちばん問題だと思うのが、「可視化する範囲を今後検討対象にしていくべき」というトーンが強く出されていることです。

　この法務省勉強会中間とりまとめを前提にする限りは、「全過程」でなければならないという可視化の意義はなくなります。今は裁判員裁判が始まり、取調べの一部録画は始まっています。しかし、ここで注意しなければいけないのは、一部録画の危険性です。「全過程」を録画することによって不透明さは払拭できますが、一部録画は、むしろ逆の効果をもっています。一部録画DVDの場合、ほとんどの場合は、その映像を見て、取調べに問題がないかのような印象だけを与えるものになりかねません。調書が証拠として使えるという印象のみを与えてしまうことにもなるわけです。

　なぜそうなるのか。日本の捜査を表現したものに「板金捜査」という言葉があります。「板金捜査」とは、要するに型にはめて調書を作る捜査です。一部録画はその型にはまった完成形だけを写すことになりうるわけです。これが今の裁判員裁判で用いられている一部録画の実態です。

　法務省も、可視化と言っている以上は、「一部録画」を少しずつ拡大させ、また、推進していこうというふうには、するでしょう。しかし、可視化の範囲を限定すると

　4　法務省「取調べの可視化に関する今後の検討方針について」（2010年6月）〈http://www.moj.go.jp/content/000049066.pdf〉。

いう方法でお茶を濁して、「日本も可視化国である」というごまかしで凌ごうとしているのではないか。それが現在の法務省の姿勢だと私たちは見ています。「全過程」でなければ「可視化」とはいえません。

　私どもは裁判員裁判に危惧ももっていますが、大きな期待ももっています。どのような制度であっても、それが始まるときには危惧の声が必ずあります。可視化についても実現が近づくにつれて、「可視化は危険ではないか」という声も大きくなってきています。もちろん可視化にも危険な要素があります。特に一部過程の録画は危険です。だからこそ全過程にしなければなりません。

　とりあえずは取調室に入ると、録画・録音のスイッチが入り、取調室を出るときにスイッチが切れるような状態が、まずは、「全過程」だと私は思っています。

　もちろんそれをさらに広げて、パトカーの内部や被疑者宅を訪問するときに、今どきの時代ですから、ボイスレコーダーぐらいつけて行けばいいのです。

　そのことが結果として、捜査官がいかに適正な捜査をしているのかを示す機会になります。諸外国も可視化を導入する前は、「真相解明ができなくなる」と日本の警察や法務省と同じようなことを言っていました。しかし、すべての過程がクリアになることで、自分たちが何もやましいことをしてないことが明らかになるのですから、捜査機関にとってこれほどいい制度はないはずなのです。

被疑者取調べ「全過程」の可視化実現のために

　これからも日弁連は可視化運動を進めていきます。しかし、市民の方たちの支援がなければ実現しないだろうと思います。密室取調べの長い伝統の中で、可視化を実現するということは、わが国の刑事司法、そして、それのみならず国そのもののあり方、その透明度を高めるひとつの試金石になるような気がします。そういう意味で、みなさんにもこの可視化というものに興味をもっていただければと思います。そして、可視化実現のため、お力添えをいただければと思っています。

第2章 「取調べの可視化を求める宣言」の意義
──第52回日弁連人権擁護大会報告

はじめに──80年代・90年代

　「取調べの可視化を求める宣言──刑事訴訟法施行60年と裁判員制度の実施をふまえて」[1]を提案するゆえんは、「提案理由」に記載されているとおりである。ここでは、この宣言を行うにあたって、この間の日弁連の活動を少し振り返ってみたい。そのことによって、現在の地点を確認することができれば、それは相応に有意義なことであると思われるからである。

　1980年代、4つの死刑再審無罪事件が存在する。しかし、これらの事件が明確となっても、我が国の刑事司法実務はその根本的な改革を果たすことができなかった。関係者において、個々の実践は別として、制度全体の改革を果たそうとする姿勢を示すことも難しかった、というべきではないだろうか。当時、日弁連もまた、刑事司法全体を改革する主体的な担い手となる力量をいまだ身につけるに至っていなかったのではないだろうか。

　20年前の1989年、島根県松江市で人権擁護大会が開かれ、刑事司法（とりわけ「起訴前弁護」）の現状について話し合われた。日弁連が、日弁連として主体的に刑事司法改革に取り組む大きな契機となった大会である。この大会を機に情況は変化した。同大会の後、当番弁護士活動が展開され、被疑者国選制度への道筋がひらかれた。被疑者国選の実現について、今、改めて説明する必要はないと思う。

20世紀の司法から21世紀の司法へ

　松江大会から10年後の1999年、群馬県前橋市で開かれた人権擁護大会で、私たちは、シンポジウム「新しい世紀の刑事手続を求めて」を開催した。21世紀

---

[1] 日弁連ウェブサイト〈http://www.nichibenren.or.jp/ja/opinion/hr_res/2009_1.html〉。

の刑事司法に向けて、3つのテーマを掲げたのである。①人質司法の打破、②刑事司法への市民の参加、③被疑者取調べの可視化、の3点であった。

それから、さらに10年の時間が経過し、2009年5月、市民が参加する裁判員裁判がスタートした。この間、弁護実践を通じて、刑事司法改革の主体として、日弁連が果たしてきた役割に私たちは改めて思いを致してよいと思う。20世紀の刑事司法から21世紀の刑事司法へ、新たな刑事司法改革が、今、進行している。

しかし、人質司法はなお厳しい状況のままに続いているといわざるをえない。その打破への試みは現になされ、克服の契機をつかみつつあるともいえるが、他方、接見禁止問題などに象徴されるように、弁護人の捜査弁護活動の活性化に抵抗する力学が強く働いているとみてよい。変革の契機を本当の改革へと転化させていくには、地道な努力がさらに必要である。

さて、そのような中で、この間、取調べの可視化（＝取調べ「全過程」の録画）問題が大きくクローズアップされてきた。

もともと可視化は価値中立的な措置にとどまるともいうべきで、「捜査の弾劾化」を徹底する措置としては、むしろ、弁護人立会権の確立であり、あるいは、出頭滞留義務の否定であるなどと説かれたりもしてきた。しかし、虚偽自白による冤罪が「再生産」される日本型の刑事司法実務システムのなかで、可視化が最優先課題として（逆に言えば、最低限のセーフティガードとして）決定的に重要であるという認識が日弁連内で広く共有されるようになってきたのである。日弁連は2003年に、「取調べの可視化実現ワーキンググループ」を立ち上げ、その後、「取調べの可視化実現委員会」、そして、「取調べの可視化実現本部」と組織を大きくしつつ、被疑者取調べの全過程の録画、すなわち、取調べの可視化を求めて活動してきた。

2003年10月の愛媛県松山市での人権擁護大会で、可視化実現に向けて決議し、2007年5月の定期総会でも、可視化を求める決議をしている。2003年12月には、日弁連としての可視化立法案も策定した。

可視化実現が刑事司法改革の最優先課題であることはもはや疑いをいれない。

取調べ可視化の動向

同時に、この間は、取調べの可視化が世界で同時進行してきた時代でもある。例えば、2003年、アメリカ・イリノイ州で可視化を内容とする州法が成立した。現在のアメリカ大統領であるバラク・オバマの提案である。彼は、取調べの一部

録音ではダメだと断言し、全部の録画・録音を法制化させたのである。

　我が国では、2006年8月から検察庁が取調べの一部録画を試行し、今は、これを本格実施している。警察の一部録画施行も2008年から行われている。また、取調べの適正化をめぐっては、2007年に明らかになった志布志事件、氷見事件の2つの冤罪事件について検証され、捜査機関も、いわゆる適正化指針といわれる方策・規則に則ることを決め、それを施行している現状がある。

　しかし、これらの捜査機関の対応は単に不十分というだけでなく、虚偽自白による冤罪を生み出す土壌を、なお生き延びさせているといわねばならない。これらの手法では、密室の取調べによって生じる虚偽自白、これによる冤罪事件の「再生産」を止めることができず、危険である（本宣言後のことであるが、足利事件の取調べ録音の法廷再生は、そのことをより明白にしたといえるだろう）。そのシステムの根を断つのは、取調べ全過程の録画、すなわち、可視化しかない。

　今年（2009年）、被疑者取調べの可視化を マニフェストにうたい（公約とし）、インデクス（政策集）でこれを宣言していた民主党が政権党となった。2008年6月と2009年4月、民主党の提案で2度にわたって取調べの可視化を内容とする刑事訴訟法改正案が参議院で可決された。

　しかし、何としても密室における取調べという「聖域」を守りたい人たちは、今、必死で抵抗している。この機に様々な制度の「セット」化が唱えられ、自らに少しでも「有利な制度」をつくろうと画策している。あるいは、そのことを口実に可視化実現をどんどん先送りしようとしている。

　今、まさに、政治家の見識が問われている。政権党も、自ら参議院で可決した法案を実現できるかどうか、政権党としての鼎の軽重を問われているといわなければならない。

　宣言の提案理由の中にも触れられているように、この間、日弁連は、地道に、かつ、粘り強く活動し、可視化実現に向けて歩んできた。しかし、日弁連もまた、現在が正念場というべきであろう。

私たちの立場について

　これが今、私たちが歩んできて、立っている場所である。
　おそらく、私たちは、まだ山のふもとにたどりついたにすぎない。本当の可視化を実現するには、ここから一歩を踏み出し、さらに険しい道を歩まなければならない。

ここを乗り切るには、日弁連がさらに一致団結して、可視化をさらに強く推進させるべきである。

　2つのことを申し上げよう。個々の弁護実践と、会としての運動である。

　何よりもまず、個々の弁護実践で、可視化がいかに必要か、裁判官、そして裁判員の方々を説得しなければならない。事実認定者・判断者を得心させるだけの弁護を実践すべきである。

　取調べの可視化実現本部で「3兄弟」と呼んでいる、可視化申入れ、被疑者ノート、一部録画に対応する弁護活動の各活用マニュアル[2]を実践すべきときである。それはとても穏健な実践であり、スタンダードな実践である。しかし、これにより、被疑者・被告人を守ることが可能である。

　今回の宣言で述べているとおり、可視化申入れを行い、可視化なくして作成された調書は証拠として使えないという実務運用を獲得していくことは可能なことである。実践でこそ、これを勝ち取っていかねばならない。

　さらに、会としての活動を強化する必要がある。可視化は、より適正で、より公正で、より正確な司法を実現する。人々に、市民の方々に、あるいはメディアに、会としてもっと可視化を訴えるべきときであろう。

　刑事司法の透明度が、その国の人権水準を明示する。タカガ可視化である。しかし、「されど可視化」と言わなければならない。

　我が国を本当の近代国家、現代国家として自立させるためには、可視化が不可欠なのである。今回の人権擁護大会で採択された宣言は、ここからもう一度、可視化実現に向けて、一歩を踏み出すための宣言である[3]。

2　各々日弁連ウェブサイトに掲載。取調べの可視化申入れ書（モデル案）〈http://www.nichibenren.or.jp/ja/legal_aid/on-duty_lawyer/kashika_model.html〉。被疑者ノート〈http://www.nichibenren.or.jp/ja/legal_aid/on-duty_lawyer/higaishanote.html〉。取調べ一部録画事案弁護活動マニュアル〈http://www.nichibenren.or.jp/ja/special_theme/data/torishirabeitiburokuga_manual.pdf〉。現在はマニュアルは一本化されている。

3　本宣言は2009年10月段階のものである。

第3章　取調べ可視化の動向

はじめに——可視化の定義について（なぜ、「全過程」か）

　「全過程」をもって可視化と呼ぶ、私たちの考えに対しては、近時、「全過程」ということに捉われず、一部であっても（限定的であっても）取調べの録画・録音を取り入れている刑事司法の運用・制度の在り方を「可視化」と呼んで論じる向きがある[1]。ここで、言葉の定義づけの問題について、紙幅を割いて論じる必要があるとは思わないし、学術的な意味で、そのように論じられることを必ずしも直ちに否定しようとは思わない。

　しかし、私たちが「ないな　可視化しか　ないな」と標語化して運動し[2]、弁護実践上の重要課題とし、わが国の刑事司法のあり方の根本に関わるものとして、その広範な運用を期し、かつ、制度化を求めているのは、何よりも私たちの定義による可視化、すなわち、「全過程」の録画（ないし録音）である[3]。「全過程」か、そうでないか、そのことが決定的に重要である。それによってこそ、全面的な「検証可能性」の途が拓かれ、かつ、取調べの全き「適正化」が果たされる。「全過程」こそが「調書裁判」の克服となりうるのである。このことは何度繰り返しても繰り返し足りないほどであろう。

　その意味で、後述するとおり、わが刑事司法がようやく「可視化」時代へと「突

---

[1] 指宿信「序論」同編『取調べの可視化へ！』（日本評論社、2011年）1頁以下参照。また、2011年3月3日大阪弁護士会「取調べ可視化国際会議プレシンポジウム」における指宿信発言参照（「虚偽自白と闘う／可視化論の現在・未来」大阪弁護士会研修速報346号〔2012年〕）。この考えに従えば、「一部可視化」の語も概念矛盾ではないし、「全面可視化」という言葉も「馬から落ちて落馬した」の類ではないということになろう。

[2] ちなみに、大阪弁護士会館の入り口のポールには、この標語が掲げられている。

[3] 「運用」のみならず、その「制度」化まで必ず要るのかについては議論はありうる。法律か判例によって、「全過程」に関する「制度化」を果たした国のみを「可視化国」と呼ぶ考えはありうる。ただ、こう定義づけると、各州において、多くの事件で、取調べ「全過程」録画・録音が行われているものの、未だ制度化されていないカナダなどは「可視化国」と呼べないことになる（この点、指宿信『被疑者取調べと録画制度』〔商事法務、2010年〕119頁以下参照）。そう考えることは必ずしも相当ではあるまい。

入」「しつつ」ある「現在」こそ、われわれにとっての新たな出発点としなければならない。同時に、今後の道のりは少しも平坦ではなく、きわめて厳しいものがある。このことも改めて、自覚しなければならない。この機に、改めて、「現在」の動向とこれに至る経緯・情況を概観し、「取調べ可視化」の「制度」化に向けての位置を確認することは、相応には有意味な作業かもしれない。

　まず節を改めて、「現在」の動向から視ていくこととしよう。

「現在」の動向など

1　「取組」について──「全過程」をめぐって

　2011年4月8日をもって、わが国の刑事司法は、運用・試行のレベルであるとはいえ、ようやく、ほんとうの意味における可視化時代に突入「しつつ」ある。なぜなら、この日、江田五月法務大臣が笠間治雄検事総長に、いわゆる特捜・特別刑事部独自捜査事件、さらに「知的障害によりコミュニケーション能力に問題がある被疑者等」の、取調べについて、「全過程」を含む録音・録画の「試行」を指示し、同検事総長も、これをしっかり受け止めると表明したのだからである[4]。実際、同検事総長は、「……改革に邁進したい」、「全事件というわけにはいかないが、全過程でやっていく」、「(全過程の録音・録画につき) 可視化の捜査への影響を検証するためにも、積極的に取り組ませたい」と述べたとされる[5]。

---

[4] 法務大臣「検察の再生に向けての取組」(以下、「取組」という。2011年4月)。「法務大臣臨時記者会見の概要」法務省ウェブサイト (2011年4月8日) 参照。検察庁法14条の一般的指揮であったとされる。なお、江田法相の検事総長に対する指示については、正反対の立場からの批判がありうる。ひとつは、可視化について、まだまだ不十分かつ不徹底にすぎ、「評価」に値しないとの見方である。もうひとつは、「検察の在り方検討会議」の提言の趣旨を大臣が拡げる指示をしたのは問題で、可視化推進に前のめりすぎるとの批判である。私は、前者の考えにシンパシーを感じないわけではない。しかし、「現実」を踏まえたとき、本文で述べたとおり「評価」するのを相当と考えている。

[5] 朝日新聞朝刊 (関西版、2011年4月9日) 1面、日本経済新聞朝刊 (関西版、同日) 38面、毎日新聞朝刊 (関西版、同日) 23面、産経新聞朝刊 (関西版、同日) 2面など。もっとも、他方で、効果を検証するに足るだけの全過程録画の試行回数について問われると、笠間検事総長は次のように答えたとされている。「何件できるかわからない」、「(被疑者や証人が)『カメラが回っているからしゃべらない』と言ってくれればわかりやすいが、ただ黙っているだけだと検証しにくい」。これについて「検証結果の評価の難しさを指摘しつつ、全面可視化の弊害が浮き彫りになることへの期待をにじませた」などとしている記事もある (山田雄一郎「江田法務大臣が最高検察庁に特捜部取り調べ全過程の全面可視化試行を指示、検察側は現場の判断尊重」東洋経済オンライン〔2011年4月11日〕)。

私が、これによって可視化時代に入り「つつ」あるとみなす所以は、次のとおりである。
　すなわち、既述のとおり、日本弁護士連合会は、取調べ可視化を「取調べ全過程の録画」と定義づけている[6]。ここでのキーワードが「全過程」にあることは疑いがない。
　法務大臣から検事総長への指示は、「検察の在り方検討会議」の2011年3月31日付提言（以下、単に「提言」ということがある）を受けてのものである。その性質上、検察における取調べ段階のみが問題となり、しかも、身体拘束下の取調べに限定されていて、これのみをさしあたりの対象としたものでしかない。とはいえ、事件によっては、被疑者取調べの「全過程」をカバーする録画・録音が実現されることになる。
　「試行」にすぎないというとしても（そして、此処に至る道筋でさえ、きわどいコースを辿ったものであったことをおよそ否定できないとはいえ）、「全過程」の実現が含まれる以上、可視化は、ようやく「現実」の端緒を掴み「つつ」ある。そう考えてよいと思う。

2　「要領」などの動向——不可逆性について

　どのような歴史上の進行であっても、その不可逆性を決する時点があると思われる。可視化時代という新たなステージにとって、私は、2011年3月末から5月が、そのときになると考えている。このような「評価」を「甘い」とする向きは当然あるであろう。確かに、後述するように、事態の進行は驚くほどに遅い。しかし、次の諸点は「現実」として受け止めておいてよいことである。
　たとえば、江田法相は、4月12日以降の両議院の各法務委員会における質疑にあって、この「試行」の中身より「可視化」のレベルを今後下げることは、もはやない旨繰り返し表明している[7]。
　これに伴うかたちで、最高検は、2010年12月に発表した厚生労働省元局長事件の「検証」[8]や2011年2月に示した特捜部「録音・録画試行指針」[9]を実質

---

　[6]　私自身は、「可視化」の定義としては、本文冒頭でも触れたとおり、「取調べ全過程の録画・録音」でよいと考えている。情報量という点において録画が優っていることは疑いがない。しかし、パースペクティブバイアスを含め、その「印象」が正確な事実認定にほんとうに適合的かという問題はある。もっとも、本文でも言及する、大阪府警東署ケースが明らかにしたように「音」では暴行を認定しないという手法が採られたりする以上、私たちは録画を求めることになるだろう。なお、パースペクティブバイアスとは、映像などの遠近感をもつ記録を感受する際に偏りや歪みがかえって生じてしまうことをいう。

的には見直すことになったといえる。すなわち、2011年4月26日、最高検検察改革推進室（林真琴室長）は、前記法務大臣の指揮に添って、「録音・録画の試行に関する運用要領」を発したのであった（以下、「要領」という）[10]。

「要領」についての記者会見では、「弁護人が請求した場合には、極力全過程の録音・録画をするようにするのか」との質問に対し、説明に当たった片岡弘最高検検事は、次のように回答した。

「それをルールにするということではないが、実際は大きな考慮要素になると思う。ただ、真相解明機能を損なわない、ということが優先する場合もあるということはご理解いただきたい。その場合、立証方法の1つを失うリスクを負うということだ」[11]。可視化申入れの実践的意義を、公正な捜査官こそ、熟知しているというべきであろうか。

実際、「全過程」の録画を「試行」するケースはすでに始まった[12]。また、「知的障害によりコミュニケーション能力に問題がある被疑者等」には「全過程」の「試行」が指示されたとの報道もあり[13]、裁判員裁判についても、従来のレビュー方

7　第177回国会における衆議院（4月13日）および参議院（4月12日）の各法務委員会で、江田法相は、可視化と新たな捜査手法はリンクするものではないと断じるとともに、可視化について、上記「試行」レベルを今後後退させるという発想などまったくないことを明言している。むろん、今日、政権を取り巻く情況はきわめて不安定であり、本稿脱稿後の政局についても予測不能というべきであるから、同大臣の方針がいつまで（どこまで）、現実に維持されるかの確証があるわけではない。しかし、法務といった、本来、ストリクトな分野で「可視化」という少なくとも相応に意義あるテーマについて、「ここまできて」、政権などが変化したからといって、従来、積み上げられてきたものについて、御破算になることがあるとは考えない。

8　最高検察庁「いわゆる厚労省元局長無罪事件における捜査・公判活動の問題点について」（2010年12月24日）。なお、日本弁護士連合会「厚生労働省元局長事件の検証結果報告書に関する会長声明」（同日）参照。

9　最高検察庁「特別捜査部における取調べの録音・録画の試行指針」（2011年2月23日）。なお、日本弁護士連合会「最高検察庁の録音・録画試行指針に対する会長声明」（同月24日）参照。

10　2011年4月6日付各紙は、最高検に「改革推進室」が設置されることを報じている。他方、「要領」について、「特捜部や特捜事件の性格そのものを大きく変えるつもりなのか、それとも外形のみ改革したふりをするつもりなのか──。真意を読みかねる運用方針の発出である」とする記事もある（山田雄一郎「最高検が3つの特捜改革案を発出。図りかねる『真意』」東洋経済オンライン〔2011年4月27日〕）。なお、「要領」は可視化記録媒体の証拠としての利用について「任意性・信用性」以外の立証趣旨をも想定する可能性を否定しない書きっぷりになっている。

11　江川紹子「はじめのい〜〜っぽ──特捜検察の取り調べ録音・録画の取り組み」Egawa Shoko Journal（2011年5月1日）。

12　たとえば、東京新聞（2011年5月28日）。これは、事実として確認されている。

13　たとえば、日本経済新聞（2011年6月1日）。

式等を大きく超える「試行」が指示されたとも言われている[14]。さらには、検察庁仕様の録音・録画機器の各地検への追加配備が東日本大震災の影響で調達困難になってきているなどとも報じられている[15]。

可視化をめぐる実務は明らかに、その基盤において、変動しているのである。これらとほぼ時を同じくして、布川事件の再審無罪判決が言い渡された[16]。同事件が冤罪であることの意味のなかに、可視化をはじめとする刑事司法改革課題のほとんどすべてが込められている。このことに異論はないであろう。

私が、可視化への進行についての不可逆性を、このような「現在」性のなかに視うるとする所以である。さて、さらに節を改め、ここまでの道程を振り返っておく必要があるだろう。

2009年から2011年への動向など

鹿児島志布志事件と富山氷見事件の衝撃の過程において、私は、「取調べの可視化論の現在・2008」という論攷[17]で、2008年当時の「可視化」の情況を素描した。そこから事態は変わったのか、変わっていないのか。

2009年5月21日の裁判員裁判制のスタートという、わが国の刑事司法の大転換を画す出来事をも含め、情況自体は、一見、めまぐるしく変わった（ように視える）といってよい。しかし、「可視化」に関して言えば、この間、その実態は「遅々たる」進歩しかなかった。別個の観点から言えば、「調書裁判」の本質はなんら変わっていないという見解があるであろう。

にもかかわらず、現在、私は前節で述べたような現状認識をもつに至っている。

---

14 たとえば、共同通信（2011年5月28日）。
15 朝日新聞（関西版、2011年6月5日）35面。もっとも、「試行」において、現在使用されている「特注品」にこだわらなければならぬ必然性があるとは思われない。たとえば、通常のICレコーダーなどの使用（録音だけ）も「試行」すればよい（改ざん問題への対処は、たとえば、2台同時録音などで十分対応可能である）。そのようなことを許せば、一挙に「全過程」が必然化することを恐れているのかもしれないが、もともと「全過程」を前提に録画・録音をすること自体、これを禁ずる法理はないのであるから、自由な「試行」を止めることはできないはずであり、要は、「試行」情報データの集約や検証に帰着する問題なのではないだろうか。なお、現在の仕様については「カメラパースペクティブバイアス」がすで指摘されているのであるから（サトウタツヤ＝若林宏輔「取調べ可視化論の心理学的検討」法律時報83巻2号〔2011年〕60頁）、「試行」段階では録画アングルをも含め、機器自体についても、さまざまのかたちの「試み」があってよいであろう。
16 水戸地土浦支判平23・5・24。
17 小坂井久『取調べ可視化論の現在』（現代人文社、2009年）161頁以下。

その経緯を今一度、振り返ってみたい。

1　経緯①——足利事件から視えてきたもの

(1)　足利事件——解放から再審無罪へ

2009年6月4日、再審請求中の菅家利和氏が千葉刑務所から釈放された。DNA再鑑定の結果、菅家氏が足利市での女児殺人事件の「真犯人でない」ことが明確になったからである。そして、同月23日には東京高裁が再審を決定し、2010年3月26日、宇都宮地裁は、再審無罪判決を言い渡した[18]。

無実の人物が虚偽自白をするに至る。DNA鑑定などで「証明」された、何人も疑う余地のない「虚偽自白」についての研究は、すでにスティーヴン・ドリズィンらによってなされている[19]。足利事件は、わが国で（重大事件で）はじめて、その一例を加えることになったケースである。

菅家氏は、自らの著作や多くの講演のなかで、1991年12月1日の「任意」同行から逮捕へと至る出来事について、語っている。この日、計12時間から13時間余り「任意」の取調べがなされ、同氏は虚偽の自白をした[20]。その経過こそがもっとも解かれるべき研究対象だというとしても、不謹慎な表現になるわけではなかろう。

その後の経緯についても、もちろん、考察を深めなければならない重要な課題が存在している。菅家氏が「虚偽自白」に至った経過のなかに、そして、公判を通じて、それを維持し、あるいは、否認に転じてのちに、それを翻さざるをえなかった経緯のなかに、必ず改革しなければならない刑事司法改革のテーマが存在している[21]。それは、布川事件でもまた同じといえるところがあるであろう。

---

[18]　足利事件については、さしあたり、菅家利和『冤罪——ある日、私は犯人にされた』（朝日新聞出版、2009年）、菅家利和＝佐藤博史『訊問の罠——足利事件の真実』（角川書店、2009年）、佐藤博史「足利事件は『菅家さんの無罪』で終わらない」自由と正義62巻3号（2011年）8頁など参照。なお、日本弁護士連合会「足利事件再審無罪に関する会長声明」（2010年3月26日）参照。

[19]　スティーヴン・A・ドリズィン＝リチャード・A・レオ（伊藤和子訳）『なぜ無実の人が自白するのか——DNA鑑定は告発する』（日本評論社、2008年）参照。なお、この関係では、ジム・ドワイヤーほか（西村邦雄訳）『無実を探せ！　イノセンス・プロジェクト——DNA鑑定で冤罪を晴らした人々』（現代人文社、2009年）を併せ参照。

[20]　前掲注18参照。ドリズィンほか・前掲注19書によれば、取調べ時間が計「6時間」を越えてから「虚偽自白」の数は増えてくるとされ、「虚偽自白」に至るまでの取調べ平均時間は、「16.3時間」であり、取調べ時間の中央値が「12時間」とされる（同書52頁）。菅家氏の「虚偽自白」に至る取調べ時間は、この統計的事実にほぼ符合していることになる。

⑵　取調べテープ録音の存在

　と同時に、足利事件は、可視化問題について、また、新たな角度からの意義を指し示した。取調べの録音テープ（警察段階3本、検察段階12本）の存在が発覚したのである。これにより、可視化に関わる議論が一層深化したことは、疑いを容れない[22]。たとえば、同テープを分析した、菅家氏の主任弁護人佐藤博史弁護士は、「取調べの可視化……は、何よりも『取調べの高度化』つまり『真実の供述を引き出す』ためのものであることが正しく認識される必要がある」として[23]、捜査機関側の可視化反対論とは異なって、可視化に「真相解明機能」がある旨主張されている。この見解は、従来、私が唱えてきたところに通底するものがあって、私も当然その基本において強く賛意を表したい[24]。

　ここでの大きな問題は、そのテープを第三者が（客観的・科学的に）検証する場が、いまだ、もうけられていないということである[25]。この点をめぐっては、足利事件は、DNA鑑定の問題がすべてであり、虚偽自白で、冤罪が生まれたわけではないなどとする見解があり、このような見解は、それゆえをもって、足利事件で可視化を論じること自体相当でないかのように言う（さらに、可視化による、冤罪防止機能や「虚偽自白」防止機能を否定しようとさえする）[26]。

　しかし、前述したとおりの「虚偽自白」が生じたことは歴然たる事実であるから、足利事件が、これを防止するための、まさに生きた事例であることは何人も否定できない。そのとき、「全過程」の検証可能性が問題となることは明らかである。

　もちろん、わが国においても、裁判や捜査を通じての供述心理の研究は、相当

---

[21]　取調べの可視化との関係では、前田裕司「足利事件と取調べの可視化——取調べ全過程の録画」自由と正義62巻3号（2011年）23頁。なお、木谷明「足利事件と裁判所」同17頁、徳永光「足利事件とDNA（MCT118型）鑑定」同29頁参照。また、日本弁護士連合会『足利事件』調査報告書」（2011年5月6日）をも参照。

[22]　前田・前掲注21論文、佐藤博史「足利事件の取調べテープが教える取調べの技術——取調べの可視化の究極の課題」日本法学76巻4号（2011年）3頁参照。

[23]　佐藤・前掲注22論文118頁。

[24]　小坂井・前掲注17書60頁、167頁、183頁、211頁など。もっとも、佐藤・前掲注22論文7頁が、「……逮捕・勾留の目的が被疑者の取調べであることは自明と言ってよい」としているのは（いかなる条件をつけたとしても）、正しいとはいえない（小坂井久「身体拘束と弁護権」村井敏邦ほか編『刑事司法改革と刑事訴訟法（上）』〔日本評論社、2007年〕489頁以下参照）。

[25]　たとえば、警察庁「捜査手法、取調べの高度化を図るための研究会における検討に関する中間報告」警察庁ウェブサイト（2011年4月7日）23頁、同研究会第2回、第6回「議事要旨」警察庁ウェブサイトなど参照。

[26]　警察庁・前掲注25報告書6～7頁、同研究会第2回、第5回、第6回「議事要旨」警察庁ウェブサイトなど。

古くから存在していたし、昭和30年代には、一定の研究成果の発表もなされていた[27]。しかし、その研究が質的な変化を遂げ、飛躍的に発展するのは、浜田寿美男教授の業績によってであろう[28]。

その後、「法と心理学会」が2000年に設立される。他方、科学警察研究所犯罪行動科学部が立ち上がったのは2003年4月とのことであるから[29]、そのような実務における検討・研究分野の成立自体が、思いのほか新しい歴史しかもっていないことに改めて気づかざるをえないのである[30]。この研究にあって、あるがままの生の記録が対象化されてこそ、ほんとうの意味での「検証」が存在することになる。足利事件の取調べ録音テープは、いうまでもなく、一級資料にほかならない。

可視化（いうまでもなく全過程のそれ）は、そのための必要最低限の措置である。もとより「可視化は万能薬ではない」[31]。私たちもまた、可視化が「万能薬」だといったことは、一度もない[32]。しかし、これを欠いて、ほんとうの刑事司法改革はもはや始まらないというところにきていることは明らかなのである。

27　たとえば、司法研修所編『供述心理』（1959年）。
28　甲山事件特別弁護人の経験をもとにした『証言台の子どもたち──「甲山事件」園児供述の構造』（日本評論社）の出版が1986年であり、大著『自白の研究〔旧版〕』（三一書房）の発刊が1992年である。この時期の供述心理に関する必読文献としては、ギスリー・グットジョンソン（庭山英雄ほか訳）『取調べ・自白・証言の心理学』（酒井書店、1994年）がある。
29　渡辺昭一編『捜査心理学』（北大路書房、2004年）。当時のわが国の治安悪化傾向に対応すべく設立されたようである（同1頁）。なお、その後、わが国の治安は改善されている。それゆえ、前田雅英教授は、「……可視化は、……今後、10年間の警察の課題の中で、大きなウエートを占めていく仕事になっていくのではないか」とされ（川田晃ほか「パネルディスカッション──日本の治安これからの10年」警察政策11巻別冊〔2009年〕34頁）、「……取調べを可視化すること、これを受け入れるといいますか組み込んでいける余力は、実は出来ている……」とも言われている（前田雅英「治安対策の新局面──今後10年間を見据えて」警察学論集62巻8号〔2009年〕32頁）。
30　レベッカ・ミルン＝レイ・ブル（原聰編訳）『取調べの心理学』（北大路書房）がわが国で発刊されたので2003年である。なお、レイ・ブル教授のPEACEモデルをも含んだイギリスの「可視化」についての最新事情については、『可視化からの道・可視化への道──イギリスの取調べ、その進化を見る』（日本弁護士連合会、2011年）参照。
31　デイビット・ディクソンは「取調べの電子的記録は規制手段の包括的なパッケージのひとつの要素にすぎないととらえられるべきである。不幸なことに、それがあまりにしばしば万能薬のようにみなされている」と述べた（指宿・前掲注3書93頁）。もとより、虚偽自白の心理をめぐる研究自体は進んでいる（浜田寿美男『自白の心理学』〔岩波書店、2001年〕、同『取調室の心理学』〔平凡社、2004年〕、高木光太郎『虚偽自白の心理』法と心理学会・目撃ガイドライン作成委員会編『目撃供述・識別手続に関するガイドライン』〔現代人文社、2005年〕244頁など）。しかし、わが国で可視化記録媒体を端的に対象とした研究はまだないに等しい。日本独特の取調べによる問題性は、まだ必ずしも解かれてはいないというべきである。

2　経緯②——政権交代と官僚の抵抗など

(1)　政権交代をめぐって

　ここで詳細を語ろうとは思わないが、民主党は2009年総選挙のマニフェストおよびインデックスで、取調べ全過程の可視化を掲げていた[33]。これ以前、2008年と2009年の2回、民主党提出（後者は、社民党と共同提出）の、いわゆる可視化法案が参議院で可決されたものの、衆議院で廃案となっていた。

　上記足利事件の進行のさなかに政権交代が果たされ、多くの人々は早晩、民主党の前記可視化法案が国会にその趣旨を変えることなく改めて上程されるものと期待したのである。恥ずかしながら——と言うべきであろうか、私自身が、そうであった。

　ところが事態は、そのようには進展しなかった。当初、「全過程」可視化に積極的発言をしていた千葉景子法相の発言は、順次、後退していった。省内勉強会なるものを立ち上げると言い始められたのである。政治音痴の私が、その背景にある情況を洞察できるというわけではない。しかし、法務官僚の抵抗が強大なものであったことは確実である。それは、その後の経緯からも明らかであろう。

　他方、国家公安委員会の中井洽委員長は、「マニフェストどおり、可視化は実行する」と表明しつつ、「可視化と同時に捜査機関には新たな武器が必要だ」との持論を展開された。ここでの警察官僚の動向は必ずしも判然としないというべきかもしれない。2010年2月、国家公安委員会委員長の私的諮問機関として、相応に「外部の者」からなる「捜査手法、取調べの高度化を図るための研究会」が設置されるに至ったからである。

　しかし、これ以前に、警察庁は、取調べの適正化指針を発し、換言すれば、何としても取調べの可視化を阻止すべく、「自浄能力」を発揮するとしていた。相当の決意が表明されていたといってよい[34]。依然、警察が可視化に対する最大最強

　32　たとえば、渡辺修ほか監修『取調べ可視化——密室への挑戦』（成文堂、2004年）192頁。小坂井・前掲注17書49〜52頁、同54〜56頁、同122頁、同173頁、同211頁など。
　33　民主党ホームページで、現在も、2009年のマニフェストおよびインデックスを見ることができる。ちなみに、民主党の可視化法案は、被疑者取調べの全過程の録音・録画を捜査機関に義務付けるものであり、これを欠いたときは取調べで作成された供述録取書の証拠能力を否定するというものである（2003年12月に策定された日本弁護士連合会の法案と骨子・趣旨はまったく同じである）。なお、民主党の可視化法案には、証拠全部のリスト交付がさらに定められていた。
　34　たとえば、重松弘教＝桝野龍太『逐条解説・被疑者取調べ適正化のための監督に関する規則』（東京法令出版、2009年）参照。

の抵抗勢力であることに変わりはないというべきである。

(2) 研究会・勉強会について

　このようななか、国家公安委員会・警察庁においては、上記研究会発足後、およそ月1回のペースで会合を繰り返してきたわけであるが、必ずしも可視化の議論が急速に進展しているとまではいえまい。ただ、その過程では、後記厚労省元局長事件や、いわゆる大阪府警東署事件などもあり[35]、その後も取調べでの問題事例は後を絶っていない。結局、「自浄能力」が発揮されないことこそが歴然としつつある。それゆえ、前記研究会の議論も中間報告（それ自体は、それまでの議論の要約・紹介にすぎない）を経て、その結論は、「可視化」を推進する方向になることが期待される。委員の1人である私としては、そうならざるをえないと断ずるべきところであろうか。

　他方、法務省は、2010年6月、いわゆる省内勉強会の「中間とりまとめ」として「被疑者取調べの録音・録画の在り方について──これまでの検討状況と今後の取組方針」（以下、「法務省方針」という）を発表した[36]。これに対しては、大きな失望の声が上がった[37]。というのも、「法務省方針」は、志布志・氷見・足利の各事件、そして政権交代と連鎖してきた、取調べの可視化（＝全過程の録画）の制度実現へのうねりに対し、明らかに冷や水を浴びせかけるものだったからである。

　「法務省方針」は法務省において「可視化」という言葉を使った最初の公式文書だと思われる。しかし、そこで目指されている「可視化」なるものは、限定された範囲の取調べの録画でしかない。いわば「似非可視化」である。法務省は、「可視化」法と呼ばれる法律を制定することが避けられないのであれば、その実態を「似非可視化」法とすることで、この問題に決着をつけようとする姿勢を露わにしたのであった。

3　経緯③──厚労省元局長事件の衝撃から「提言」へ

(1) 厚労省元局長事件の衝撃など

　しかし、すでに、同年5月29日、厚生労働省元局長事件で大量の調書却下決定があった。同年9月10日には、同事件の無罪判決が言い渡された[38]。その後、

---

[35] さしあたり、秋田真志「ICレコーダで明らかになった自白強要の実態──大阪府警東署事件が示す可視化の必要性」季刊刑事弁護65号（2011年）91頁参照。

[36] 法務省「被疑者取調べの録音・録画の在り方について──これまでの検討状況と今後の取組方針」（2010年6月18日）。

[37] 日弁連は、2010年7月15日付意見書で、これを厳しく批判している。

同事件をめぐって、大阪地検特捜部検察官による証拠改ざんが発覚し、その上司をも含めて、逮捕・起訴されるという事態に至る。

ここで、その経緯の詳細を語ろうとは思わない。しかし、検察神話は完全に崩壊したのであり[39]、この問題が、可視化に焦点をあてつつ、刑事司法改革の視点を明示せざるをえなくなったことは確かである。市民的に大きな関心を呼んだことも当然であろう[40]。

このような経緯のもと、柳田稔法務大臣は、大臣の諮問機関として「検察の在り方検討会議」を設置し、2010年11月から2011年3月まで、同会議では、実に精力的な議論がなされた。法務省ホームページに全文の議事録が掲載されている。

他方で、最高検察庁は、先に見たとおりの「検証」や「指針」で、事態を乗り切ろう、乗り切れる、と考えていたようである。それが適わなかったことはすでにみたとおりである。

さて、「法務省方針」の「最終結論」[41]が、本稿発表時に、出されているかどうかはわからない。しかし、前節で述べたところを後退させることは、市民感覚を無視することになると強く警告しておかねばならないであろう。

(2) 「提言」

2011年3月31日、「検察の在り方検討会議」は「検察の再生に向けて」という提言を発表した（以下、「提言」という）。議事録全文と「提言」とを対照したとき、「提言」が、同会議の議論状況を正確かつ忠実に反映したものといえるかどうか。論じはじめると相当のスペースを割かなければなるまい。私は、議論の全過程と「提言」を比較したとき、「提言」が法務検察官僚の「調書」になっていると思わざるをえないと考えている。が、ここでは「提言」の内容のみ紹介しておこう。

「提言」は「検察における捜査・公判の在り方」というテーマのもと、「被疑者の取調べの録音・録画は、検察の運用及び法制度の整備を通じて、今後、より

38　厚生労働省元局長事件については、さしあたり、今西憲之＝週刊朝日取材班『私は無実です——検察と闘った厚労省官僚村木厚子の445日』（朝日新聞出版、2010年）。
39　これ以前に、特捜捜査を批判する書籍として、たとえば、細野祐二『公認会計士VS特捜検察』（日経BP社、2007年）、石塚健司『「特捜」崩壊——堕ちた最強捜査機関』（講談社、2009年）、江副浩正『リクルート事件・江副浩正の真実』（中央公論新社、2009年）など。
40　この事件を特集した一般雑誌も少なくない。たとえば、SIGHT46号（2011年）参照。この雑誌のなかでは宗像紀夫氏、若狭勝氏といった元検察官で、いわば有力な論客とされている方々が、「全過程」可視化論者であることを明確に表明されるに至っている。
41　2012年8月8日に公表された。本書第Ⅰ部第5章参照。

一層、その範囲を拡大するべきである」とし、特捜・特別刑事部独自捜査事件では、「全過程」をも試行対象とすることを「検討する」としつつ、「できる限り広範囲の録音・録画を行うよう努め、1年後を目途として検証を実施した上、その検証結果を公表する」とした。また、「知的障害によりコミュニケーション能力に問題がある被疑者等に対する検察官の取調べにおいても、……事案の性質や被疑者の特性等に応じ、例えば、取調べの全過程を含む広範囲な録音・録画を行うよう努めるなど、様々な試行を行うべき」とされた。「全過程」の文字が、かろうじて刻み込まれたというべきかもしれない。

いずれにせよ、「提言」により「全過程」が出発点にされることとなり、それが「試行」として、「取組」から「要領」への途を辿ったのである。それが「現在」である。

これに加え、「提言」は「取調べ及び供述調書に過度に依存した捜査・公判の在り方を抜本的に見直し、制度としての取調べの可視化を含む新たな刑事司法制度を構築するため、直ちに、国民の声と関係機関を含む専門家の知見とを反映しつつ十分な検討を行う場を設け、検討を開始するべきである」という。法制審議会の新たな部会が設置されることとされ、現に2011年6月7日には、「新時代の刑事司法制度特別部会」として、広く市民に開かれるかたちでメンバーも決まったと報じられている[42]。

まとめに代えて──その他の動向と「現在」

ここまで論じてきて、紙幅も尽きてきた。

2009年から2011年の「現在」の推移としては、他にも、可視化のいわば「代理戦争」としての取調べメモ開示問題が新たな進展をみせたことが挙げられるだろう。他方、前述のとおり、大阪府警東署事件をはじめとし、警察による「自浄作用」がもはや期待できない情況があまりに明白になってきた[43]。国家公安委員会

42　産経新聞（2011年6月7日）。江田法相は「取調べの可視化について具体的な制度設計を行っていただき、時代に即した刑事司法制度を構築するため幅広い審議をたまわりたい」と述べたとされる。しかし、「答申には数年かかる見通し」とも報じられている。可視化の「制度」化は当然前倒しで決定・決着すべきものであるが、その道のりは予断を許さないものがあるというべきだろう。
43　たとえば、「交通事故見込み捜査で被告を誘導──罰金刑に執行猶予」読売新聞朝刊（関西版、2011年5月4日）、「強盗認めれば覚醒剤見逃す──捜査員が取引疑惑」読売新聞朝刊（関西版、2011年5月14日）、「虚偽証言強要の疑い」毎日新聞（2011年5月26日）、「取り調べ暴行認め刑減軽」読売新聞（2011年6月2日）、大阪弁護士会「大阪府警関西空港署巡査部長による被疑者暴行事件についての会長談話」（2011年5月27日）など。

委員長研究会の最終結論も、「法務省方針」の「最終結論」も、この「現実」に対応するものでなければならない。直近の現実問題としては、大阪の堺における公訴取消事件のケースが明らかにしたとおり[44]、「知的障害によりコミュニケーション能力に問題がある被疑者等」について警察段階での「全過程」「試行」を直ちに行うべきだということになるであろう[45]。

　また、「取調べ可視化」論は、この間、以前にも増し、さまざまな領域で多様に論じられてきており、その議論は相当に活性化している[46]。これらの議論を改めて整理しつつ、新たなステージにおける「取調べの可視化」論の展望をも探りたかったが、本稿では果たせなかった。次の機会を待ちたい。

　ともあれ、ほんとうの刑事司法改革は、本義の可視化制度実現のもとにおいてしか果たされない。市民の方々の支援をいただきながら、私たちにできることは、やはり弁護実践であろう。なお道のりは厳しい。しかし、可視化は、ほんとうの刑事司法改革の前提条件である。

---

[44]　荒井俊英「取調べ一部録画がなされている場合に自白の任意性を争った弁護活動――有罪判決獲得が困難として公訴が取り消された事例」季刊刑事弁護66号（2011年）89頁。

[45]　京明「傷つきやすい（vulnerable）被疑者の取調べ」法律時報83巻2号（2011年）29頁は、可視化による、これらの被疑者の虚偽自白防止機能を消極視しているが、正しいとは思われない。「検証可能性」が、ひいては虚偽自白防止を導くことは明らかというべきである。なお、日本弁護士連合会「知的障がいのある被疑者等に対する取調べの可視化についての意見書」（2011年6月17日、日弁連ウェブサイト〈http://www.nichibenren.or.jp/activity/document/opinion/year/2011/110617.html〉）、同「知的障がいのある被疑者等に対する取調べの立会いの制度化に向けた意見書」（2012年9月14日、同ウェブサイト〈http://www.nichibenren.or.jp/activity/document/opinion/year/2012/120914.html〉）参照。

[46]　2009年には青木孝之「取調べ可視化論の整理と検討」琉大法学81号41頁、川出敏裕「被疑者取調べの在り方について」警察政策11巻162頁などがあり、2010年には指宿・前掲注3書などがある。また、2011年には、広島法科大学院論集7号の各論攷、さらに前掲注15・注44でも触れた法律時報83巻2号の各論攷などがある。

第4章　取調べ可視化反対論を検証する
――取調べ可視化（全過程録画・録音）の「何が」「どう」危険なのか？[1]

導入

1　「現在」に至る情況など

　私たちは、日本における「被疑者取調べ」について、その「全過程」を録画・録音する、国がその義務を負う法制度を求めてきた。そのような制度改革が、今まさに、現実味を帯びてきている。

　取調べの可視化（＝取調べ「全過程」の録画・録音）実現に向けて、録画を拡大する試行がはじめられ、この問題についての議論も非常に活発になってきた 2011 年夏の段階の「現在」について述べておこう。

　その背景を3点述べておく。

① 　1つは、近時において、いくつかの冤罪事件が発覚したことである。
② 　もう1つは、2009 年の裁判員裁判制度の実施、すなわち、国民が司法に直接参加し、事実を認定する実務が始まったことである。市民の判断にとっては、取調べ過程が透明であることが求められる。現に強く求められているのである。
③ 　3つめは、政治的な動き、政権の交代があったということである。様々な評価はなされうるが、これはこれで、ひとつの契機を形成したとはいえるであろう。

　2007 年、鹿児島志布志事件の無罪判決があり、富山氷見事件の再審無罪判

1　本稿は 2011 年 8 月 7 日、神戸国際会議場で開かれた「国際犯罪学会第 16 回世界大会シンポジウム『取調べの可視化とあるべき取調べ――取調べの可視化は取調べにどのような変化をもたらすのか？』」において講演した際の原稿をベースとしつつ、可視化について、かなり自由に述べたものである。

決があった。2009年には、足利事件の再審請求人の釈放があり、2010年に、その再審無罪判決があった。同じく2010年、厚労省元局長事件の無罪判決があり、この事件の過程では、検察官による証拠改ざんがなされたことも判明した。そして、2011年、布川事件の再審無罪判決と続いている[2]。

このように、密室での取調べ（における強要的要素）を原因とする虚偽自白、あるいは、関係者の虚偽供述に基づく（少なくともそれを一因とする）冤罪事件が次々と明らかになり、我が国の刑事司法実務において、捜査過程があまりに不透明であることの問題性が否応なく浮き彫りになってきた。

しかし、現実には、その制度化は、「遅々とした」歩みしか示しえていない。なぜだろうか。

なお可視化反対を唱える人・時期尚早だと言う人・警戒論を根強く唱える人たちがいるからである。これらの見解は、「全過程録画・録音」は「危険」だ（「危険」なところがある）と主張している。

2　可視化反対論の立場など

これらの反対論は、何よりもまず、捜査機関の側から発せられている。もっとも、その立場をみると、これらの見解は、「反対」という結論が先にある、多分に「党派的」な見解ではないかと疑われるところがある。

興味深いことに、全く別の立場からも可視化警戒論は発せられている。つまり、整理すると、反対論には、次の如きの2つの立場があることになる。

① 一つは、可視化の危険性は、取調べの機能を落とすところにあると言う。日本の捜査機関は、可視化（＝取調べ全過程の録画・録音）を実施すると、カメラなどの機械の存在が被疑者の心にとって邪魔になり、取調官と被疑者の間に「信頼関係」も築き得ず、被疑者が真実を話しにくくなるなどという。取調べの真相解明機能が害されて、ひいては治安を悪化させると言うのである。

したがって、日本の捜査機関は、つい最近はじまった検察庁での試行拡

2　なお、2012年には、再審無罪ということについては、東電OL再審無罪判決があった。その他、いくつかの事件につき再審開始決定があった。また、遠隔PC操作事件も発生し、そこでも虚偽自白調書が作成されたケースが発覚しているが、これは、明らかに取調べに関わるシステムが改善されていないからだということができる。ともあれ、この論攷は、2011年8月7日段階のものであることを改めて指摘しておきたい。

大以前は、裁判員裁判対象事件について、自白した後のきわめて限定的な場面、つまり、取調べ「終了後」の場面（自白を「追認」する場面）だけを録画しているに過ぎなかった。自白が「任意」にされたことは、この場面を見ただけで判るなどとして、これで十分であり、可視化（＝全過程の録画・録音）は、不必要かつ有害だと言ってきたのである。

② もう一つ、全く逆ともいえる発想がありうるので紹介しておきたい。可視化は、被疑者が捜査機関の前に剥き出しにされた、そのままの記録を残すとして、これを問題とする考えがないわけではない。その記録の印象が強烈で、防御権を侵害するおそれがあるのではないかとされ、被疑者に不利に働く可能性もあり、危険ではないかというのである。

ここでは、この考えが、①とちょうど逆ともいえる結論を述べていることを指摘しておきたい。

この正反対にみえる、2つの立場からの見解に、果たして、正当な論拠があるかどうか、それを検討するのが、本日のテーマである。

以下、①について、主に述べていくこととし、その論述の結果として、②についての考えを、最後に、ほんの少し述べることになるであろう。

可視化の目的・機能・必要性など

1 「結論」について

まず、反対論検証の前に、「可視化の機能は何か」「その目的は何か」「なぜ可視化が必要か」を、もう一度、確認しておきたい。それが、本日の検討の前提になるからである。

あらかじめ、結論を述べておけば、それは、大きく分けて2つあるといえる。

一つは、全面的な「検証可能性」を導くことである。

今一つは、「取調べの適正化」を完遂させることである。

この2つは、実のところ、分かちがたく結びついている。「検証可能性」という点は、公判での事実認定に資することはもちろん、「裁判の迅速・充実」という要素にも親和的である。それらだけでなく、本日のテーマとの関連でいえば、「あるべき取調べ」への道筋を示す前提としても機能する。それが「取調べの適正化」にも結びつくのである。

可視化は、ただ「すべて」を「記録する」だけだ。それは、本来、捜査官側にも

被疑者・被告人側にも価値中立的なものである。関係者にとって、等価な存在である。それ以上でも以下でもない。当たり前でニュートラルなことなのである。

だが、我が国の刑事司法実務では、そのようなものが、大きな価値を持ちうる。そうとすれば、それは、現状において、当たり前でない状況が存在するからだ。

2　日本型「取調べ」の問題

可視化の機能や目的に関わる視点は、実は、日本型取調べにあっては、とても重要な意味を持っている。

日本の警察や検察での「取調べ」は事後的にせよ直接的な検証のできない「密室」で行われている。もとより現在、弁護人の立ち会いも許されていない（法制度上、禁じられているわけではないが、実務上、捜査官は、それを許容しない）。

この完全なブラックボックスのなかで、長時間の「取調べ」がなされる。一つの事件で、被疑者に対して、23日間の身体拘束がなされることが実務上原則化しており、その間に計100時間以上にわたる「取調べ」がなされることもある。合計数十時間レベルに達する取調べは、日本では、むしろ、一般的でさえある。

そのような過程を経て、供述録取書が、取調官によって「一人称独白型の物語として」作成される。これが日本型取調べの典型で、捜査官が、被疑者に、成り代わって、「語り」「書き上げる」のである。

それは被疑者の供述をそのまま反映しているのか。それさえ、わからない。否、生の供述からは乖離している可能性は極めて高いとみるのが自然だろう。ワープロ・パソコンが普通に使用されるようになってからは、その乖離は、いっそう深刻化していると思われる。

図面をみてほしい。1枚目である（次頁参照）。このブラックボックスが数十時間存在するのだ。このような供述録取書（調書と呼ばれている）を証拠とすることは裁判における事実認定を誤らせる危険が大きいのではないか。

少なくとも、この長時間のブラックボックス状態が、真実解明に近づく道だと考えるべき合理的根拠は何もない。

現在、日本の裁判では、「調書」に書かれたことが本当に供述されたことであったかどうかも含め、その真偽を後から確認・検討することさえ容易でない。そういうシステムになってしまっている。

長時間の取調べという「暗闇」を手探りで検証するには時間もかかる。暗闇を客観的に照らす光は与えられていない。取調べのありのままの実態の認定に辿り着けないのが実情である。

ないな 可視化しか ないな——供述録取書の構造

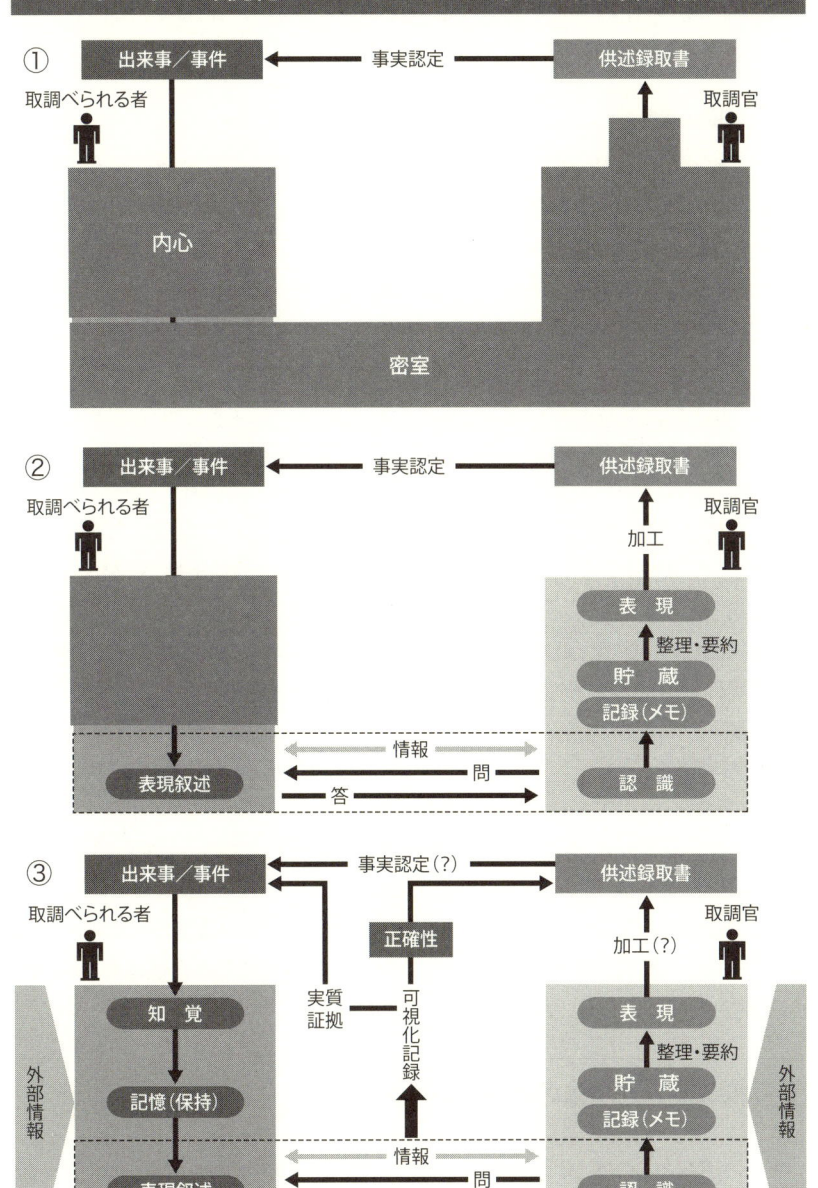

① 出来事／事件 ← 事実認定 — 供述録取書
取調べられる者 / 取調官
内心
密室

② 出来事／事件 ← 事実認定 — 供述録取書
取調べられる者 / 取調官
加工
表現
↑ 整理・要約
貯蔵
記録（メモ）
表現叙述 — 情報 — 認識
答 — 問

③ 出来事／事件 ← 事実認定（？） — 供述録取書
取調べられる者 / 取調官
正確性
実質証拠 / 可視化記録
加工（？）
知覚
記憶（保持）
表現
↑ 整理・要約
貯蔵
記録（メモ）
表現叙述 — 情報 — 認識
答 — 問
外部情報 / 外部情報

ビジュアル制作：国際プレゼンテーション協会

これが、「調書裁判」とよばれる日本の刑事司法実務の最大の問題である。このような「調書」の作成を続けるかどうかを含めて、検討対象にしていい時代が来ている。

3　問題の解消

録画・録音が物理的に困難な時代ならば、ともかくも、今や、このような問題は、取調べの「すべて」を録画・録音することで解決できる。このことが明らかである。

図の2枚目を見てほしい。これによって、全面的な「検証可能性」が存在しうると同時に、完全な「適正化」を図りうる。（取調べの中での強要という要素を原因とする）虚偽自白・虚偽供述を防止する機能が導かれる。かくて、冤罪を防止することもできる。

「適正化」と「検証可能性」ということでは、次のような効果も顕著であろう。密室で作られるからこそ、「供述調書」について、自白の任意性が争われた。このような「自白調書」の任意性の争い自体、取調べの「すべて」を録画・録音することで大きく減少する。このことは、イギリスがそうであったように、確実である。

仮に、「任意性」をめぐる争いが残ったとしても、直接的な証拠で「検証」できるのであるから、これが、証言合戦のような水掛け論になっていた従来の方法より、数段優れた「検証」のあり方であることは疑いがない。これは、結局、「調書」の「信用性」に関する「検証」でも同じこととなろう。

もとより、可視化は、いくつかの重層的で、密接に関連したいくつかの事項を改善する効果を持つ。「あるべき取調べ」の「あるべき」探求が始まるのも、その一つである。

これらは、いくらかのタイムスパンを持って生じる変化である。可視化は、よりよい刑事司法実務を実現するための前提である。

「調書」そのものがどう残るのか（残らないか）は、ここでの議論からは省いておこう。可視化の進行に伴って、いくつかの根本的変革が生じる余地はあるが、現状の議論は、おそらくまだ、そこまではいっていない[3]。

捜査機関の反対論の本音は何か

すでに述べたとおり、あるがままを記録しておくことは、あまりに当たり前のこと

3　この点も、2011年8月段階の講演であることに留意していただきたい。

である。仮にもし、この当たり前のことで、何らかの支障が生じるのだとすると、そういう支障を生じさせるシステムのほうが、オカシイというべきだろう。

従来の実務にあっては、「ありのまま」を「隠す」「操作する」、つまりは、そういう誤魔化しがあったのではないのか。

「密室」のままの取調べでは、被疑者は圧倒的な権力者である取調官に屈服させられてしまうことが、まま、生じる。従来は、自白の強要、それに向けての違法・不当な取調べ、それらが表面化してこなかっただけではないか。

我が国で、1980年代に発覚した、死刑再審四事件（免田事件・財田川事件・松山事件・島田事件）や、先に挙げた諸事件における、違法・不当な取調べをみると、密室での、そのような誤魔化しが、蔓延してきたのではないのかとの疑いが生じる。実際、弁護人の経験からすれば、違法・不当な取調べは、相当に行われているといわざるをえない。

可視化論反対の本音は、このあたりに、本当の動機を持っていると見ざるを得ない。要するに、違法・不当な取調べを白日のもとに晒したくないのである。ブラックボックスでの様々の「操作」をし続け、それを隠し続けたいのである。現状を変えようとすることは、誰にも難しいことである。まして、誤魔化しを正すことは、困難な営みである。

一連の事件の問題から、警察は、2007年から2008年にかけて、取調べを適正化するためのいくつかの方針などを発した。それにより「自浄作用」が発揮されるはずであった。警察は、何としても可視化だけはしたくなかったのである。

しかし、警察において、この方法に実効性があったとはいえなかった。現に適正化の果たされなかった事例がその後も次々と発覚し、この方針は、裏切られてきているといわざるをえない。

現在においては、「ここまでに様々の『適正化』策が講じられたから、取調べの全過程録画・録音は不要だ」という話は全く説得力をもたなくなっている。

結局、捜査機関の本音を一言で言えば、今までのやり方を変えたくないということであるだろう。誰しも新たな現実の前では、保守的になるものである。

しかし、もう、そんなときではなくなった。警察も検察も、勇気を持って、可視化時代に向かうべきときである。

捜査機関の反対論を検証する

以上を踏まえたうえで、表立って唱えられている反対論などの中身を順次、みて

いこう。

1 「信頼関係構築」論（カメラの前では真相が語られないとの説）の誤り

録画・録音すると、取調べに必須な取調官と被疑者の「信頼関係」の「構築」が困難になるなどという説がある。カメラ（マイクでも同じ）の存在自体が（それを意識すること自体が）、そもそも邪魔だともいわれる。それで、録画・録音すると、被疑者にしてみると、真相を語りにくくなるなどといわれるわけである。取調べにおける真相解明機能が、カメラやマイクによって著しく落ちるかのように言われる。

しかし、そのようなことはない。この「考え」は、ただのフィクションである。

(1) 「信頼関係」論なるものの根本的誤りと機能

そもそも、現在の密室での取調べで、真に取調官と被疑者との間で「信頼関係」が構築されているなどとはいえない。それが、いわゆる「ラポール」とは全く異質なものであることは、供述心理学者ではない私がここで説明することではないであろう。

たとえば、鹿児島志布志事件に関連して、踏み字事件といわれる民事訴訟があった。警察官が「じいちゃん、早く正直なおじいちゃんになってください。△△」などと家族の名とメッセージを書いた紙を被疑者とされた人物の足下において自白を迫ったというのである。

この民事訴訟のなかで、警察は驚くべきことに、「真摯に反省を促し、事実を正直に話してほしいとの熱心さから出たもの」などと主張した。これを、「信頼関係」を構築し反省・悔悟させる手段であったと臆面もなく主張したわけである。そうとすれば、このように密室で「構築される」という「信頼関係」が、いかに歪んだものかは、すでに明らかである。

いやしくも公の民事訴訟の場での主張である。この警察の主張の姿勢からみると、そのような「歪んだ」「信頼関係」の構築なるものが、警察内で、特殊な発想でないことは明らかといわざるを得ないのである。

「歪んだ」「信頼関係」なるものが構築された結果、被疑者から供述がなされたとして、それは、真相の解明などではない。逆に虚偽自白・虚偽供述が生じている危険性が非常に高い。

以上述べたところからは、「信頼関係構築」を名目にすることで、長時間の「密室」取調べを温存することは、違法・不当な取調べを覆い隠す役割を果たしていることがわかる。きわめて控えめな言い方をしたとしても、この「考え」（「早く正直なおじいちゃんになってください」と書いた文字のある紙を踏ませることが真摯に反省を促す熱心

さから出たものとみる考え）は「可視化」より格段、否、突出して、「危険」というしかない。

実際、捜査段階で自白しても、公判段階になってその任意性・信用性が争われる事例は数多く存在する。真に「信頼関係」が構築されているのであれば、このようなことはないはずである。ましてや真に反省悔悟しているなら再犯も生じない筋合いである。

取調べの全過程を録画・録音すると「信頼関係」が築けなくなるなどという主張は、取調官が自らの技能不足を正当化しようとするものにすぎない。もし、そうでないのなら、そのような取調べによってなお、公判廷で否認されるケースが後を絶たないのか、説明がつかない。その「信頼関係」なるものは、余程常識とかけ離れた言葉と化しているのではないか。

(2) 自白という問題など

すでに可視化を実現している国の実情を調査すると、録画・録音をしても、自白率は変化していないとされる。調査は、必ずしも統一されているわけではないから、厳密にどうかは、わからないにせよ、一瞬減って持ち直したとの統計や、逆に増えているという統計さえあるのは確かである。

本来原理的には、違法・不当な取調べによって自白がなされていた分の「自白」は「可視化」によって「減少」して不思議ではないはずだ。が、自白率が変化しないのは、取調べ自体で、「可視化」による「検証可能性」「適正化」を維持したまま、ある種の補填が可能だからではないかと考えられる。たとえば、取調べに対する十分な準備やその技能の進歩・洗練が考えられる。あるいは、可視化された状況下でいったん取調べが開始され、それが当然の状況となれば、被疑者の側も、まもなく録画機・録音機の存在など忘れてしまい、取調べの障害にはならず、逆に、しっかりのありのままの事実を慎重に語るというなどの要素を挙げることができるのではないか。

このような見解に対しては、長丁場の日本の取調べにあっては、たとえばイギリスなどの統計と同視できないとの考えがあるだろう。しかし、日本において、「可視化」により、もし自白率が減るとすれば、実際、それだけ、無理な取調べがなされているからだとみて、少しもおかしくはない。

このとき当然、日本国憲法 38 条を想起すべきなのである。日本国憲法・我が刑事訴訟法のもとで、「自白は証拠の女王」という考え方は否定されている。むろん、自白のみでは有罪とされない（憲法 38 条 3 項）。日本型の長丁場の取調べに有意義さを見ようとする考えは、それが精神的には「膝に石を抱かせ続けていること

」と同様であることに思いを致し、証拠としての自白を追い求めることにより、歴史的にどんな過ちが繰り返されてきたか、あらためて考えるべきである。

　もっとも、日本の取調べも、「あるべき取調べ」へと移行していかざるを得ず、そうとすれば、実際の自白率に関しても、結局は、諸外国での統計と大きな差が生じるとは考えられないであろう。

　このことからすると、録画・録音を全ての被疑者に対して行っても (それを国家に義務づけても) 全く問題ないものというべきである。

　もっとも、姿を撮されるということから、録画に抵抗感のある被疑者もいるやもしれない。本来、「慣れ」てしまう問題だとは思うが、たとえば、肖像権といったものには、豊饒な権利としての意味合いが含まれているとみる余地もあり、したがって、そういう申立てがあった場合には、音声のみを記録することでも足りるのではないか。私自身はそう考えている。

2　日本の治安が悪くなるとの謬見

　上記したところを前提として、真相解明機能が落ちる結果、治安が悪化するとして、これについて、誰が責任をとるのかなどという見解がある。

　しかし、録画・録音をすることは、取調べを禁止することではない。既に述べたとおり、「適正な」取調べにより、「適正に」自白を得ることができなくなるとはおよそ考えられない。可視化のもと、検証に耐え、合法とされる以上は、「濃密で厳しい」取調べをする場面があってもよいという話にもなろう。

　他方、現に否認する被疑者でも、客観的証拠があれば、起訴し、有罪立証することは当然できるし、現に裁判実務は、そのように運用されている。

　さらに言えば、録音・録画によって、その記録媒体の裁判での扱い方如何では、否認そのものの問題点がより明確になることも当然ありえよう。結論を言えば、録画・録音は「真相解明」に資する。それ自体が、捜査機関の「武器」にもなり得るのである (最後で改めて触れる)。

　結局、治安悪化論には、何の実証性もない。捜査機関の側で適正な取調べをし、丹念に客観証拠を集めるという発想を欠いているといわざるをえないのではないか。

　治安を問題にするのであれば、違法な取調べや長時間の無理な取調べに時間やエネルギーを費やすのではなく、それを別の捜査に向け、適正で効率的な捜査をすべきである。

　いうまでもないが、自白を強要して無辜の者を起訴した場合、真犯人は処罰を

免れてしまう。結局は治安の改善に全く寄与していない。むしろ決定的に治安を悪化させている。犯罪の被害者にも禍根を残す可能性が高い。誰が責任をとるのかは、現実に発生してしまった、こういう場面で使う言葉である。

こういうことの生じないシステムを構築することこそが責任ある態度である。

3　プライバシー侵害論の誤り

取調べの際には、プライバシーに踏み込んだ話も多いなどとし、調書には書かない、というようなことも今までは多いとされ、録画・録音されてしまうとそれらが残ってしまうとし、そのことをもって、捜査に大きな支障となるという見解がある。

併せて、取調べの際には、捜査官のプライバシーもさらけ出して被疑者を説得しようとすることが多いなどとして、録画・録音されていると、捜査官としてはとてもそのようなことができなくなり、自白がとれなくなるなどとして、プライバシー論を持ち出す見解がある。

しかし、そもそも発問そのまま、回答そのまま、つまりは、訊いた（聴いた）ままに書かないという発想自体がおかしいというべきである。密室での腐敗の始まりと断じてよい。

そして、一般に取調べの対象となるような事項は、ほとんどが高度にプライバシーに踏み込んだ内容となっているだろう。そのうちの一部だけセパレイトさせることが可能とも思われない。仮に、分離可能だとしても、オープンにしない部分をあらかじめ設定することになり、それが、被疑者にとって、デリケートであればあるほど、捜査官がより優位な立場に立つという状況を招くだろう。より不正常な力関係が作られる。これは明らかに相当では無い。

捜査官が録画・録音できないようなプライバシーをさらけ出すことが有力な自白獲得の手段かのような主張もあるが、これは、およそ未検証の議論である。取調べにおいて、さまざまな技法が用いられるであろうことは想像できるとしても、そのような録画・録音さえできないようなプライバシーへの言及によって初めて自白が得られたという事例などが、一体、どれほどあるのか、それ自体、全く明らかではない。不明な話をいくら持ち出されてもどうしようもない。

そもそも後日見られたり聞かれたりすると困るような取調べ手法を用いるとすれば、それ自体、問題であろう。そのような手法によって得られた自白が信用できるかどうか、そのことこそが問題となるだろう。

実際、捜査官の「プライバシー」なるものが取調べという「公権力」の場で用いられたとすれば、それが「公権力」の行使態様そのものとして検証されるのは当

然ではなかろうか。現に、捜査官が被疑者に明らかにしたプライバシーについて被疑者に守秘義務があるわけではないから、仮に現在プライバシーをさらけ出しているとすれば、それはすでに（弁護人を含む）多くの者に明らかになっている可能性がある。録画・録音したからといって変わるものではない。

それでもなお問題があるというなら、いわゆるプライバシー問題については、証拠開示の条件化や公判再生の制限（抄本化）を工夫すればよいだけのことである。私は、あまり大きな声では言いたくないが、現在の日本の証拠開示制度は、反対論者が心配するような、本当にプライバシー侵害となって問題が発生しそうなものの開示については、これを条件化するなどして規制しうる制度になっている。公判での再生方法にも、相当の工夫が可能なのが実務運用というべきである。

4　組織犯罪の問題など

録画・録音すると、組織犯罪などで、供述はするけれども調書記載を拒んだり、調書作成の時期を遅らせる者から供述が得られなくなり、組織犯罪などの捜査にとって可視化は致命的だという主張がある。

しかし、取調官がかような被疑者の要求に応じることは、捜査の適正という見地から明確に誤りというべきである。こういった問題を記録しないという不透明によって、解決しようとするところに、堕落の萌芽がある。

供述はするけれども自分が供述したことが分かる記録をしないでくれなどというケースが仮に存するとしても、そこで語られた事実が真実である保証は何もない。それこそ、録画・録音によりその供述経過を事後的に検証できるようにする必要性が高い場面といわなければならない。

この議論は、録画・録音の問題と供述人の保護の問題を混同するものと言えるだろう。もし、どうしても、そうすべき場合があるのであれば、かような考え方で、録画・録音を封じるべきでない。供述人保護を別個に真剣に検討することで対応すべき筋合いである。

少なくとも、これは、すでに言及したとおり、証拠開示や公判再生時の処理で対応不能なこととは言えない。可視化を拒む理由にするのは筋違いである。

警戒論などに関連する問題

1　可視化の範囲を限定するという議論

全て録画・録音する必要はなく、一部で足りるとの考えがある。

しかし、「全て」（＝全過程）でなければ意味がない。一部録画しても、それ以外のところで違法な捜査が行われていれば、そのことは明らかにはならない。その部分についての争いは残ってしまい、本来の可視化の目的をおよそ達成できない。

捜査機関は、自己に都合の良い部分だけを録画・録音しようとするかもしれず、それでは何の解決にもならない。むしろ「一部」を過大に印象づけることにもなろう。事実認定を歪める危険性が高い。

一部の録画・録音では、自白の任意性立証も果たし得ない。

検証可能性・適正化は、全うされないことが明らかである。

つまり、それは全くの中途半端なものでしかない。録画・録音の有効性を全く損なわしめるものである。しかも、極めて危険というべきなのである。

2　情報収集問題について

被疑者は、事件のことだけ隠そうとするわけではなく、何らかの理由で別に隠しておきたいことがあることもある、そういうときに、捜査官としては、事情をよく聞き出して、誰にも話さないし、調書にも書かないから正直に話してほしい、と言い、被疑者がこれに応じることもあるなどとして、そのことが、事件の有力な証拠に結びつくようなこともあるとし、しかし、録画・録音されていると、そのようなことが全くできなくなり不都合だという説がある。

しかし、これも書かないことがあるとの前提自体まったく正しくない。ありのままを残すことの価値を軽視すべきではない。

そのうえ、そもそもそのような約束、利益誘導による自白獲得そのものが違法との評価を受ける余地がある。そのような手法で取られた自白や供述それ自体が信用できるかどうかが全く検証できなくなるからである。

なお、これも証拠開示や公判再生段階で対処しうる話であるように思われる。

3　精密司法論との関係

すでに言及したことと関連するが、日本では、精密に事実を明らかにしなければならないから、取調べを録画・録音するわけにはいかないなどという主張がある。

しかし、先に述べたとおり、録画・録音と精密な取調べとは格別矛盾しない。むしろ、録画・録音した方が正確に記録がとれるから、詳細な取調べに適しているともいえる。

そもそも、「精密司法」などというが、それは供述調書という名の取調官の「作

文」によって支えられてきたものである。このことを的確に認識しなければならない。それは、「精密なフィクション・ストーリー」にすぎないことが実に多いのである。先に述べた諸事件では、虚偽自白や虚偽供述により詳細なストーリーが作り上げられたのであり、これが「精密司法」なるものの弊害の典型を示している。このような「精密なフィクション」は決して真相の究明ではない。明らかに真相を隠している。真相解明が全くの困難に陥っているのである。

可視化は、正確な記録を残す。むしろ可視化は既述のとおり、「真相解明」に資するというべきである。可視化された中で、十分に取調べればよいのである（もとより、これは、黙秘権行使を鮮明にした被疑者を取調べ続けることができるという意味ではない。また、間違った自白よりは、黙秘のほうが、消極的真実主義に資する。このことも、指摘しておいてよい）。

従来の日本型取調べよりは、可視化の下での取調べは、相対的には、「軽い」ものにはなるであろう。従来が超ヘビー級と言ってもおかしくないものであったから、「あるべき」ところに落ち着いていくことは当然である。そして、その時間も短くなるであろう。それがどこまで、どのように変わるのかは、にわかに予想すべきことでもないかもしれない。まずは、あるがままを記録することである。

可視化は捜査機関に「有利」というパラドクス

以上のとおり、捜査機関側からの可視化反対論には悉く理由がないことが判る。少なくとも、可視化の弊害なるものは、全くといってよいほど「実証」されていない。

しかし、「可視化」は、もともと価値中立的なのであるから、取調室において、優位な立場にある者に「有利」に働く可能性があること自体は、否定できないとの見方がありうる。

1　防御権を重視する側からの警戒論

この点を指摘するのが、あくまでも防御を全うしようとする立場から発せられることのある、次のような可視化警戒論である。

そういう見解は、たとえば、取調べの全き初期段階で被疑者の全身、動作、表情、言動のすべてを記録として残しておくことは果たして、被疑者に「有利」だろうか、と、問う。場はあくまでも、捜査官側が設定した場であり、捜査官は心の準備をも含めて十分な用意をしており、その場をセットすることが可能で、しかも、

日常的な仕事の場である、というのである。

　被疑者は、時には、事件の直後で動転しているかもしれない。あるいは、「任意」同行であれ、逮捕であれ、取調室に入ったときに、そういう事態そのもので動揺している可能性がある。非日常的な場面である。

　このような警戒論は、両者を比べて、どちらが紳士にみえるだろうか、と言う。問う側に「正当」性があるようにみえる（見えてしまう）のではないか。問われる側は全く無防備に晒されるのではないか。そういう危惧が語られることがある。

　弁護人の任務論から言えば、被疑者の隣に座って、その取調べの場をイーブンな状態にする努力をすべきだということになる。そう考えるのは必然的だろう。ここには、おそらく本質的な問題がある。

2　問題点の解決に向けて

　弁護人が立ち会うとき、防御権行使の具体的方法を提示しアドバイスしようとすれば、一定の証拠開示を受けるべきだという筋合いになろう。もとより、弁護人立ち会いは、我が国でも、早期の実現を目指すべき制度である。また、捜査段階の証拠開示論がこれに加わるべきである。

　しかし、すべてのカードがそろわなければ、防御権は全うされないというものではないし、現実は待ってはくれない。

　仮に、カードがそろわなければ、可視化を拒むというのであればそれは、密室擁護の思想に転化してしまいかねない。

　制度化される可視化のなかで、とりあえず、防御権上の問題として、私が考えるのは、すでに述べた、録画のみの拒否を許す制度である。ありのままの記録を残すことが圧倒的に正しい以上、録音は義務づけられるべきだろう。

　その上で、黙秘するのは、もとより、日本国憲法上の権利である。いずれにしても、可視化は、いいとこ取りをする制度ではない。それは、「より公正・より正確・より適正」に奉仕する。そうである以上、有利・不利にとらわれない制度構築を考えてよい。

　ここまで論じてきて、実は、はっきりしてきたはずである。現実に取調室をイーブンにできる制度構築は至難の業なのである。価値中立的な制度は、捜査機関にとって、じつはわるくない制度である。日本の警察・検察も、そのことにもはや気づくべきときであろう。今こそ、恐れることなく、国家としての公正さを示すのだ。

　そして、可視化後の「あるべき取調べ」を模索すべきときがきていることを認識すべきである。

第5章 「取調べ可視化」論の展開
——法務省「取りまとめ」を踏まえて

導入ないし前提——問題の所在と課題

1 2011年8月8日法務省ペーパーについて

　今、必ずしも遠くない時期に、(刑事訴訟法の一部改正として)「可視化法」と称する法律ができ上がるのではないか、とする見解がある。本(2011)年8月8日、法務省は、およそ2年弱にわたる省内勉強会の内容・結果をとりまとめ[1]、これを公表するに際して、「被疑者取調べの可視化の実現に向けて」とのペーパーをも発した(以下、「ペーパー」という)。それは、次のとおりの内容であった(下線引用者)。

　すなわち、「被疑者取調べの可視化が、<u>取調べ状況を客観的に記録し、自白の任意性の的確な判断を容易にするとともに、不適正な取調べの抑制にも資するもので、えん罪を防止するために有効な手段であることが確認された</u>。取調べの<u>可視化を制度化することは是非とも必要であり、法務省として責任を持って、制度としての可視化を実現していかなければならない</u>」としたのである。そして、「<u>法務省としては、可視化の趣旨・目的の重要性に鑑み法制審議会からできる限り速やかに答申を受け、制度としての取調べの可視化を実現していく所存である</u>」との決意が表明された[2]。法務省が「可視化」に取調べの適正化機能を端的に認め、かつ、これを「冤罪を防止するために有効な手段である」と明確に述べたのは、私の知る限り、はじめてのことである[3]。

　また、「できる限り速やかに」その「制度化」を「実現」するとの姿勢を明確に示したのも「法務省」としては、はじめてといってよい。

1　法務省「被疑者取調べの録音・録画に関する法務省勉強会取りまとめ」(2011年8月8日。以下、「取りまとめ」という)。
2　ちなみに、「ペーパー」の表題は、この公表のほんの少し前に発刊された、指宿信編（日本弁護士連合会編集協力）『取調べの可視化へ！』(日本評論社、2011年)の日本弁護士連合会会長による「巻頭言」(同書i頁)のサブタイトルと、ほぼ同じ「表現」である。さらにいえば、日本弁護士連合会「取調べ可視化反対論を批判する〔第3版〕」(2008年)のメインタイトルも、ほぼ同じ「表現」であった。

2 「可視化」(=全過程録画・録音) 制度化への今後の道程について

むろん、上記したところ自体、まだまだ甘い見通しだとする見方がある。というのは、本義の可視化(=取調べ全過程の録画・録音)に反対する勢力は、容易に本義の「可視化法」の成立を容認しようとはしていないからであり、法務省にも、そのような姿勢は色濃くみられるというべきだからである[4]。

避けて通れない本質的問題は、「取りまとめ」や「ペーパー」が用いる「可視化」という言葉が、「全過程」を意味しているわけではないということである[5]。そうとすれば、可視化(=全過程録画・録音)の本義の制度化のためには、「一部」録画・録音を可視化の「制度化」などとする見解を乗り越えなければならない。

これは、難局であり、相応の時間を要するとの見解がありうる。法制審議会において、「新時代の刑事司法制度特別部会」の議論が開始されたけれども、同部会は、「取調べ及び供述調書に過度に依存した捜査・公判の在り方を抜本的に見直し、制度としての取調べの可視化を含む新たな刑事司法制度を構築するため」のものとされる。そのためには、「国民の声と関係機関を含む専門家の知見とを反映しつつ十分な検討を行」わねばならず[6]、「抜本的見直し」のため「十分な検討」を行うとなれば、時間も相応に要することとなる筋合いである。

このように、可視化の制度化を可能なかぎり「先送り」すると同時に(これに伴って)、「可視化法」の中身を能うかぎり「骨抜き」にしていこうとする動向が存在する。誰しも、今までのやり方を根本的に変えるということを、ことさらに望んだりは

3　本文で言及しているとおり、「可視化」概念の相違が、このような同床異夢状態を生ぜしめているといえるであろう。しかし他方、取調べの適正化を全うし、冤罪防止の完璧を期するためには、「一部録画・録音」では、かえって危険であることは明白であり、「全過程」録画・録音への志向が不可避であることは誰も否定しえないはずである。もしそうとすれば、前掲注2のような「一致」は、あるいは、法曹が同じスタートラインに立ちつつある証とみる余地もありうるやもしれない。

4　実際、試行についてではあるが、同日(2011年8月8日)、江田五月法務大臣は、裁判員裁判事件の取調べにつき録音・録画の範囲を「拡大」する試行を指示したものの、「全過程」の語は省かれている(「法務大臣臨時記者会見の概要」法務省ウェブサイト〔同日〕参照)。2011年8月19日付内閣衆質177第388号の菅直人総理大臣の答弁(浅野貴博議員の質問に対する答弁)においても、裁判員裁判事件での試行について、「全過程」という言葉を外す姿勢は露骨に示されている。もっとも、これを「深読み」とする向きもあろうか。なお、制度構想との関係でいえば、本文でも言及するとおり、法務省「被疑者取調べの録音・録画の在り方について――これまでの検討状況と今後の取組方針」(2010年6月18日。以下、「中間取りまとめ」という)は、「全過程」録画・録音の制度化がいかに困難かを説くことに大半のエネルギーを費やした文書であった。

5　可視化の定義論については、さしあたり、本書第Ⅰ部第3章、指宿・前掲注2書1頁以下〔指宿信〕参照。

しないものだ。人は、本来的に保守的なものである。多くの過誤を発見・経験・認識してもなお、旧態依然であることのほうがよいことだと信じたいのだ。そのような動向もあって、今後の「可視化法」成立への道程には、厳しいものがあるともいわれる。

しかし、「実現」、すなわち、「現実」が近づいているからこそ、抵抗する側も必死になっているというべきであろう。これら反対論・「先送り」論に対峙して、本当の「可視化法」を速やかに成立させねばならない。

3　本当の刑事司法改革の出発点として

いずれにしても、「平成刑訴」は[7]、2004年の刑事司法改革関連3法の成立（2005年11月以降の施行）以後において、最大の刑事司法改革を導く場面を迎えていることになる。否、幾分、大仰な言い方に聞こえるかもしれないが、ここでなされようとしているのは、もしかすると、「100年単位」を超えるものであるのかもしれない[8]。その意味で、「昭和刑訴」の生誕に比肩するのみならず、むしろ、「治罪法」制定を思い浮かべたほうがよいのかもしれない。

むろん、上述したとおりの難局でもある。それらは「大山鳴動鼠一匹」の不首尾に終わる可能性もありうる。そうさせないために、つまりは、本当の刑事司法改革のために、その先頭を切って、可視化が真っ先に制度化されねばならない。

そのとき、具体的には、可視化制度というものの、いわば内部においては、どのような「建て付け」となり、他方、可視化制度のいわば外部においては、どのよう

6　検察の在り方会議「提言」（2011年3月31日。以下、この会議体を「在り方会議」といい、その提言については、単に「提言」という）。この「提言」自体が「在り方会議」の「パラドクス」にみえることは否定できない。なぜなら、「全過程」録画・録音の制度化問題は「在り方会議」で「直ちに制度化する」ということ自体については、決着がついていて何らおかしくなかったと思われるからである。それが、同会議の議論状況の実態だったのではないだろうか（法務省ホームページの「在り方会議」議事録全文を参照）。結局、5月に法制審議会に発せられた諮問第92号は「近年の刑事手続をめぐる諸事情に鑑み、時代に即した新たな刑事司法制度を構築するため、取調べ及び供述調書に過度に依存した捜査・公判の在り方の見直しや、被疑者の取調べ状況を録音・録画の方法により記録する制度の導入など、刑事の実体法及び手続法の整備の在り方について、御意見を承りたい」というものとなった。

7　小坂井久『取調べ可視化論の現在』（現代人文社、2009年）275頁参照。

8　1999年7月以降に始まった司法制度改革審議会の議論によって遂行された「刑事司法改革」が、そもそも、冤罪防止などを目的とする刑事司法改革ではまったくなかったことについては、たとえば、「特集：姿を見せた刑事司法改革」法律時報76巻10号（2004年）など参照。こういった経緯をみても、法務省が「えん罪防止」のための「可視化」を唱えたこと自体は画期的というべきであろう。

な「制度」変容（まで）を望ましいもの（逆の言い方をすれば、許容可能なもの）とみるべきなのか。

周知のとおり、可視化の制度化とともに、「新たな捜査手法」を確立しなければならないとの立論がなされることがある。しかし、新たな捜査手法は、それぞれの是非とその内容を個々に論じ、かつ、詰めればよいことである。これは、可視化とリンクすべき話ではない。しかも、「新たに」ではなく、現になされている捜査手法もある[9]。

したがって、ここで主に問題にし、検証していきたいのは、「可視化法」の中身になるはずである。

4　課題について

上記のごとき状況の下、まさに、このような時期に、「取りまとめ」が発表された。この機に、次の3点ほどは、まず、検討・確認しておかねばならない事項となろう。

① 「取りまとめ」の意味・評価など
② 「可視化」制度の具体的制度構想
③ 可視化反対論・警戒論に対する配慮如何の問題（いわば政策論）

これらの中に、いわゆる「実質証拠」問題は当然に含まれる。このほか（あるいは、これらに伴って）、参考人の可視化の問題は、今、重要な論点となってきている。併せて、弁護人立会いの問題についても、「可視化」との関連において、「現実的に」立会いの時間・費用などを含め、シミュレーションを開始すべき時が到来していよう。さらに、理念的問題（権利論）の考察もあらためて行うに値すると思う。

ただ、今回は、このうち、①と連関しつつ、②と③が表裏の問題として存在しているところから、まず①について、述べていくことにしたい。そこから自ずと問題点は浮かび上がるであろうから、そのうえで、③について論じる。最後に②について若干言及することとする（なお、論述にあたって、敬称はすべてこれを略していることをあらかじめお断りしておく）。

9　さしあたり、指宿・前掲注2書8頁以下［指宿］参照。

法務省「取りまとめ」について——その概括的評価

「取りまとめ」はいささか不思議な文書というべきである。同時に発表された『取調べに関する国内調査結果報告書』と『取調べの録音・録画制度等に関する国外調査結果報告書』とともに、資料的価値は高いといって差し支えない。もっとも、恣意的ではないかと疑われる「調査」ないし「評価」部分が相応にあるというべきであり、その評価は分かれざるをえない。

冒頭に言及した、同時公表「ペーパー」と同旨といえる表現がある一方で、それと整合するとはいえない言及が多数見出される。私自身も、「両義的な」言及をせざるをえない[10]。以下、概括的に評価しておくこととする。

1　総体的にみて——その分裂・不整合などについて

(1)　「ペーパー」との同質性について

「取りまとめ」の「1　可視化の目的等」にあっては、「ペーパー」と同旨の表現がみられる。たとえば、国内における議論を紹介し、「不適正な取調べによって得られた誤った自白によってえん罪が生まれることを防ぐという点を重視する見解」があるとし、「(どの見解も、)公判での争いに備えて供述が得られた取調べ状況を客観的に記録しておくことを前提としている」との総括を行ったうえで、「任意性を疑わせるような無理な取調べによって虚偽の自白調書が作成され、その任意性について誤った判断がなされた上、それが有罪の証拠とされてえん罪を生むことがないようにすることが重要であり、制度の設計に当たって重視すべき点であることにも疑いはない」としている。「したがって、取調べの中で得られた自白や被疑者に不利益な供述が得られた状況を客観的に記録し、公判において自白の任意性をめぐる争いが生じた場合に、その客観的な記録による的確な判断を可能とすることこそが、今後具体化すべき取調べの録音・録画制度に求められる中心的な要請であると考えられる」というのである（「取りまとめ」39〜40頁）。

これに伴って、「近時、厚労省元局長無罪事件などの無罪事件において、裁判所から被疑者の取調べ状況等について厳しい指摘がなされており、こうした事態を真摯に受け止めれば、取調べ状況を客観的に記録しておくべき要請は極めて高

10　「取りまとめ」が、いささか不統一な内容であることは、発表時の記者会見でも話題とされており、江田大臣なりに、その理由に答えているようにもみえる（前掲注4・法務大臣臨時記者会見参照）。

いものといわなければならない」という認識も示されている (同40頁)。そのうえで、録画・録音が「捜査・訴追側にとっても様々なメリットがあり得る」ことをも指摘して、「以上によれば、取調べの録音・録画には、取調べ状況を客観的に記録することによって、自白の任意性についての的確な判断を容易にし、えん罪の発生を防ぐとともに、不適正な取調べを抑制するなど、様々なメリットがあると考えられ、それらを活かす観点からは、<u>できる限り広い範囲を対象とした録音・録画制度を導入する</u>ことが考えられる」と、結論づけているわけである (同41頁。下線引用者)。

　もっとも、以上の論述が、対象とする「取調べ状況」を限定しようとする趣旨をも含んでいるならば、それは明らかに相当ではない。その「目的」からは、「全過程」録画・録音が導かれるべき筋合いである。それゆえ、上記の表現自体を問題とする見解がありうる。実際、「その任意性について誤った判断がなされ……えん罪を生むことがないようにする」ならば、「全過程」の録画・録音こそが論理必然である。その自明性に頬被りしようとするがゆえに、論理の一貫性も失われる。その結果、次に述べる、さまざまな問題のある言及がなされることになっていると思われる。

　(2) 「ペーパー」との不整合について
　(a) 他方、「ペーパー」と整合的とは思えない記載は、かなり多い。たとえば、まず、「2　対象事件の範囲」の話になると、「中間取りまとめ」の路線をそのまま維持するかのような言い廻しとなっている。

　すなわち、「中間取りまとめにおいては、膨大かつ多様な事件の全ての取調べについて録音・録画を実施するとした場合には、取調べの可視化により実現しようとするメリットに見合わない多大な負担・コストを要することとなるのではないか……全事件の可視化は現実的ではないといわざるを得ないため、可視化の目的に照らして実施の必要性が高く、早期かつ円滑に実現可能な事件の範囲について検討することとされていた」とし (同41頁)、そのような前提を置いて議論を進めている。

　たとえば、任意性についての争いは少ないということを理由としつつ、「被疑者又は弁護人から請求のあった事件について録音・録画を実施すべきとの案は、請求がある限り全事件について録音・録画を行うのと同じこととなってしまうことなどから、現実性等の点で難があるといわざるを得ないと思われる」などと、断定的ともいうべき感想をわざわざ述べ、「請求」事件を事件範囲に含めることに反対している (同43頁)。これは、そのような路線の典型ともいえるだろう。

　(b) さらに、「3　対象とすべき取調べの範囲」の結論や理由づけも、「中間取りまとめ」の路線の延長上でしかない。すなわち、「録音・録画のメリットだけを

考えれば、在宅段階の取調べからその対象とするのが望ましいともいえるが、必要性や現実性の観点からの検討を加えざるを得ない」などとし、「在宅での取調べについては、録音・録画の必要性は相対的に低いと考えられる上、実務上困難な課題も伴うことから、身柄拘束下における被疑者取調べを録音・録画の対象とするべきである」などと、いともあっさりと結論づけてしまっている(同44頁)。鹿児島志布志事件、富山氷見事件、足利事件の各件から、いったい何を学んだのだろうか。

　そのうえで、「身柄拘束後の取調べの全過程を対象とすべきか」についても、「できる限り広範囲の取調べを対象とすることが望ましいと考えることもできる」などとしながらも、「中間取りまとめ」路線に立ったまま、「全過程」に対する「消極論」をさかんに説いているようにしか読めない。すなわち、「録音・録画記録を視聴する捜査機関、裁判所等の負担や、録音・録画が捜査・公判の機能や被害者を始めとする事件関係者に与える影響に関し、種々の指摘がなされているところ」であるなどとし、「不適正な取調べを抑制するためには、録音・録画以外にも様々な方法が考えられるところ」とまで述べて(同44頁)、現在まで行われてきた「一部録画」を「評価」さえするわけである(同45頁。この点が誤っていることについては、後述する)。

　(c) 「取りまとめ」は、視聴の負担や反訳などを含むコストを挙げる(同46頁)。これに加え、「中間取りまとめにおいては、取調べの録音・録画が捜査・公判の機能」や「被疑者に与える影響」、「被害者その他事件関係者への影響」、「捜査手法や取調官への影響」などが指摘されていたとしたうえで、調査・検討の結果、「我が国の……被疑者の取調べが、単に弁解を聴取するにとどまらず、被疑者から真実の供述を得ることにより、事案の真相を解明するための最も有効かつ重要な捜査手法として機能していることが確認された」とした。そして、「現行の捜査手法を前提とする限りは、取調べの機能が障害されれば、他の捜査手法等を活用しても補い得ない影響が生じるもの」とする(同47頁)。

　かくて、調査の結果、「(一部録画によって)被疑者の供述内容や供述態度が変化した事例が相当数あった」などとし、「録音・録画が被疑者の供述等に一定の影響を与えることは否定できないものと考えられた」とする。また、「我が国の取調べにおいては、供述調書の作成を前提としない被疑者からの聴取が頻繁に行われており、証拠収集上、重要な役割を果たしているものと認められ、取調べの全過程の録音・録画を導入するため、これらの捜査手法を不要なものとして一概に否定してしまうことは、現在の捜査実務からすると現実的でないものと考えられた」

などと述べている (同48頁。下線引用者)。

　(d)　さらに、「捜査経験者からのヒアリング調査や検察官アンケート調査」に言及し、「取調べの機能を損なわないためには、被疑者を説得・追及して真実を語らせようとする過程を録音・録画することは避けるべきである」といった意見を紹介し、「これを軽視することはできないと考えられる」とする (同48頁)。「今般の調査結果によれば、我が国の現状においては、取調べが事案の真相解明のために極めて重要な機能を果たしているところ、録音・録画は捜査・公判の機能や被害者を始めとする事件関係者に種々の影響を与え、それによって取調べの機能が少なくとも一定程度損なわれるおそれが大きいことは否定できない」などとして (同48～49頁)、これらを批判する見解をさらに再批判しているのである (同頁)。

　「取りまとめ」は、「必ずしも実証的な検討を十分に行うことができなかった面は否定できない」といいながらも、結局、「一律に録音・録画を義務付けるような制度を構築することは適当でない」などと断定する (同50頁)[11]。実証的検証が不十分であることを認めるなら、そのような「結論」を急ぐべき筋合いではない。このように、「取りまとめ」は、結局のところ、「中間取りまとめ」の路線を強く維持する志向性を示している。これらは、「ペーパー」とあまりに整合しない内容といわざるをえない。

　(e)　同様に、「取りまとめ」は、「全過程」ということに対して消極的な結論を導く方向については、いささか性急である。たとえば、「4　録音・録画の対象とするのが相当でない場合」という項についても、①「被疑者が拒否した場合」、②「通訳人の協力が得られない場合」、③「録音・録画機器に故障が生じるなどして使用できない場合」を「合理的な理由により録音・録画の実施が困難な場合」として「録音・録画義務の対象とすべきではない」例示とする (同51頁)。

　しかし、①について大いに議論はありうるし (後述する)、②については、むしろ、録画・録音の必要性の高い場面であろう。③のごとく、物理的に録画・録音が

11　前掲注4の2011年8月19日付政府答弁は、以下のとおり述べている。曰く、「取りまとめ」においては「個別の具体的事情を問わずに一律に録音・録画を義務付けるような制度を構築することは適当とは考え難く、録音・録画の必要性と現実性との間でバランスのとれた制度を検討することが必要である」としているところ、その理由として、ⅰ「現在実施されている取調べ過程の一部の録音・録画であっても一定の効果が認められること」、ⅱ「全過程の録音・録画記録を視聴する負担は無視できないものとなり得ること」およびⅲ「録音・録画によって取調べの機能に支障が生じる恐れが大きいことは否定できないこと」などを指摘している、とするのである。この3点に問題点が集約されてきた感があるが、しかし、本文で言及するとおり、いずれの理由づけも失当である。

不可能な場面で無理やり、「取調べ」をしなければならない理由は、必ずしもよくはわからないが、これは、「対象とすべきではない」のではなく、「対象にできなかった」ことをどのようにきっちりと立証するかという問題であろう。

また、事件類型的には、「組織的犯罪に係る取調べ」と「性犯罪に係る取調べ（名誉・プライバシー等に影響が及びやすい）」を対象外とする発想にも言及している（同51～52頁）。直ちに結論を出してはいないものの、これも「消極論」の立場からの言及であることは明らかである。

(3) 制度設計と「丸投げ」という事態について

ところで、「取りまとめ」は、全体の結論となるところでは、「録音・録画の対象とする取調べの範囲について適切に定めることが必要となるところ、その具体的な制度設計としては、様々なものが考えられ、例えば」として、次の3つを例示した（同54頁）。

① いずれかの機会の取調べについてその全過程の録音・録画を行うこと
② 弁解録取手続を含め、身柄拘束後の節目節目の取調べについては、必ずその全過程の録音・録画を行うこと
③ 原則として全過程の録音・録画を行うこととしながらも適切な例外を設けること

①や②は、その対象を取調官の「裁量」に委ねているように読める。そうだとすると、「制度設計」の名に値するかは甚だ疑問であろう。単なる精神条項（訓示規定）なら、運用で足る話である。ここで、「韓国型」がイメージされていることは想像に難くないが[12]、証拠能力との関係は、さまざまな言及がなされるにとどまっており（同52～53頁）、仮に①や②で、証拠能力付与とリンクしないものが想定されているなら、これらは、「似非韓国型」でしかない。しかも、現在の「韓国型」自体、なにも完成型として存在しているわけではないのである。このことは十分留意しておくべきだろう。

③は、可視化「制度」と評しうるが、とまれ、「取りまとめ」は、その制度化につ

---

[12] この点、今井輝幸『韓国の国民参与裁判制度』（イウス出版、2010年）50頁、103～104頁、椎橋隆幸＝氏家仁「韓国改正刑事訴訟法における取調べの映像録画制度」刑事法ジャーナル13号（2008年）34頁、椎橋＝氏家「韓国における新たな刑事法制度導入の動向」刑事法ジャーナル28号（2011年）59頁、閔永盛「韓国における取調べ映像録画制度」法律時報83巻4号（2011年）124頁、指宿・前掲注2書175頁以下［キム・ジョンリュル］など参照。

いては、「専門的・技術的な検討が不可欠であるため、この勉強会における検討状況を踏まえ、法制審議会における検討に委ねることとしたい」とする（同 54 頁）。

あるいは、「取りまとめ」は、「取調べの録音・録画を供述調書等の証拠能力との関係でどのように位置付けるかについても検討を要するところであり、この点についても、法制審議会において専門的検討を行うことが適切である」などとして（同頁）、肝腎のところを法制審議会特別部会にいわば「丸投げ」しているといえる。「丸投げ」するなら「丸投げ」で、「取りまとめ」が、半ば結論めいた述べ方をしているところがあることの意味を問わざるをえない筋合いである。

そのような「結論」めいた言い廻しは、上記した「ペーパー」との「不整合」部分に集中している。そこまで述べる必要があったかは疑問であるといわざるをえまい。これらは、「取りまとめ」の「目的等」に照らし、その盲腸部分とみるべきものであろう。いずれにしても、「取りまとめ」の、そのような所見は、法制審議会を拘束するわけではない。

2　いくつかの論点について

以下、「取りまとめ」が孕む問題点のうち、思い当たった何点かについて、概括的にみておくこととしたい。

(1)　根本的な問題

そもそも、「取りまとめ」においては、取調べ過程について、ありのままを記録しない手法を是とする発想がある。このことは、その記載において、明らかである（同48頁）。これ自体が非常に問題であろう。なぜなら、その発想こそが、密室内での「力関係」をより歪め、腐敗と堕落を生む原因になるといわざるをえないからである。

「隠す」こと、そのブラックボックス性の中で「操作すること」、「誤魔化す」こと、それらが行われることによって、過誤が孕まれる。まずもって、ありのままを記録する。そのことが当然であるとの認識をもつべきではないか。ブラックボックス性の一切を断ち切る姿勢こそが必要なのである。

そのことを出発点としなければならない。そうとすれば、「取りまとめ」にみられた、論理的な破綻も生じていなかったのではないか。

(2)　対象事件の問題

「取りまとめ」の表現は、「取調べの録音・録画の対象としては、まず、裁判員制度対象事件が考えられる」としているところである（同42頁）。「まず」裁判員裁判事件を対象のひとつとすること自体に異存はない。しかし、「取りまとめ」での「ま

ず」という表現の中には、対象事件を将来的に段階的に拡大していくという発想を感じ取ることが難しい。

現在、たしかに私たちは、「直ちに全事件」とまではいっていない。しかし、それは、逆にむしろ、段階的拡大を自明の前提と考えているからである。

「取りまとめ」において、現在、「全過程」を含む試行が開始されている類型（「取りまとめ」の表現に従えば、「知的能力等に起因する一定の事情が認められる被疑者の事件」と「検察官による独自捜査事件」）について、「制度化」の結論を「先送り」する姿勢も、いかがなものかと思わざるをえない。すでに試行されているものについて、これを後退させる「制度」化など本来、考えがたい筋合いだからである（前進のための「試行」であり、万が一、不都合が発見されたときも、その解決は、「可視化」の後退によってなされるべきものではない）[13]。

しかも、既述のとおり、逆に、「請求」型については、わざわざ「現実性などの点で難がある」と早々と結論を出すかのごとき姿勢を顕わにしている。これは明らかに相当ではない。「まず」、「請求」型を組み入れるかどうかは、当然、法制審議会特別部会で議論されるべき対象である。直ちに「全事件」化することがいけないというのなら、「請求」に、一定の事由（たとえば、否認）の疎明を求め、最終的な判断を裁判所に委ねる工夫をする余地もあろう。

(3) 範囲の問題①

範囲を画するとすれば、それは、「取調室」ということになるべきである。在宅取調べを除外するいわれはない[14]。そして、「取調室」以外は「取調べ」を禁止する制度にして対応すべき筋合いである。

この場合、たとえば、被疑者を問題とすれば、「自己負罪供述を引き出すような発問」を禁止することとなろうが、これに対しては、「任意」の「自発的」供述如何という問題が生起するであろう。しかし、それは、リアルタイムで補完的にICレコーダーで録音しておくか、その直後に録画するなどして、訴追機関に厳格な立証責任を課すことで対処すべきものであろう。

(4) 範囲の問題②――一部録画の問題

ところで、「取りまとめ」は一部録画擁護論に相当の紙幅を割いている（同45頁）。しかし、これは論理的にも経験的にも、正しいとは到底思われない。

---

[13] 小坂井・前掲注5論文148頁注7参照。
[14] この点、松田岳士「在宅被疑者の取調べとその可視化」法律時報83巻2号（2011年）23頁参照。

「取りまとめ」は、A「最高検が平成21年2月に公表した検察における取調べの録音・録画の試行についての検証結果等を見ると、取調べの一部についてのものであるにもかかわらず、自白の任意性を肯定する証拠としても否定する証拠としても有効に機能している上、取調べの適正確保にも資するものと考えられた」とする。「一旦録音・録画を開始した後は、被疑者の供述内容にかかわらず、中断することなく全てを記録するという方法を採っていることから、録音・録画を行う以前の取調べ状況も録音・録画を行った際の被疑者の供述内容や態度等に反映されるためであると考えられる」というのである。しかし、これは、そういう場合もある、としかいえない話でしかない。つまりは、そうでない場合は、いくらでも存在する。

これは、過大「評価」も甚だしく、むしろ誤りと断ずべきものである。一部録画DVDの取調べ（のみ）で任意性に疑いがあるとされたケースについて[15]、検察側にも不利となることが明らかとなったから一部録画の「公正さ」が示されたなどという総括・論理はまったく一面的であり、破綻している。このことは、私自身、すでに論じたことがある[16]。

併せて、「取りまとめ」は、B「任意性等の争いに関する実情調査の結果を見ても、裁判員制度対象事件の公判において、取調べの全過程を録音・録画していないがゆえに、任意性に関する審理が長期化したり、任意性に関する判断が行い得なかったなどの深刻な問題が生じている情況はうかがえなかった」とか、「今般の調査結果を見る限り、具体的な事件において、指摘されているような取調べの一部の録音・録画の問題性が確認されたなどの状況は認められなかった」などとしている。あまりに甘く、ずれた評価というべきであろうか。

要するにAもBも、暗数の存在というものをまったく顧慮していない。

この調査後に、一部録画DVD再生からの心証を主たる理由として裁判員裁判で誤想防衛・無罪判決が言い渡されたのは[17]、いささか皮肉というべきではないだろうか。むしろ、堺の公訴取消し事案のように、「深刻な問題」の表面化を避け、

15　大阪地決平19・11・14判タ1268号85頁。
16　小坂井・前掲書7書253頁以下、同175頁参照。
17　大阪地判平23・7・22、毎日新聞（関西版、2011年7月23日付）29面・「誤想防衛」認定。首絞め認識なし。読売新聞（関西版、同日付）32面・可視化映像で調書否定。兄弟喧嘩の際、「首を絞めた」とされた点について、一部録画DVDにおいて「結果的に……なってしまった」と答えている場面が、決定的であったようである（2011年8月2日、森直也弁護士と私とが、弁護人の佐田元真己弁護士から行ったヒアリングによる）。

「問題性(の)確認」を怠ってきたのが実情なのではないか[18]。

一部録画で「検証可能性」が全うされ、「適正化」が完遂されるということは、およそ考えられない。

(5) その他の問題など

その他、「取りまとめ」において、論じておかねばならない事柄は、国内外の調査(その適否・疑問点など)を含め、相当に多いと思われる。たとえば、確定記録に基づく調査なるものがなされているのであるが、いずれの事例も「可視化」による影響を判断できるものとは思われない。その「調査」とその「評価」には疑問がある。が、それらの検討については、また別の機会に譲らざるをえない。ここでは、証拠能力とのリンク問題についてのみ言及しておくこととする。

「取りまとめ」は、「証拠能力との関係」について、大きく分けて「①義務違反に証拠能力に関する法的効果を付与することとする。②義務違反に証拠能力に関する直接の法的効果を付与せず、一般原則によって証拠能力を判断する際に、一事情として考慮する」の2つの考え方があるとしている。ところが前者については、わざわざ、「そのような取扱いは、任意にされたものでない疑いのある自白に限って証拠能力を否定する自白法則や令状主義の精神を没却するような重大な違法があり、これを証拠とすることが将来における違法な捜査の抑制の見地からして相当でないと認められる場合に限って証拠能力を否定する違法収集証拠排除法則という確立された一般原則との整合性に難があるとも考えられる」などというコメントを加えている(同52頁)。

しかし、このコメントは、従来の実務が任意性(特信性も同じ)についての認定をきわめて緩やかに行ってきたことによる、いわば誤解(錯覚)をベースにして述べているとの感を免れまい。法の趣旨自体は、可視化と証拠能力をリンクさせることに、むしろ明らかに整合的というべきであろう[19]。

---

[18] 2011年8月7日国際犯罪学会第16回世界大会のうち、日本弁護士連合会主催のシンポジウム「取調べの可視化とあるべき取調べ」における髙見秀一報告「知的障がい者が犯人であるとして起訴されたが、公訴取り消しによって、公訴棄却となった事件」参照。なお、福岡高判平23・9・7(陶山判決)をも参照。

[19] 小坂井・前掲注7書263頁以下、今崎幸彦「共同研究『裁判員制度導入と刑事裁判』の概要」判例タイムズ56巻26号(2005年)10頁、吉丸眞「録音・録画記録制度について(上)」判例時報1913号(2006年)20頁。2011年6月6日の法制審議会でも、法務省・松尾浩也顧問は、まずは法の趣旨に則った運用こそが必要と説かれたと聞知するが、その発想は、ここでの議論に通底すると思われる。なお、取調官の「裁量」のうえ、証拠能力とリンクしないのなら、「制度化」の意味などまったくない(本文でも言及しているとおりである)。

反対論・警戒論に対する配慮如何の問題——いわば政策論

　以上、論じてきたところで、あるべき具体的制度構想は、すでにいくらか浮かび上がってきているものと思う。以下、重複を恐れず、2人の論者の力を借りつつ、検討を進めておきたい。

1　焦点は何か

　川出敏裕は、可視化の弊害について「捜査機関側から指摘されている点」として、「おおむね、次の4点にまとめることができる」としている[20]。

> ①　「取調べというのは、取調官と被疑者が、時間をかけて、……人間的な信頼関係を構築する過程であり、それによって初めて真実の供述が得られる。しかし、すべてが録音・録画され、それが後に第三者に開示される可能性があるような状況では、……録音・録画を意識した対応をせざるをえず、信頼関係は築けなくなる……その結果、事案の真相の解明が困難になるとともに、犯人に真の反省悔悟を促すという取調べの機能が害される」。
>
> ②　「例えば、組織犯罪などでは、被疑者が組織からの報復を恐れて、……供述をためらうため、そのような場合、捜査官としては、被疑者が供述したことがわからないようなかたちで、当該供述をもとにその後の捜査を進めていくことがある。……取調べの全過程が録音・録画されたら、そのような手法をとることができなくなってしまう」。
>
> ③　「取調べの中では、被害者等の第三者のプライバシーや名誉に関わる情報が出される場合もあるが、……それらの事項が公判で明らかにされてしまう」。
>
> ④　「諸外国では録音・録画が制度化されているところもあるが、同じく被疑者の取調べといっても、その密度が日本とは異なり、わが国で全事件について取調べの全過程の録音・録画を行おうとすると、莫大な費用と手間がかかる」。

20　川出敏裕「被疑者取調べの在り方について」警察政策11巻（2009年）179頁以下。

これらは、「取りまとめ」における可視化弊害論とおよそ同旨の指摘であるといえよう[21]。これらについて、川出は、概ね的確で明快な反論をしていると思われる。
　まず、②と③について、「その場合には、そもそも録音・録画の例外とするか、あるいは、録音・録画した記録の公判での取調べを制限するという方策によって対処が可能」だとする。それゆえに、「すべての事件について、全過程の録音・録画を否定する理由にはなりえない」という。もっともな論理である。
　ただし、私は、川出のいうような「録音・録画の例外」（つまり、録画も録音もしないという事態）まで想定する必要はないと考えている。私見は、録画の拒否は認めるが、録音の拒否は認めないという制度である。情報量の点からは録画が優れていることはいうまでもないが、パースペクティブ・バイアスなどの問題が生じるとともに、「取りまとめ」における拒否事例も「録画だから」生じるように思われるものが多い（もっとも、「一部」録画だから拒否するというケースも当然あると考えられる）。他方、一時停止・中止論を唱える吉丸眞も、その間の記録をなるべく書面で正確に残すことは、これを当然のこととされている[22]。そうとすれば、本来は、「全過程録音」を最低限の国家の義務とすることで、録画をめぐる、問題とされていることがらのほとんどが解消されるといってよい。
　すでに言及したとおり、もともとあるがままを記録しないという発想が間違っているというべきであり、それゆえ、基本的に「公判での取調べ制限」という対応で足りる制度設計にすべきである。これに証拠開示制度を勘案すれば[23]、まず、懸念に対する対応として、十分といえるのではないか。
　また、④については、川出は、「現在の技術からすれば、取調べの全過程の録音・録画が、本当に、それほどの費用と手間がかかるものかは疑問がある」とする。

21　もっとも、これは 2009 年段階の論攷であるから、「取りまとめ」で明らかにされた「一律可視化が相当でないとする」見解（前掲注 11・現在の政府答弁）との間にニュアンスなどをも含め、若干のずれがないわけではない。つまり、ここでいう①〜③は、すべて答弁でいう ⅲ に含まれることになろう。④は今では、むしろ「視聴の負担」（前掲注 11 の ⅱ）のほうに論点がシフトしているといえるのではなかろうか。

22　吉丸眞「録音・録画記録制度について（下）」判例時報 1914 号（2006 年）26 〜 27 頁参照。

23　現行法にあっては、316 条の 15 および 316 条の 20 のいずれにも法文上「制限」自体は存在する。もとより、全面証拠開示が実現されるべきであり、まずは、全面リスト開示がなされるべきであるが、そのことと此処で論じていることは必ずしも不整合ではないだろう。なお、「取りまとめ」は、「弁護人への証拠開示は不可避」とする（同 49 頁）。取調べ DVD は、必ず開示すべきという見解自体は、まことに結構なことである。この点、「取りまとめ」は「組織」の「弁護人」の存在などを問題としているが、これは弁護人の倫理と職務基本規程の問題である。弁護人において誠実義務に背く活動などは許されない。

この点では、「対象事件の範囲を限定することも考えられる」としている（これは段階論としてみることで、是認できる見解であろう）。視聴などの負担についても、まずは検索機能を十全化させる工夫をすることであり、本来は、反訳で解決すべきテクニカルな問題にすぎまい。

2 「信頼関係論」や「真相解明阻害論」は焦点か

川出によれば、結局、残るのは①の点のみである。川出は「取調べの際に、取調官と被疑者の間に人間的な信頼関係が形成されて初めて真の自白が得られるという主張は、取調べの経験のない者からは、実感として理解しにくいものであるが、少なくとも、人は、自分の発言のすべてが録音・録画されており、それを後に第三者に検証される可能性がある状態では話しづらいというのは経験的には理解できる」としている。果たしてそうかは十分議論すべきことと思われる。が、ここでは、川出の検証の先をみていくこととしよう。

川出は「全過程の録音・録画を実施した場合に、取調べに影響が出ることは避けられないと思われる」とし、「そうだとすれば、この問題は、結局は、取調べに一定程度の影響が出るとしても、……利点を考慮して、全過程の録音・録画に踏み切るべきかという政策的な判断であり、……わが国の捜査実務の中で取調べが占める比重を相対的に下げていくべきかどうかという問題につながる」という。

私自身は、そのような利益衡量の問題とは必ずしも思わない。実際、言うところの「影響」は「両義的」である。他方、川出自身、「そもそも、ここで問題とした録音・録画の導入による取調べへの影響以前に、取調べによる供述の獲得が一般的に困難になっているという指摘はしばしばなされている」という認識を表明している。「大きな方向性としては、取調べを中心とした現在の捜査手法は徐々に変えていかざるをえない」のである。どのような立場であれ、これを必然とみる共通認識が必要だと思われる。

そして、川出は、「取調べの全過程の録音・録画がもたらす利点が具体的で明確であるのに対して、それによって生じる取調べへの支障は、それがあくまでその可能性を問題とするものであることもあって、抽象的で実感として捉えにくい面がある」とする。したがって、「捜査機関側には、例えば、具体的事案を素材として、その支障の中身を具体的に示すとともに、そのうえで、新たな捜査手段や立証手段の導入によって取調べを代替しうる部分とそうでない部分を明確にすることが求められる」というのである。

「取りまとめ」は、このような川出のニーズに曲がりなりにも応えようとする試み

のひとつであったといえるのやもしれない。実際に、そのような「国内調査」などを含んでいる。しかし、それで、「支障の中身を具体的に示す」ことができているかは、甚だ疑問といわざるをえないであろう。

ここでは、その詳細に立ち入って論じている暇はないが、それらについて、可視化されていれば支障が本当に生じたかどうか、およそ「実証」されてはいないというべきであろう。仮に控えめにみて、そういえるケースがありえたとしても、「取りまとめ」は甚だ特異でレアなケースを語っているとの感を免れまい。

「信頼関係」論こそ危険である。今や、そのことは周知のこととなりつつある。「信頼関係」論は、可視化弊害論のもはや焦点とはいえない。それに伴って、「真相解明阻害論」もまた、それを可視化の弊害に結びつけて論じることがあまり説得的でないことこそ、「実証」されつつあるのではないだろうか。

3 「全過程」論からの問い

川出と同様の指摘は、青木孝之もしている。青木の立場は、川出のそれより、より鮮明な「全過程」論である。青木は、「真相解明」をめぐる論点について、次のようにいう[24]。

> もちろん捜査段階で捜査官が真実と思った内容が最終的に真実であることも多い。その場合は例えば自白を得たことが結果的に真実発見に大きく寄与する。しかしそうでない場合、捜査官が確信した真実が実は真実ではなく、被疑者の弁解ないし黙秘するところがより真実に近かった、あるいは真実そのものであった場合はどうなるのであろう。……いったんは任意の名の下、捜査段階で自白の得られた悲惨かつ深刻な日本型冤罪事件の存在が、そのような場合に何が被疑者の運命に待ち受けているかを示している。そのような現実を目の前にしても、なお可視化論……を拒否するというのでは、取調べが解明する(と論者〔可視化反対論者——引用者注〕が言う)目的であるはずの真実ではなく、その手段たる取調べという捜査手法それ自体を守れという論法だといわれても仕方ないように思える。……密室の中で行われる取調べという捜査手段には、主観と客観が混同されがちな危険が常につきまとうのであり、そのような捜査手段にこれからも重きを置いていくのがはたして妥当なのかという、まさしく刑事司法全体論の立場から疑問を表明しているのであ

---

24 青木孝之「取調べ可視化論の整理と検討」琉大法学81号(2009年)41頁以下。

る」。「このような（適正化指針や注意則研究などの——引用者注）努力にもかかわらず日本的冤罪事件が後を絶たない。これはもはや実務家個々の資質・能力・心がけの問題にとどまるものではなく、現行刑事司法システムそれ自体に構造的欠陥があって、それゆえときどきシステム上のブレイクダウンが起こると考える方が自然であろう」。「被疑者・被告人も捜査機関も裁判機関もそして国民一般も、最終的に『真実』と受け入れざるを得ない事実関係を確定するのが手続の目的である。にもかかわらず、その比較的初期の段階で『実体真実』なるものが捜査機関によって主観的に措定され、それに合致するもの（例えば自白）は反省悔悟に基づく好ましいもので、合致しないもの（例えば取調べの録音・録画）は真犯人の更生の機会を奪いかねない夾雑物であると捜査機関が選別する。これは考えてみればおそろしいことである。

このように論じたうえで、青木は、川出の問いとニュアンスこそ違うものの、同質とも思える問いを発している。すなわち、刑事手続全体論をいうならば、論者は、「録音・録画による全面可視化を実施した場合には、これまで供述証拠が得られて結果的に首尾よく犯罪を処罰できた事例のうち、これこれの検挙・立件にこのような形で困難を来すことが予想される。その反面、捜査段階で自白し、公判で激しく争われて『冤罪』といわれても仕方のない結果に終わった事件のうち、これこれはこの段階で虚偽自白を見抜けたものと思われる。その最終的な利害得失は国民の判断に委ねる」という形で議論を提起すべきだ、というのである。

川出に関して言及したとおり、「取りまとめ」は、前者については、かろうじて答えを用意していたというべきかもしれない。しかし、後者の観点はどうだろうか。これにおよそ応えていないのではないだろうか。冤罪防止を目的としながら、現実に、それをどこでストップできたか（できなかったのか）、そのことこそは検証されてしかるべきであった。可視化による捜査側のメリットへの言及はあるけれども、「取りまとめ」において、その方向性での検証があるとはいえない。このことは「深刻な問題」といわなければなるまい。

まとめに代えて——その具体的制度構想等

1　制度設立段階と将来的制度構想

ここまで論じてきて、すでに、与えられたスペースを大幅にオーバーしてしまっている。ただ、私自身の具体的制度構想の大枠は、すでに論じたところで一応明

らかにしたつもりである。

　基本的には、私は、吉丸構想に反対していないし、その修正としての、中西・小坂井構想を維持している[25]。ただし、今は、録画拒否可・録音拒否不可の制度と公開制限などの制度で、ほとんどの問題はカバーできるであろうと考えるに至っている。その意味では、吉丸構想まで「後退」させなくてもよいのではないかと思っている。私の構想は、「取りまとめ」の例示する各制度のうち、かろうじてであれ、③の枠内であろう。このような構想は、当然、今後、議論の対象とされてよい。

　そして、構想を考える場合、導入時とその将来像を区分けして考えることも必要かもしれない。というのは、実現が近づくにつれ、可視化記録の「実質証拠」化を危険とみる見解は、かなり声高になりつつあるようにもみえるからである[26]。私は、そのような見解には与しないが、もともと吉丸構想が、「実質証拠」否定の構想を建てたのは、公判再生の機会を乏しくして、録画・録音への抵抗感を低めるためのものだったと理解しうる。今、むしろ逆に、捜査機関側が「実質証拠」論を推進しようとしているかのようにもみえる[27]。しかし、捜査機関が調書を捨てようとしないのに、屋上屋を架す立証手段を付与する必要はないという議論は当然出てくるだろう。韓国がそうであるように、導入時には「実質証拠」を否定する制度化は十分考えられる。

　もっとも、私は、将来的に「実質証拠」化されることを否定できるとは思わないし、否定しようとも思ってはいない。あるいはさらにいえば、たとえば、弁護人立会や捜査段階の証拠開示を可視化制度化の絶対条件にしようとは思っていない。

　可視化制度化に条件がもしあるとすれば、それは、ただ１つである。可視化が本義の可視化（＝全過程録画・録音）であること、それ自体以外にはない。まさに無条件という条件である。

25　小坂井・前掲注7書223頁以下。
26　佐藤博史＝弘中惇一郎＝川崎英明＝指宿信＝郷原信郎＝原田國男＝田淵浩二「座談会：足利・村木事件の教訓と刑事訴訟法学の課題」法律時報83巻9＝10号（2011年）35頁以下のうち、49頁以下の郷原発言、川崎発言、佐藤発言など参照。
27　「取りまとめ」40頁は、「それを犯罪事実や情状の証拠として用いることができることにも疑いがない」とする。しかし、それは、どのように制度化するかの問題であり、現に、吉丸構想があるのであるから、「疑いがない」わけではない。

2　制度化の展望

　そのような可視化から本当の刑事司法改革への途が拓かれる。わが刑事司法制度も、いつまでも可視化の手前で足踏みしているわけにはいかないはずである。可視化制度と親和性のある諸制度を同制度の外部に構想すべきときも近いというべきだろう。ただし、そのためには、まず、可視化されねばならない。

　さて、「取りまとめ」は「全過程」を義務づけるべきとした検察官が13.9％いた、としている（同25〜28頁。これを約86％が消極的であったとするのは、明らかに見方が逆である）。これは有意な数字である。その動機が何であれ、私たちは、検察官の中に同志がいることを知る。「全過程」であれば取調べ適正化に効果がある、とのまっとうな答えも、19.8％に及んでいる。

　もはや可視化をその「立場」に規定されて、「党派的に」語るときではない。「取りまとめ」を踏まえつつ、早晩、これは乗り越えられていくものと思う[28]。

---

[28]　本稿は、日本弁護士連合会取調べの可視化実現本部内にある通称「チームこさかい」によって2011年8月23日と8月30日の2回にわたってなされた自由な議論を参考にしている。もとより、私独自の思いつきによるところがあまりに多く、文責はすべて私にある。

第6章 取調べの可視化をめぐる現状と課題

　今、法曹をめざそうと勉強を始めた人たちが、法曹になる頃、わが国の刑事司法実務は、大きな変貌を遂げているかもしれない。裁判員裁判制度・被疑者国選制という「平成」刑事司法改革[1]は、改革の「完成」型ではなく、それによって、むしろ「口火を切った」と評すべきものだろう。「大山鳴動鼠一匹」ということもありうるとはいえ、その「改革」は、現在進行形である。

　その改革の中で最優先課題として掲げられているのが、「被疑者取調べの可視化」である（以下、「可視化」という）。逆にいうと、可視化問題に決着をつけないと、次のステージに進めないとさえ思われる。以下、次の順序で、論じていきたい。

① なぜ可視化か（可視化とは何か）
② 「可視化」の運用と制度化への動きの現況
③ 可視化の展望

なぜ可視化なのか──可視化とは何か

1　「可視化」の定義論など

　私たちは、取調べ「全過程」の録画・録音をもって可視化とよび、運動を展開してきた。これに対し、取調べの録画・録音を取り入れている刑事司法の運用・制度のあり方を可視化とよぶ見解もある[2]。しかし、わが国の刑事司法のあり方の根本にかかわるものとして、私たちが「ないな　可視化しか　ないな」と標語化して運動し[3]、その広範な運用を期し、かつ、制度化を求めているのは、何よりも私

1　小坂井久『取調べ可視化論の現在』（現代人文社、2009年）275頁以下参照。
2　指宿信「序論」同編・日本弁護士連合会編集協力『取調べの可視化へ！』（日本評論社、2011年）参照。法務省「被疑者取調べの録音・録画に関する法務省勉強会取りまとめ」（法務省ウェブサイト〈http://www.moj.go.jp/kentou/jimu/kentou01_00039.html〉、2011年8月8日。以下、「取りまとめ」という）も、その「制度化」を唱えているものの、明らかに「全過程」にとらわれない立場に立っている。

たちの定義による可視化である。

「全過程」か、そうでないか。そのことが、なぜ決定的に重要なのだろうか。それは、全面的な「検証可能性」の途が拓かれているかどうか、同時に、取調べの「適正化」が完遂されるかどうかにかかわるからだ。日本の刑事司法実務は、おおむね「調書裁判」というところに問題点が集約されると考えられる[4]。結論を急げば、取調べの「全過程」の録画・録音こそが、「調書裁判」の克服を現実化させうるのである。

2 近時の「可視化」論の背景

そのことが、近時一層強く意識されるようになった。その経緯・背景として、3点あげておく。

1つは、近時、いくつかの冤罪事件が発覚したことである。2007年、鹿児島志布志事件の無罪判決、富山氷見事件の再審無罪判決があった。2009年には、足利事件の再審請求人の釈放があり、2010年に、その再審無罪判決があった。同年、厚生労働省元局長事件の無罪判決があり、この事件の過程で、検察官による証拠改ざんがなされたことも判明した。そして、2011年の布川事件の再審無罪判決と続いている。このように、密室での取調べにおける虚偽自白や関係者の虚偽供述に基づく（それを一因とする）冤罪事件が次々と明らかになった。わが国の刑事司法実務において、捜査過程があまりに不透明であることの問題性が否応なく浮き彫りになってきたのである。

2つめとして、やはり、2009年5月21日から施行された裁判員裁判制度の存在が大きい。国民が司法に直接参加し、事実を認定する実務が始まった。市民の判断にとって、取調べ過程が透明であることが強く求められている。

3つめとして、政治的な動きもある。2009年に政権の交代があった。いろいろな問題をはらみつつも、「可視化」をめぐる議論も活性化し、実務運用も動き、制度化の方向に向かっている[5]。

3　大阪弁護士会館の入り口のポールには、この標語が掲げられている。
4　平野龍一「現行刑事訴訟の診断」平場安治ほか編『団藤重光博士古稀祝賀論文集（4）』（有斐閣、1985年）423頁、石松竹雄『刑事裁判の空洞化』（勁草書房、1993年）1頁以下、松尾浩也「刑事訴訟法の課題」松尾浩也＝井上正仁編『刑事訴訟法の争点〔第3版〕』（有斐閣、2002年）7頁参照。松尾は、わが国独特の「調書」による事実認定手法を「ガラパゴス的状況」と名づけている。
5　可視化の意義や2009年当時までの経緯については、小坂井・前掲注1論文を参照。

運用と制度化への動きの現況

1　運用——試行拡大

　現在、「可視化」をめぐって、「遅々と」しつつも「一歩一歩」の進展がある。すなわち、厚生労働省元局長事件判決を受け、「検察の在り方検討会議」が発足し、その集中討議の結果、2011年3月31日に同会議が提言を出し、これを受けて、同年4月8日、江田五月法務大臣（当時）は検事総長に指示を行った[6]。指示は、おおむね次の①～③の内容であり、これによって、次のような一連の運用方針が打ち出された。

> ①　2011年4月26日、最高検察庁（以下、「最高検」という）は各地方検察庁特捜部独自捜査事件について、身体拘束下の取調べの全過程を含む録音・録画を試行の対象とすることを通知した。
> ②　2011年7月8日に最高検は、「知的障害によりコミュニケーション能力に問題がある被疑者等」の取調べの録音・録画の試行について、身体拘束下の取調べの全過程を含む録音・録画を行うことを各検察庁に指示した（専門家からの意見聴取にも言及している）。
> ③　法務省の2011年8月8日の「取りまとめ」の発表とともに、取組方針が発表され、裁判員裁判対象事件については、否認事件も含め身体拘束された全事件において録音・録画の試行範囲を拡大する方針が明らかにされた。

　以上は検察段階のものである。しかし、警察においても自らの試行対象を拡大する方針を明らかにしている。このような運用に対し、弁護人は、「全過程」の録画・録音を求める「可視化申入れ」を捜査機関に行い、かつ、「被疑者ノート」を被疑者に差し入れ、取調べ状況をリアルタイムで記録してもらうなどの活動を展開している。なお、「可視化申入れ」について、最高検は上記①の記者会見などの際、「弁護人の請求は実際上大きな考慮要素になりうる」（応じないときは、立証方法の一つを失うリスクを負う）と答えている[7]。

---

[6]　「検察の再生に向けての取組」（法務省ウェブサイト〈http://www.moj.go.jp/content/000072957.pdf〉）、法務大臣2011年4月8日記者会見参照。

2 制度化に向けて

　2011年5月1日、江田五月法務大臣は、「取調べおよび供述調書に過度に依存した捜査・公判のあり方の見直しや、被疑者の取調べ状況を録音・録画の方法により、記録する制度の導入など、刑事の実体法および手続法の整備のあり方について」、法制審議会に諮問し、「新時代の刑事司法制度特別部会」が設置された。同「特別部会」は同年6月から、月1回のペースで開催されている。

　他方、警察庁では、国家公安委員会委員長の私的諮問機関「捜査手法、取調べの高度化を図るための研究会」が、2010年2月に発足し、「可視化」に関する議論を中心に、これも、月1度のペースで開催されてきた。この研究会は、2012年春までには一定の見解を示すといわれている。

　これらの議論は、2011年8月8日の法務省の「取りまとめ」を一つの参考にしつつ、「可視化」制度化に向けたものになるとみられる。もっとも、「取りまとめ」は、取調べの可視化の目的に「えん罪防止」をあげながら、他方で、任意取調べの段階を早々と録画の対象外とし、身体拘束下の取調べについても、「全過程」に消極的な姿勢を示している。そのような方向で、取調べの「可視化」実現を図るというのは明らかに失当であろう。上記警察庁の研究会や法制審議会特別部会の今後の議論が注目されるところである。

可視化の展望

　展望には、本来、3つの観点を欠かすことができない。一つは、可視化によって取調べの機能がどう変わるか、という問題であり、今一つは、これに関連して、新たな捜査手法の導入をどう考えるか、である。さらに、可視化に伴い、被疑者の防御権強化をめぐる課題にどう取り組むか、ということがある。

　1点目は、次のような問題である。日本の捜査機関は、取調べ全過程の録画・録音によって取調べの機能が落ちるとし、これに反対してきた。カメラなどの機械の存在のため、取調官と被疑者の間に「信頼関係」を築き得ず、被疑者が真実を話しにくくなるという論理である。取調べの真相解明機能が害され、ひいては治安を悪化させると主張され、上記運用拡大までは、裁判員裁判対象事件につい

　7　江川紹子「はじめのい〜〜っぽ」（Egawa Shoko Journal〈http://www.egawashoko.com/c006/000329.html〉、2011年5月1日）参照。

て、自白した後にこれを「追認」する場面だけが録画されているにすぎなかった。

　しかし、完全なブラックボックスの中で、長時間の「取調べ」がなされ、取調官が、「書き上げる」「一人称独白型の物語」の供述録取書を作成するというのは、日本型取調べに独特のものである。これを証拠とすることは、裁判における事実認定を誤らせる危険が大きい。この長時間のブラックボックス状態が、真相の解明に近づく道だと考える科学的根拠は何もない。

　録画・録音することは、取調べを禁止することではない。検証に耐え合法とされる以上、可視化の下、十分取調べをすればよい。可視化により、取調べへの機能が極端に落ちるとする根拠は実は乏しいのである。なるほど、本来原理的には、違法・不当な取調べによって自白がなされていた分の自白は可視化によって「減少」する筋合いである。しかし、たとえばイギリスの調査では、可視化によって自白率は変わらないともいわれる。自白率が変化しないのは、可視化による「検証可能性」「適正化」を維持したまま、取調べ自体で、ある種の補填が可能だからではないかと考えられる(十分な準備や取調べスキルのアップなどである)。もし日本において、可視化により、自白率が減るとすれば、それだけ、無理な取調べがなされてきたからだとみて、少しもおかしくはない。ここで、日本国憲法38条を想起すべきである。日本型の長丁場の取調べに有意義さをみようとする考えは、それが精神的には「膝に石を抱かせ続けていること」と同様であることに思いを致し、自白を追い求めることにより、歴史的にどんな過ちが繰り返されたかをこそ、省みるべきであろう。

　したがって、2点目の問題は、おのおの独自に検討し、その是非を決していくべきものである。すなわち、可視化と新たな捜査手法をリンクさせねばならないとの考えに、必然的結びつきはない。むろん、可視化と親和的な制度はあり得るけれど、それは、可視化の制度化とは別のステージとして考えるべきものだろう[8]。

　3つめの問題は、以上とパラレルの課題だと思う。全面証拠開示、人質司法の打破、弁護人の取調べ立会権、捜査段階の証拠開示、そして、参考人取調べの可視化問題などである。可視化は「調書裁判」の克服を導きうるが、捜査段階での当事者対抗主義を全うさせるものではない。ただ、可視化に伴い、被疑者の防御権を十全化させるさまざまな改革課題が導かれるであろう。

8　さしあたり、「〈特集〉新たな捜査手法の現状と課題」刑事法ジャーナル29号(2011年)参照。

第7章 取調べ「可視化」の情況
──国家公安委員会委員長研究会・最終報告を契機として

はじめに

　取調べの「可視化」（＝取調べ「全過程」の録画・録音）に関わる情況は、時々に変化している。もっとも、それは一見微細なものにすぎないように見えるかもしれない。「進展」は、まだまだわずかとする見解があるだろうし、中途半端な「進行」ではかえって危険な状態を定位させかねないとする考えもあるであろう。今回、議論の俎上に乗せる、国家公安委員会委員長の私的諮問機関「捜査手法、取調べの高度化を図るための研究会」（以下、この研究会を立ち上げた中井洽国家公安委員会委員長の名から旧中井研究会ということとする）が公表した最終報告（以下、単に最終報告という）[1]は、まさに上述した議論の象徴となるようなところがある（その意味では、興味深い対象足りうるやもしれない）。

　しかし、相当の時間幅をもって、時代の流れを眺めてみると、取調べの可視化はすでに不可逆的な過程に入っていることがわかる。わが国の刑事司法をめぐる情況が取調べ「全過程」の録画・録音（＝可視化）に向かっていることは間違いない。そして、可視化をひとつの切開口として、より大きく根本的な、まさに新たな刑事司法改革が始まりつつあるというべきである[2]。

　ところで、旧中井研究会は、2010年2月に発足し、2012年2月まで計23回の会合を開き、今般、そのとりまとめとして最終報告を公表した。その中身は、警

　1　捜査手法、取調べの高度化を図るための研究会「最終報告」（2012年2月23日。以下、旧中井研究会・最終報告とする）。警察庁ホームページにアップされている。
　2　田口守一教授は、「（録音・録画による取調べの適正化問題は）まさに時の問題ではあるが、それは決して一時的なものではなく、日本の刑事手続に深く根ざした大きな問題が、時を経て顕在化したものととらえるべきであろう。録音・録画による取調べの適正化問題は、私見によれば、まだ『小さな改革』論議である。それは、日本の刑事手続の全体にわたる『大きな改革』論議の引き金となる契機を含んでいるように思われる」とされている（「取調べの適正化──現状と今後の課題」法学教室335号〔2008年〕8頁）。

察捜査のあり方についての総論的な基本的ビジョンに言及しつつ、概ね、「取調べの可視化」、「取調べの高度化」、「捜査手法の高度化」の3つのテーマから構成されている(文書自体の構成としては、前二者は同じ節とされている)。

最終報告は、「取調べの可視化」について、一番多くのスペースを割き、その在り方(制度化)と運用の2つに分けて論じている。前者は、「全過程」積極論と「全過程」消極ないし時期尚早論の両論併記になっており、後者は、裁判員裁判対象事件と「知的障害を有する被疑者」の2つの事件類型(あるいは被疑者の特性)につき、さまざまな場面での試行拡大を謳っている。

同時に、最終報告は「取調べの高度化」についても積極的な提言を行っている。また、「捜査手法の高度化」については、12個の「新たな」捜査手法について言及している(なお、これらが「取調べの可視化」そのものとリンクするとの前提は置かれていない。また、「新たな」手法かどうかは、検討を要するものもあろう)。

私は、旧中井研究会の委員の一人であり、最終報告の策定に関与した。それゆえ、この最終報告に対する批判は、これを座長の前田雅英教授や他の委員ともども均しくすべて甘受すべき筋合いである[3]。本来は、この最終報告について、言及すべき立場にはないのかもしれない。ただ、だからといって、この問題に関心を寄せてきた者として、何一つ言えないというものではないと思う。

以下、項を改め、概ね「可視化」問題に絞って、最終報告の内容にあらためて触れ、そのうえで、私なりに若干のコメントを付しておきたい。

最終報告の概要

1 総論について

(1) 最終報告は、その冒頭で、「警察捜査は、国民の信頼と協力に支えられて初めてその機能を十分に果たし得るものである。しかしながら、近年真犯人の存在により人違いであることが明らかになるなど、警察の取調べの在り方が厳しく問われる無罪事件等が続き警察捜査に対する国民の信頼が大きく揺らいでいる」との認識を表明している。そのうえで、「我が国の将来の警察捜査の在り方に係る

---

[3] 旧中井研究会の議論の経過については、第2回から第23回の各会議の議事要旨が警察庁ホームページにアップされている。このような公表方法は、旧中井研究会の第1回会議で決定された。大雑把な議論の内容とプロセスは議事要旨で把握できないわけではないとしても、私個人としては、関心のある方々に議事録がご覧いただけることを望みたい。

基本的ビジョン（総論）」について論じている[4]。もっとも、ここは、最終報告をそのまま読んでもらうしかないところがあるだろう。これについてのコメントは、後に少し触れることとするが、ただ、その中で「取調べの可視化の考え方」としては、次のとおり述べられていることには着目しておいてよい。

すなわち、「取調べの可視化については、取調べに係る客観的な記録としては、公判における的確な判断を可能とするものであり、虚偽自白及び『えん罪』を防止することに資することから、可能な限り、積極的に実現すべきものと考えられる」としている点である[5]。従来、警察が関与したうえで発せられた見解において、「取調べの可視化」が「虚偽自白および『えん罪』防止」に「資する」と明言したものを、私は寡聞にして、知らない。

（2）　しかしながら、その後、最終報告での「取調べの可視化」への言及は、基本的に、「両論併記」的になっていく。たとえば、取調べの可視化に関し、「取調べ過程の一部の録画であっても取調べの機能に影響を及ぼす……可視化によって取調べの機能が阻害される」との意見が紹介され、これに対し「取調べの可視化は、取調べ状況の事後的な検証を可能とし、不適正な取調べを防止するだけであって、従来からの取調べの機能を損なうものではない……取調べの録音・録画の試行等の結果からは可視化によって取調べの機能が阻害されるとは言えないとの指摘や、諸外国においても可視化の導入後の状況をどのように評価するかについて意見が分かれているとの指摘もあり、そもそも可視化によって取調べの機能が阻害されることは実証されておらず、取調べの機能や治安水準の維持に係る懸念を強調することは相当ではないとの意見も示された」との考えにも言及し、その後、このような行きつ戻りつの記述が繰り返されている。

結局、最終報告は、「取調べの可視化は、諸外国において取調べの可視化を導入するに至った背景やその効果、現状等を参考にしつつ、刑事司法制度全体の

---

　[4]　旧中井研究会・前掲注1最終報告1〜9頁。
　[5]　もっとも、最高検察庁「取調べの録音・録画の試行についての検証結果」（2009年2月）11〜15頁、捜査手法、取調べの高度化を図るための研究会「捜査手法、取調べの高度化を図るための研究会における検討に関する中間報告」（2011年4月）29頁、警察庁「警察における取調べの録音・録画の試行の検証について」（2011年6月）5頁および9〜11頁、法務省「被疑者取調べの録音・録画に関する法務省勉強会取りまとめ」（2011年8月）14〜16頁などを注記しつつ、「……取調べによって真実の供述を得て事案の全容を解明することが、これまで我が国の刑事司法制度の重要な要素であるとされてきたことに鑑みると、現実的に考えれば、取調べの可視化は、取調べの機能・役割に対する影響に配慮をしつつ、実現していくべきであると考えられる」と述べられている。

在り方を視野に入れて議論すべき事柄である」というのである[6]。

(3) なお、「捜査手法の高度化については、刑事司法制度全体の在り方を議論するとの観点から、諸外国にあって我が国にはない捜査手法の導入について、その当否も含め幅広く検討することが望ましい」とし、「必要性が高く、かつ、相当と認められるものについては速やかに導入すべきである」とした。もっとも、さまざまな「捜査手法」は、前述のとおり、「取調べの可視化」そのものの導入に伴うものという位置づけがされているわけではない。

さらに、最終報告書は、「『えん罪』を防止するという観点からは、一連の無罪事件等における反省点を踏まえ、捜査指揮能力の向上を含む取調べの適正化にも不断に取り組むとともに、取調べ技術に心理学的知見を取り入れること等によって時代の変化に的確に対応したものになるよう、取調べの高度化を推進していく必要があろう」としている[7]。

2　取調べの可視化について

(1) ここでも、現在あるいは今後の、取調べの機能・役割に関わる記述は、最終報告の記載をそのまま読んでもらうしかないであろう[8]。これについてのコメントも後に少し述べることとする。

最終報告は可視化の目的については、次のとおり述べている。すなわち、「取調べの録音・録画の効果として様々な点が挙げられたが、裁判における検証可能性が担保されるという点からも、少なくとも、公判における供述の任意性、信用性等の効果的・効率的な立証を可能とするという効果については、録音・録画の効果として異論がないものと考えられる。……可視化の目的は、まずは取調べの状況を客観的に記録し、公判で供述の任意性、信用性等をめぐる争いが生じた場合に、その客観的な記録による的確な判断を可能とすることであるといえよう。このように可視化の目的を捉えることで、客観的な記録による的確な判断が可能となり、ひいては、虚偽自白及び『えん罪』を防止することにも資することとなる。また、取調べ状況を客観的に記録することによって、取調べ官は自ずと取調べの適正化に一層意を用いることとなるため、可視化の実現は、取調べの適正化にも

　6　旧中井研究会・前掲注1最終報告7～8頁参照。ここでの「刑事司法制度全体」論の意味については、評価が岐かれるであろう。
　7　旧中井研究会・前掲注1最終報告8頁参照。取調べの「高度化」に踏み込んだことは、注目に値するであろう。
　8　旧中井研究会・前掲注1最終報告10～13頁参照。

資するものであり、取調べをめぐる争いも減少する」とする[9]。もっとも、その目的の先後関係などをめぐって、議論があるところだろう[10]。

(2) そして、可視化の在り方（制度論）については、警察の取調べこそ「初期供述を取り扱う場合が多いため、より慎重さが求められ……可視化の必要性が高い」との指摘と[11]、これに反対する見解が「両論併記」となり、以後も概ねそのような「両論併記」が続いている。

すなわち、「身柄拘束」如何、「全過程」如何、「一律」「義務化」如何、「拒否」如何、「請求の拘束力」如何、「証拠能力との関係」如何、いずれも「両論併記」である[12]。意見が一致したところは（これも、かろうじてというべきなのであろうか）、「まず、対象犯罪を裁判員裁判対象事件」とすること、「取調べ室及びこれに準ずる場所における取調べをまず……」対象とすること、そして、自白事件に限らないこと、の3点とされている。

(3) ただし、「取調べの録音・録画の当面の方向性」としては、「取調べの可視化の在り方について更に検討を進めるには、少なくとも、現在行われている警察における取調べの録音・録画の試行の内容は十分とは言えないため、これを拡大すべきという点ではおおむね意見の一致を見た」とした。そのうえで、「裁判員裁判対象事件に係る試行については、可視化の目的に照らして広く試行を実施することを基本として、少なくとも、身柄拘束中の取調べ室又はこれに準じる場所における取調べを対象とし、また、自白事件に限らず、必要に応じて否認事件等についても試行の対象とするとともに、様々な場面を対象に試行を実施すべきである。その際、録音・録画によって真相解明に支障が生じるおそれが認められる場合等には、録音・録画を実施しないことができるようにすべきである。また、試行は、

9　旧中井研究会・前掲注1最終報告14頁。
10　この点、田口・前掲注2論文11頁は「取調べの録画問題を、捜査の適正化という捜査法の視点から考えるか、取調べの結果としての自白調書の任意性の立証問題という証拠法の観点から考えるか、というアプローチの違いもある」とし、「証拠法的にみれば、録音・録画は裁量的一部録画説で足りることとなろう」とされ、「これに対して、捜査法の観点からみると、取調べに関する現状認識に従って、義務的全部録画説も裁量的一部録画説もいずれもありうることとなろう」とされている。しかし、この見解には疑問がある。かつて、検察・警察が前者のアプローチのみを強調し、裁量的一部録画で足ると主張していたことは事実である（今日も、こういう主張がないわけではない）が、いずれのアプローチによっても、「全過程」が論理必然となるように思われる。
11　旧中井研究会・前掲注1最終報告17頁。ここで「より慎重さが求められる」というのは、「検察」「より」という意味ではなく、質的な姿勢の意味と解される。
12　旧中井研究会・前掲注1最終報告16～22頁参照。

取調べの可視化の在り方について検討するための実証的資料を得るためのものであることを踏まえるべきである」と試行拡大を提言している[13]。

あわせて、「知的障害を有する被疑者」の試行についても、「言語によるコミュニケーション能力に問題があり、又は取調べ官に対する迎合性や被暗示性が高いといった特性を有する者については、供述の任意性、信用性等をめぐる争いが生じやすく、その取調べを録音・録画し、客観的な記録による的確な判断を可能にする必要性が高い」として、裁判員裁判対象事件に準ずる試行が謳われている[14]。

最終報告についての若干のコメント

この最終報告は、「可視化」に関わる制度論について「両論併記」であることの意味などをめぐって、両義的な評価を免れまい[15]。実際、可視化拡大に重点を置いた報道が多いものの、その評価は必ずしも一義的ではないようである[16]。

最終報告にあっては、警察の取調べについての「反省」は語られているけれども、従来からの捜査・取調べ・刑事司法のあり方を抜本的に変えようとする姿勢が語られているわけではない。刑訴法1条や「実体的真実主義」への言及があるが、「訴訟的真実」への転換を期しているようにはみえない[17]。また、従来からの日本型の取調べ（長時間にわたり「真相解明機能」なるものを強調し、果ては「改善更生機能」さえ有するとする取調べ）について根本的な見直しが必要との立場を採用してもいない。これらのことを含め、「可視化」の在り方（制度論）についても何も言っていないに等しい（むしろ、「全過程」否定ないし時期尚早論に多くのスペースを割き、可視化推進の意欲は感じられない）とみる向きがあるだろう。

他方、日本の警察の捜査ないし取調べのあり方について、ひとつのターニング

13　旧中井研究会・前掲注1最終報告23頁参照。
14　旧中井研究会・前掲注1最終報告23〜24頁参照。なお、最近、知的障害者に責任能力がないとした無罪判決において、取調べの録音・録画の必要性に言及した例がある（佐賀地判平24・2・21。同月22日付西日本新聞）。
15　日本弁護士連合会「『捜査手法、取調べの高度化を図るための研究会最終報告』についての会長声明」（2012年2月23日）、大阪弁護士会「『捜査手法、取調べの高度化を図るための研究会最終報告』についての会長声明」（同日）など参照。
16　2012年2月23日の夕刊各紙（朝日、日経、読売、東京、毎日、産経）参照。
17　この点、たとえば、田口守一『刑事訴訟の目的〔増補版〕』（成文堂、2010年）参照。もっとも、私は、従来の日本の刑事司法実務が「実体的真実主義」に則してきたということ自体、ひとつの壮大なフィクションだと考えている。

ポイントを記すことになるとみる見解もありうる。この見方は、従来とは異なり、警察が、明確に、取調べの「全過程」をも含めた「録音・録画」の方向へと舵を切ったとみるものである。警察は、取調べの録音・録画自体について、長らく露骨に消極姿勢を維持してきた。警察は第一次捜査機関であり検察とは違うといわれてきた[18]。ようやく2008年9月以降、警察でも裁判員裁判対象事件につき取調べ一部録画の試行が始められたものの、実施例は対象事件の1割に充たず、ごく短時間の録画であり[19]、これを積極的に拡大していくという機運があるとはいえなかった[20]。その意味で、試行拡大とともに、制度化という問題をめぐっても、警察において、まさに取調べ「全過程」の録画・録音が現実の課題となるとみることはできよう。

なお、試行にかかる最終報告の文章自体、必ずしもわかりやすいものとはいえないが、「取調べの可視化の在り方について検討するための実証的資料を得るため」の方策と位置づけられており、裁判員裁判対象事件および知的障害を有する被疑者について、自白事件に限らず、否認事件も含めて、広く試行を実施すべきとしたところは、警察における取調べにおいて、取調べ「全過程」の録画・録音をも含め（これを排除せずに）、幅広く取調べの録画・録音を試行することを求めたものといえるだろう[21]。

ともあれ、法制化そのものについて、最終報告から、どのようなメッセージを読み取るかをも含め、議論はありうる。この点は、結局、法制審特別部会（旧中井研究会発足後、2011年3月の検察の在り方検討会議の提言を受けて、同年6月に設置された）の議論に委ねられているということになるだろう。

---

18 たとえば、露木康浩『警察官のための刑事司法制度改革解説』（立花書房、2008年）57頁以下、重松弘教＝桝野龍太『逐条解説・被疑者取調べ適正化のための監督に関する規則』（東京法令出版、2009年）2～56頁など参照。重松ほか・前掲書197頁では、「……警察は、国民の負託に応えるため、『取調べ全過程の可視化』以外の方途を探り、被疑者取調べ監督制度をはじめとする取調べ適正化施策と取調べの一部録音・録画の試行を実施することとした」とされている。
19 警察庁・前掲注5「警察における取調べの録音・録画の試行の検証について」3頁以下参照。
20 もっとも、この点、さまざまな試行を既に展開していると言われる警察庁幹部の方もおられるところであるが、総体的な件数自体、未だ乏しいと思われ、現在までのところ、弁護士側の把握件数も非常に少ない。
21 旧中井研究会・前掲注1最終報告23頁の「……真相解明に支障が生じるおそれが認められる場合等には録音・録画を実施しないことができるようにすべき」との文言も、例外規定であり、むしろ試行の原則として「全過程」を念頭に置くことが示されていると読める。なお、2012年3月5日の衆議院予算委員会で、松原仁国家公安委員長は、この試行が「全過程」を含むことを明言している。

まとめに代えて

　この間、検察においては、3つの事件（ないし被疑者）の類型（独自捜査、裁判員裁判、知的障害等）において、身体拘束下ではあるけれども、「全過程」を含む試行が開始されている[22]。これは現在、一挙に拡大しているという言い方をしてよい。

　今、弁護士は上記3類型にかかる事件を受任したら、まず最初の接見において被疑者に録画の有無を確認し、それに関するアドバイスをすべきことになる。上記3類型については、勾留請求前の検察官の弁解録取段階で、録画スイッチが押されていることは、もはや珍しいことではなくなった。これらの事件にあっては検察段階において、「全過程」もしくは、これに近い録画がなされている例が現実に増えているのである[23]。そこにおける捜査弁護実践は、なかなか難度の低くないものになっているというべきだろう[24]。やはり弁護実践は可視化実現の要である。

　最初に言及したように、タイムスパンを長くとれば、相当の変化をみてとることが可能である。たとえば、法務省はこの間、10の国もしくは法域について可視化に関わる調査を行い、これを報告した[25]。前述のとおり、可視化に関してまったく消極的だった警察も、まさに可視化を軸としつつ、諸外国の刑事司法の実情を積極的に調査したところである[26]。

　このような情況の推移は、刑事司法全体構造論の「シェルターに逃げ込み」[27]、これを隠れ蓑にして、可視化の「先送り」を図ってきた捜査機関の側が、刑事司

---

[22] 最高検察庁「録音・録画の試行に関する運用要領」（2011年4月26日）、依命通知（同年7月8日付、最高検件第267号・最高検企第332号）、法務大臣「取調べの録音・録画に関する取組方針」（同年8月8日）、各依命通知（同月9日付、最高検企第394号）参照。
[23] 2012年1月末の公表によれば、2011年4月から12月末まで、独自捜査事件は59件実施され、うち24件が「全過程」とされ、知的障害によるコミュニケーションに問題がある被疑者等の事件は263件が実施され、74件が「全過程」とされ、裁判員裁判対象事件は2011年8月9日から同年12月末まで819件実施され、101件が「全過程」とされる。
[24] 日本弁護士連合会「取調べ対応・弁護実践マニュアル」（2012年2月）参照。なお、2012年2月16日・日弁連特別研修を併せ参照。
[25] 2011年8月「被疑者取調べの録音・録画に関する法務省勉強会取りまとめ」と同時に公表された「取調べの録音・録画制度等に関する国外調査結果報告書」参照。
[26] 警察学論集64巻7号（2011年6月）から65巻1号（2012年1月）まで「諸外国における刑事司法制度の調査研究」として9つの国もしくは法域についての調査結果が連載された。各論稿の記述は、基本的にニュートラルであり、資料価値も高い。
[27] 秋田真志「取調べの可視化実現へ向けての現状と課題」自由と正義56巻12号（2005年）91頁参照。

法全体構造論そのもののなかに、まずは「可視化」を組み入れざるをえなくなったものとみることができる。

　もっとも、刑事司法全体構造論は、「可視化」について、なお「先送り」の機能を果たしかねないし、上述したところからすれば、検察と警察において、その試行につき、現状では跛行が生じていることも明らかである。「可視化」制度化への道のりは、なお険しいというべきである。旧中井研究会の最終報告を経て、警察が検察と同一地平に立ちうるかどうか、警察庁が真剣に取り組むかどうか、注視しなければならない。

　「可視化」の制度構想を固めるべきときであろう。法制審特別部会以上に「先送り」の場はない。

第8章　最高検「『可視化』試行『検証』」を検証する

はじめに

　2012年7月4日、最高検察庁は、2011年春以降に、順次行ってきた、被疑者取調べの録画・録音の試行（いわゆる「可視化」試行）についての検証結果を取りまとめ、これを公表した（以下、これを単に「検証」という）[1]。これをもって、「可視化」制度化についての、「その具体的な制度設計の検討に資する」資料にしようというのである[2]。
　「検証」は、次の3部構成になっている。

　　A 「特別捜査部・特別刑事部における被疑者取調べの録音・録画の試行について」（以下、「A報告」という）
　　B 「裁判員裁判対象事件における被疑者取調べの録音・録画の試行拡大について」（以下、「B報告」という）
　　C 「知的障害によりコミュニケーション能力に問題がある被疑者等に対する取調べの録音・録画の試行について」（以下、「C報告」という）

　A報告は、2011年3月18日以降に被疑者を逮捕した事件において取調べの録音・録画の試行を実施することにしたとし（A報告1頁）、B報告については、

---

[1]　最高検察庁「検察における取調べの録音・録画についての検証」（2012年7月4日）。
[2]　法務大臣「取調べの録音・録画に関する取組方針」（2011年8月8日）、法務省「被疑者取調べの可視化の実現に向けて」（同日）、同「被疑者取調べの録音・録画に関する法務省勉強会取りまとめ」（同日）42～43頁。なお、「検証」の対象として、「全過程」の録画・録音が試行されたのは、試行対象のうちの一部の事件であり（しかも、身体拘束下におけるそれである）、「全過程」をもって可視化と呼ぶ私たちの考えからすれば、ここでいう「可視化」はどこまでいってもカッコつきのものにすぎず、本来、可視化の名に値しない。ただ、本文でも後に言及するとおり、今回の試行と「検証」は、取調べを録画・録音の対象とする以上、結局は、「全過程」を志向する以外ないことを示している（そうみることが可能である）。その意味で、本稿では、あえて、カギカッコつきで「可視化」という言葉を用いることとした。

2012年9月の試行拡大分からが対象であり（B報告3頁）、C報告は、2012年4月からのいわゆるパイロット試行が試行開始の端緒とされている（C報告1頁）。基本的には、いずれについても、2011年4月8日および同年8月8日の法務大臣の指示に基づき、2012年4月までになされた試行につき（B報告1～3頁など参照）、その実情を踏まえつつ、「有効性と問題点等について多角的な検証」を行ってきたという（B報告1頁）[3]。以下、その「検証」を検証してみたい。

総括的観点と「検証」の実情について

1 総括的観点

「検証」が、どこまで実際の制度構想の基礎資料足りうるか。まず、率直にそう問うならば、これについては、否定的な見方も当然あるであろう。なぜなら、この「検証」は、どこまでいっても検察庁内部のもので、検察官という立場からの視点ないし眼線においてのみなされていることを否定できないからである。たとえば、日弁連は、供述心理学者などの第三者をも加えた検証の必要性を説き、2012年5月には、これを法務大臣および検事総長宛て要望している[4]。しかし、それは果たされないままになっている（今後においても、そのような検証がなされるとの話は少なくとも今のところは、聞こえてこない）。それゆえの限界を、この「検証」は、孕んでいるといわざるをえないであろう。

ただ、「検証」は、わが国における、取調べについての録画・録音をめぐる資料として、対象件数やその場面の多様さなど、さまざまな点で、今日までの、この種報告のなかでも、最も多くの情報量をもっている。従来に比しての経験値の高さからすると、本来は、情報の質も高度のものになっているはずである。逆にいえば、現段階ではこれ以外に、制度構想の際、基礎資料とすべきものは、見当たらないということにもなりうるだろう[5]。

3　検察の在り方検討会議提言「検察の再生に向けて」（2011年3月31日）26頁に同一の文言がある。その経緯については、本書第Ⅰ部第3章、同第6章、小坂井久「検察の在り方会議の提言と『可視化』の動向」部落解放662号・増刊号『人権キーワード2012』（2012年）142頁など参照。

4　日本弁護士連合会「被疑者取調べの録音・録画試行の検証に関する要望書」（日弁連総第26号、2012年5月15日）参照。日弁連ウェブサイト〈http://www.nichibenren.or.jp/activity/document/opinion/year/2012/120515.html〉に掲載。

2 「検証」の対象数などの実情

　実際、その実施件数や実情をみれば、A報告については、試行対象期間（2011年3月18日〜2012年4月末日）において、98件の事件数があり、91件（約92.9％）につき、録音・録画が試行された。うち39件（約42.9％）が身体拘束下の「全過程」とされている（A報告2〜3頁）。

　B報告は、（拡大された）試行の対象期間（2011年9月〜2012年4月）において、裁判員裁判対象事件は総数2,465件で、録音・録画を行ったのは、そのうち1,904件（約77.3％）とする（なお、裁判員裁判対象事件としての公判請求は1,005件で、これを母数にすると、録画・録音を行ったのは、946件〔約94.1％〕である）。身体拘束下の「全過程」（もとより、検察段階）は、1,904件のうち399件（約20.9％）とされている（B報告4〜5頁。「全過程」に至らなかったものが1,507件〔約79.1％〕ということになる）。

　またC報告については、パイロット試行期間をも含めた試行対象期間（2011年4月〜2012年4月）において、録画・録音された事件は540件（逆に、試行対象と判断されながら、まったく録画・録音しなかったものは計13件）とされる。この540件のうち身体拘束下の「全過程」（これも、もとより検察段階）は、194件（約35.9％）であるが、途中で対象事件と認知され、認知後、身体拘束下「全過程」（検察段階）とされたもの（「準全過程」と表現されている）が、109件（約20.2％）あるとされている（C報告8頁）。

　このように、この間、取調べについて、録画・録音の試行（その拡大）が、積極的に展開されていることは十分にうかがわれる。ここでは、いちいち、その数字についてまでは触れないが、従来の「レビュー方式」ないし「読み聞かせ・レビュー方式」から「被疑者の供述を録取した供述調書の存在を前提とせずに、検察官が普段行っている取調べ、すなわち犯行に至る経緯、犯行状況、犯行後の行動等について質問し、被疑者が応答する場面をそのまま録音・録画する方式（ライブ方式）」

　5　今日までに発表された取調べや取調べの録画・録音に関する「検証」結果報告としては、最高検察庁「取調べの録音・録画の試行の検証について」（2008年3月）、最高検察庁「取調べの録音・録画の試行についての検証結果」（2009年2月）、警察庁「警察における取調べの録音・録画の試行の検証について」（2009年3月）、警察庁「警察における取調べの録音・録画の試行の検証について」（2011年6月）、法務省・前掲注2「被疑者取調べの録音・録画に関する法務省勉強会取りまとめ」、警察庁「警察における取調べの実情について」（2011年10月）、法務省「検察改革の進捗状況」（2012年4月5日）などがある。が、いずれも、基本的には、限定された一部の録画・録音ケースを対象としているし、事件数自体も多くない。

によるものが増えており（B報告3頁参照）、録画・録音の時間が相当に増大していることは明らかである。

しかし、なお「全過程」が少なすぎる感は否めないというべきだろう。そのような観点をも踏まえつつ、さらに考えてみたい。

有効性について

1　A報告の指摘する有効性

A報告（20頁以下）は、試行によって見出された有効性として、

① 取調べの適正確保に資すること
② 供述の任意性・信用性についての判断に資すること
③ 被疑者の供述が客観的に記録されること

の3点を挙げている。
また、②の理由としては、

ア 取調官と被疑者とのやりとりを逐一記録できること
イ 書面では表現しにくい被疑者の供述態度を記録することができること

の2つを挙げ、さらにウとして、「録音・録画の範囲との関係について」言及し、「全過程」如何についての有用性についても言及している。「取調べの全過程の録音・録画を実施した場合」、すなわち、「被疑者の供述内容が全て記録されること」を「有用」としつつ（A報告23頁）、他方で、「オフレコ」の「取調べの実情」があるとして、全過程でない事例においても、「録音・録画は供述の任意性・信用性についての判断に十分有用な証拠となり得ると指摘する報告もなされている」などとしている（A報告24頁）[6]。

6　「……取調べでは、一般に、犯罪事実それ自体のみならず、動機や経緯等に関連して、被疑者の生活状況や交友関係等のプライバシーを含む様々な事項についてのやり取りが行われるが、必ずしも、その全てが供述調書に録取されるものではなく、また、被疑者自身が検察官との信頼関係に基づいて、いわゆるオフレコで供述をする場面も少なくない。このような取調べの実情から、必ずしも取調べの全過程の録音・録画を実施していない、又は、実施することができなかった事例もある」というのである。

なお、その他の有効性として、捜査上の打合せや主任からのアドバイスに資すること、あらためてDVDを見直すことによってウソをつく際の癖を知ることができたこと、などが挙げられている（A報告28頁）。

2　B報告の指摘する有効性

B報告は、4点を挙げ、次のとおり述べている（B報告33～37頁）。

① 　供述の吟味（任意性・信用性の判断）が行いやすいこと
② 　署名・指印拒否の被疑者の供述内容を記録化できること
③ 　争点の解消に資すること
④ 　取調べが適正になされていることが記録できること

もっとも、④については、わざわざ「……取調べの一部の録音・録画であっても、被疑者に自由な供述の機会を与えているため、それ以前の録音・録画されていない取調べの状況について、被疑者が言い分を十分に尽くすことができ、かつ、それが客観的な形で記録化されることを示すものであり、取調官としては、録音・録画されていない取調べの適正確保にも一層の意を払うことが求められるものと言えよう」などとも記載されている（B報告38～39頁）。このように、各報告の中に一部録画・録音を擁護し、「全過程」に難を示す言説は、そこここに見受けられるところである。が、あらかじめ評価しておくならば、上記言辞などは、報告者の「願望」の域を出まい。

3　C報告の指摘する有効性

C報告は、次の3点を挙げている（C報告17頁）。

① 　供述の任意性・信用性の判断に有用であること
② 　供述自体を記録化できること
③ 　責任能力に関する判断資料として有用であること

①については、「……取調べについて広範囲に録音・録画することにより、取調官の発問やこれに対する被疑者の応答などの取調べ場面が録音・録画された結果、被疑者の自白は、取調官による誘導的・暗示的な発問によってなされたものではなく、被疑者が自らの記憶に従って自発的に供述している様子を記録化で

きたので、供述の任意性・信用性の判断に有用な証拠となり得る旨の報告が多数なされている」とされている（C報告18頁）[7]。

②については、次のような指摘もある。すなわち、「知的障害者は、語彙が少ない、表現力が乏しいなどの特性を有しているため、その供述内容を的確に記録するに当たっては、取調官からのオープンな質問に対して、被疑者が自らの言葉で答えている状況を録音・録画し、供述調書を作成することなく、録音・録画されている被疑者の供述によって立証する方法も考えられる」というのである（C報告19頁）[8]。

なお、③についての具体例の紹介も、極めて興味深いものがある（C報告20頁）[9]。

問題点について

1　A報告における問題点

A報告は問題点を次のとおり挙げている（A報告28頁以下）。

　　a　被疑者が録音・録画を意識して供述態度を変化させること

これは、「録音・録画下では供述しづらいこと」と同視されているようであり、以下の4点が、その理由として記載されている。

　　ア　緊張・羞恥心・自尊心等の心理的影響を理由とする
　　イ　供述内容の即時記録化を理由とする
　　ウ　本人のプライバシーを理由とする
　　エ　共犯者や事件に関係する第三者についての供述がしづらくなる

---

[7]　また、「被疑者が供述する内容に加えて、被疑者の表情や身振り手振り等の動作も記録化されることから、供述の信用性判断の前提となる被疑者の知的障害やコミュニケーション能力等の程度を明らかにするための有用な証拠となり得る旨の報告もなされている」という。
[8]　ただし、「現在までのところ、かかる方法による立証を試みた報告はない」とされている。
[9]　鑑定を実施した医師が、言動・表情・態度を確認し「有益である」旨の感想を述べたケースや、書面では表すことが難しい態度などを鑑定資料として用いることができた事例、さらに、録音・録画されていた弁解録取手続をあらためて確認したところ、幻聴があったことをうかがわせる言動を認めることができたケースなどが紹介されている。

アについては「私の顔などが……残っていくと恥ずかしい」、「目に涙を浮かべた……場面も録画され、……自尊心が傷つく」、「自分が悪いことを認めている姿をみんなに見られているようで恥ずかしい」といった例などが挙げられている（この種の例の摘示は、各報告に共通し、相当数に昇る）。

また、イについては、有効性について言及されていたことと表裏の関係として、「取調べの録音・録画を実施した場合には、供述内容が即時記録化されるため、録音・録画時には、被疑者は口が重くなり、自由な供述をしづらくなる場合があるとの報告がなされている」という（A報告30頁）[10]。

ウについては、アと事例は共通するようであるが、たとえば、「不倫」の事実関係を語るについて「録音・録画されていたら、黙秘するしかなかった」といったケースなどが紹介されている（A報告32頁）。

エについても、共犯事件において、「カメラが回っているときは、誰に見られるか分からないという気持ちから緊張した。最初から全部の取調べが録音・録画されていたなら、共犯者等への遠慮もあり、言いたいことが言えなかったと思うし、黙秘していたかもしれない」などと述べたケースなどが紹介されている（A報告33～34頁）[11]。

 b　取調官側への影響、その他の捜査・公判への影響等

これは、以下の2つを意味するとされている。

　ア　取調官側への影響
　イ　DVD等の再生・視聴等に長時間を要することによる捜査・公判への影響[12]

---

[10] 前掲注6とまったく同じことが述べられている。「……取調べにおいては、一般に、犯罪事実それ自体のみならず、動機や経緯等に関連して、被疑者の生活状況等のプライバシーを含む様々な事項について幅広いやり取りが行われるが、必ずしも、その全てが供述調書に録取されるものではなく、また、被疑者自身が、検察官との信頼関係に基づいて、いわゆるオフレコで供述する場面も少なくない」というわけである。

[11] 「第三者の話をする際になると、後に裁判官に見られる可能性があることを意識し、プライバシー上問題があるなどと供述を渋った」ケースなども紹介されている。なお、「録音・録画の影響で被疑者の供述内容が後退した事例」についても言及されている（A報告34～36頁）。

c　関係者の名誉等を害するおそれがあること等

　「取調べの全過程の録音・録画に特有の問題点である」として、「取調べにおける供述内容がもれなく記録化されることから、供述調書化されていない録音・録画された供述内容が開示等されて関係者の知るところとなった場合には関係者の名誉等を害するおそれがあることが報告されている」としている（A報告38頁）。

2　B報告における問題点

　B報告は録音・録画の問題点について、次の3点を挙げている（B報告39頁以下）。

　　a　被疑者側への影響
　　b　取調官側への影響
　　c　関係者のプライバシーへの影響

　aについては、「ア　被疑者が供述をしづらくなること」を挙げ、「㋐　自白していながら録音・録画を拒否した事例」[13]や「㋑　被疑者の緊張等」や「㋒　供述内容の変更等」に言及している（B報告39～41頁〔4,702回の取調べについて153回〕、約3.3％に変化があったとされている）。また、「イ　組織や共犯者についての供述がしづらくなること」も挙げられている（B報告42頁）。
　bおよびcについては、後に議論することとしたい。

3　C報告における問題点

　　a　緊張等による被疑者の供述態度等への影響

　「……自己の容貌や取調べを受けている状況を撮影されることによる羞恥心や自尊心が傷つけられるとの思いや、緊張等の心理的な要因により、被疑者の供述

---

　　[12]　視聴の負担などといった問題は、決裁する検察官にあっては、部下を信じればよいだけの話であろう（取調官はリアルタイムで取調べ状況を把握しているからである）。
　　[13]　自らの性癖などの事実を述べる姿を録音・録画されることを嫌悪するケースや、同じく「人の目に触れるのは耐えられない」との事例が挙げられている。

態度に影響を与え取調べに支障が生じたなどの報告がなされている」とされ、録音・録画下で、過呼吸に陥ったケースが紹介されている（C報告20〜21頁）。

　　b　取調官側への影響

　「録音・録画の実施下においては、取調官が、……発問や追及をしにくい場合があるとの報告もなされている」として、「性的な知識や経験について尋ねる際は、取調官も……録音・録画されていることを意識して、必要以上に丁寧でぎこちない言葉遣いになってしまいがちになる。また、取調官が、例えば、異性に対して性的な好奇心を抱くことは誰しもあることであるなどと、被疑者に対して共感ないし理解を示すような言動をすれば、被害者が後日視聴することとなった場合、取調官に不信感を抱くおそれがあることから、取調官が被疑者に対して共感や理解を示す趣旨の発言をすることが困難であると感じられた」というケースが紹介されている（C報告21〜22頁）[14]。

有効性と問題点とを検証する

1　各報告の共通性と有効性

　このようにあらためて挙示してみると、おのおのの報告において、表現は幾分異なっており[15]、その有効性や問題点は、微妙にずれているようにみる向きがあるかもしれない。しかし、実際のところ、主要な部分は、まず重なっているといってよい。問題点とされるものも、a被疑者、b取調官、c関係者、この3者への影響というように整理することで、おおむね一致している。
　ところで、可視化の機能・目的として、「取調べの適正化」と「供述の任意性・信用性判断に資すること」の2点があげられることが多いと思われるが[16]、今回

　14　もっとも、「取調べの録音・録画により、被疑者の自白が取調官の誘導的・暗示的な発問によってなされたものではないことなどを記録し、供述の任意性・信用性の立証やその前提となる被疑者の知的障害によるコミュニケーション能力等の程度を明らかにするための有用な証拠となり得る旨の報告が多数ある」ことを前提としている。本文で言及するとおり、こちらのほうが先決というべきであろう。
　15　しかし、そのような表現のずれは、起案者を異にしているから（という理由からだけ）生じているのではないかとも思われる。
　16　さしあたり、小坂井久『取調べ可視化論の現在』（現代人文社、2009年）223頁以下参照。

の各「検証」報告も、まずは、この2点の有効性をはっきりと認めたものである。もっとも、C報告には、有効性の点でタイトルとしては、「取調べの適正化」という言葉自体は用いられてはいない。しかし、これを否定する趣旨ではまったくなく、これを自明の前提としていることは、本文でも引用した、その記述自体からも明らかであろう（C報告17～20頁参照）。

そして、上記2点のほか、「記録化」それ自体が有効であることは、各報告が共通して指摘しているところである。この点、B報告は、署名・指印拒否の場合のみを挙示しているが、その効果が、それに限られるわけではないことはA報告およびC報告をみれば明らかであろう。この点、詳論する紙幅はないが、各報告は、これをむしろ、捜査機関側の利点と捉えていることが明らかである。そこが特徴的といえよう。

これらは「見直し」の利点や、「争点の解消に資すること」においても同様といえる。これら捜査・訴追機関のメリットとともにさらに、「責任能力に関する判断資料」などの有用性が認められているわけである。

2　「全過程」の有効性と問題点の「問題」

さて、これらの有効性・有用性は、「全過程」である場合に認められることは明らかである。このことは、まず、争いはない。それが共通認識であろう。しかし、一部録画・録音で、果たしてそういえるかどうかは、当然疑問が呈されるところである[17]。各報告は、既述のとおり、この疑問を打ち消そうとしているが、そこで記述されているところが、実証的だとも説得的だとも思われない。他方で、一部録画・録音を有効・有用とする見解であっても、「全過程」のほうが、指摘されている諸点において、より効果的で、より有用であることを否定しえまい。

ところで、有効性と問題点は、実のところ、コインの表裏の関係にあることを各報告は示している。すなわち、いずれの有効性も、結局は「逐一記録」するところをその根拠にしているといえよう。が、各報告は、同時に、それ自体が問題点足りうるというわけである。

もともと理論的にいえば、可視化は価値中立的である。そうであるがゆえの両義的作用といったものは、当然に想定される。だが、有効性は実証的でもあれば理論的でもあって、極めて明確なものというべきだが、各問題点のほうは、必ずしも、そうとはいい切れない。このことに注意すべきだと思う。ここに、まさに問題点

17　たとえば、小坂井・前掲注16書10頁、168頁以下、286頁以下、319頁以下など。

とされるものの「問題」がある。はっきりいえば、それは、「オフレコ」の取調べをこそ、「取調べの実情」として、それを自明の前提としているがゆえに、「問題」とされているだけではないだろうか。

実際、問題点のうち、上記bの点などは、ほとんど問題外のように思われる。これは、取調べのスキルを磨き、可視化のもとでの取調べに習熟することで対応する問題としか思われないからである。cの点もまた、調書の抄本化請求（ないし開示）が許される余地があるなら、DVDの抄本化（あるいは、録音化）などで対応できないはずはないのであり、解決策を当然示しうるものと思われる。もともと「ブラックボックス」を残してよいという発想を改めるべきである。

3 微妙な「問題」など

以上のとおりとするならば、残るのは、aの点、すなわち、被疑者本人の「問題」ということになるだろうか。しかし、既述したところから明らかなように、その多くは、「映像」が「見られる」ことを「問題」視している。そうだとすると、実のところ、本人側の問題とされているもののほとんどは、制度が確立されシステム化されることに伴う、いわば「慣れ」の問題に帰着するのではないか。

仮に「慣れ」の問題のみでないとしても、公判再生段階は録音のみ再生する制度とする、あるいは、取調べ段階で録画拒否可・録音拒否不可の制度を導入することを検討することなどで、まずは十分に対応可能なはずである。これに証拠開示の条件化（A報告13頁では、一部不開示例が報告されているが、不開示は相当ではなく、むしろ条件化の問題であろう）、公判再生制限（抄本化）などを組み合わせれば、対応不可能のものは、まずないように思われる。組織犯罪であれ何であれ、要は、この問題に帰着する。

「不倫」供述に明らかなように、このような話を「オフレコ」にして閉じ込めることは、とてもセンシティブな事項というべきである。そのとき、取調べにおける力関係は微妙に変容しているというべきではないだろうか。そのような場の存在を肯定すべきではない。ここでも、「ブラックボックス」を残すことを「取調べの実情」などといい、そのことを自明視する姿勢こそ根本的に改めなければならないことが示されている。結局、「検証」が示したのは、実は、そのことなのではないだろうか。

まとめに代えて

「検証」については、まだまだ検証しなければならない点がある。録画・録音を

始める際の告知の仕方も、具体的制度化に伴って、より洗練されたものにする必要があるだろうし（B報告21頁参照）、DVDの使用に関わる「検討」は、なお今後も重要なテーマとなろう。

ただ、今回の各報告の有効性の指摘は、まさに、捜査機関・訴追機関にとっての利点を浮き上がらせていることは明らかである。すなわち、可視化は、まさに弁護側からすれば「敵に塩を送る制度」としても機能するのだ。このことが、わが国においても実証されるに至ったのである。

しかし、刑事弁護の側は、可視化を拒むべきではない。同時に、捜査・訴追機関側には、こう告げるべきであろう。中途半端に二兎を追うことはできない、と。

すなわち、まずは「全過程」を是認し、有効性を本当に活かし、そのうえで、問題点をカバーする方法を考えるべきなのである[18]。

---

[18] 2012年9月4日の各紙は、最高検が同月1日から、取調室への入室時から録画を開始する運用とする通知を出した旨を報じている（2012年8月6日付依命通知）。この依命通知は、検察官の裁量を残している点で制度化の際に乗り越えられるべきものであり、取調室外の取調べ（発問）を禁じるなどして、「全過程」を担保する制度を構築しなければならない。

第9章　取調べ可視化論の事実的基礎

「残された」反論にはどのようなものがあるのか

　取調べ可視化（＝取調べ全過程の録画・録音）の必要性について、既に繰り返し論じ、これを明らかにしてきた[1]。「ないな　可視化しか　ないな──供述録取書の構造」図面（本書65頁）は、その事実的基礎を、かなり明確に示しているものと考える。実際、これは供述過程に関し、理論的にも正しい構造を図示しているものと考えている[2]。

　この構造論が正しい以上、この構造内では、もはや「反論」は成立しえないと断じうる。それゆえ、「残された」反論は、この図式の枠外に問題を設定しようとする以外にない（もとより、実際は、供述がない段階も、この構図内の問題であるが、その点は、後述したい）。その反論は次のようなものだと考えられる。

　すなわち、「取調べの録音・録画が自白の任意性の立証に役立つと主張している論者は、録音、録画をしても自白が得られるということを前提としているようですが、そもそもその前提が誤っているということです。録音・録画記録を自白の任意性の立証に役立てようとしても、肝心の自白が得られなければ、全く意味がないことになります」というものである[3]。この構造図の成立前が問題だと言いたいわけである。つまり、ここでは、「自白」という語がつかわれているけれども、これを善解すれば、供述自体が何も始まらないような場面を問題にしようとしているといえるだろう。このことを前提としつつ、その論拠として挙げられているのが、次の①である。さらに、②及び③も、これを補強しているといえるであろう。

　①「第一が、取調官と被疑者の間の心の交流や信頼関係の構築が阻害され、

---

[1] 本書第Ｉ部の論攷も、小坂井久『取調べ可視化論の現在』（現代人文社、2009年）も、すべからく、これを明らかにすべく論じてきたものと考えている。
[2] ちなみに、この図面は、警察庁（刑事局刑事企画課）が発表した取調べ教本『取調べ（基礎編）』（2012年12月）の冒頭でその一部が採用されているものと、「個人的には」考えている（同書1頁参照）。
[3] 露木康浩『警察官のための刑事司法制度改革解説』（立花書房、2007年）61頁。この立論自体の問題性については本文で述べるとおりである。

自白を得ることが困難になるということです。被疑者の取調べでは、時間をかけて地道にコミュニケーションを重ね、人間的な信頼関係を構築することにより、被疑者から真実の供述を引き出していくことが重要ですが、被疑者が録音・録画を意識して身構えるようになれば真の心の交流を図ることはできず、信頼関係の構築などは到底期待できないことになります」(下線引用者)[4]。

続いて、「殺人事件などでは、物証が乏しいために自白がなければ訴追はおろか、逮捕すら困難であるというケースも少なくありませんが、取調べが録音、録画されれば、自白を得ることが困難になる結果、この種の事件の解決が著しく困難になると考えられます」とも述べられている。

②「組織犯罪の内部告発的な供述が得られなくなるということです。暴力団の組員らが取調官を信用して匿名を条件に犯行の組織的背景を供述したり、他の犯罪の端緒情報を提供したりすることがありますが、供述の逐一が録音、録画されることになれば、そのような供述を得ることは到底不可能になります」(下線引用者)[5]。さらに、「その結果、組織犯罪の首謀者の検挙や、薬物の密輸、密売等の潜在的な組織犯罪の摘発が著しく困難になると考えられます」とする。

③「第三が、被害者等のプライバシーや名誉が侵害されるということです。性犯罪がその典型ですが、被疑者から発せられた被害者等のプライバシーにかかわる発言がそのまま公判で公になれば、被害者等が不測の被害を受けることになります」(下線引用者)[6]。そして、「結果として、被害者は被害の届出を躊躇して泣き寝入りを強いられ、犯罪者が検挙を免れることにもなるでしょう」というのである。

実は問題は残されていない

1 そもそも前提が間違っている

まずは、上記構造論の枠外に問題設定できるのかどうか。そのことを、そもそも問わなければならないであろう。我々は「取調べの録音・録画が自白の任意性の立証に役立つと主張」する前に、何よりも取調べの適正化を主張してきたのであり、そのためにこそ全面的な検証可能性を求めてきたといってよい(「自白の任意性の立証に役立つ」ことがあるのは、むしろ、そのことの結果というべきであり、その逆ではない)。

---

[4] 露木・前掲注3書59頁。
[5] 露木・前掲注3書59頁。
[6] 露木・前掲注3書60頁。

それゆえ、格別「録音・録画をしても自白が得られるということを前提として」立論してきたというわけのものではない。

取調べの適正化が果たされる結果として、原理的には、「不適正」自白は当然減少する筋合いであろう。むろん、「不適正」自白と「虚偽」自白は、実態としては、必ず一致するものではないにしても、訴訟法上の「事実」としては、一致すると「みなす」考えはありうる立場であって、そうだとすると、「肝心の自白が得られな（い）」ことこそがむしろ有意味というべきなのである。その意味においても、法理として、憲法上の黙秘権（自己負罪拒否特権）行使を実効化させる環境設定（＝取調べの可視化）にクレームをつける発想自体を問わなければならない。つまり、上記反対論は、その前提において誤っているといわなければならない。

これは、もとより自白に限らず、供述全般に関わる問題である。可視化により供述を自由にする環境が設定されうるのであるから、沈黙の自由もまた、当然保障されるのである。

2　「密室」で「時間をかけ」ることで虚偽自白が生まれる

原理的問題は上述のとおりであるが、少なくともイングランド・ウェールズなどを見たとき、果たして、現実問題として、可視化によって、自白率が減ったという格別の報告はなく、そのような実証はなされていない[7]。もとより、短時間の取調べ（インタビュー）しかしないイングランド・ウェールズと日本とでは質的な違いがあるとの主張は従来からなされているが、そのような質的違いが存在するとすれば、それは何なのかは、少し詰めて考えておいてよいことである。

上記①の点は、まさに、このような問いと表裏の関係にある。「時間をかけて地道にコミュニケーションを重ね」なければ、また、そのような「人間関係を構築すること」なくして、「真実の供述」を引き出すことはできない、というのは、それらが検証不能な「密室」を前提にした言説であることによって、たちどころに、その立場の基礎に亀裂を生ぜしめる[8]。現に「密室」で「時間をかけ」なければ成立しないという、その「関係構築」という言説こそが虚偽自白を生んできたのである。

---

[7]　たとえば、国家公安委員会委員長「捜査手法、取調べの高度化を図るための研究会」第9回会議（2010年11月5日）配布資料参照（署によって、自白率は、やや減少した例と増加した例とがある）。また、日本弁護士連合会『可視化への道／可視化からの道──イギリスの取調べ、その進化を見る』（2011年）77頁のエドケープ発言参照。

[8]　論理的に破綻しているといってよい（小坂井久『取調べ可視化論の現在』〔現代人文社、2009年〕156～158頁参照）。

3　心理学が教える「信頼関係」

　また、取調官という権力者と被疑者という一個人の間の長丁場の関係性が、どれだけの問題をもたらしてしまうかは、心理学の知見が、これらを明らかにしてきたところである[9]。その言うところの「心の交流や信頼関係の構築」こそが虚偽供述を作出してしまう。つまりは、被疑者が「録音・録画を意識して身構える」ほうが、よほど正確な情報が表出されることがあるのである。

　実際、心理学でいうラポール（「信頼関係」と訳されることが多い）は、面接者と被面接者の、最初の、たとえば10分程度のやりとりで形成するものとされている。それ以上の時間をかけたからといって、「供述」証拠の質が上がるというものではない。

　結局、①の如き発想が、極めてデリケートな「供述」証拠というものを如何に一方的思い込みによって、不正確に歪めてしまう危険を有しているかは明らかであろう。まずもって断たねばならないのは、このような発想である。

　以上のとおりであるから、「自白が得られない」、「供述が得られない」から可視化できないとの論法は、あらゆる観点からみて誤っているということができる。繰り返しになるが、そのような発想こそが虚偽供述を産む温床を形成していることを見据えなければならない。

　上記①の点が、いわば根底的論点であるから、この誤りを明確に出来れば、可視化が不可欠なこと、可視化の事実的基礎は、すべからく明らかになったものといってよい。上記②及び③の点は、いわば各論ということになる。項を改めて概観しておこう。

問題は解決出来る

1　公判再生を制限すればよい

　②及び③は、全過程のもとで証拠開示の条件化、公判再生制限のレベルで対処可能か否かを、まず考えるべき問題であろう。

　まず、③の点は公判再生制限でクリア出来ることは、かなり容易に理解しうるこ

---

　[9]　たとえば、最近では、髙木光太郎教授の諸講演などで、このことが明らかにされている（2011年12月7日取調べ可視化に関する市民集会、2013年3月25日PC遠隔操作事件に関する可視化集会の講演など）。

とである。現実にも、今から何が語られるかわからない (はずの) 取調べ場面で、いちいち、勝手に判断して録画・録音のスイッチを切ることなどできないし、そんなことが可能なら、それは可視化でも何でもない。悪しき印象付けだけのための録画・録音にたちどころに転化してしまうものである。これでは、およそ可視化制度を無効化 (むしろ害悪化) させてしまうことは明らかである。

　ここには、取調べ過程をありのまま保存することが、本来の在るべき姿であるとの発想を欠いているといわざるを得ず、その考え自体が改められなければならない。実際、法324条がある限り、あるがままを公判で再現することは法的には禁じ得ないのである。そして、公判再生制限という課題は、まずは実務上法曹三者の良識ある実践によって概ねクリアできる問題と考えられる。

　仮に万が一、実務に携わる者の間で話し合いがつかないような事態をも想定して、公判再生制限に関する規定を新たに設けるかどうかは、なお議論の余地がないとはいえないが (また、それが裁判の公開という観点からの論点を孕みうること自体は否定しないが)[10]、とはいえ、③の問題は可視化消極論を導くような本質的要素足りえない (このことは最早明らかである)。

2　問題が起きる場面は限られる

　以上のとおりだとすると、残るのは②の問題のみということになる。しかし、これも本人の公判を考えたときは、公判再生がなされる可能性はまずない話であり、現実の実務上は、結局、本人が望まない話が公にされることはない筋合いである。したがって、これは多分に観念的な話になるのではないかと思われる。仮にあくまでも理屈の問題としていうなら、これもまた、法324条がある以上、法的には何処までいっても防ぎきれない話というしかない。

　論者が時に問題とするのは、弁護人が本人に誠実義務を尽くさない「組織の弁護人」といった存在である場合に問題が生じるというのであるが、そのような「弁護人」を法は予定していないし、仮に、それが明白なときは、証拠開示レベルでの対応が必ずしも不可能とまでは言い切れない。さらに、事後的にいえば、そのような活動をする「弁護人」がいるとすれば、懲戒の対象になるものであって、最低限

10　裁判の「公開」とは何かという問題と刑事訴訟法上の証拠調べの (証明方法の) 問題が交錯する論点になるようにも思われる。立証趣旨との関係も議論の対象となりえ、「公開」の問題ではないとみる余地もあるだろう (たとえば、公判前整理手続で事実の取調べを行うことなども考慮する余地があろう)。

の手当てはなされているはずの筋合いである。

　もっとも、そのような場合、事実としての問題は残るとされたり、あるいは、本人の裁判との関係ではなく共犯者などとの関係では、証拠開示などを通じ、その者の供述内容が知れるとの指摘はありうる。しかし、逆に言えば、結局、そのような場合のみに問題点は絞られてくるといえる。

3　全過程の可視化が原則

　共犯者などの関係は、弊害がはなはだしいとすれば、証拠開示での対応が可能と思われる筋合いであり、現実にはこれで、対処できる問題だろう。それは取調べ段階・供述段階では不確定な事項に属するとの見解はあるけれども、そもそも、これらは、本来は、供述人保護の問題として捉えるべきであろう[11]。現実に、様々の配慮から供述しないという場合、それは黙秘権行使とみうる場合が多いともいえる。黙秘権行使は、格別その縁由を限定しているわけではない。

　このように考えると、この場合も必ずしも全過程の例外とする必然性まではあるようには考えられない。それでもなお、不安視される場合であって、供述するものの自由意思が明らかに妨げられているような場面、すなわち、まさに供述するものの生命・身体に重大な危害が加えられるおそれが想定されるといった場面がありうるといわれるのであれば、その場合のみ全過程の例外事由として考慮する余地があるだろうか。もとより、その者が録画・録音の対象外とされることに異議を述べていない場面までは映されていなければならないし、再開を申請したならば、録画・録音が直ちに再開されるという手続き保障が必要である。また、そのような例外事由として、録画・録音が停止されたならば、その間の供述は純然たる情報提供であって、およそ証拠化しえないというのが筋というべきであろう。

　上述したとおりであり、可視化論の事実的基礎はおよそ揺るがない。徹底的に全過程原則が追求されるべきである。仮にその例外がありうるとするならば、まさに上述したとおり、現実にほんとうにやむをえない場合以外、それは存在してはならないのである。

　11　単なる情報提供のレベルであれば、本体の証拠構造に関わってこない場合もあるという論点も存在しうる。

第10章 取調べ可視化の証拠としての意義

はじめに

　我が国において、2006年8月から検察庁において、2008年9月からは警察も、取調べ状況の録画を、フォーマルなかたちで（いわば公式のものとして）開始した。このとき、取調べを録画・録音した記録媒体（以下、録音のみの記録媒体を含め、録画・録音記録媒体という）は、その取調べ状況そのものを立証すべきものと考えられた[1]。つまりは、録画・録音記録媒体は、取調べの実態を明らかにすることで、「供述」が任意になされたこと（場合によっては、供述が信用できること）を立証する資料として運用すべきものとして企図され、現に基本的に、そのように取扱われてきたのである。

　我が国において今世紀になってからなされている、取調べの録画・録音の一部試行（ないしは本格実施。以下、単に試行という言葉で括る）は、もともとそういうスキームのもとに出発していた。このことは改めて確認しておいてよいことである。

20世紀から現在までの動向

　ところで、前世紀において、（フォーマルでない）取調べ録音などはなされており、これらの録画・録音記録媒体の利用は、上記したような取扱いに限定されていたというわけではない。多くのケースが任意性立証のための資料として用いられてはいるものの、実質証拠として使われてこなかったわけではなく、「事実認定の用に供した」事案も（より正確にいえば、そのように用いようとしたケースも、というべきか）、相応に見出しうるところである[2]。実際に、実質証拠としての証拠価値を認められたケースは少ないが、これは検察官側が実質証拠化を試みたものの、却下された

　1　稲川龍也「取調べの録音・録画――検証で見えた効果と課題」季刊現代警察34巻3号（2008年）18頁。
　2　小坂井久『取調べ可視化論の現在』（現代人文社、2009年）148〜151頁の判例一覧表参照。

り、証拠価値を否定されているケースが結構存在するからである。このことには着目しておいてよい[3]。

取調べ状況に関する録画・録音記録媒体の公判における使用ケースは、なぜか、90年代から21世紀初頭にかけて途絶えるのであるが[4]、いずれにしても、冒頭で述べたフォーマルな試行が展開されることとなったのであり、その後、この試行は、種々の経緯から拡大された（その経過については、本書で繰り返し論じているので、ここでは、繰り返さない）[5]。2012年〜2013年の段階では、一定の事件の、かつ、身体拘束下での検察官取調べとの限定はつくものの、「全過程」の録音・録画もなされ、それが拡大されるようになっている。

実務（試行）の実施情況──数字上の情況

取調べの録画・録音の実施情況について、2012年末の段階で明らかにされているところをみれば、次のとおりである。

2012年5月から9月末までの間の報告において、検察段階では、裁判員裁判事件1,448件のうち、1,247件（約86.1％）で録画・録音が実施されており、1,247件のうち565件が身体拘束下の「全過程」を録画・録音している（図Ⅰ）。また、知的障害によりコミュニケーション能力に問題がある被疑者等の444件の録画・録音実施ケースのうち、271件（約61.0％）が身体拘束下「全過程」であり、そうであると認識されて以降の身体拘束下「準全過程」が61件（約13.7％）に及んでいる（図Ⅱ）。また、特別捜査部・特別刑事部の56件の事案のうち、31件が身体拘束下「全過程」である（図Ⅲ）[6]。

---

3 河上和雄ほか編『大コンメンタール刑事訴訟法（7）〔第2版〕』（青林書院、2012年）662頁［杉田宗久］は、小坂井・前掲注2書を参照され、「従前、取調べ録音テープ等が実質証拠として用いられた例はさほど多くない」とされている。それはそのとおりであるが、検察官が実質証拠化を図りながらも、それが効を奏しなかったケースが存外多いことには着目しておいてよいと思う。

4 小坂井・前掲注2書208頁参照。私は「全過程」に行き着くことを恐れた捜査機関・訴追機関が取調べについては、当時においては意図的・組織的に録画・録音を控えたと「勘ぐって」いるわけであるが、あるいは私が使用ケースを見出していないだけかもしれない。この点、情報をお持ちの方は御教示いただければ倖いである。

5 本書第Ⅰ部第3章、同第5章、同第7章など参照。

6 最高検察庁「検察における被疑者取調べの録音・録画についての試行状況についての試行状況（平成2年5月から9月まで）」（2012年11月）。これら対象事件については、検察段階身体拘束下に限ってではあるものの100％「全過程」志向性を見出すことができる。その意味では、この数字は、ひとつのプロセスにすぎない。

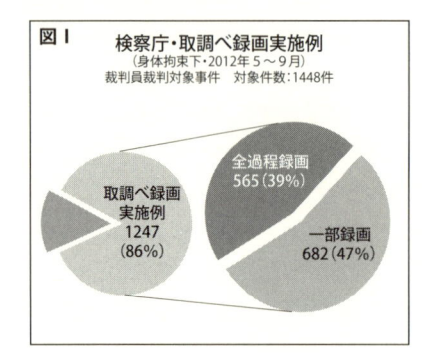

図I 検察庁・取調べ録画実施例
（身体拘束下・2012年5〜9月）
裁判員裁判対象事件　対象件数：1448件
- 取調べ録画実施例 1247 (86%)
- 全過程録画 565 (39%)
- 一部録画 682 (47%)

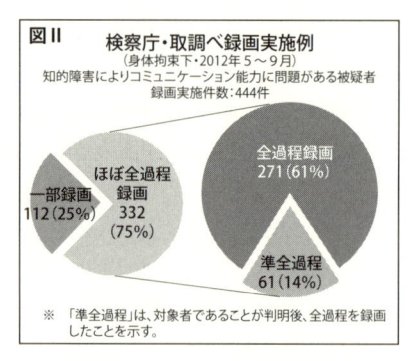

図II 検察庁・取調べ録画実施例
（身体拘束下・2012年5〜9月）
知的障害によりコミュニケーション能力に問題がある被疑者
録画実施件数：444件
- 全過程録画 271 (61%)
- ほぼ全過程録画 332 (75%)
- 一部録画 112 (25%)
- 準全過程 61 (14%)

※「準全過程」は、対象者であることが判明後、全過程を録画したことを示す。

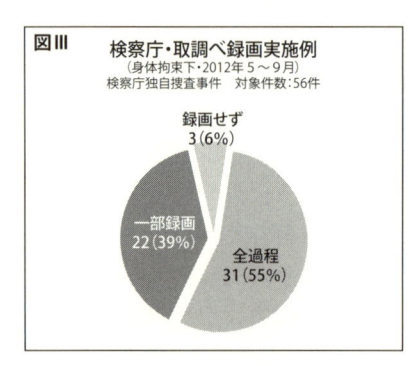

図III 検察庁・取調べ録画実施例
（身体拘束下・2012年5〜9月）
検察庁独自捜査事件　対象件数：56件
- 録画せず 3 (6%)
- 一部録画 22 (39%)
- 全過程 31 (55%)

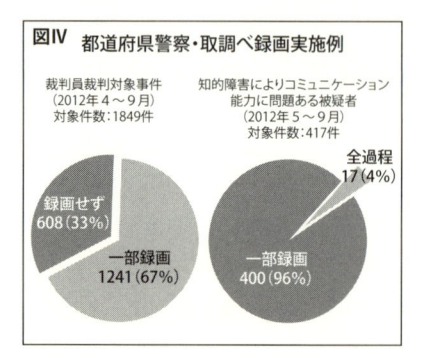

図IV 都道府県警察・取調べ録画実施例
裁判員裁判対象事件（2012年4〜9月）対象件数：1849件
- 録画せず 608 (33%)
- 一部録画 1241 (67%)

知的障害によりコミュニケーション能力に問題がある被疑者（2012年5〜9月）対象件数：417件
- 全過程 17 (4%)
- 一部録画 400 (96%)

　これに比すると、警察における試行は、2012年2月の「捜査手法、取調べの高度化を図るための研究会」最終報告を経て、同年3月に「捜査手法、取調べの高度化プログラム」が策定され[7]、試行拡大の方向が示されたものの、未だ出発点についたばかりとの憾を拭えない。すなわち、裁判員裁判対象事件にあっては、試行拡大後の2012年4月以降同年9月末までの1,849件のうち1,241件（約67.1％）で録画・録音がなされてはいるものの、平均21分の極一部の録画・録音にすぎない（「全過程」については、存在しないようである）。

　また、知的障害を有する被疑者に係る試行開始後の2012年5月以降9月末までの417の録画・録音実施のうち、17件で「すべての取調べの機会に録音・録画を実施した」にすぎない（**図IV**。図のうえでは、これを「全過程」と表示した）[8]。もっとも、警察においても従来に比べれば、取調べ「全過程」録画・録音を評価する

---

[7] この点、重松弘教「『捜査手法、取調べの高度化プログラム』の策定について」警察学論集65巻7号（2012年）1頁以下参照。
[8] 警察庁「警察における取調べの録音・録画の試行の検証について」（2012年12月）。

声は高まっているといえ (これを嫌悪する割合は明らかに減少しており)、取調官の意識の変化も十分窺われるところであり[9]、警察段階の取調べ録画・録音ケースも今後増えていくことは明らかである。

記録媒体の現実の使われ方

　さて、これら記録媒体が現実の公判で何処まで使われているのか (いないのか)、使われた場合、どのような使い方をされているのかは、必ずしも最新の実情が公表されているわけではない。比較的近時の資料は 2012 年 7 月 4 日の発表のものになる[10]。もっとも、「特別捜査部・特別刑事部における被疑者取調べの録音・録画の試行について」は、公判再生ケースは報告されていないし[11]、「知的障害によりコミュニケーション能力に問題がある被疑者等に対する取調べの録音・録画の試行について」は、捜査段階で責任能力判断のための鑑定資料とされたケースが約 8.3 % (540 件のうち 45 件) となっている。公判で使用されたケースは 2 件とされるが、責任能力立証のためとのことである[12]。

　他方、「裁判員裁判対象事件における被疑者取調べの録音・録画の試行的拡大について」は、捜査段階において、録音・録画の DVD を精神鑑定の資料としたものが 89 件あるとし (この報告は 2011 年 9 月から 2012 年 4 月末までの裁判員裁判対象被疑事件を 2,465 件とし、1,906 件で取調べ録音・録画したとされているので、その内数ということになる)[13]、それ以外には、「犯行」再現状況を、それが死因となるかどうかの鑑定資料としたケースが報告されている[14]。

　そして、公判では 2010 年 6 月 1 日から 2011 年 5 月 31 日までの 1 年間に、第

　9　警察庁・前掲注 8 報告書において、「事件によっては」というケースをも加えると、裁判員裁判対象事件において取調べ録音・録画試行経験取調官の計 37.7 %が「全過程を録音・録画」した方が良い場合があると認めている。
　10　最高検察庁「検察における取調べの録音・録画についての検証」(2012 年 7 月 4 日)。
　11　法制審議会新時代の刑事司法制度特別部会第 13 回会議 (2012 年 9 月 19 日) 配布資料「特別捜査部・特別刑事部における被疑者取調べの録音・録画の試行について」13 頁、21 頁。
　12　法制審議会新時代の刑事司法制度特別部会第 13 回会議 (2012 年 9 月 19 日) 配布資料「知的障害によりコミュニケーション能力に問題がある被疑者等に対する取調べの録音・録画の試行について」16 〜 17 頁。
　13　法制審議会新時代の刑事司法制度特別部会第 13 回会議 (2012 年 9 月 19 日) 配布資料「裁判員裁判対象事件における被疑者取調べの録音・録画の試行的拡大について」25 頁以下 (なお、同 3 〜 4 頁参照)。

1 審判決があった裁判員裁判対象事件1,653件のうち、任意性が争われた事件は61件（約3.71％）であり、2011年6月1日から2012年4月30日までの11カ月間に第1審判決があった裁判員裁判対象事件は1,457件とされ、うち任意性が争われた事件は66件（約4.5％）とのことである[15]。そのうえで同報告は、2011年9月以降に公判前整理手続が終了した事件で、公判でDVD請求がなされたケースは47件であるとし、任意性・信用性を立証趣旨とするもの40件、責任能力（加えて調書の信用性）を立証趣旨とするもの2件、供述調書の信用性を立証趣旨とするものを4件としている。そして、実質証拠請求（覚せい剤の犯意を自白していたが調書への署名押印を拒否したケースとされる）は、これを1件としている。そのうえで、同報告は、今後実質証拠での申請は増えるであろうとしている[16]。

証拠としての今後の展望

供述録取書が、その実態において、質の良くない証拠でしかないとき、捜査段階の取調べ録画・録音記録媒体を、そのまま実質証拠として用いたいとの考えが登場すること自体は自然な流れである。もっとも、調書が存在するのに、屋上屋を架す立証が必要となるわけではないはずであるから、署名押印のある調書が不存在のケースなどに、取調べDVDの使用例はまず限定される筋合いである。また、公判廷供述が捜査段階供述と異なる（少なくとも、実質的に異なる）場合にはじめてDVD証拠調べの必要性が生じることにもなろう[17]。前記報告に表れているケースのほか、東京地裁のケース（殺人被告事件が傷害致死事件に認定落ちしたケース）などが報道されている[18]。

そのうえで、現行法上の取扱いを考えるならば、確かに実質証拠足りうることを否定する規定はない。最決平17・9・27も[19]、罪体を立証趣旨とする証拠能力肯定に明らかに親和的である（もっとも、「一部」録画を同様に解しうるかはさらなる検

---

14 前掲注12資料26頁。DVDで示された、男児を「高い、高い」したという状況では、急性硬膜下血腫にはならないとの脳外科医の意見が紹介されている。
15 前掲注12資料28頁。
16 前掲注12資料29〜30頁。
17 もっとも、検察官からの立証は、このように言いうるものと思われるが、被告・弁護側にあっては、供述の一貫性をも示しつつ、あるいは「特信状況」のある実質証拠として証拠調べを求める必要性を見出しうるケースがあるのではないか。なお検討したい。
18 2012年12月15日毎日新聞（東京版）。この外、さいたまのケースが報告されている。
19 刑集59巻7号753頁。

討が必要である)。署名押印という「処分」行為を経て、はじめて証拠能力が付与されるとの見解はあるが[20]、異説にとどまる。

　私見は、密室での圧倒的な力関係のなかで「協議・合意」された結果としての実質「合意調書」が「調書裁判」の実態であるとするものであり、その実態を「処分」行為として正当化する意図は全くない。むしろ、そのような調書の死滅を目指すのが私の立場である。そこから見て、それが全過程である限り、録画・録音記録媒体を供述録取書より劣位でしかない証拠価値のものとみたり、実質証拠にはなりえず補助証拠にすべきとの筋論は基本的には出てこないものと考えている。いずれが、より正確より適正より公正な記録かは明白だと思われるからである。

　もっとも、ブラックボックスの存在しない透明化された過程のなかで、ありのままの記録が残され、それが文字化されたとき(たとえば、反訳文を考えてみる)、それが映像や音声より劣位の記録かどうかは十分な考察を要する(それは、同等に正確であろうし、公正さ・適正さで劣っているかどうかは一概に決められない)。逆に言えば、ここでの問題は映像などにはパースペクティヴバイアスなどの歪みが生じうるということであり、その検証は現状では未だ十分にはなされているとはいえないということである。

　今、最高検は、録画録音記録媒体の実質証拠化に急なようである[21]。その利点に気づいたからといって(「気づく」のが遅すぎる、との点はさて措くとしても)、そう急ぐな、と言いたいところである。それがニュートラルで歪みのない証拠であることの検証を経るプロセスが必要である。弁護実践は、実質証拠であれ何であれ、まずは「一部」録画の検察官立証における証拠価値を否定し、その証拠能力を争うところから始まる。そのうえで、全過程であっても、そのバイアスの存在を的確にチェックし、その是正を(科学的観点の定立に至るまで)、指摘していく必要があると思われる。

20　正木拓史「被疑者取調べの『可視化』——録画DVDの証拠利用の是非」法律時報84巻9号(2012年)16頁。法324条の存在からみても無理な解釈のように思われる。
21　2013年5月5日毎日新聞。

第Ⅱ部

法制審議会
新時代の刑事司法制度
特別部会での議論

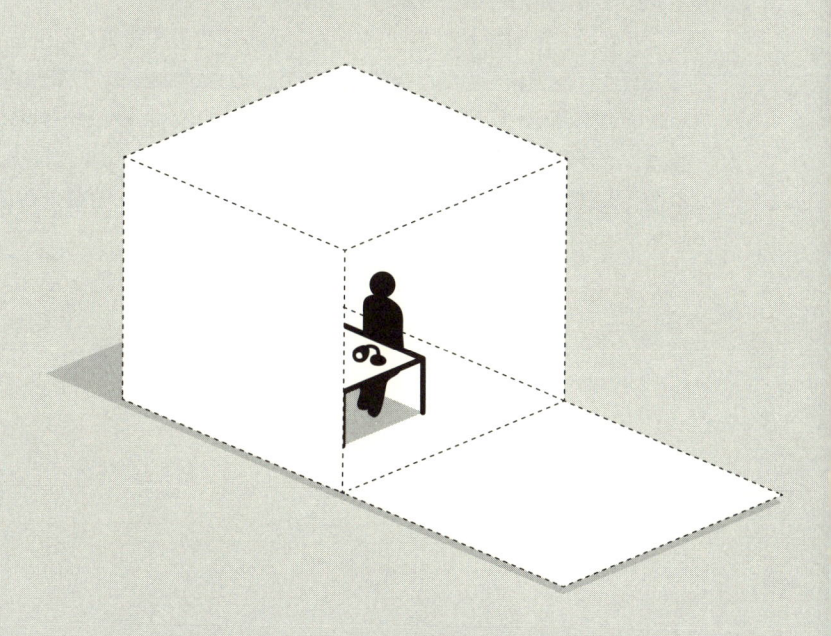

大阪弁護士会取調べの可視化実現大阪本部は、2012年2月号以降、月刊大阪弁護士会に「取調べ『可視化』の『現在』」という表題で短文の報告記事を連載している。第Ⅱ部は、同会及び同本部の了解を得て、私がこの間執筆した分のうち、法制審議会新時代の刑事司法制度特別部会の議論に関わるものを集めたものである（ただし、イタリア・フランス及びアメリカの各視察報告は、私のメモに基づき、主に水谷恭史弁護士が書かれた文章である）。

　いずれも、会員向けのリアルタイムでの概要のみの簡単な報告にすぎず、私のメモ及び記憶にもとづく記載になっている（視察内容のメモ書きも相当に不正確な惧れがある）。より正確な記録は、その議事録全文（あるいは、各視察報告）が法務省ウェブサイトに掲載されている。それを是非ご参照いただきたいと思う。なお、本書に掲載するにあたって、本書収録のための必要最低限の修文を施した。

第 1 章　法的効果や供述調書の在り方などをめぐって
── 2012 年 5 月

　2012 年 5 月 24 日の法制審議会新時代の刑事司法制度特別部会第 10 回会議は、「取調べの録音・録画制度の在り方」のうち「法的効果等」をめぐる議論から始まり、さらに弁護人立会いの問題や供述調書の在り方などをめぐって相当に熱心に議論された。そのいくつかをピックアップして報告しておきたい。

法的効果（証拠能力）の問題

　日弁連意見書のなかに、取調べの録音・録画が実施されなかった場合の捜査段階供述の証拠能力について「少なくとも証拠能力がないことを推定する」という文言があった。このことをめぐって、井上正仁委員は、大要、次のように批判された。「任意性がないことを推定するとは挙証責任の転換を意味する。元々任意性の挙証責任は検察官にあるから、おかしい。例外事由に当たる場合などは、録音・録画以外の手段での立証も許すことになるので、結局、推定するという規定を置く理屈がわからない」。
　また、酒巻匡委員も、「単にルール違反があれば証拠排除というのは非常に単純。事前の規制ルールである録音・録画と、取調べによって得られた供述が任意になされたものか否かとは、非常に遠い関連性しかない。ルールを遵守させるためには様々な方策がある」との見解を示された。さらに、椎橋隆幸委員も「違法収集証拠による証拠排除は、基本権の侵害や重大な違法があったときに証拠能力が否定されるという考え方だ。録音・録画を怠ったことが基本権の侵害や重大な違法と言えるか、問題が残る」との発言をされた。
　これに対し、日弁連側としては、「録音・録画が義務とされたにもかかわらず、それが実施されなかった場合、供述証拠は直ちに違法収集証拠として排除できるとの見解もある。また、供述調書の記載は正確に供述を録取したものではないから、全過程を検証可能な状態にしておかないと任意性に疑義が生じるとの制度設計もおかしくない。録音・録画が、自白の任意性を担保する、あるいは無理な取

調べを防止する機能を持っていて、そのために制度化するのだとすれば、それに従わなかった場合の効果として、証拠能力がないという制度を採ることは不合理でない」旨表明している。

実質証拠の問題をめぐって

録音・録画の記録媒体の利用の在り方については、これを実質証拠とすべきとの立場から井上委員が、「録音・録画記録媒体は、被疑者の供述内容についての正確で客観的な記録であり、その表情や供述態度等も記録されており、価値の高い証拠になり得る。現行法上、録音・録画された供述内容を犯罪事実の立証に用いることは制限されておらず、最高裁や高裁の判例もそれを当然の前提としている。調書に比べてより正確な録音・録画の記録媒体が実質証拠として使えないという論拠はない。どちらを使うかは、第一次的には証拠請求する者の判断であり、最終的には裁判所の判断になる」といった意見を述べられた。「録音・録画がなされた取調べの中で被疑者が自白したものの、調書を録取しようとしたら調書ができないという場合など、録音・録画の媒体を実質証拠として用いることが必要かつ有用と考えられる場合がある」旨の捜査機関側（大野宗委員）からの指摘もあった。

日弁連側としては、「将来的には、録音・録画の記録媒体、あるいはその反訳文ないし要約文が実質証拠となるのは必然的と思うが、直ちに捜査機関が調書を捨てることはないので、少なくともアングルによるインパクトについて検証未了な録音・録画の導入時は、調書のみを実質証拠とし、録音・録画の記録媒体は調書の正確性ないし任意性・信用性をチェックするものと位置付けるのがよい」旨を述べている。

取調べへの弁護人立会いについて

後藤昭委員が、「取調べへの弁護人立会いについて一切認めていない日本の今の制度は国際的に見てかなり特殊で、その特殊性を合理的だと説明できる事情があるのか」と述べられ、日弁連側からも同旨の意見を述べた。「取調べへの弁護人立会いについては、まずは、監視機能、次に、助言・援助機能、さらに進んで、介入、異議申立てないし意見陳述というように、いくつかのレベルがあるが、日本型の刑事司法に馴染むレベルがあり得るかもしれないので、もう試行をしてもいい

段階ではないか」との意見も出した。

　しかし、弁護人立会いについて、その制度化に消極的な見地からの発言も多く、「最近、弁護人の接見回数は非常に増えてきており、弁護人からのアドバイスは十分に担保できていると考えられ、他方で、弁護人の立会いにより、捜査の手法や情報の入手源など、オープンにできないことについて様々な影響が出る」とか、「取調べの場面に弁護人が立ち会えば、捜査官による必要な質問や、説得・追及を、弁護人が遮ったり、黙秘を勧めたりすることが考えられるが、そうなれば、被疑者から真実の供述を得ることができず、事案の真相を解明することができない」とか、さらに、刑事司法制度に及ぼす影響という観点から、「米国においては、弁護人が付くと、『自分がいないところでは絶対にしゃべるな』とアドバイスし、捜査機関にも申し入れるので、捜査機関は取調べを諦めざるを得ず、その後、検察官と弁護人との間で交渉ないし取引がなされ、有罪答弁等により決着が付くことが多いが、これが我が国にとって望ましい在り方なのか」といった意見があった。

刑事訴訟法321条1項2号、あるいは、供述調書の在り方について

　後藤委員は、「2号前段は検察官面前調書について、立法者が、検察官は客観的に真実を探求するから信用性を推定できると考えたと想像できるが、検察官の役割は当事者的であるから、その合理性には問題がある」とされ、「2号後段は、前段と同じ推定から出発するので、検察官面前調書につき、特信情況があると判断される場合が多くなり、原則と例外が逆転した取扱いとなるのは必然」とし、「2号の規定を根本的に見直し、その代わり、検察官の第1回公判前の証人尋問の要件を少し緩和し、裁判官面前供述を残す可能性を広げるのが合理的である」との見解を示された。これに対して井上委員は、「2号後段については、1号を出発点として見ると、裁判官面前調書の場合、公判廷で相反供述をすれば無条件で証拠能力が認められる。これは以前の供述を使う必要性があるからであり、それと同様の必要性は検察官面前調書でもあり得る中で、検察官の下でなされた供述に限って、裁判官の場合よりも厳しい条件の下で使用を認めたとの見方もでき、運用上特信性の判断が緩すぎるとの見解についてもそのように断定できるか疑問である」旨を述べられた。が、日弁連側からは刑事訴訟法321条1項2号を廃止すべきとの立場から、「検察官調書に対する類型的な信頼が落ちているのであり、供述調書に過度に依存する刑事司法を変えようというのであるから、むしろ2号、

あるいは、供述調書を廃絶することを考え、最終的に録音・録画記録媒体が取って代わるという道筋を立てるのが筋である」と述べたところである。周防正行委員も「どういう調書の在り方がいいかを考えるよりも、これをなくすという方向を打ち立てないと、いつまでたっても調書裁判主義からの脱却などできない」との見解を示された。

議論は継続

　その他司法取引、刑事免責なども議論された。さらに6月、7月と論点整理のワンクール目の議論が続く予定である。秋から2クール目の議論となる。

第2章　可視化制度構想の「本番」に向けて
──2012年7月

法制審議会の経緯と情況など

　法制審議会新時代の刑事司法制度特別部会は2012年7月の第11回会議で、整理された論点の1クール目の議論を終え、9月の第12回会議からは2クール目の議論に入る。委員26人・幹事14人の「40人学級」とも評しうる合議体であり、議論を深化・進展させること自体、必ずしも容易ではないと思われるところがある。実際、2012年夏の段階では、事態が何処にどう向かうか、誰にも視えているとはいえないのが実情であろう。

　とはいえ、9月のフランス・イタリア視察、10月のアメリカと韓国の視察を経つつ、秋以降2013年1月までに計7回の会議が予定されているのであり、この開催ペースからすると、思いの外、早く議論が展開されることも十分に考えうるところである。1クール目では、幅広く多くの論点について話し合われ、論点が拡散することも避け難かったが、2クール目からは、相当に絞った論議が展開されるとも予測される。

　そうとすれば、まずは、「可視化」の議論が真っ先に採り上げられる確率は高いものと思われる。もとより他の論点も論じられうるが、具体的には、捜査手法の高度化のうちの比較的絞られたテーマが議論の対象となるだろう（通信傍受やDNA型情報収集・利用の在り方が対象となろうか。もっとも、アレインメントも議論の対象になるとすれば、答弁取引や量刑減免制度も話し合われうる）。あるいは、「人質司法」の改革、「全面的証拠開示」は当然課題として論じられるとみてよいのではないだろうか。

　ともあれ、2012年の秋から冬にかけて、「可視化」の制度構想が早晩具体化していくべき筋合いであろう。このことを想定の範囲内にしておくべきであろう。

「可視化」制度構想の論点など

　「可視化」制度構想について、いくつかの論点がある。そして、現段階までの法制審特別部会の議論において、そのどれについても方向性は全く定かではない。これらをアトランダムに（思いつくままに）列挙すれば、おおむね次のようになろうか。

① 　全過程か一部か
② 　捜査機関への義務付けか捜査機関の裁量か
③ 　本人の拒否を認めるか（本人の同意にかからしめるか）否か
④ 　本人の請求権を認めるか
⑤ 　在宅取調べを含めるか身体拘束下とするか
⑥ 　録画か録音だけでも足るとするか
⑦ 　「全過程」を原則とし、例外を認めるとすればどのような場合か（事件で分けるのか——例えば、組織犯罪など。あるいは、停止ないし中止を認めるのか——その場合の手順など）
⑧ 　参考人を含めるか（どの範囲で、どのような対象にしていくか）
⑨ 　参考人可視化に伴い、司法面接の手法を採用するか（その手順と証拠化をどうするか）
⑩ 　立証趣旨を限定しうるか（実質証拠足りうるか）
⑪ 　「全過程」を欠いたときの法的効果をどうするか（証拠能力とリンクさせるか）
⑫ 　証拠開示その他でインカメラ手続を用いるか（用いるとすれば、その手順などはどうするか）
⑬ 　公判再生の方法はどうするか（その手順などはどうなるか）
⑭ 　全事件を対象とするか
⑮ 　可視化の中に弁護人立会いを組み込む方法はどうか
⑯ 　反訳その他の問題

　以上の各論点は、もとより各々密接に関連している。また、1つ1つの抽象度のレベルや意味合いには、各々差異があるので、並列的に述べることは必ずしも正しくないかもしれない。実際、理論的に本質的な問題と思われるものもあれば、付随的な問題にみえるものもあり、あるいは、かなりテクニカルな論点もある。洩らしている論点もあると思う。さらに、これらの議論から派生する論点を拾っていくと、考察しなければならない対象は、ずいぶんの拡がりをもみせることになるだ

ろう。

可視化制度構想の分岐点は何か

　今日までの法制審の議論で、対立関係が鮮明になっているのは、一言で言えば、上記①や②の点となろう。もっとも、このことに伴いつつ、⑤⑧⑩あたりも、全く相反する考えが提示されているといえるだろう。要するに、根本的な対立があるわけであるが、これらの諸点を考えながら、あえて現実的に可視化の名に値する制度構想を考えるとすれば、どのようなものが想定されるであろうか。
　原則「全過程」の「義務付け」を伴い、証拠能力要件と連関した制度——ということになるであろうか。
　そのレベルであれば、制度導入段階で対象事件や被疑者の特性が限定されても、可視化制度として十分意義があると考えられようか。もちろん、被疑者国選制度と同様に段階的に対象事件の範囲などを拡大していく構想が打ち立てられるべきであろうし、導入段階で、参考人をも対象とすべきとの点は、1つの重要な視点となろう。
　論点を幾分細かくしていけば、仮に「身体拘束」を基準とするならば、形式的な逮捕状執行段階でこれを画することは明らかに相当ではないであろう。
　それゆえ、少なくともミランダ判決のレベルで（「何らかの重要な〔顕著な〕方法——significant way——で行動の自由を奪われている間」の「質問」というレベルで、すなわち、任意同行中のパトカー内などもこれに含まれるものとして）、構想するべきものと思われる。同時に仮に「在宅」を対象外とするならば、いわゆる「自己可視化」の許容は必須ということになるべき筋合いであろう。
　あるいは、一見テクニカルにもみえるが、インカメラ手続や公判再生方法の具体的工夫こそが、「全過程」を担保していくことになるというべきなのかもしれない。

今後に向けて

　以上、いくつかの重要論点について、日弁連内でも、未だ意見が岐れているというべきかもしれない。
　そう認識したほうが、より正確だろう。しかし、どのような「制度」化であれ、「可視化制度」と称する立法化手続が、2012年の秋以降から冬、2013年にかけて

進んでいくこと自体は、まず間違いがない。早急に制度構想を明確化すべきである。今、可視化と呼べる制度を実現すべく、努力すべきときである。

　もちろん、いかなる制度であれ、弁護実践による、裏付けによってこそ、「制度」は、はじめて生きる。制度の実現に向けて、さらに制度をほんとうに機能させるためにも、いつも弁護実践がアルファでありオメガなのである。

　このことこそは、我々が絶えず肝に銘じるべきことである。

第3章 イタリア、フランス視察
―― 2012年9月

　私は、法制審議会新時代の刑事司法制度特別部会幹事として、2012年9月23日から8日間、イタリア（ローマ）・フランス（パリ）における被疑者取調べの可視化などの実態を調査する目的の同部会・現地視察に参加した。本稿は、イタリアにおけるマフィアに対する捜査などを概観し、取調べ可視化の消極論としてしばしば引き合いに出される「組織犯罪」捜査が彼の国では、どのように捜査されているのか等を含め、視察の概要を報告するものである。

イタリア

1　ローマ検察庁

　イタリアでは、被疑者の身体拘束を行ったうえで取調べる場合は、必ず検察官が取調べを行う。取調べの時間や回数は、事件ごとに異なる。被疑者が黙秘権を行使して数分で終わることもあれば、複雑な事件や共犯事件では、複数回の取調べが行われることもある。動かしがたい証拠のあるケースでは、ある程度自白がなされる。自白には、改悛者制度（後述）を利用することがある。取調べは、被疑者の防御権保障のためにするという意味合いが強い。

　検察官による被疑者取調べは、弁護人の立会いが原則とされ、取調べを実施する24時間前に、検察官が弁護人に通知する。通知にもかかわらず弁護人が立ち会わない場合であっても、被疑者が取調べに応じると述べたら取調べを行うが、その際には、黙秘権、弁護人立会請求権等の告知や、取調べにおける供述が、法廷で被疑者に不利な証拠として用いられることがある旨の告知を行っている（ミランダ・ルールに準じた権利告知を行っているというのが、現場の捜査官の認識である）。

　取調べ時の録画・録音は、身体を拘束した被疑者の取調べでは、全過程が義務化されている。身体不拘束の場合は、検察官の裁量に委ねられる。市販の機械を用いた録音が多い。

　取調べの際、検察官は簡易な供述調書を作るものの、取調べの公式記録は、録画・録音からの反訳文であり、被疑者に録音の拒否権はない。なお、捜査段

階の供述は、公判で被疑者が、捜査段階の供述とは異なる陳述をした場合の弾劾目的に限って用いることができるとのことである。

捜査官からは「取調べの録画・録音の有無にかかわらず、供述する被疑者はいるし、黙秘する被疑者もいる」という発言があった。

2　ローマ地方裁判所

ローマ地方裁判所では、簡易公判（短縮裁判）などの公判傍聴をし、人的保全手続を中心にレクチャーを受けた。

被疑者・被告人の逃亡防止や公判出頭確保を目的とする人的保全手続には、被疑者の身体拘束・勾留と、日本でいう在宅捜査の間に、自宅監禁制度や、毎日警察に出頭する制度などがあり、身体拘束と在宅捜査の間で段階を踏んだ判断を行うとのことであった。

公判も実際に傍聴し、大変興味深いものであったが、紙幅の関係上、割愛する。

3　ローマ弁護士会

被疑者取調べに対する弁護人の立会いは受動的であり、弁護士が被疑者に対し、取調官に対して供述すべき内容を示唆することはできない。取調官の被疑者に対する質疑や対応が不適切な場合には、立会いの弁護士が取調べに介入することもないわけではない。

弁護人立会いがあったとしても、取調べ状況の録画は不可欠である。取調べの録画・録音を反訳した公判提出資料を読むだけでは、取調官の口調や声の大きさ、仕草等、取調べ時の様子まではわからないからである。

改悛者制度が適用された被疑者に対する取調べ状況は「録画」されているが、被疑者取調べの可視化方法は、大半が「録音」である。公判で黙秘した被告人の事件では、まれに、公判供述の弾劾目的ではなく、罪体立証等の目的で、取調べの録音記録が公判で使われることがある。この点は、取調べ録音の反訳書を、公判供述の弾劾にしか用いないとする検察庁の説明とはやや異なっていた。

イタリアでは、弁護士にも一定の捜査要請権が保障されている。

改悛者制度は、テロ組織の全容解明についてはよく機能していたようであるが、マフィア捜査ではうまく機能していないとの評価であった。無関係の者を巻き込むケースが多いとのことである。

そのほか、国選弁護人の選任の方法や弁護人の研修方法、付帯私訴制度や被害者対策等についても意見交換を行った。

4　ローマ内務省刑事局保護部・マフィア対策部

マフィア対策部は、検察庁内の特別の部署として設けられている。マフィア型犯罪について、約140の法律が制定されており、結社罪（共謀罪）や、マネーロンダリング（資金洗浄）に対する罰則等も設けられている。現在は、司法捜査よりも、予防捜査に重点を置いた対策を行っている。

改悛者制度とは、被疑者が身体を拘束されてから180日以内の期間で、被疑者が、被疑事実についてすべて真実を供述するとの前提で、捜査官の質疑に応ずる制度とのことである。捜査官は、被疑者の応答内容を簡易な調書にまとめるが、その使用目的は、あくまで捜査のための情報獲得手段に限定され、公判において、被疑事実を立証する目的で、簡易調書が用いられることはない。このような改悛者制度に基づく質疑応答の後、身体拘束されている改悛者の場合、取調べ状況の全過程を録画・録音する取調べが行われる。

身体拘束されている者であれば、マフィアも例外なく取調べ全過程の録画・録音を行う。マフィアに関連する犯罪の被疑者についてのみ、取調べ可視化の対象から外すという議論は、理解に苦しむとのことであった（イタリアの「全過程」に例外はない）。

マフィア対策としては、目覚しい成果を挙げた通信傍受をはじめ、会話・メール傍受や携帯電話、パーソナルコンピュータの解析、GPS情報の入手・駆使等、先端技術や科学を駆使した捜査を積極的に導入しているとのことであった。

マフィア対策部は、約200人のオペレーターが対応するテレホンコールセンターのような通信傍受室も備えていた（イタリアは突出した通信傍受数の国である）。

フランス

1　パリ大審院裁判所・予審判事、検察官

重罪は必ず予審に付され、軽罪は検察官の選別によって予審に付される場合がある。公判開始前の未決拘禁が18カ月〜24カ月と極めて長期である。ただし、予審を、日本の現状と対比するならば、これは起訴後の手続とみるのが妥当なようにも思われる。予審における予審判事による被疑者に対する取調べは、最低でも1回は行うが、場合によっては3回程度行うこともある。取調べに費やす時間は、概ね1回あたり2時間程度である。法律上、勾留されている被疑者に対する取調べを、2カ月に1回は行うことが定められている。

予審の審理には弁護人の立会いがあり、成人は、弁護人立会いを拒否することができるが、実際に立会いを拒否する被疑者は1%以下とのことである。

予審に立ち会った弁護人は、最後に異議を述べるだけで、審理中は黙っていることが多い。審理中に弁護士が不規則発言をした場合、注意することはあるが、そのような弁護士は、現在はまずおらず、結局、予審に立ち会う弁護士は、手続の監視に特化している模様である。

重罪に関する予審の取調べは、録音・録画が義務づけられている。テロ・組織犯罪に関する予審取調べにおける録音・録画の例外的な不実施の規定は、2012年4月6日の憲法院判決で、平等原則違反として違憲が宣告された。したがって、今は、組織犯罪について、取調べ状況の録音・録画を例外的に行わない運用はない（フランスの重罪に今や「全過程」の例外はない）。

予審判事の部屋に設置された録画機器は、パソコンにセットされており、マイク・カメラはあるものの、日本の検察官室に設置されている録画機器よりも目立たない。立会書記官は、逐語録をタイプしていく。

公判審理では、録画記録媒体そのものを用いるのではなく、予審調書を使う。直接主義ではあるが、本人に公判で記載内容を確認するという用い方をするようである。予審調書は、重罪については、罪体立証を目的とする実質証拠に用いられることはないようだが、軽罪に関しては、法廷で読み上げられることがある。

予審判事及び検察官の説明を受けた後、軽罪に関する即時出頭制度を傍聴した。法廷には、被害者の弁護人と被告人の弁護人の双方が複数の公判に連続して参加しており、いずれも国選のようであった。一方の女性検察官は、弁護人、被告人よりも一段高いところに位置し、ペーパーレスで語っていた。その翌日、フランスのCRPC（有罪自認制度）に基づく公判を傍聴したが、こちらは、身体刑を含め、弁護人出頭の元で、略式裁判を公開で行うかのようなものとみえた。

2　パリ弁護士会

弁護人の被疑者取調べ立会権は保障されている。

取調べ状況録画の反訳調書には、再現の正確性に疑義がある場合、調書に対する異議を述べなければ、原記録である録画記録の開示が為されない。証拠開示そのものが、予審が開かれるまで行われないとのことである。

CRPC（有罪自認制度）では、法的には、弁護人が検察官との間で、被疑者の自認する内容や程度について交渉する権限は保障されていないはずであるが、実際には、弁護人が検察官の提案に対し、自認する範囲や内容等について交渉してい

るとのことである。

3　パリ警察第5区

　検挙する被疑者のうち、犯行を自白するのは概ね3割程度である。弁護人立会いの有無や、(コンピュータ内蔵型の機器を用いた)取調べ状況録画制度の開始前後で、犯行を自白するか否かに大きな変動はないようである。なお、取調べ状況の録画記録は、検察官に録画記録媒体を送付するだけで、取調官自身が自ら見ることはないとのことであった。

　検挙した被疑者について、可能な限り自白を得たいのは当然であると語られた。弁護人立会いについては、取調べ開始の予告をしてから2時間は、弁護士の到着まで待機するが、それでも立会弁護士が来ない場合は、取調べを開始する。開始後であっても弁護士が到着すれば、30分間の被疑者接見の機会をまず確保するとのことである。実際の取調べDVDを視聴した。

第4章　アメリカ・ワシントンDC視察
——2012年10月

　前稿で紹介したイタリア（ローマ）、パリ（フランス）に続き、本稿では、2012年10月15日から4日間、アメリカ・ワシントンDCで行われた視察の概要を報告する（なお、ワシントンDCの視察には法制審議会新時代の刑事司法制度特別部会委員・大阪弁護士会会員・宮崎誠元日弁連会長も参加された）。

司法省刑事局詐欺部

　司法省刑事局詐欺部は、経済事犯の独自捜査を行う部署であり、日本でいえば、地検特捜部に近い。

　ただし、地検特捜部とは異なり、立法に向けた機能も有しているとのことである。同部の視察では、主に連邦法に基づく刑事手続の概要について説明を受けた。

1　大陪審

　同部が捜査及び告発を担う経済事犯では、大陪審の手続を経るのが通常である。捜査の端緒は様々であるが、大陪審において、被疑者に質問し、罪を明らかにしようとする場合もある。例外的に、緊急を要する場合などは、大陪審を経ず告発することもある。

　大陪審は24人の陪審員で構成され、過半数の意見によって、公判手続の要否を決める。サピーナ（召喚状）によって呼び出した証人の取調べを行うが、手続は厳格に秘密が守られるとのことである。なお、大陪審は、裁判長が議長を決めているが、裁判官は進行には直接関与しない（弁護人は外で待ち、検察官主導となる）。大陪審段階における被疑者の逮捕は、取調べを目的として行うのではなく、裁判官のもとで、公判前の勾留をする必要があるか否かを決める目的で為されるとの理解が一般的とのことである。

2　量刑判断

　陪審を経て、有罪と判断された場合、約3カ月を経て、量刑判断が示される。その間、プロベーションオフィサー（有罪宣告を受けた者に対する刑罰の言渡しを一定期間猶予し、社会内での更生意欲の有無や更生環境を観察する制度「プロベーション」の担当官。日本における少年法上の「試験観察」は、プロベーションにならったものである）が、2カ月程度を費やして、量刑のための調査を行う。刑罰の言渡しを行う裁判官は、プロベーションオフィサーのレポートを非常に信頼しているとのことである。

　なお、有罪か無罪かを審理する公判、量刑判断とも、同一の裁判官が担当する。

　プロベーションオフィサーによる量刑判断のための調査には、公判で使用されなかった証拠も用いられる。罪責の認定では関連性がないと判断された証拠も、量刑判断の際には関連性が認められることがあるようだ。一方で、弁護人がすべての証拠について争い、量刑に関する小型裁判と化すこともある。

3　答弁取引、有罪答弁など

　検察官と被告人との間の答弁取引は、上訴段階を含めて、あらゆる段階で可能である。

　ただし、早期に成立させることが、被告人にとって有利になるだろうとのことであった。上訴は、手続の瑕疵を指摘して行われることが多いが、認容されるのは稀である。

　被告人の90％が有罪答弁をする。

　答弁取引があって、（他の者の犯罪について）初めて立件可能というケースも多く、検察官が被疑者に対し、積極的に取引を持ちかけることが通常だが、弁護人から申し出が為されることもある。検察官は、被疑者に最初に接した時点で答弁取引を提案することがあり、その際、被疑者が関心を示すか否かを見極めることが極めて重要とされているようだ。

　被告人本人が有罪を自認する場面において、供述の信憑性及び真実性を裏付けるものとして、弁護人の立会いは重視されている。答弁取引において、共犯者として無実の者を巻き込む危険性については、①全く異なる情報源から得られた独立の証拠によって、有罪自認の補強が必要とされていること、②答弁取引に関する合意書の記載内容が後に虚偽と判明すれば、答弁取引は無効となり、協力者は非常な不利益を被ること、③従前の供述からの変遷は、共犯関係と名指しされ

た被告人の弁護人に開示され、反対尋問のチェックにさらされること、などの制度を駆使することによって、その危険性は除去されると言われていた。この点、答弁取引に応じようとする捜査協力者が有罪を自認する場面に立ち会う弁護人は、その捜査協力者自身の弁護人であり、共犯関係とされる被告人の弁護人が立ち会うわけではないため、そのような危険は解消されないのではないかと質問したところ、冤罪防止の一般論として、裁判所が、事実関係の基礎をチェックすることが挙げられていた。

DC地区上級裁判所

陪審裁判を傍聴後、ディクソン判事と会談した。視覚情報を重視するオタッキーな（geekな）判事であった。同判事に対し、証拠調べ手続において、コンピュータグラフィックス（CG）等のバーチャルリアリティ（仮想現実）を利用することに対する疑問を示し、録画録音記録媒体の使い方などを質問したが、裁判所の判断によって、陪審員に予断を与えるものは見せないとの回答であった。

司法省国際犯罪課・国際案件担当

国境をまたぐ組織犯罪の摘発を目的とする部署である。アメリカ本国におけるマフィアの摘発が功を奏し、相当程度、勢力を抑止したが、近年の国際化によって、組織犯罪の性格が変化し、世界中の犯罪組織がアメリカに進出してくるようになった。また、犯罪も、国境を超えた国際化の兆候がみられる。インターネット環境が飛躍的に進展したことによる負の影響であり、捜査機関が有していた伝統的な犯罪捜査手法では、十分に対処しきれなくなってきているとの話が冒頭にあった。なお、国際的な組織犯罪の捜査方針は、同部署に所属する検察官が中心となって立案するが、実際の捜査は、協力関係にある連邦捜査局（FBI）が担当することになっているとのことである。

1　大陪審と答弁取引

司法省刑事局詐欺部とは異なり、大陪審は、一つのツールにすぎない（詐欺部ほどには必ずしも重視していない）と言われた。

大陪審では、手続上は弁護人不在であり、検察官は、法廷外で弁護人と協議する。非協力的な被疑者の場合は、検察官と弁護人との間で、答弁取引について

協議するが、結果として身体拘束が長期間に及んでしまうため、最終的には、被疑者も協力することが多い。

取引の際、検察官は、被疑者に対し、警察官、弁護人立会いのもとで、詳細なインタビューを行う。

被疑者は、検察官の質問すべてに答え、完璧に供述しなければ、答弁取引は成立しない。

答弁取引の成立の真正については、裁判所が取引内容をチェックするが、その役割は限られている。

被告人本人に対する問いかけと、検察に対する求釈明、さらには取引の際に作成された合意書の記載内容で判断しており、独自に事実調査をするわけではない。

検察官としては、刑事免責よりも、答弁取引を望む。近年は、刑事免責が減り、答弁取引の割合が高まっている。自発的供述のほうが信頼性が高いとみられるからとのことである。

2　通信傍受

連邦法の対象となる犯罪に関する捜査機関からの通信傍受の要望は、すべて同部署でチェックする。

組織犯罪に対する通信傍受においては、①高度の通信傍受能力、②証人保護プログラム、③組織全部を一挙に検挙する、の3点が極めて重要とのことであった。

通信傍受の許可令状は30日ごとに更新することとなっているが、実際の運用は、期間満了の時点で改めて申請している。一つの申請のチェックに、3～4日を要する。通信傍受を許可する要件は、傍受対象の特定と、通信傍受の必要性があり、他に効果的な捜査手段がないこと（補充性）である。

実際の通信傍受は通常、FBIのオフィスで行っている。傍受対象の最小化が徹底されており、傍受を開始して30秒以内に継続の要否を判断し、無関係の会話と判断した場合は、一旦傍受を中断する。しばらく間をおいて、傍受を再開し、改めて傍受の要否を確認する。組織犯罪とは無関係の会話はもちろん、被疑者の秘匿特権に関連する会話であれば、傍受を中止する。他方、捜査対象の犯罪に関連する会話は録音し、録音記録は、後の公判で強力な証拠になる。

傍受結果の事後報告は厳格であり、弁護人は、証拠能力を必ず争う。弁護人の主張が認容されるのは極めて稀で、0.5～1%程度だが、すでに十分なのに傍

受したというケースや、秘匿権を侵害した場合は、通信傍受記録の証拠能力が否定される。このうち、前者は、裁判官のみの判断であり、有罪か無罪かを判断する陪審には影響しないので、通信傍受記録の証拠能力を争う主張は、有罪を前提とした主張にはならない。

なお、電子メールの傍受は、電話の傍受における30秒ルールを適用することができないので、捜査とは別のチームが、傍受の必要性を選別している。

FBI（連邦捜査局）

FBIオフィスでは、通信傍受、アンダーカバー（潜入・おとり）捜査及び取調べ録画・録音の3点について、捜査官から聴取した（アンダーカバーについては記載を略す）。

1　通信傍受

通信傍受は、薬物関連犯罪及び汚職の2類型で、特に効果を発揮する。

傍受対象の最小化は、公判において、弁護人が最も攻撃するポイントである。アリゾナ州では、秘匿特権部分の傍受が問題とされて証拠能力が否定され、汚職議員が無罪となる事例があった。通信傍受の欠点は、傍受記録の証拠能力が否定されると、事件そのものがつぶれかねないことであり、他の捜査手法と組み合わせて有罪を立証する必要がある。

通信傍受では、傍受対象者本人の会話・コミュニケーションを対象にするということで、人そのものを特定しての傍受も可能とされている。ただし、音声で区別することを余儀なくされるなど、難度は高い。

2　いわゆる取調べの可視化

FBIは、被疑者取調べの可視化義務付けには、現在も反対している。もっとも、近時は検察官、陪審員も、裁判官も、被疑者取調べの録画・録音記録があることを好む傾向にあり（FBIとしても、そう認識しており）、FBIでは、今後の対応を思案中とのことであった。

FBIが被疑者取調べの録画・録音の義務化に消極的なのは、取調べ技術が公になってしまうことや、合法的とされているにもかかわらず、公判において、取調べ手法が否定的に捉えられかねないことが理由であるとのことだ。現在、被疑者取調べの録画・録音の実施は、あくまでも捜査官の判断に委ねられた裁量的

な運用であるが、実際に録画・録音を行う場合は、組織内部における相当の決裁手続が必要である。実施割合は半数を大きく割り込んでおり、仮に行うとしても、被疑者を逮捕した後である。なお、アメリカの判例は、取調官が被疑者に対し、嘘をついたり、切り違え尋問を行ったりすることも、違法とは判断していない。

被疑者取調べは、裁判所に引致するまでの6時間以内に規制されており、実際には、1〜5時間程度である。

被疑者取調べの録画・録音実施を判断する際に考慮する要素は、主に以下の9点とのことであった。

① 情報収集か訴追のためか、両方か
② 犯罪の主観的要素（自白がいるかいらないか）
③ 自発的に語っているとみられるかどうか
④ 被疑者が真実でないことを語っているとき、捜査官が追及できるか
⑤ ほかの証明手段があるか
⑥ その事件で検察官や陪審員が録画・録音を望むかどうか
⑦ 州と協働の場合、そこの法制はどうなっているか
⑧ 同一事件でほかのものは録画・録音されているか（一貫性の問題）
⑨ 協力者にとって、録画・録音は、より協力を増すものかどうか

既にFBIは、取調べ録画・録音のパイロット試行を行っており、真剣に取り組まねばならないとの意識があることは確からしく思われた。

なお、視察団に対応したFBI捜査官は、被疑者が自白するのは奇妙な心理現象であるとも述べていた。また、弁護人が立ち会ったうえで取調べがなされる事態は、現実には存在しないようである（立会要求は、取調べ拒絶として扱う）。

ワシントンDC地区連邦検察庁

証拠開示と有罪答弁（ないし答弁取引）は相関関係にある。刑事手続の時系列に沿って、段階的に取引の場面があり、弁護人に対する証拠の開示も順次、ある意味ではやや取引的に為されるようだ。被疑者を逮捕するかしないかという時点、予備審問の前後でどうするかといった具合であり、その後も、刑事手続の節目ごとに取引の機会が訪れる。最近、連邦最高裁判所において、被疑者は、答弁取引を適切に行う能力のある弁護人を持つ権利がある、との判決が出たようだ。

検察官は、弁護人に対する証拠開示について、規定に基づいて適正にやっていると述べた。規定上、検察官は、弁護側に有利な証拠について、被告人・弁護人からの特段の開示請求手続を要さず、開示する義務を負っている（ただし、次の日の視察において、公設弁護人事務所で聴き取ったところ、様子が異なっていた。弁護側には、検察官が適切な証拠開示を行っていないのではないか、との不信感があるようだ）。

ワシントンDC首都警察

視察の冒頭、取調べ録画記録として、捜査官が席を外した瞬間、被疑者が隠し持っていた銃を取り出して、自ら頭を撃って自殺する場面の録画映像が流された。

ワシントンDCでは、重大犯罪に関する自白強要問題があり、組織内の運用に基づいて取調べの録画・録音を行っていたが、2004年の州法成立により、暴力犯罪の取調べでは、録画・録音が義務づけられた。

身体拘束中（形式的な意味に限られず、実質的に退去できない状態を含む）の取調べは、すべて録画することが義務付けられており、未成年の被疑者には、専用のインタビュー室が設けられている。録画義務化の例外は、録画に物理的な支障がある場合と、被疑者本人が拒否したときだけである。義務化以外の場合に録画するかどうかは、捜査官の裁量に委ねられている。

取調べに対する時間的な規制はないが、取調べ録画の記録用として、約5時間のテープを用意しており、実際に取調べを行っていない時にも、インタビュー室内の被疑者の撮影・録画を続けている。捜査官は、取り調べた結果について、概要を記載したレポートを作る。

視察では、冒頭で見せられた記録以外にも、実際の取調べ録画記録が上映された。撮影角度は一応、被疑者の表情に焦点を当てた構図であったが、対峙する取調官の表情が見える場面も結構あった。被疑者は、椅子にふんぞり返って座っており、取調官のいない間の被疑者のつぶやきも録画されていた。録画用のカメラは、被疑者に丸見えの場所に置いてある。

被疑者取調べの録画は、取調べ技術のトレーニングに役立っており、導入は正しかったと評価されているとのことである。他の捜査官の取調べ技術を学べる上、上司が取調べの様子をチェックすることもできる。FBIは録画が好きではないようだが、との質問に対し、首都警察の捜査官は、我々もかつては録画を好んでいなかったが、今となっては効果抜群だった、と答えていた。

その後、見学した取調室には、金属製の被疑者席に手枷と足枷が用意されており、驚いた。視察時に見た実際の録画記録では、被疑者は、被疑者席の横の普通のソファに座っていたのだが、規則上は、被疑者を金属製の椅子に座らせ、足枷をはめた状態で調べることになっているらしい（足枷はほとんど使用しないとの説明ではあったが……）。

ワシントンDC地区公設弁護人事務所

　スペリアルコート（日本の刑事第一審に相当）を担当する50～60人、アピールコート（控訴審）を担当する約25人、民事事件（ただし、刑事被告人に関連する案件）を担当する約10人のほか、特別重大案案を担当する5人の弁護士が所属する刑事専門の法律事務所である。費用は政府が負担しているが、検察官とは、プライベートでも付き合わない（当事者対抗システムが徹底されている）とのことであった。視察は様々な話題に及んだが、以下では、可視化関連に絞って報告する。

　仮に取調官が、義務化対象事件であるにもかかわらず、取調べの録画を行わなかったのであれば、取調官は、法廷において、取調べを録画しなかった理由を説明することができなければならない。この点は、前日に訪問した首都警察でも同様の説明を受けた。ただし、州法の「取調べ録画が一部である場合は証拠能力を欠くと推定する」との規定が、実際に適用された経験はないとのことであった。取調べ録画が為された上での自白の証拠能力の問題は、大半が、ミランダ・ルールに違反するか否かの問題に収斂され、自白の任意性で判断するというケースは、まず生じていないとのことである。

　現在、警察における取調べは、基本的に全過程を録画している。自白の任意性に関する水掛け論がなくなり、被疑者が取調べの際、どのような様子で話していたかも、録画映像を見ることによって明確となる。警察側も、取調べの方法について非難されることがなくなり、被告人・弁護人側、捜査機関側の双方に利点がある。

　実際に録画が為されるのは、ワシントンDCでは、被疑者のイニシアルアピアランス（当初出廷）までの時間帯である。イニシアルアピアランスの段階では弁護人が就き、弁護士は接見の際、被疑者に黙秘を助言するため、初回接見の後は、取調べが行われなくなるからである。捜査官に対し、事件について供述する被疑者は、全体の約半数で、10～15％くらいは、自白をしているのではないか。取調室内には、その狭さや堅い椅子などによって、警察の取調べ技術も相まって、被疑者

に供述させる力学が働いている、との話があった。以上のとおりであるから、ワシントンDCでは、結局、弁護人の取調べ立会いと取調べ状況の録画は、実際には両立していない。

　要するに、弁護人立会いの要求は取調べ拒絶として扱い、現実に弁護人立会いの取調べというものが存在するわけではない。この点が印象的であった（他の諸国にはみられない現象であると思う）。

　取調べ状況の録画記録は、自白の証拠としてよく使われる。弁護側から使うことはできないが、録画記録はあった方が良いとの話であった。

　有罪答弁は、全体の約80％で、依頼人から申し入れが為される場合もある。ただし、重大犯罪における有罪答弁は、感覚的には20％に満たない。裁判所が、被告人の有罪答弁を容れないことは稀にある。

　有罪答弁の取引前、報告書や要約の形式で、証拠開示が一応為される。しかし、捜査側に有利な証拠の概要しか見せないので、仮に答弁取引が不成立となった場合であっても、捜査機関側が過度に開示したという事態にはならない。被告人に有利な証拠の開示義務を定めた規定が、現に守られているかどうかは疑問であり、実際、証拠開示の範囲を巡って問題になったケースが最近あったとのことである。

　なお、起訴前保釈制度がある。ワシントンDCにおける保釈の判断には、被疑者の資力は無関係だそうである。

第5章　2013年は「可視化元年」か?!
―― 2012年12月

　法制審議会新時代の刑事司法制度特別部会は、取調べの録画・録音制度について、第9回（2012年4月17日）、第10回（同年5月24日）の各会議で議論してきた。これに続き、同年12月25日に第17回会議が開かれ、このテーマについて、さらに議論されている。以下、その議論経過などを振り返りつつ、果たして、2013年は「可視化元年」になるのかどうか、報告することとしたい。

法制審・特別部会の2012年12月25日の議論

　12月25日（第17回会議）の取調べ録画・録音制度をめぐる議論の論点として設定されていたのは、第13回会議と同様、次の各点である。

①　捜査機関への義務付け（甲案）か録画・録音のない場合の証拠能力での規制（乙案）か
②　「全過程」原則か一部分にとどめるか
③　「全過程」原則としたとき、例外は何で（何をもって例外と定め）、どのような範囲とするか
④　対象事件
⑤　身体拘束下に限るか
⑥　法的効果（証拠能力）論の構成（従来の原則――自白法則など――のままでよいかどうか）
⑦　参考人取調べを対象とするか

　冒頭、現在の日弁連構想に則った宮崎誠委員の発言があった。これに対し、主に捜査機関側は、従来のように消極論を展開した。ただ、消極論が述べられてはいるものの、論点自体は、上記③の例外論（広範な例外を求めるという論調）にシフトしつつあるようにも思える。有識者の多数が上記②につき「全過程」原則論を述べられ、かつ、①については研究者をも含め義務付け論が多数化しつつあるなか、

「かすかに」と評すべきかもしれないが、議論全体が移行しているとみられなくはない。実際、但木敬一委員（元検事総長）は、対象事件は裁判員対象事件に限定して始めるとの見解ではあるものの、「全過程」原則から逃げるわけにはいかないとの趣旨を述べられていた。さらには、まずは検察官の取調べからの「全過程」論も数人の委員の意見として登場している。

ちなみに、私は、①について甲案かつ乙案、⑥については法定証拠主義で証拠能力とのリンクは当然、③については、例外による入口規制でなく、公判再生などの出口規制で足る、④については対象事件は全事件だが段階実施は否定しない、⑤につき、形式的な身体拘束に限定し志布志・氷見・足利で生じた問題を捕捉できないのであれば制度として意義がない、といった趣旨を述べた。ただ、これらについては捜査機関や一部研究者からの反発も強い。たとえば、法的効果問題については、川出敏裕幹事から理論的な反論がなされた（これに対し、後藤昭委員が再反論される場面もあった）。

今後の展望

このように議論は、大きな対立点を内包したまま、少しづつ動いているとはいえるのではないか。このような経過のなか、事務局において、2013年1月には「中間とりまとめ」(たたき台)を出し、第18回（2013年1月18日）、第19回（同年1月29日）は、これにもとづく議論がなされる。

もとより、同部会での議論はいわゆる可視化問題に限らず、広範なものである。通信傍受、身体拘束、答弁取引、証拠開示（リスト開示に焦点化しつつある）、2号書面、手続二分など数々の論点が様々な立場から述べられ、問題は錯綜し、かなり複雑化する様相を呈している。議論の広がりのわりには、「改革」が進まないということはありえよう。たとえば、2012年12月25日の会議でも、有罪答弁に関わる議論がなされたものの、結局は、即決裁判のリニューアルと言うレベルの論議に終始した憾もある。

ともあれ、「中間とりまとめ」(たたき台)では、方向性が打ち出されるものと、なお方向性の定まらないものとが混在している。従来の議論経過からみて、録画・録音制度については「全過程」原則が唱われることが期待されたが、これも、まずは両論併記となっている。議論はまだまだもつれるであろう。

さて、上記部会は、予備日として第20回（2013年2月5日）を設定しているが、その後の日程は未だ定められていない。もとより特別部会の議論は、さらに継続さ

れるが、一説では、2013年2月以降、作業部会を設置し、具体的な要綱（さらには法案）作成作業に入るとも言われている。既に新聞報道がなされているように、法制審特別部会の法改正案は2014年までずれこむのではないかとの観測もある。

さて、2013年は「可視化元年」であろうか。

2013年度中には可視化法の制定に至らないものとみられる。その意味では、制度上の「可視化元年」とは言えないかもしれない。しかし、法案の実質的内容が相当に詰まってくることは確かであろう。

同時に、今、運用（試行）が相当多数へと拡大されてきており、この運用が不可逆的なことは間違いがない。「一部録画しかないので捜査段階供述の証拠能力を認めない」との裁判例が2013年度中に出されるとすれば、それは、まさしく運用上の「可視化元年」というべきである。その意味で、すべては弁護活動にかかっている。

というわけで、2013年は「可視化元年」であるかもしれないのである。

第6章 基本構想から作業部会へ
――2013年1月

議論の情況について

　2013年1月29日、法制審議会新時代の刑事司法制度特別部会の第19回会議が開かれ、同部会は「基本構想」をとりまとめた。1年半にわたる議論の結果、その「中間とりまとめ」ともいうべき「部会長試案」が示されたのは、同月18日の第18回会議であったが、既に報道されたとおり、同試案をめぐっては、有識者らを中心にして（日弁連委員・幹事の意見については改めて言うに及ばないが）、厳しい批判が相次いだところである。そのような経緯を経て、「基本構想」が成案となった。

　「基本構想」については、法務省ウェブサイトに掲載されているし、その議論経過についても議事録全文が同ウェブサイトにアップされているので、これらを是非ご参照いただきたい。ここでは、まとまるまでの様々な議論経過について、改めて詳しく論じることはしないが、要するに、「基本構想」においては、取調べの録音・録画についての制度化をひとつの軸としつつ、そこで議論された論点は、刑事司法全般に亘り、また、多岐・多様なものになっていて、その方向性も一義的とは言えない。

　証拠開示や身体拘束問題、さらに被疑者国選の新段階について論議されることになったことは評価に値するであろう。しかし、他方で、弁護人立会問題や手続二分論が検討対象から省かれたことは、極めて遺憾なことである。さらに新たな捜査手法（とりわけ、通信傍受など）が積極の方向で議論されることになったことに対しては、十全なる注意を払わなければならない。

　このように、「基本構想」自体について、相応の批判は当然に存在する。また、ここに、日本型の刑事司法改革の限界をみてとることもできるように思われる。ただ同時に、「遅々たる」歩みが一歩ずつ進んでいることも看過すべきではないであろう。

可視化に関わる構想

ところで、「基本構想」で示された可視化制度の概要は、次のとおりである。

> 被疑者取調べの録音・録画制度の導入については、以下の2つの制度案を念頭において具体的な検討を行う。
> ○ 一定の例外事由を定めつつ、原則として、被疑者取調べの全過程について録音・録画を義務付ける（※）。
> ○ 録音・録画の対象とする範囲は、取調官の一定の裁量に委ねるものとする。
> ※ 対象事件については、裁判員制度対象事件の身柄事件を念頭に置いて制度の枠組みに関する具体的な検討を行い、その結果を踏まえ、更に当部会でその範囲の在り方についての検討を加えることとする。

2つ目の構想は、「制度」案としての態をなしていないといわざるをえないし、この2つの案は、到底両立しえないものというべきであろう。もっとも、「部会長試案」が対象事件を「裁判員裁判対象事件の身柄事件」に限定する案であったところが、上記のとおり、その範囲について、さらなる検討対象とされたことは、注目しておいてよい。そして、制度案としては掲げられてはいないものの、参考人取調べの可視化も「部会長試案」では検討対象から除外されていたところ、これも検討することを前提にした案に落ち着くに至った。このことも、特筆すべきことだと思われる。

今後の作業については、予断を許さないが、現実には、1つめの案の「一定の例外事由」が、まずは議論の焦点になっていくのではないかと予測される。捜査機関の「裁量」に委ねず、きっちりとした義務化の枠組みを設定する制度構築は、どのようにして可能となるか、知恵を絞らなければならない。

今後の日程など

上記特別部会の第20回会議は、2013年6月14日に午前10時から午後4時30分までが予定されている。それまでの間、2つの作業分科会に分れて、「基本構想」をもとに、様々な論点について、いよいよ法案への要綱化（たたき台の作成）作業が行われる。2つの分科会は、3月から5月（ないし6月）の間に、それぞれ4

回の会合（計 8 回）が設定されているところであり、まず、3 月段階は、「被害者・証人への支援・保護、司法妨害への対処」と「身体拘束の在り方」が議論され、「通信傍受のヒアリング」もなされる。前者は、ビデオリンク方式の拡張、性犯罪被害者などの捜査段階（あるいは、第 1 回公判期日前の証人尋問）における供述を録音・録画媒体に記録して主尋問に代用する制度、あるいは、被告人の証人適格などについて、その是非をも含めて、議論されるとみられる。

　いわゆる可視化問題については、4 月 25 日に議論されることになっているが、5 月 23 日に、さらに論議される可能性もある。「全過程」の法制化に辿り着かなければならない。注目すべき議論である。

第III部

取調べ可視化論の基礎とその周辺

第Ⅰ部と第Ⅱ部で、およそ、2010年代に入って以降、日本の刑事司法実務改革の鍵として、「取調べの可視化」がテーマとされてきた経緯などを述べ、「可視化」に関わる情況について、論じた。情況自体は、刻々と変化していくものであるが、ここで改めて、序章で示した理論的根拠、特に黙秘権・自白法則をめぐって、いわば原理に遡って、改めて確認させていただきたいと思う。
　可視化の基礎理論として、やはり憲法38条1項・同2項の原理について、考察しておく必要性は高いものと思われる。ここで、掲載しているもののなかには、90年代半ばに書いたものも、相当数存在しており、いささか古いと思える記述がないわけではない。内容的な拙さは随所にみられるであろうし、自分自身としての「考察」が不足しているところが多いことも否定できないと思う。しかし、ここでの問題は、基礎的で原理的なものなのであるから、不動の部分があるはずである。したがって、これらについて、原則として初出掲載時の文章のまま載せることとした。但し、必要に応じて注釈を付した。
　また、黙秘権に関しては、公判前整理手続における予定主張明示義務に関する論攷も併せ掲載している。これは、可視化論と一見余り縁がないようにみえるかもしれない。しかし、黙秘権というものをめぐる問題としては、実のところ、通底する要素があるものと思っている。公判前に弾劾構造を導入すればするほどに、公判が（多かれ少なかれ）「前倒し」にされていくといった力学は働きうるものと考えられるからである。
　もっとも、公判前整理手続上の課題は、あくまでも公訴提起後の話であるから、捜査段階の議論とは、決定的に異なるというのが筋とされるべきではあろう。そうだとすれば、日本の実務でも、捜査と公判を完全に峻別する方策を更に工夫しなければならないものと思われる。あるいは、それは、むしろ有罪答弁、もしくは、それに類似する制度導入による横の手続二分が果たされ、かつ、罪責認定手続と量刑審理手続を分ける縦の手続二分制度を組み込むといった、いわゆる手続二分の問題で解決されるべきなのかもしれない。それはまた、取調べそのものの比重を相対的に下がる効果をも果たすはずである。いずれにしても、これらの論攷については、「取調べ可視化」論との関連性を私なりに認め、ここに掲載されていただくこととした。その「関連性」判断の適否は読者の御判断に委ねたい（私としては「認容」されるものと考えている）。

第1章　憲法第38条第1項

【英文憲法】
No person shall be compelled to testify against himself.

【英文憲法日本語訳】
何人も、自己に対立する立場において、証言を強いられてはならない。

【日本国憲法】
何人も、自己に不利益な供述を強要されない。

はじめに——訳文について

　一般に、"The witness testified against the defendant" は、「その証人は被告に不利な証言をした」と訳され、"testified for" は、「有利な証言をした」と訳されている。"evidence against him" も、「彼に不利益な証拠」と訳されるし、アメリカ憲法修正5条についても、「何人も刑事事件において自己に不利な証人となることを強制されない」[1]、「何人も、刑事事件において、自己に不利益な供述を強要されない」[2]と訳されることが多い。しかし、"against⇔for" ということと「不利⇔有利」ということとのあいだには、意味内容に微妙なずれがあるというべきである。ここでの "testify against himself" は、みずからに対立する立場で証言すること、つまり、みずからに対するチャージについての対立当事者側（捜査側・訴追側）のために (for) 証言すること自体を意味していよう。端的に換言すれば、そういう証言を強いられないとは、対立当事者側からの「尋問」（への応答）を強いられてはならないということに外ならない。それは、証言内容・事項の有利不利という意味にはただちには繋がらない。したがって、日本文はいくぶん意訳というべきであり、直訳したほうが意味内容はより正確に掴めるのではないかと思われる。現に、アメ

1　塚本重頼＝長内了『註解アメリカ憲法〔第3版〕』（酒井書店、1986年）175頁。
2　佐藤幸治『憲法〔第3版〕』（青林書院、1995年）603頁。

リカ憲法修正 5 条を「何人も、刑事事件において、<u>自己に反対の証人となることを強制されない</u>」[3]、「何人も……刑事事件において、<u>自己に対する証人となることを強要されない</u>」としているものがある（下線引用者）[4]。

制定過程

1　GHQ の意図と英文の変遷

本書においてすでに繰り返し言及されているとおり、1946 年 1 月 11 日付連合国最高司令官総司令部民政局行政部「幕僚長に対する覚え書〔案件〕私的グループによる憲法改正草案に対する所見」（ラウエル覚書）はつぎのとおり述べている。

> （日本側のグループによる改正草案には——引用者注）権利章典中に通常置かれている広汎な事項が、おとされている。たとえば、刑事被告人の権利（rights of people accused——引用者注）、および法執行機関の行なう取調についての制限に関する条項は、一切省かれている。日本では、個人の権利のもっとも重大な侵害は、種々の警察機関、特に特別高等警察および憲兵隊の何ら制限されない行動並びに検察官（検事）の行為を通じて行なわれた。あらゆる態様の侵害が警察および検事により、一般の法律の実施に際し、とりわけ思想統制法の実施に際して、行なわれた。<u>訴追されることなくして何ヵ月も何年間も監禁されることは、国民にとって異例のことではなく、しかもその間中被疑者から自白を強要する企てがなされたのである。訴追されることがないまま拘禁されていることがないようにするための憲法上の保障を要求することが、非常に必要であると考える</u>。これを実現するためには、逮捕された者を公開の法廷に出席させ、拘禁理由の説明を行なうことを警察に強制する、人身保護令状類似の手続が必要であり、それに加えて憲法で、すべての刑事被告人に対し迅速な公開裁判を行なうことを要求し、また、刑事被告人が同一の犯罪に対して二重の危険にさらされることを禁止することが必要である。
>
> <u>拷問を禁止する第 9 条の規定に加えて、法執行機関がサードディグリーの手段（拷問）を用いることを少なくするため、刑事被告人</u>（the accused——

---

[3]　宮沢俊義『憲法（2）〔新版〕』（有斐閣、1971 年）424 頁。
[4]　平野龍一「黙秘権」刑法雑誌 2 巻 4 号（1952 年）59 頁。

引用者注）は自己に不利益な証言を強要されないことを定める規定、及び逮捕された場合ただちに弁護人を依頼する権利を認める規定を、憲法に設けることが必要であると考える。<u>自白は、弁護人の立会のもとでなされたのでない限りいかなる法定手続においても、これを証拠にすることができないという憲法上の規定が必要であるとの意見の表明があった。それは、極端な規定である。しかし、日本の法律家には、それは司法の運営を不当に妨げるものではないという意見をもつ者が数多く存する</u>（下線引用者）[5]。

　現行憲法38条1項を設定するGHQ側の意図・認識は、端的には上記下線部分に明確にされているとおりであって、これは、上記ラウエル覚書が要約的に確認した7項目の刑事司法上の原理のうち、4番目に、「自己負罪(self-incrimination)についての保護を確立すること」として掲げられたのである[6]。

　そして、現行憲法38条1項は、上記ラウエル覚書を受けて、GHQ第1次試案のなかで、つぎのとおりに登場している。

　　No person shall be compelled to testify against himself, nor shall be the testimony of a wife or husband be accepted in evidence against the spouse of such wife or husband.
　　何人も、自己に不利益な供述を強要されない。妻または夫の証言はその配偶者に対し不利な証拠とされない[7]。

　そして、GHQ草案第2次案では、「妻または夫の証言……」以下の部分がカッコ書きになり[8]、その後のGHQ草案(マッカーサー草案)38条1項の段階になって、そのカッコ書き部分が削除されるに至った。英文においては、それ以外の変更はない[9]。

---

[5] 高柳賢三ほか編著『日本国憲法制定の過程（1）』(有斐閣、1972年) 28〜30頁（なお、訳文はそのまま引用した）。
[6] 高柳ほか・前掲注5書35頁、38頁。
[7] 犬丸秀雄ほか編著『日本国憲法制定の経緯』(第一法規出版、1989年) 144〜145頁。
[8] 高柳ほか・前掲注5書230頁、233頁。
[9] 高柳ほか・前掲注5書282〜283頁。

2　訳文の変遷

他方、日本語の訳文についてはつぎのとおりの変遷経緯を辿っている（意味に変化があるといえるものは下線を付した）。

- GHQ草案の外務省訳 [10]
  何人モ自己ニ不利益ナル証言ヲ為スコトヲ強要セラレサルヘシ
- 「3月2日案」32条1項 [11]
  何人ト雖モ自白又ハ自己ノ不利益ナル証言ヲ為スコトヲ強制セラルルコトナシ
- 「3月5日案」34条1項 [12]
  何人モ自己ニ不利益ナル証言ヲ為スコトヲ強要セラレサルヘシ
- 「3月6日要綱」34条1項 [13]
  何人ト雖モ自己ニ不利益ナル証言ヲ強要セラレザルコト
- 「4月13日草案」35条1項 [14]
  すべて国民は、自己に不利益な供述を強要されない
- 「4月17日草案」35条1項 [15]
  何人も自己に不利益な供述を強要されない [16]

上記変遷経緯のうち、「何人モ（何人ト雖モ）」→「すべて国民は」→「何人も」という変遷については、他の条文と同様の変化であるので、ここでは「自白又ハ」がいったん登場して消えたこと及び「証言→供述」という2つの訳文の変化の問題について言及しておきたい。

「自白」の語がいったん登場していることについては、この経緯を意識して採り上げ、言及している文献は見当たらないが [17]、ここで「自白」の語が入れられた

10　佐藤達夫『日本国憲法成立史（3）』（有斐閣、1994年）38頁。
11　佐藤達夫・前掲注10書96頁。
12　佐藤達夫・前掲注10書167頁。
13　佐藤達夫・前掲注10書193頁。
14　佐藤達夫・前掲注10書340頁。
15　佐藤達夫・前掲注10書340頁、334頁、347頁。
16　同年4月17日、司法省刑事局は、「証人としての供述或は訴訟以外の場合における供述の義務に及ばないことを明らか」にすべく、「何人も、自己の刑事上の責任について不利益な供述を強要されない」との修正意見を出したが、採用されなかった。佐藤達夫・前掲注10書350頁、354頁。

のは、GHQ第1次試案が、現憲法38条に相当する部分の表題を"Testimony/confession"としていたことに起因していることは容易に推察しうる[18]。

すでに述べたとおり、もともとラウエル覚書自体が、自白との関係で(その証拠許容性・証拠能力の問題を念頭に置いたうえで)現憲法38条1項を捉えていたことを、ここで確認しておくことはけっしてむだではないであろう。

「証言→供述」という訳文の変化については、3月18日から26日ころまでの日本側の関係各庁との打ち合わせにおいて、「第1項ノ〈証言〉ハ〈供述〉位ヲ可トスベキカ」との意見が出されて変更されたものである[19]。この点については、「〈自己に不利益な供述〉という文言の〈供述〉はtestifyであり、この語は、はじめ「証言」と書きあらわされたのであったが、その後、被告人そのものの言うことを証言ということは、日本の手続になじまないということで、〈供述〉と改められたのである。これは、日本側だけの処置でなされたものであるが、はじめの表現によれば、証言台に立ってまで自己に不利益なことを言うことは強要されないという規定になるわけである。しかし、新しい訴訟手続においても、被告が証人としての資格で証言するという制度は設けられていないので、くいちがいは生じていないわけである」といわれている[20]。しかし、被告人に証人適格を認めえないのかどうかは、後述するとおり、十分検討されねばならない問題である。

なお、第90回帝国議会の審議においても、「何人も、自己に不利益な供述を強要されない」という現38条1項(当時の政府原案では35条1項に位置していた)の文言については、何の審議もなされてはいない[21]。

3　小括に代えて

以上概観したところからすると、現憲法38条1項について、その制定過程自体から、ただちに新しい憲法解釈が引き出されるという関係が見出せるというわけではないかもしれない。しかし、GHQ側が想定し、現憲法に結実した憲法38条1項の本来の在りようは、かかる制定過程と前記英文及びアメリカにおける自己負

17　佐藤達夫も、3月4日の審議について、「自白に関する第38条は日本案(32条)にも大体取り入れていたし別に問題はなかった。これが新第34条となった」としか述べていない。佐藤達夫・前掲注10書128頁。
18　犬丸ほか・前掲注7書144～145頁。
19　佐藤達夫・前掲注10書235頁、246頁。
20　高柳賢三ほか編著『日本国憲法制定の過程(2)』(有斐閣、1972年)190～191頁。
21　清水慎編著『逐条日本国憲法審議録(2)』(有斐閣、1962年)774頁。

罪拒否特権の在りようとの関係から探られるべきである。そうとすれば、後に詳しくみるとおり、現在の我が国の刑事訴訟実務は、あるべき憲法38条1項の姿とは似ても似つかぬ乖離現象に陥っているといわねばならないのである。

アメリカ判例理論における自己負罪拒否特権
（The privilege against self-incrimination）[22]

周知のとおり、現憲法38条1項は、アメリカ憲法修正5条のうち"(No person) shall be compelled in any criminal case to be a witness against himself"の部分と趣旨を同じくするとされ、いわゆる自己負罪（self-incrimination）の禁止を規定したものと解されている[23]。このことは、上述した制定過程からも明らかである。したがって、憲法38条1項を的確に理解しようとするならば、アメリカ憲法修正5条の自己負罪拒否特権とは何かについての理解を深めることが必要不可欠になる。というより、むしろ、憲法38条1項を理解するということは、アメリカ憲法修正5条の自己負罪拒否特権を理解することと同じと言うべきであるとさえ思われる[24]。

以下、この手がかりとして、アメリカ憲法修正5条の自己負罪拒否特権についての判例理論の経緯を辿ることとしたい。それが憲法38条1項の源泉を明確に

---

[22] 「何人」にも認められているというその基本的人権性を強調する意味からは、自己負罪拒否「特権」ではなく、自己負罪拒否「権」と呼ぶべきかとも思われる。privilegeという語とrightという語の歴史的起源にもとづく意味の差異は、今日では重要性をもたなくなっていると考えられることからも、そう呼ぶべきとの見解はありえよう。が、私はさしあたり、この権利は、「何人」であれ、その者が被告者になりうる段階で（被告者となりうることが想定される段階で）顕在化する権利であると解すべきではないかと考えている。そう解することで、たとえば、証人の証言義務との関係において、整合的理解が可能になるのではないだろうか。それ故、そのような地位に伴う固有の権利（peculiar right）であることは否定されないとの見地にたって、ここでは通常の訳語に従い、自己負罪拒否特権と呼ぶこととした。もとより、これは、後に論述するとおり、黙秘権が個人の尊厳に由来するものであることを否定するという趣旨ではまったくない。

[23] 佐藤幸治・前掲注2書603頁。宮沢・前掲注3書424頁、小林直樹『憲法講義（上）〔新版〕』（東京大学出版会、1980年）494頁、伊藤正己『憲法〔第3版〕』（弘文堂、1995年）349頁など。

[24] 芦部信喜編『憲法（3）』（有斐閣、1981年）210頁以下〔杉原泰雄〕は、日本文とアメリカ修正5条の文言上の差異を強調され、日本国憲法の黙秘権のほうが、より保障の幅が広いことを示唆されている（同趣旨の指摘として、佐伯千仭「税法と黙秘権」同『刑事裁判と人権』〔法律文化社、1957年〕163頁以下参照）。しかし、本稿の立場は前掲注22及び本文のとおりであって、黙秘権は被告者であることを想定される地位において顕在化する固有の権利としての性格を有すると捉えるものである。なお検討を要するが、杉原説・佐伯説とは立場がいくぶん異なることとなろうか。

するとともに、あるべき憲法38条1項の在り様を示唆するものであることは明らかと考えられるからである。

1　アメリカにおける判例理論の展開①——ミランダ判決まで[25]

アメリカにおける自己負罪拒否特権は、1776年のヴァジニア権利宣言8条のなかにすでにみられるが[26]、この種利を含むアメリカ憲法修正5条は、1791年に他の9つの修正条項と一緒に制定されたものである。しかし、南北戦争（1861年〜65年）を契機に修正13条〜15条が成立するまでのあいだは、合衆国市民が連邦政府に対してのみ有する権利として捉えられていた。つまり、自己負罪拒否特権は、修正14条1節の「特権・免除」条項（"privilege and immunities" clause）と「デュー・プロセス」条項（"due process" clause）によって、市民の州に対する権利となる「潜在的能力」を有することとなったのである[27]。

しかしながら、ミランダ判決によって、その意義を全面的に確認されるに至るまで、判例理論において自己負罪拒否特権の「基本的人権」性は必ずしも自明のこととされてきたわけではない。判例理論上、その「基本的人権」性が肯認されるまでにはかなりの時間を要したのである[28]。

以下、その経緯をたどってみよう。

(1) まず、トワイニング判決がある（Twining v. New Jersey, 211 U. S. 78 [1908]）。これは、ニュージャージー州の裁判所において、裁判官が陪審員に対して「（被告人が）証言台に立たない事実を考慮する権利を、あなたがたは有する」とコメントしたことにつき、このような説示によって有罪になったとして、連邦最高裁判所

---

[25] この部分の論述「1　アメリカにおける判例理論の展開①——ミランダ判決まで」は、そのほとんどすべてを、澤登文治「自己負罪拒否権の歴史的展開（1）」法政理論24巻2号（1991年）153頁以下に依拠している。このことをお断りしておかねばならない（したがって、判決の訳文も基本的にそのまま引用していることをお断りしておきたい）。

[26] 久保田きぬ子「アメリカ憲法修正第5条」国家学会雑誌72巻3号（1958年）116頁。

[27] 澤登・前掲注25論文159頁。

[28] 久保田・前掲注26論文においては、コモン・ロー上の自己負罪拒否特権は文書その他の物的証拠についても適用できるとしたボイド判決（Boyd v. United States, 116 U. S. 616 [1886]）、この特権を刑事事件においてのみ主張しうると限定したカウンセルマン判決（Counselman v. Hitchcock, 142 U. S. 547 [1892]）、刑事手続に限らず民事手続その他審問的性格を有するすべての手続に適用できるとしたマッカーシー判決（McCarthy v. Arndstein, 266 U. S. 34 [1924]）、自己負罪拒否特権は、訴追事由としての「一連の証拠の一環」にも及ぶとしたブラウ判決（Blau v. United States, 341 U. S. 479 [1950]）などが紹介されているが、ここでは、自己負罪拒否特権のいわば「基本的人権」性に関する判例のみに限って論じることとする。

に訴えられた事件である。かかる説示は自己負罪の強制であり、修正14条によって州にも要請されるべき修正5条の自己負罪拒否特権という基本的権利が侵されたと主張されたのであった。

　これに対し、連邦最高裁判所は、自己負罪拒否特権は、修正14条に含まれるほどの権利ではないと判示している。

　即ち、同判決は、自己負罪拒否特権について、「それは、マグナ・カルタの国法（the law of the land of magna carta）であるともそれと同意義を有すると考えられている法のデュー・プロセスであるとも認められない。これに反して、それは、デュー・プロセスとは別個で独立したものであると認められる。それはデュー・プロセスの本質的部分としてではなく、司法判断の過程において発展した証拠に関する賢明で有益なルール（a wise and beneficent rule of evidence）として存在するようになったのである」としている[29]。いわば、自己負罪拒否特権の「基本的人権」性が否定されたわけである[30]。

　この意見は、連邦最高裁判所において、パルコ判決（Palko v. Connecticut, 1302 U. S. 319 [1937]）によって、ほぼそのまま維持され、アダムソン判決（Adamson v. California, 332 U. S. 46 [1947]）でも「再確認」された[31]。要するに、自己負罪拒否特権は、その権利性（人権性）よりも「証拠に関する賢明で有益なルール」という点においてその存在の意義を強く認められるとされていたわけである。

　(2)　こういった修正5条の自己負罪拒否特権に関する連邦裁判所の概念が州裁判所にも及ばされる契機となったのは、ウルマン判決（Ullmann v. United States, 350 U. S. 422 [1956]）においてである。

　これは、「免除法」（1954年制定）の免除条項が、州裁判所においても適用されるか否かが問題となった事案である[32]。即ち、「免除法」には「反逆罪、スパイ行為その他の政府転覆行為によって国家の安全・防御が問題となっている場合に、必要と認められる証人に対して証言を強制するべく、連邦検察官が法務大臣の承認を得て、裁判所の命令を請求出来、命令が出されたときは、強制された証言をその者に対する刑事手続で証拠として用いることは出来ず、また、その証言等に

29　澤登・前掲注25論文162頁。
30　澤登・前掲注25論文193頁は、かかるトワイニング判決の歴史認識の誤りを明らかにしている。さらに、澤登文治「自己負罪拒否権の歴史的展開（2）」法政理論25巻1号（1992年）124頁以下参照。
31　澤登・前掲注25論文163〜166頁。
32　澤登・前掲注25論文168頁。

より起訴されたり、刑罰・差押等を受けたりすることはない」ということを内容とする免除が付与されていた。

　多数意見の結論は、「免除法」は合憲で、かかる免除条項は州裁判所でも適用され、その代わり、証言拒否は許されないというものだったわけである。これに対しては、「免除法」が証人に付与する程度の保護では、憲法上の自己負罪拒否条項によって得られる保護と釣合がとれないとする反対意見が存在している。同意見において、自己負罪拒否特権のいわば「基本的人権」性への認識が語られているといえよう[33]。

　(3)　いずれにせよ、この判決を契機として、1964年のマロイ判決及びマーフィ判決（Malloy v. Hogan, 378 U. S. 1; Murphy v. Waterfront Commission 378 U. S. 52——ともに証言拒否が法廷侮辱罪に問われた事件）によって、前記トワイニング判決・アダムソン判決は見直され、修正5条の自己負罪拒否特権は修正14条を通して、州においても適用があり、また連邦と同じ基準で適用されねばならないことが明示されるに至った。

　即ち、マロイ判決は、「修正14条は、修正5条が連邦の侵害から保障しているのと同じ特権を、州の侵害からも保障している——つまり、彼自身の意思で、拘束のない実行によって、話すことを選択するのでなければ、沈黙を守る〔ことができる〕権利（the right of a person to remain silent）および、そのような沈黙の故にトワイニング判決で判示されたような刑罰（penalty）は何も受けない権利〔が保障されているの〕である」とした。

　また、マーフィ判決は、つぎのように述べているが、同判決はこの結論を「自己負罪拒否特権の歴史・政策・目的に照らして」導かれたものとしている[34]。

---

[33]　ダグラス判事及びブラック判事は、「〈免除法〉中には市民の権利の喪失に対する保護は何もないのだから、付与された免除は、憲法により提供されている保護よりも少ない」としている。つまり、「修正5条に含まれている自己負罪〔を強制されないという〕保障は、有罪および訴追からの保護であるばかりか、良心そして人間の尊厳性及び表現の自由（conscience and human dignity and freedom of expression）の保護である。制定者は連邦に保護される沈黙の自由（the federally protected right of silence）を創設し、修正5条は、被告人が起訴されないように保護することを意図していたのと同様に、不名誉（infamy）〔を受けること〕からも保護するように意図していたのである」と言う。そして、「〈免除法〉の免除の内容を考察すると、証言に関して訴追すること、および証言を証拠として用いることのみを禁止しており、そのため証人は身体的に刑罰を科されることからは免除されているが、それを超える不名誉・汚点を受ける等、精神的な苦痛を受けることからは免除されていないので、修正5条の保護せんとする内容の代替物としては不十分である」との結論を導いている（澤登・前掲注25論文171〜172頁）。

憲法上の自己負罪拒否特権は、州の証人を州法と同様、連邦法の下でも自己負罪から保護し、また、連邦の証人を連邦法と同様、州法の下でも自己負罪から保護していることを、われわれは判決する。…（中略）…州の証人は、強制による証言及びその果実が、彼に対する刑事訴追に関連して、連邦公務員により、いかなる方法によっても用いられない場合以外、連邦法の下では罪となるかもしれない証言をすることを強制されえないことを、われわれは判決する。さらに、この憲法上のルールを実行し、州及び連邦政府の犯罪捜査と訴追の利益に資するために、連邦政府は強制による証言とその果実のいかなる利用も禁じられねばならないことを、結論する[35]。

2 アメリカにおける判例理論の展開②――ミランダ判決

　自己負罪拒否特権に関する以上の判例経緯のもと、1966年のミランダ判決（Miranda v. Arizona, 384 U. S. 436）が出された。いうまでもなく、ミランダ判決は、自己負罪拒否特権を理解するうえで、きわめて重要な判決である。すでによく知られた判決ではあるが、以下、できる限り丁寧に、その判旨をたどりたい[36]。

　(1)　同判決（ウォーレン法廷意見）は、その冒頭で、この判決がエスコビード判決（Escobedo v. State of Illinois, 378 U.S 478 [1964]）で示された諸原理――憲法上の基本的な権利――を再確認するものであることに言及したうえで、その判旨を要約し、つぎのとおり述べている。

　　検察官は、自己負罪拒否特権を確保するのに効果のある手続的保護措置（procedural safeguards）を用いたことを示さない限り、被告人（the defendant）に対する身体拘束下での取調べ（custodial interrogation）の結果得られた供述を、帰罪的なもの（inculpatory）であれ弁解的なもの（exculpatory）であれ、使用す

34　澤登・前掲注25論文177頁。ただし澤登は同判決につき、デュー・プロセス条項の「全体的」適用の動向の一環としての判決であって、同判決には、「自己負罪拒否権の歴史」については何らの言及もないとされ、自己負罪拒否権の本質解明が怠られがちになる危惧を表明される。同180頁。
35　澤登・前掲注25論文174〜175頁。
36　以下、ミランダ判決の訳文は、基本的に高野隆・抄訳により、適宜原文及び樺島正法訳を参照した。

ることができない。

　身体拘束下での取調べとは、身体拘束され、あるいは、何であれ顕著な方法で行動の自由を奪われた（deprived of his freedom of action in any significant way）後に、法執行官によって開始された質問のことを意味する。用いられるべき手続的保護措置について言えば、被告者（accused persons）に黙秘権を知らしめ、かつ、それを行使する継続的な機会を確保するための他の十分効果的な手段が用意されない限りは、以下の方法が必要である。

　即ち、いかなる質問にも先立って、被告者に対しては、彼が沈黙を保つ権利を有すること、彼のいかなる供述も彼に対立する証拠として（as evidence against him）使用されうること、そして、彼が私選あるいは官選の弁護人の在席を求める権利があることが告げられなければならない。被告人（the defendant）は任意に、熟慮の上でかつ理性的に（voluntarily, knowingly and intelligently）行なわれるという条件の下で、これらの権利を有効に放棄することができる。しかし、取調べのいかなる段階においても、話をする前に弁護人と相談したいという意向を何らかの方法で彼が示したときは、質問することは許されない。彼が弁護人と相談したうえで質問されることを承諾しない限りは、単に彼が質問に答えあるいはみずから供述したという事実のみによって、それ以上の質問への回答を拒否する権利を奪われることはない[37]。

(2)　同判決の前提とする認識は、「蛮行すなわち拷問（third degree）や各種の技法がたとえ用いられなくとも、身体拘束下の取調べ（custodial interrogation）という事態そのものが、個人の自由に重い制約を課し、また個人の弱さにつけいる」というものである。かかる認識――「このような取調べ環境が、個人を捜査官の意思に屈服させる目的で生み出されたものに他ならないことは明白である。この環境はみずから脅迫のバッジをつけている。たしかにこれは肉体的脅迫ではない。しかし等しく人間の尊厳を破壊するものである」との認識――にもとづき、同判決は、「現今の外界から遮断された取調べ（custodial interrogation）の実務は、我が国においてもっとも大切にされてきた原理の一つ、即ち、人はみずからを罪に陥れ

---

[37]　そして、同判決は「警察支配の雰囲気の下で外界から遮断された取調べ（incommunicado interrogation）がなされ、その結果憲法上の権利の十分な告知なくして自己帰罪的な供述がなされた」当該事件（ミランダ対アリゾナの外、ヴィグネラ対ニューヨーク、ウェストオバ対合衆国、カリフォルニア対スチュワートの4事件）についての考察を進めていく。

る供述を強制されないということと敵対する」とした。そして、「身体拘束状態に内在する強制の要素を払拭するに十分な保護措置が採られない限り、被告人（the defendant）から獲得されたいかなる供述も真に自由選択の産物ということはできない」と断言するのである。

同判決は、当該事件に関連させて、つぎのとおり言及している。

　　これらの事件においては、被告人らの供述（the defendants' statements）を伝統的な意味（in traditional terms）で不任意であると言うことはできないかもしれない。しかし崇高な修正5条の権利を保護するための十分な保護措置に対するわれわれの関心は、もちろん毫も軽減されることはない。いずれの事件においても、被告人（the defendant）は不慣れな環境のなかに押し込められ、警察官の威嚇的な取調べ手続にさらされている。強制の潜在的可能性は圧倒的に明白であった。たとえば、ミランダ事件では、無資力のメキシコ人である被告人は、明らかな性的妄想にひどく悩まされていた。また、スチュワート事件では、被告人はロサンジェルスの貧困な黒人であり、6年生の時に学校をドロップアウトしている。たしかに、記録上、目に見える肉体的強制や明らかな心理的策略が行なわれたという証拠はない。しかし、供述が真に自由な選択の産物であることを保障するために適切な保護措置を取調べのはじめに用意する労を惜しまなかった警察官がこれらの事件中一人もいなかったという事実は動かし難い。

このように、同判決は、「伝統的な意味で不任意」（目に見える肉体的強制や明らかな心理的策略による供述がこれに該当しよう）であるかどうかという基準に代えて、あるいは、これを明確にするために、「供述が真に自由な選択の産物」（即ち、本来的な意味で、任意である）かどうかの簡明な基準設定として、手続的保護措置の存否・有無というルールを設定すべきとしたといえるわけである[38]。

(3)　さらに、その所以として、同判決は、「自己帰罪条項に関する歴史と先例」についての考察を進めている。

即ち、「時として、われわれは、自己負罪拒否特権が確立されるのにいかに多くの時間を要したかということや、この特権の起源とそれを守り抜いてきた情熱を

---

[38] いわゆるマグナブ＝マロリールールが設定されるまで、任意性原則は、いわゆる事情の総合説アプローチによってなされていた。本書第Ⅲ部第2章を併せ参照。

忘れてしまいがちである。そのルーツは古代にまで遡る」とし[39]、「その起源と進化の歴史に光を当てる重要な歴史的事件としては、1637 年に英国星法院（Star Chamber）の審問を受けた、饒舌なる反スチュワート派の平等主義者ジョン・リルバーン（John Lilburn）の裁判をあげることができよう」として、この権利のいわば「基本的人権」性を明らかにしていく。

　そして、同判決は、リルバーンの「それから私が主張したもう一つの基本的権利は、みずからを罪に陥れるような質問に答えるよう宣誓を強いることによって何人の良心も傷つけてはならないということです」という言葉を引用する。さらに、同判決は、「この考えは植民地に及び多大の努力の末に我が権利章典（the Bill of Rights）に移植された。我が憲法及び権利章典の起草者達は、個人の自由へのわずかな侵害に対しても常に注意を払っていた。〈憲法に反する不法な実務（practice）の第一歩は、手続の適法な形式からの無言の試みによって、そして、ちょっとした逸脱によって踏み出される〉ということを彼らは知っていたのである——ボイド判決——[40]。この特権は憲法上の権利に高められた。そして常に〈自己防衛すべき侵害行為と同程度に広範であったのである〉——カウンセルマン判決——[41]。われわれはこの高貴な伝統から逸脱するわけにはいかない」としている。

　(4)　同判決は、「〈国家と個人との均衡〉を保つために、政府に〈すべての責務を担うこと〉を求めるために、人格の不可侵性を尊重するために、我が刑事司法における弾劾主義のシステム（accusatory system）は、個人の処罰を求める政府はみずからの労力によってその証拠を見出すべきであって、相手の口から証拠を引き出すことを強制するというような苛酷で簡便な方法に頼ってはならないことを要求する（Chamber v. Florida, 309 U. S. 227, 235-238[1940]）」とする。「要するに、個人が〈何らの障害もなしにみずからの意思に基づいて話すことを選択しない限り沈黙を保つことができる〉という権利（マロイ判決）を保障された時にはじめて、この特権は実現される」とし、さらに「われわれはこの特権が身体拘束下の取調中に法執行機関によって行なわれる強制についても適用されることを確信する」としている。けだし、「慣れ親しんだ環境から警察留置場へと追い立てられ、敵対する

---

[39]　同判決は、その注において「13 世紀の批評家は、この特権と類似のものが聖書のなかに基礎づけられているのを発見した。〈要するに、何人もみずからの告白に基づいて罪を宣告されることはないという原理は神聖なるおきてである〉」と述べている。
[40]　前掲注 28 参照。
[41]　前掲注 28 参照。

権力に包囲され、各種の説得のテクニックにさらされている個人は、供述を強制されているという他はない」からである[42]。

さらに同判決は、マクナブ判決（McNabb v. United States, 318 U. S. 332 [1947]）とマロリー判決（Mallory v. United States, 354 U. S. 332 [1957]）に言及し、再度マロイ判決にも触れたうえで、「自白の許容性をめぐる実体的及び手続的保護措置は、この特権に内在するすべてのポリシーを反映するものであり、非常に厳格に要求されるものとなった任意性の原則（voluntariness doctrine）は、マロイ判決が示唆するように、個人をして自由で合理的な選択をなしえなくするおそれのあるすべての取調べ実務を射程におくものである」とする[43]。このようにして、同判決は任意性の原則のより明確な基準化——保護措置の存否——について繰り返し言及しているといえるわけである。

⑸　そして、同判決は「今日、修正５条の特権が刑事裁判手続以外でも適用され、自己帰罪を強制されない自由があらゆる意味において制約を受ける場面で個人を保護するものであることに疑問の余地はない」としたうえで、「われわれは、適切な保護措置がない限り、被疑者や被告人に対する身体拘束下の取調手続それ自体に個人の抵抗の意思を弱め供述を強要する強制的圧力が内在するという結論に達した」と言う。「この圧力を減殺し自己負罪拒否特権を行使する十分な機会を保障するためには、被告者（the accused）は自己の諸権利について十分かつ効果的な告知を受けなければならず、その権利の行使は十分に尊重されなければならない」のである。

⑹　こうして、同判決は、自己負罪拒否特権を確保するための手続的保護措置

42　同判決は、「実際問題として、警察署の孤立した状況での供述の強制は法廷等の公式の取調べの場所と比べて、脅迫や策略を監視する公正な第三者が存在しないという点で、その強制の度合いはより大きいと言うことができる」とし、ブラム判決（Bram v. United States, 168 U. S. 532, 542 [1897]）の「合衆国裁判所の刑事事件においては、自白が任意性を欠くが故に許容されないか否かという論点は、常に、修正５条における……(No person) shall be compelled in any criminal case to be a witness against himself……との一節に照らして判断されなければならないのである」という部分を引用している。

43　同判決は、「この命題の意味するものは、マロイ判決がこの特権を州に適用した１週間後、エスコビード判決（Escobedo v. Illinois, 378 U. S. 478）のなかで詳細に示された。その判示は、取調べのはじめに警察官が被告人に対して沈黙を保つ憲法上の特権があることを助言しなかった事実を強調し、判決のなかでわれわれは再三にわたってこの事実に対する注意を喚起した」としている。さらに、「エスコビード判決のもう一つの重要な局面は、取調べ中弁護人が在席しなかった事実に着目した点である」とし、「弁護人の在席は、警察での取調手続をこの特権の要請に適合させるのに必要にして十分な保護措置となりえたであろう」とする。

について言及していく。
　即ち、「少なくとも被告者（accused persons）に沈黙する権利を知らしめかつその権利を行使する継続的な機会を保障する他の効果的な方法が示されない限りは以下の保護措置が遵守されなければならないと考える」として、つぎの諸原則を掲げた。

① まず第一に、身体を拘束された者が取調べを受ける場合、はじめに彼が黙秘権を有することを明確で疑問の余地のない用語で知らせなければならない。
② 黙秘権の告知は、いかなる供述も法廷においてその者に対立するものとして（通常の訳では「不利益に」と訳されることはすでに言及したとおりである――引用者注）使用されうる（can and will be used against the individual in court）という説明を伴うものでなければならない。
③―1　身体拘束下の取調べをめぐる環境は、単に取調官から特権を知らされたに過ぎない者の意思の上に素早くのし掛かってくるであろう。それゆえ、取調べに弁護人を在席させることは、今日われわれが示したシステムの下で修正5条の特権を保護するために欠くことのできないものである。
③―2　取調べのために拘束された者は、この判決に示されている特権擁護のシステムの下で弁護士と相談しかつ取調べ中彼を同席させる権利を有することを明確に知らされなければならない。
④ 取調べを受ける者にこのシステムの下での権利の内容を完全に知らせるためには、弁護士と相談する権利があるというだけでなく、無資力の者は弁護人を選任してもらう権利があるということも告知される必要がある。

　(a)　①については、同判決は、このために、警告（warnings）を発することが必要とし、「このような警告は取調べ環境に内在する圧力を克服するのに絶対に必要な条件である」としている。なぜなら、「明示的であるか黙示的であるかにかかわらず、自白が得られるまで取調べが続けられるとか、犯罪の嫌疑を前にして沈黙すること自体が咎められるべきであり陪審員がそれを知れば災いを招くであろうというような取調官の悪意の態度に屈服するということは、知的水準が低いとか怖るべき無知であると言って済まされることではない」からである。
　さらに、同判決は「警告においては、その個人が特権を行使することを選ぶならば取調官はそれを了解する用意があることをその個人に示さなければならない」

とする。また、①についてさらに同判決は、「修正5条の特権は我が憲法規範のシステムにおいて非常に基本的なものであり、特権が行使できることを十分に警告するという手段は非常に単純なものであるから、われわれは個々の事例について被告人（the defendant）が警告なしに彼の権利を知っていたか否かを審査しない。年齢、教育程度、知的能力あるいは過去における官憲との接触等の情報に基づいてなされた被告人の知識の評定は、単なる推測以外の何物でもない。警告は疑問の余地のない事実（a clearcut fact）である」としている。「その人物の背景がどんなものであれ、取調べに際しての警告はその圧力を克服し、彼が時期を失することなく自由に特権を行使できることを確実に知らしめるうえで欠くことのできないもの」なのである。

(b)　そして、②については、同判決は「この警告は、特権を知らせたうえさらにそれを放棄した結果を知らせるために必要なのである」とする。即ち「特権に対する真の理解とその知的な行使は、これらの結果を了解してはじめてなしうる。のみならず、この警告は個人をして彼が当事者主義のシステム（the adversary system）の一局面に直面しているのだということ——彼の周囲の人々は彼の利益だけのために行動しているのではないということ——をより鋭敏に気付かせるであろう」。

(c)　さらに③—1について、同判決は、「われわれの狙いは、沈黙と供述に関する個人の選択権が取調べの全過程を通じて侵害されないことを確実にすることにある。やがて取調べを開始するだろう人物から一度警告を受けたからといって、権利についての知識をもっとも必要とする人々にとって上述の目的を達成させるのに十分ということはできない。取調官からの単なる警告だけではこの目的を達成するに不十分である」とする。即ち、「弁護人によって予め与えられた助言でさえ、密室の取調べによって容易に打ち負かされてしまう。したがって、修正5条の特権を保護するための弁護人の必要性というのは、取調べの前に弁護人と相談する権利のみならず、被告人（the defendant）が望むならば取調べの間弁護人を在席させる権利をも包含するのである」とするのである。同判決は「弁護人の援助が虚偽の危険性を減殺する」こと、「弁護人が存在することによって、警察官が自白の強要を行なう蓋然性は減るだろう」こと等について述べ、弁護人の援助について、「取調べに際して被告者の修正5条の特権（an accused's Fifth Amendment privilege）を保護するために弁護人を付するという文脈においても等しく当てはまる」としている。かくて、自己負罪拒否特権から（他の効果的方法が示されない限り）当然に導かれるものとして弁護人立会権を認めたのである。

③—2については、同判決は、この告知も取調べの絶対的要件であるとしてい

る。即ち、同判決は「このような告知を通じてのみ、被告人 (the defendant) が確実にこの権利を知っていたことを確認しうる」とする。「もしも個人が弁護人の援助を求める意向を取調べの前に示したならば、彼が現に弁護人を持っていないかあるいは弁護士を雇う資力がないことを理由にこの要請を無視したり拒否したりすることは許されない。個人の財政的能力はここで問題となる権利の範囲と何らの関係もない。憲法で保障された自己負罪拒否特権はすべての個人に適用される」のである。

(d) また、④の告知について、同判決はつぎのとおり説明している。

「この付属的告知がなされないならば、弁護人と相談する権利の告知は単に弁護士がすでにいるかあるいはこれを雇う財力があるならば弁護士と相談しても良いという趣旨に理解されてしまいかねない。弁護権 (a right to counsel) の告知は、貧しいもの——もっともしばしば取調べを受ける者——に対して、彼もまた弁護人の在席を求める権利があるのだという知識を与えるような表現でなされるのでなければ、空虚なものになるだろう。黙秘権並びに弁護権一般の告知とともに、無資力者に対するこの権利告知によって、権利行使しうる立場にいることが保障されるのである」。

(7) そして、効果については「以上の告知がなされた後の手続は明白である」として、つぎのとおり述べている。

(a) まず、「取調べの前あるいは取調べ中のどの段階であれ、個人が黙秘したい旨をいかなる方法でも示したならば、取調べは中止されなければならない。この時彼は修正5条の特権を行使する意思を表明したことになるのである。特権を援用した後に得られた供述は強制の産物以外の何物でもない。質問自体を中止させる権利がないならば、身体拘束下の取調べという状況は、特権発動後も個人に供述をさせるべく作用するだろう」として、黙秘権行使を示すことによる取調べの中止効を導いた。

(b) また、「もしも個人が弁護士を求める旨述べたならば、弁護士が現れるまで取調べは中止されなければならない。その際、弁護士と相談し、かつ引き続くすべての質問の間弁護士を在席させる機会が与えられなければならない。もしも個人が弁護士を得ることができず、しかし警察に供述する前に弁護士を得たい旨を示したならば、警察官は彼の黙秘するという決断を尊重しなければならない」として、弁護人の立会いを求めることによる取調べの中止効も導いている。

(c) さらに、「弁護人の在席なしに取調べが続行され供述が得られた場合は、政府は被告人が熟慮のうえで理性的に (knowingly and intelligently) 自己負罪拒否

特権並びに私選・官選の弁護人を得る権利を放棄したことを示す重い責任を負担する」として、黙秘権放棄の厳格な立証責任の負担の所在について言及している。その所以を同判決はつぎのとおり述べている。

　　当裁判所は常に憲法上の権利の放棄に関して高度の立証の基準を設定してきた。われわれはこの基準が身体拘束下の取調べにも当てはまることを改めて表明する。取調べが行なわれる孤立した環境を設置しているのは政府であり、また、外界から遮断された取調べのあいだに告知がなされたことを示すたしかな証拠を入手しうるのも政府であるから、この立証責任はその肩に担わされるのが正当である。

　要するに、「被告者（the accused）が単に沈黙したということや最終的に自白が獲得されたという単純な事実から、有効な放棄がなされたことを推定することはできない。カーンリー判決（Carnley v. Cochran, 369 U. S. 506, 516 [1962]）におけるつぎの一説はここでも妥当する。〈沈黙の記録から放棄を推測することは許されない。記録中において、被告者（accused）が弁護人付与の申出を受けながら、理性的に熟知したうえで（intelligently and understandingly）この申出を拒否したことが示されなければならない。それに満たないものは放棄ではない〉」のである[44]。

　(d)　なお、供述対象（内容・事項）についても、つぎのとおり述べ、それが限定・特定されえないことを明らかにしている。

　　自己負罪拒否特権は、いかなる意味においてであれみずから罪に陥れるこ

---

[44]　これに関連して、同判決は「個人がいくつかの質問に答えあるいは彼自身についていくつかの情報を提供したとしても、彼が取調べにあたって黙秘権を発動したならば特権が放棄されたと解する余地はない」としている。即ち、「被告者（an accused）が権利を放棄したとする捜査官憲の証言がいかなるものであれ、供述がなされる前の長期間の取調べや外界と遮断した拘禁（incommunicado incarceration）は被告者（the accused）が有効に諸権利を放棄しなかったことの強力な証拠である。このような状況下では、最終的に個人が供述したという事実は、取調べの強制的影響力がついに彼を供述に追い込んだという結論と符合する。それは、特権の任意的な放棄という観念といかなる意味でも矛盾する。さらにいえば、被告者（the accused）が脅かされ、許されあるいは丸めこまれて放棄したことのいかなる証拠も、もちろん、彼が特権を任意に放棄しなかったことを意味するのである。権利の告知と放棄の要請は修正5条の特権にとって基礎的なものであり、現実の取調べ手続のための事前の儀式ではない」とする。しかし、この立証責任がその後の判例において緩和される傾向にあることは、後に述べるとおりである。

とを強制されることから個人を守る。それは負罪の程度を区別しない。まさにこれと同じ理由から帰罪的な (inculpatory) 供述と単に弁解的 (exculpatory) といわれる供述とのあいだに区別をつけることもできない。

即ち、前者 (負罪の程度) については、同判決は、「この判決に従って要求される告知と必要な放棄は、十分効果的な代替手段がない限り、直接的な自白 (confessions) と犯罪の一部または全部の自認 (admissions) とのあいだに区別をつけることは不可能である」とする。
また、後者 (帰罪的供述か弁解的供述か) についてはつぎのとおり述べている。

　もしも供述が真に弁解的なものであるならば、検察官はもちろんそれを使用しようとはしないだろう。実際には、単に弁解のためになされた被告人 (the defendant) の供述も、公判での彼の証言を弾劾しあるいは取調べ段階の供述の虚偽を示して、暗示的に有罪を立証する目的でしばしば用いられるのである。これらの供述はいかなる意味においても、供述者を罪に陥れるものであり、他の供述において要求されるのと同等の十分な告知と有効な放棄なしには使用することは許されないのである。

(8)　このように、同判決は「わが弾劾主義の刑事手続システムの開始」を宣言した。
　もっとも、次いで、同判決は、「犯罪捜査における警察官の伝統的な機能を妨げることを意図するものではない」旨を述べ、「法の執行に援助を与えることになる情報をいかなるものであれ提供するということは責任ある市民の行動である。こうした状況においては、身体拘束下の取調べ手続に内在する強制的雰囲気は必ずしも存在しない」ことに言及する。即ち、同判決は「取調べを通じて得られた供述に関し、すべての自白が強制されたものだと言う意図はわれわれにはない。自白は依然として法の執行における適切な要素である。何らの強制的影響力もなく自由かつ任意になされた供述はもちろん証拠として許容される。個人が身体拘束を受けている際のこの特権の基本的重要性は、彼を警告や弁護人の援助なしに供述させることができるか否かにあるのではなく、彼を取り調べることができるか否かにあるのである。警察署を訪れ犯罪を告白したい旨述べる者や、警察に連絡し自白その他の供述を申し出る者を警察官はあえて押し止める必要はない。いかなる種類の自発的供述も修正5条の制約を受けないし、今日のわれわれの判示に

よって、その許容性は影響を受けない」とも述べている。

そのうえで、改めて先の諸原則を掲げ、「これらの権利を行使する機会は取調べの全過程を通じて与えられなければならない。このような告知がなされかつこのような機会が与えられた後で、個人は熟慮のうえで理性的にこれらの権利を放棄し質問に答えあるいは供述することに同意することができる。しかし、このような告知と放棄がなされたことを検察官が公判廷で示さない限り、取調べの結果得られたいかなる証拠も被告人に不利益に使用されてはならない」としている。

そして、「取調べに対する社会の要請はこの特権よりも重いという」議論はあるが、修正５条の自己負罪拒否特権は「政府権力と直面した個人の権利を憲法が規定したものにほかならない」とし、「この権利は減縮されてはならない」と断じたのである。

すでによく知られた言葉であるが、同判決のつぎの言辞は、我が刑事訴訟実務の現在にとって十分に重い。「この点について我が国の著名な法律家の一人がつぎのように指摘している。〈一国の文明の質はその刑罰法の執行手続を見ることによって大部分判断することができる〉」。

このようにして、自己負罪拒否特権の「基本的人権」性が宣明され[45]、自己負罪拒否特権から当然に導かれるところの諸原則が明らかにされたのである。

3　アメリカにおける判例理論の展開③——ミランダ判決以後

ミランダ判決で示された自己負罪拒否特権に関する諸法則は、その後の連邦最高裁で、より明確化されたといわれている。一方では、ミランダ判決からの後退があるともいわれるが[46]、他方、ミランダ諸原則を拡充・強化されたとされる判決もあって、総体的には、ミランダ判決が、時の試練に耐えて確固たる判例として確立されるに至っていること自体は疑えないといってよい。以下、主に小早川義則教授の一連の労作に依拠しつつ、これをみておくこととしたい[47]。

---

[45] すでにみたとおり、自己負罪拒否特権には「証拠に関する賢明で有益なルール」という側面がないわけではなかろう。また、それは国家と対峙する立場に立つこととなる個人において顕在化するもので、国家以前の権利という意味で「基本的人権」の語を用いるとすれば必ずしもこれに適合しないとの考えもありうるのやもしれない。しかし、ミランダ判決が明らかにしているように、それは個人の人格の不可侵性から、即ち、まさしく個人の尊厳から導かれる権利であって、その意味でこれを「基本的人権」と呼ぶことは何ら差し支えないと考える。

[46] たとえば、アイリーン・M・ローゼンバーグ＝イエール・L・ローゼンバーグ（野々村宜博訳）「身柄拘束中の自白の廃止のための穏やかな提案」宮沢節生＝山下潔編『国際人権法・英米刑事手続法』（晃洋書房、1991年）167頁以下など。

(1) まずは、後退例とされているものを3例挙げておく。

「弾劾例外」「予防法則への格下げ」「公共の安全の例外」の3点が通常後退例として挙げられている。

(a) 1つは、1971年のハリス判決（Harris v. New York, 401 U. S. 222）である。これは、ミランダ法則違反の供述であっても、公判で証人台に立った被告人の証言を弾劾するためには使用できるという判決である。

ハリス判決は、「ミランダは弁護人の援助をうける前に、もしくは弁護権を有効に放棄する前になされた身柄拘束中の被疑者の供述を、訴追側がその主張を立証するために用いることを禁止したものである。訴追側の主立証において被告人に不利に許容されない証拠は、いかなる目的のためであれ、一切使用を禁止されるという結論は、ミランダからは出てこない」とした[48]。この「弾劾例外」は確立された理論になってはいるが[49]、弾劾証拠としての使用が認められるとはいっても、ミランダ判決の趣旨に反して不公正と思われる供述の使用は除外されていることに留意されねばならない[50]。

(b) もう1つは、1974年のタッカー判決（Michigan v. Tucker, 417 U. S. 433）で

---

47 この部分の論述「3 ミランダ判決以後（アメリカにおける判例理論の展開・その3）」は、そのほとんどすべてを小早川義則「アメリカにおける被疑者取調べ・ミランダ判決以後の取調法」井戸田侃ほか編『総合研究＝被疑者取調べ』（日本評論社、1991年）194頁以下、小早川義則「ミランダ判決の25年」名城法学43巻1＝2号（1993年）212頁以下及び小早川義則『ミランダと被疑者取調べ』（成文堂、1995年）に依拠している（したがって、判決の訳文も基本的にそのまま引用している）ことをお断りしておかねばならない。

48 その理由付けとされるところは、「排除法則が警察官の違法行為に対し抑止効を有するとしても、当該供述を訴追側は主立証で用いることはできないとすることで十分に抑止される」「すべての刑事被告人は自己を弁護するために証言し、あるいは証言を拒否する特権を有する。しかし、この特権は、偽証を含むものと解することはできない」というものである（小早川・前掲注47「アメリカにおける被疑者取調べ・ミランダ判決以後の取調法」199〜200頁）。

49 たとえば、1975年のハス判決（Oregon v. Hass, 420 U. S. 714. 小早川・前掲注47「ミランダ判決の25年」227頁、256頁）。なお、渡辺修『被疑者取調べの法的規制』（三省堂、1992年）50頁、ロランド・デル＝カーメン（佐伯千仭監修、樺島正法＝鼎博之訳）『アメリカ刑事手続法概説』（第一法規出版、1994年）352頁参照。

50 1976年のドイル判決（Doyle v. Ohio, 426 U. S. 610）は、沈黙を弾劾に用いることは許されないとし（ただし、1980年のジェンキンス判決〔Jenkins v. Anderson, 447 U. S. 231〕は黙秘を証言弾劾に用いることを許容。渥美東洋編『米国刑事判例の動向（1）』〔中央大学出版部、1989年〕119頁以下［中野目善則］）、1990年のジェイムズ判決（James v. Illinois, 493 U. S. 307）は、第三者たる被告人側証人の法廷証言を弾劾するために被告人の矛盾供述を用いることを許されないとしている（小早川・前掲注47「ミランダ判決の25年」228〜229頁、257頁、262〜263頁）。なお、渡辺・前掲注49書51頁参照。

ある。同事件は、ミランダの諸原則が遡及適用されるか否かが争点になったものであるが、ミランダ法則として周知の前記手続的保護措置につき、「それ自体憲法により保障された権利ではなく、自己負罪拒否特権が保障されることを確保するための手段である」とした。これ以降、ミランダの諸原則は、憲法上の権利ではなくそれを保障するための手続的手段ないし予防法則であるとされ、ミランダ法則を「格下げ」する傾向が存在しているともいわれている[51]。

　しかし、1993年4月のウィリアムズ判決（Withrow v. Williams, 53 CrL 2022, 2035）では、ミランダ法則を予防法則としつつも、同法則による証拠排除は、基本的に被告人の公判上の権利であり、拘束中の尋問がもたらしうる信用性にかかわる供述の公判での使用禁止を確保しようとするものと述べられ、ミランダ原則が任意性原則に転換しうるものとされているといえる[52]。ここにおいて、ミランダルールと任意性原則との直接的関係が再確認されているわけであって、これは後述する憲法38条1項と同2項との関係を考えるうえで、きわめて示唆的な判例というべきであろう。

　なお、ミランダルールのうちの弁護人立会権について言えば、我が憲法の解釈としては、憲法38条1項のみならず、34条、37条3項の規定をも併せ考慮することとなり、これを予防法則に「格下げ」することはできないというべきである。後にも言及するが、我が憲法においては、弁護人立会権はまさしく憲法上の権利として存在しているといわねばならない[53]。

　(c)　3つめの後退例として挙げられるのは、1984年のクオーリズ判決（New York v. Quarles, 104 S. Ct. 2626）である。これは、ミランダ法則に「公共の安全の例外（public safety exception）」を認め、その適用を限定したものである。事案は、パトロール中の警察官が銃を持った黒人に強姦された旨の通報を受け、その直後にスーパーで人相の一致する被告人を見つけその身体を捜索したところ、空のピストル・ケースを発見したので手錠をかけ、その後に「銃はどこだ」と尋ねたというものである。被告人は、商品の空箱の方をあごで示し「銃はそこにある」と答え、その供述どおり空箱から装填された銃が見つかり、そこで警察官は被告人を正式に逮捕し、ミランダ警告の後、右銃が被告人のものでマイアミで購入した旨の供

51　小早川・前掲注47「アメリカにおける被疑者取調べ・ミランダ判決以後の取調法」201頁、203頁。なお、渡辺・前掲注49書50頁、デル＝カーメン・前掲注49書353頁参照。
52　小早川・前掲注47「ミランダ判決の25年」229〜230頁、244〜250頁、265頁。
53　渡辺・前掲注49書216頁以下参照。

述を得たというのである。

銃の不法所持の裁判で、ミランダ警告なしに採取した「銃はそこにある」旨の供述及びその供述に基づいて発見された銃のほか、銃の所有者及び購入場所に関する供述の許容性が争われ、州段階ではいずれもミランダ違反にあたるとして排除された。しかし、連邦最高裁は、「公共の安全を憂慮してなされたものと合理的に判断できる」場合には必ずしも尋問前にミランダ警告をする必要はないとの判断を示し、本件にはミランダ違反はないとした。即ち、「本件では、被告人がスーパー内に銃を隠したことを疑うに足る十分な理由があり、これを放置すれば公共の安全が脅かされる危険があるため、ただちに銃の所在をつきとめる必要があった」とする。「警察官は不明の銃を捜し出すのに必要な質問しかしていない」のであって、「公共の安全が脅かされる状況下に質問をし答弁を求める必要性は修正第5条の自己負罪拒否の特権を保護するための予防法則の必要性に、まさる」という理論である[54]。

このように後退例が存するといわれているのではあるが、我が国の刑事訴訟実務に比したとき、「弾劾例外」にせよ、「公共の安全の例外」にせよ、むしろ、その例外がきわめて限定されている点こそ注目されるに値するといわねばならないであろう。

(2) つぎに拡充・強化例をみてみよう。

ミランダ法則の貫徹強化例としては、何よりも弁護人立会権に関する諸判例を挙げなければならない。

即ち、ミランダ判決は、被疑者に取調べを中止させる権利のあることを明示しているが、被疑者の右権利行使後、いかなる事項についても一切の取調べ再開を禁止する趣旨なのか、黙秘権行使の場合と弁護人依頼権行使の場合では差異は認められるのかについては、明らかであるとはいえなかった。この問題について、ミランダ判決の趣旨を明らかにしたのがつぎの諸判例である。

結論を言えば、黙秘権行使の場合は、一定の状況・条件のもとで、改めて取調べの再開が許容されうるが（そして、それが後述する「ミランダの矛盾」を示すことにもなっているといえるのではあるが）、弁護人立会権については、その権利性が明らかに貫徹・強化されているのである。

---

[54] 小早川・前掲注47「アメリカにおける被疑者取調べ・ミランダ判決以後の取調法」202〜203頁、渡辺・前掲注49書52〜53頁。なお、デル＝カーメン・前掲注49書344〜345頁、363〜365頁も参照。

(a) まず、1975年のモズリー判決（Michigan v. Mosley, 423 U. S. 96）を挙げよう。事案は、黙秘権行使のケースでミランダ警告後に強盗事件の被疑者が供述を拒否したのでただちに取調べを中止したケースで、2時間後に別の警察官があらためてミランダ警告の後で別罪の殺人事件について取り調べて自白を得たというものである。この事案については、取調べを中止させる被疑者の権利が誠実に尊重されている限り、まったくの別件について取調べを再開することは、ミランダ法則に違反するものではないとされた。

即ち、モズリー判決は、「個人が何らかの方法で黙秘したい旨示した場合には、尋問は中止されなければならない」とのミランダの文言の核心は「〈尋問を中止させる権利〉である。被疑者は、尋問を中止させるこの権利を行使することにより、尋問の開始時間、尋問事項、そして尋問の継続（時間）を自由に決めることができる。法執行官に対する被疑者のこの権利行使を尊重しなければならないとの要求は、拘束情況という強制的な圧力を中和する」ところにあるとして、黙秘権行使後に得た供述の許容性判断は被疑者の「〈尋問を中止させる権利〉が誠実に順守されたかどうかにかかっている」とする。そして、「本件では、〈尋問を中止させる〉被疑者の権利は十分に尊重されている。警察官は被疑者の黙秘権行使後ただちに尋問を中止し、一定の時間経過後に、先の尋問で対象とされていなかった犯罪に限定して、あらたにミランダ警告を与えた後で、第二の尋問がなされている」というのである[55]。

(b) これに対し、1981年のエドワーズ判決（Edwards v. Arizona, 451 U.S. 477）は、弁護人立会権行使のケースにつき、つぎのとおり述べている。

即ち、被疑者が弁護人との面会を求めたのでただちに取調べを中止したケースで、翌日、別の警察官があらためてミランダ警告の後で取調べを再開し、被疑者から自白を得た事案について、被疑者がみずから会話をはじめた場合を除いて、「被疑者が弁護人を利用可能になるまで」に取調べを再開することはミランダ法則に違反するとした。

即ち、同判決は、被疑者はミランダ警告後であれば権利を放棄し尋問に応ずることはできるが、被疑者が弁護人立会権を行使した場合には「拘束中の尋問に被疑者が応じたことを立証するだけでは、たとえ被疑者に権利告知がなされていたにせよ、弁護人立会権の有効な放棄が確証されたとはいえない」とする。また、

---

55 小早川・前掲注47「アメリカにおける被疑者取調べ・ミランダ判決以後の取調法」197頁。なお、渡辺・前掲注49書46〜48頁参照。

被疑者が弁護人との面会を求めた場合には「被疑者みずから、警察とのコミュニケーション、やりとり (exchange) ないし会話をはじめた場合を除き、被疑者が弁護人を利用できるまで (until counsel has been made available)」警察官の再尋問は認められないと言う。そして、「弁護人との接見なしになされた本件被疑者の供述は、有効な権利放棄に相当するものではないから、証拠として許容できない」としたのである[56]。

かかるミランダ・エドワーズルールは、1983年ブラッドショー判決 (Oregon v. Bradshow, 462 U. S. 1039) ではいったん後退して捉えられたようにもみえたが[57]、1988年のロバソン判決 (Arizona v. Roberson, 486 U. S. 675) においては、別件でも適用される旨が明らかにされ[58]、そして、1990年のミニック判決 (Minnick v. Mississippi, 498 U. S. 111 S. Ct. 486) は、エドワーズの「利用可能になるまで」という文言が「取調室の外で弁護人と相談する機会を与える以上の意味をもっている」ことを明確にするに至った。即ち、「被疑者が弁護人を要請したならば取調べは停止されなければならず、その後被疑者が彼の弁護人と相談したか否かにかかわらず、弁護人の在席なしに捜査官は取調べを再開することはできない」のである[59]。

ミニック判決は、ミランダ・エドワーズルールの明確化とその詳細な理由付けによって注目されるべき判決であるが[60]、その前提となっている認識は、エドワーズルールを「任意性判断という困難な仕事に拡散してしまうおそれのある司法的資源を節約し、ミランダの保護を実際的で率直なことばによって実現するもの」と捉えるものである。そして、同判決は「権利放棄も有罪の自認もいずれ個人が責任を承認することと両立するものであり、これは刑事司法制度上の原理のひとつである」としつつ、つぎの如き主張は、この原理からの逸脱を意味しないという。

即ち、「如何なる権利放棄もまた如何なる罪の自認も身体拘束による強迫的圧

---

56 小早川・前掲注47「アメリカにおける被疑者取調べ・ミランダ判決以後の取調法」197〜198頁、同・前掲注47「ミランダ判決の25年」241〜243頁。
57 渥美・前掲注50書45頁以下［香川喜八郎］。
58 小早川・前掲注47「ミランダ判決の25年」261〜262頁。なお、渡辺・前掲注49書48頁、50頁も参照。
59 ミニック判決については、基本的に高野隆抄訳に拠っている。なお、小早川・前掲注47「ミランダ判決の25年」244〜246頁、263〜264頁、宮沢ほか編・前掲注46書206頁以下［堀田牧太郎訳］参照。
60 宮沢ほか編・前掲注46書18〜20頁、渡辺・前掲注49書47〜50頁、小早川・前掲注47「ミランダ判決の25年」212〜213頁、215頁、244〜247頁、263〜264頁参照。

力がそれをもたらした原因のひとつではないということについての明確かつシステマティックな保障がない限り無効である」との主張である。エドワーズルールは、この主張を支える「ひとつの基準を提供」しているとされたのである。かくてアメリカの判例理論において、弁護人立会権が、自己負罪拒否特権を確保する手続的保護措置としての地位を不動のものとしたことは、もはや疑えないといえよう。そしてまた、それが従来の任意性原則をより明確化するための基準設定であることも改めて確認されているといえる。

(c) なお、拡充例としてはつぎの判例を挙げることができる。

ミランダ法則の核心は、警察官による身体拘束中の被疑者の取調べを規制し、裁判所および法執行官に明確な憲法上の指針を与えたことにあるが、1981 年のスミス判決（Estelle v. Smith, 451 U. S. 454）では、警察官による取調べとはいえない裁判所の命じた中立的な精神科医の公判前の問診に基づく証言にミランダ法則が拡大適用された。

即ち、スミス判決は、精神科医が、ミランダ警告なしに行なった公判前の精神鑑定に関する問診に基づき、量刑手続段階で「被告人の将来の危険性」を積極的に肯定したため、被告人が死刑の言い渡しを受けた事案につき、「身体拘束中の被告人が裁判所の命じた精神科医の問診を受けてした供述は〈自由かつ任意になされた〉ものではない」として、ミランダ法則に違反するとしたのである[61]。

(3) つぎに、その他の要件の明確化の例をみよう。

(a) ミランダ判決によると、身体拘束中の取調べとは、「身体を拘束され、あるいは、何であれ顕著な方法で行動の自由を奪われた（in custody or otherwise deprived or his freedom of action in any significant way）」後で法執行官によって開始された質問を意味する。この点、連邦最高裁は、別罪で州刑務所に収容中に受刑者に国税庁調査官が脱税容疑で質問した事案につき、「身体拘束中」とは捜査中の当該事件に関して拘束されているかどうかを問わず、現に拘束中であれば足りるとした（Mathis v. United States, 381 U. S. 1 [1968]）。

また、被疑者の寄宿先寝室で早朝 4 名の警察官が前夜の射殺事件に関し尋問した事案について、被疑者は自由に立ち去ることが認められず事実上「逮捕されていた」として、いずれもミランダ法則の適用を肯定している（Orozco v. Texas, 394 U. S. 32 [1968]）。他方、警察官が別罪で仮保釈中の被疑者に警察署への出頭を求めて、逮捕しない旨の説明をしたうえで住居侵入窃盗につき質問し、30 分後に

---

[61] 小早川・前掲注 47「アメリカにおける被疑者取調べ・ミランダ判決以後の取調法」202 頁。

帰宅させた事案（Oregon v. Mathiason, 429 U. S. 492 [1977]）については、いずれも身体拘束の事実はないから、ミランダ法則の適用外とされている[62]。

なお、通常の交通検問による運転者に対する道路上の質問も、顕著な方法による自由の剥奪はないとされている（Berkemer v. McCarty, 468 U. S. 420 [1984]）[63]。

(b)　さらに、ミランダ判決は、身体拘束中の取調べとは、拘束後に「法執行官により開始された質問のことを意味する」というにとどまるが、連邦最高裁は、1980年のイニス判決（Rhode Island v. Innis, 440 U. S. 291）で、ミランダ判決にいう「取調べ」とは「明示の質問ないし機能的にそれに相当するもの」をいい、「明示の質問だけでなく、警察官が被疑者からそのことにより負罪的反応を無理なく引き出しうることを知っていて当然と思われる警察官による何らかの言語ないし行動をさす」と定義づけている。

即ち、イニス判決は、被疑者を護送中に得た兇器の隠し場所に関する供述につき、「尋問」に相当する警察官の働きかけはなかったとしてこれを許容したが、その際はじめて「尋問」を詳細に定義づけ、その意味を明らかにした。即ち、同事案は、銃を用いた強盗殺人事件で被疑者が逮捕されたが銃を所持していなかったので、被疑者を警察署に護送する途中、2人の警察官が護送車のなかで不明の銃について話をはじめ、このあたりは障害児のための学校があるので「子供が実弾入りの銃を見つけて怪我でもしたらたいへんなことになる」などと話し合っていたところ、被疑者が2人の話をさえぎり、銃の隠し場所を教える、子供のために銃を取り除きたいと述べ、その供述に基づき銃が発見された事案である。本件では、障害児の安全に関する良心への訴えに対して被疑者がとくに敏感に反応することを警察官が知っていたことを窺わせるものは記録上一切存在せず、また2人の短い会話の文脈からして、被疑者の反応を予期していて当然ということもできないから、警察官によって〈尋問された〉とはいえずミランダに違反しないとしたのである[64]。

この外、ミランダ諸原則の権利告知の順序や権利放棄の明示性について言及した諸判決が存在している[65]。

なお、自己負罪拒否特権をめぐるアメリカの判例理論として、その他重要な

---

[62]　小早川・前掲注47「アメリカにおける被疑者取調べ・ミランダ判決以後の取調法」195頁。

[63]　デル＝カーメン・前掲注49書343頁。

[64]　小早川・前掲注47「アメリカにおける被疑者取調べ・ミランダ判決以後の取調法」195～196頁、渥美・前掲注50書18頁以下［香川喜八郎］。なお、渡辺・前掲注49書45頁参照。

ものとしては、「供述による（あるいは情報伝達的性質の）自己負罪（testimonial or communicative self-incrimination）」と「身体的自己負罪（physical self-incrimination）」を区別し、自己負罪拒否特権は前者の問題であるとする趣旨及びこれに関連する一連の判例がある[66]。

(4)　以上の諸判例を通じて、従来必ずしも分明ではなかったミランダ判決の適用範囲はかなり明確となり、ミランダ原則が確立されたといわれているわけである。実際、バーガー長官も1980年のイニス判決の補足意見で「ミランダ判決の意味は合理的に明らかとなり、法執行の実務はそれに順応した。今さらミランダ法則を変更する気はない」と述べて、ミランダ判決の支持を表明した。そして、この流れは、レンキスト・コートでも変わっていないといわれているわけである[67]。

4　ミランダの矛盾をめぐって

以上の如くミランダルールの確立について言及し、これが自己負罪拒否特権にとって自明のルールになっていると説く際には、併せて「ミランダの矛盾」と呼ばれているものについても論じておかねば正確な論述ということにはならないであろ

---

[65]　1981年のプライソック判決（California v. Prysock, 453 U. S. 35）では、両親立会い後に権利告知の後で殺人事件の被疑者（未成年）から自白を得た事案につき、ミランダ警告の内容は、ミランダ判決で用いられた文言をそのまま正確に繰り返すことまで必要とせず、権利告知の順序が異なるというだけでミランダ警告が不十分であるということはできないとしている。また、1979年のバットラー判決（North Carolina v. Butler, 441 U. S. 369）は、強盗事件等の被疑者からミランダ警告後に自白を得たが、弁護人依頼権については供述時に明示の権利放棄はなかったという事案につき、供述時に権利を放棄する旨の明示の供述は必ずしも不可欠の要件ではなく、被疑者の前歴、経験を含め尋問状況の全体から権利放棄を認定してよいとし、ミランダ法則の違反はないとしている。同判決については、後述の「4　ミランダの矛盾をめぐって」をも参照（小早川・前掲注47「アメリカにおける被疑者取調べ・ミランダ判決以後の取調法」198頁）。なお、渡辺・前掲注49書46頁、48頁参照。

[66]　デル＝カーメン・前掲注49書343～344頁、384～385頁、415～416頁は、Gilbert v. California, 388 U. S. 263 (1967)；South Dakota v. Neville, 459 U. S. 553 (1983)；Baltimore City Department of Social Services v. BouKnight, 493 U. S. 549 (1990)；Pennsylvania v. Muniz, 490 U. S. 582 (1990)などを紹介している。また、鈴木義男「日米最高裁の接近」判例タイムズ457号（1982年）38頁は、前掲注28で言及したボイド判決が実質的に変更された判例(Fisher v. United States, 425 U. S. 391[1976]；Andresen v. Maryland, 427 U. S. 463 [1976])などを紹介して、自己負罪拒否特権の理解において、書証または物証という領域では「日本とアメリカとの差はほとんどなくなったといえよう」としている。

[67]　1990年のミニック判決は、前述のとおり、ミランダ・エドワーズルールの弁護人立会権の存在を明確に再確認し被疑者の権利を貫徹強化したものであるが、保守派といわれるケネディ判事が法廷意見を執筆している（小早川・前掲注47「ミランダ判決の25年」237頁参照）。

う。即ち、ミランダ諸原則について、当初から指摘されていたのは、取調官に被告者への権利告知を義務づけつつ、同時に被告者から権利放棄の同意を取りつけるという相反する義務が課されていること、しかも身体拘束中の被告者には手続的保護措置（即ち、たとえばもっとも重要なものとして弁護人の立会い）が存しない限り真に任意の供述ではないとしながら、権利放棄（即ち、たとえば弁護人立会権の放棄）は弁護人の立会いなしに行なえるという矛盾が存在しているということである[68]。

　この点は、ミランダルールが行きすぎていると主張し、従前の任意性のテスト（事情の総合説）への復帰を説く論者と逆にミランダルールでは不十分だと考える論者（不十分さを克服するために、弁護権放棄の禁止や身体拘束下の自白の全面的排除を説く論者もいる）に共通する認識であるとされている[69]。事実、ミランダ判決以降の自白率には、ほとんど変化がないという調査結果もあって、むしろ権利放棄が一般化・通常化しているともいわれているところである[70]。

　そして、先に掲げたミランダルールの効果の部分において、もっとも緩和されている傾向にあることを否めないのが、権利放棄の挙証責任である。これは、おそらくは先に述べた後退例とされているものよりも、ミランダに対するより大きな問題点として浮かび上がっているといえるであろう。即ち、前述のモズリー判決（1975年）によって、取調べを中止させる権利を「誠実に尊重していた」といった点等「全体の事情を総合的に判断して」権利放棄の有効性が判断されたことを皮切りに、1979年のバットラー判決では黙示の権利放棄が有効とされ[71]、1986年のバービン判決（Moran v. Burbine, 475 U. S. 412）、コネリー判決（Colorado v. Connelly, 479 U. S. 157）、1989年のバレット判決（Connecticut v. Barrett, 479 U. S. 523）、スプリング判決（Colorado v. Spring, 479 U. S. 564）を通じて、ミランダ判決の示した厳格な重い立証責任というものは事情の総合説的アプローチによってかなり緩和されるに至った。結局、「自白の任意性」から「権利放棄の任意性」へと移行したにすぎないともいわれる実情とされている[72]。

　このように、自己負罪拒否特権の手続的保護措置としてのミランダルールは、

68　小早川・前掲注47『ミランダと被疑者取調べ』184〜185頁、252頁。
69　小早川・前掲注47『ミランダと被疑者取調べ』175〜234頁、253〜254頁。
70　小早川・前掲注47『ミランダと被疑者取調べ』254〜255頁、268頁以下。なお小早川義則「ミランダの矛盾——種利放棄について」大阪市立大学法学雑誌40巻4号（1994年）362頁以下参照。
71　前掲注65参照。
72　小早川・前掲注47『ミランダと被疑者取調べ』255〜271頁。

一方では、今日なお問題を孕みつつ、アメリカ判例理論を形成しているわけである。しかし、だからといって、「今さらミランダ法則を変更する気はない」とされているわけであって、要するに、ミランダルールは自己負罪拒否特権を担保するものとして、それがベストのものかどうかはともかく、そのルール自体はルールの存しない状況よりベターなものであると広く認識されていることは疑えないといわねばならないであろう。

即ち、ミランダは「被疑者をより尊重する風土作りに貢献したのであり、もっとも卑しい反抗者をも尊重に値するものとして取り扱う訴追側の意思表示」であって、「その刑事手続保障に関するシンボル的効果は重要である」のである[73]。

5　小括に代えて

このように、ミランダ判決は、問題を孕みつつも、確立した判例としてアメリカ法に定着するに至っている。かかるミランダルールを軸として、自己負罪拒否特権に関するアメリカの判例理論を概観したとき、我が憲法 38 条 1 項の理解にとって、きわめて示唆的な理論の展開があること自体は疑いようがない。とりわけ、つぎの 2 点には着目しなければならない。

即ち、ひとつは、自己負罪拒否特権から導かれている黙秘権行使及び弁護人立会い要求による取調べの中止効であり、とりわけ、弁護人立会権、それが貫徹強化されている姿勢である。

そして今一つは、自己負罪拒否特権（その手続的保護措置）を証拠排除の理論と結合させ、これを一貫させている在りようである。

これらは、わが刑事訴訟実務にとって、十二分に汲み取るに値するものである。もっとも、アメリカにおいては、その背景として 1960 年代からの弁護権の急速な発展・「華麗な前進」という現象があるとされている[74]。したがって、これをアメリカ固有の現象とし、かかる点は我が刑事訴訟実務にただちに導入できるわけのものではないとの見解もありえよう[75]。しかし、すでにみたとおり、我が憲法、とりわけ、英文憲法が示唆する憲法は、むしろ、弁護権強化のかかる現象を先取りするかたちで制定されていたといわなければならない。換言するならば、我が刑事訴訟実務における弁護権も一挙に「前進」を遂げうること、否、遂げるべきことこそ

73　小早川・前掲注 47『ミランダと被疑者取調べ』272 〜 273 頁。
74　田宮裕「弁護の機能」石原一彦ほか編『現代刑罰法大系（5）』（日本評論社、1983 年）60 〜 64 頁参照。

が示唆されているというべきである。少なくとも、我が憲法に、本来それだけの土壌があることはたしかなのである。そのとき、上記アメリカの判例理論をも我が憲法38条1項の重要かつ必ず考慮すべき立法事実として捉え、その解釈を行なうことは当然許されるはずである[76]。

憲法解釈・刑事訴訟法解釈と我が刑事訴訟実務

　以上で明らかにした憲法38条1項の英文の意味、制定過程、そして、自己負罪拒否特権についてのアメリカ判例理論の展開を踏まえたうえで、以下においては、我が国における刑事訴訟実務の在りようについて検討し、憲法38条1項に基づいた手続、また弁護活動は如何に在るべきかについて考えていくこととする。

1　前提──刑事訴訟法は憲法を拡充したのか

　憲法38条1項と直接的な関係をもつ刑事訴訟法上の条文は、つぎの4条といえよう（むろん後述するとおり、その他の条項──たとえば、法39条3項──も憲法上の自己負罪拒否特権との関係で捉え直さなければならないことはいうまでもない）。

① 　法198条2項「（198条1項の）取調に際しては、被疑者に対しあらかじめ、自己の意思に反して供述する必要がない旨を告げなければならない」
（なお、同4項、とりわけ同5項）

② 　法291条2項「裁判長は、起訴状の朗読が終った後、被告人に対し、終始沈黙し、又は個々の質問に対し陳述を拒むことができる旨その他裁判所の規則で定める被告人の権利を保護するため必要な事項を告げた上、被告人及び弁護人に対し、被告事件について陳述する機会を与えなければならない」（なお、刑事訴訟規則197条）

---

[75]　たとえば、鈴木義男「アメリカにおける自白の証拠能力」判例タイムズ486号（1983年）41頁は「もしアメリカのようなゆき方だけが適正であるというのであれば、我が国をはじめ世界のほとんどの国は不適正な手続を用いているということでなければならなくなる」とし、「我が国でも他の多くの国々でも、真実発見への関心がはるかに強い。ルール違反を防ぐ必要があるからといって、そのため実体が歪められるようになれば、かえって正義に反すると感じられている」としている。

[76]　憲法判断にあたって、立法時立法府が考慮した立法事実の外、裁判時までに裁判所に利用可能となった立法事実を考慮するほうが合理的であるとするものとして、時国康夫「憲法訴訟における立法事実の位置づけ」Law School 25号（1980年）15頁参照。

③　法311条1項「被告人は、終始沈黙し、又は個々の質問に対し、供述を拒むことができる」

法311条2項「被告人が任意に供述をする場合には、裁判長は、何時でも必要とする事項につき被告人の供述を求めることができる」

法311条3項「陪席の裁判官、検察官、弁護人、共同被告人又はその弁護人は、裁判長に告げて、前項の供述を求めることができる」

④　法146条「何人も、自己が刑事訴追を受け、又は有罪判決を受ける虞のある証言を拒むことができる」[77]

一般的には、憲法38条1項を受けて刑事訴訟法は、憲法の精神を拡充して、黙秘権をより実質的に保障しているなどといわれている。拡充・実質的保障とされる所以は2点あって、ひとつは黙秘権告知の規定の存在であり、今一つは有利不利を問わず供述を拒否しうる旨が規定されたことだとされている[78]。

しかしながら、上来検討した自己負罪拒否特権というものの性質・その重要性に鑑みるならば、刑事訴訟法の規定は、あまりに当然の規定というべきである。けだし、権利告知はミランダ判決が述べるとおり黙秘権保障の絶対的要件というべきであるし[79]、有利・不利という問題は、冒頭で述べたとおり、"against⇔for"という問題に外ならず、もともと供述内容自体が有利か不利かということと自己負罪拒否特権の問題とは直接の関係はないというべきであって、有利不利を問わず供述しないでよいということは自己負罪拒否特権そのものの内容というべきだからである。

むしろ、ミランダ諸原則をも視野に入れて考えるならば、刑事訴訟法の条文の規定はあまりに不充分であるとの憾を免れない。即ち、上記①は被疑者に関する規定であるが、黙秘権告知を定めるのみで、いわば間接的表現によってしか、被疑者の黙秘権の存在を示していない。このことは被疑者段階の黙秘権を実務上

---

[77]　以下においては、証人について定めたこの条文自体についての検討は行なっていない（たとえば、芦部・前掲注24書211頁［杉原］参照。なお、民事訴訟法280条参照）。証言義務との関係では、なお検討すべき問題が残されているように思われる（前掲注22参照）。

[78]　平野龍一『刑事訴訟法』（有斐閣、1958年）106頁、255頁、田宮裕「被告人・被疑者の黙秘権」日本刑法学会編『刑事訴訟法講座（1）』（有斐閣、1963年）75頁、78頁、青柳文雄ほか『註釈刑事訴訟法（2）』（立花書房、1976年）84頁［吉田淳一］など。

[79]　最判昭25・11・21刑集4巻11号2359頁は、黙秘権告知は憲法上の要請ではないとし、その不告知によってただちに自白の証拠能力は失われないとしている。が、甚だ疑問である。ミランダ判決における判示のほうにはるかに説得力のあることはおよそ否めまい。

軽視、さらに無視する土壌に寄与しているといわなければならない[80]。また、②及び③の被告人の陳述ないし被告人質問に関する規定もこれらの規定の現実の運用をみれば、相当の問題を孕んでいることが明らかである。

以下、より具体的に実務上の問題に引き寄せつつ考えていきたい。

2　被疑者取調べについて

(1)　捜査実務上、取調受忍義務が自明の前提とされている現状は、どう控え目に表現してみても、憲法の精神にはまったくそぐわないものだということができる。

現状は、上記①として述べた法198条2項の規定の運用にしても、ただ儀式としての権利告知が存在しているだけであって、それすら、実際にはされないことが多いともいわれている[81]。要は、取調段階において、被疑者が供述すれば、そのことが同時に黙秘権の放棄と捉えられてしまっている。黙秘権を実効化するための手続的保護措置が必要との発想・視点はまったく存在していない。被疑者が黙秘する姿勢を示そうとしたとき、取調べを中止するとか、保護措置を設定するとかの姿勢は絶無であり、それどころか、まったく逆の措置がなされている。供述させるために、より執拗な取調べがあらゆる手段を駆使して続けられるのである。これは異様な事態といわなければならない。

法の条文の在りようとしても、本来、法198条2項のみならず、法311条1項(あるいは、同2項を加えてもよい)と同旨の規定もここに置かれるべきであったろうし[82]、

---

[80]　五十嵐二葉「日本刑訴の被疑者・被告人を読み直す」法政理論25巻4号(1993年)147頁参照。なお、根本的には「被告者」概念によって、統一的に理解されるべきことは、本書において繰り返し言及しているとおりである。

[81]　弁護人選任権の告知についてであるが、美奈川成章「当番弁護士制度と接見交通権」柳沼八郎＝若松芳也編著『接見交通権の現代的課題』(日本評論社、1992年)180頁は、日弁連第3回国選シンポジウムの国選被告人に対するアンケート調査を引用して(同報告書144頁参照)、「アンケート調査では弁護人選任権の告知がなかったと回答した者が警察の取調べにおいて24.8％、検察官の取調べにおいて24.5％、裁判官の勾留質問においてすら7.4％あった。すべて告知されなかったものと考えることもできないが、少なくとも記憶に残らないようなものであったことは否めない」としている。

[82]　全国裁判官懇話会の石松竹雄発言「311条の被告人質問と198条の取調における発問というのは、いったいどこが違うか……どうして一方の当事者にすぎない警察や検察が相手方当事者に対してもっと強い取調べができるのだろうか……」(「20年目を迎えた全国裁判官懇話会──全国裁判官懇話会報告〔2〕」判例時報1423号〔1992年〕25頁)は、法の規定の在り方にも眼を届かせたうえでの重要な指摘である。同様の指摘として、丹治初彦「身柄拘束中の被疑者と刑事弁護」日本弁護士連合会編『現代法律実務の諸問題・平成4年版(下)』(第一法規出版、1993年)7～8頁がある。

本来はそれが憲法の要請そのものであるというべきである。

この異様な事態をどのようにして変革すべきなのか。これが捜査(のみならず公判)弁護実務のもっとも現在的な課題であるといっても過言ではあるまい。おそらくは取調受忍義務(＝出頭・滞留義務)の存否という問題、この古くかつ今なお重要な論点である問題について、これを憲法38条1項から、今一度、捉え直す必要がある。要は、憲法38条1項そのものを弁護実践のなかに取り込まなければならないのである。

(2)　周知のとおり、今日の学説状況において、取調受忍義務否定説は、圧倒的な多数説の地位を築くに至っているといってよい[83]。実際、何よりもまず憲法38条1項から、そして、逮捕・勾留の目的から、さらには捜査の構造からも取調受忍義務は否定される外はないのである。

他方、取調受忍義務肯定説は、基本的には、法198条1項但書を、いわば形式的に読みとって反対解釈をしただけのもので、もはや単なる初期学説と呼ぶべきものにすぎない[84]。学説における理論的な発展は、むしろ身体拘束下の取調べ自体が許されないとする方向の見解の展開においてみられるのであって[85]、今日、無条件的に取調受忍義務を肯定する説などは、おそらく捜査機関側の実務家が唱えているものを除いて[86]、もはや、純然たる学説としては存在していないとさえ

---

[83]　いわばオーソドックスな否定説としては、平野龍一『刑事訴訟法』(有斐閣、1958年)106頁、井上正治「捜査の構造と人権の保障」日本刑法学会編『刑事訴訟法講座(1)』(有斐閣、1963年)119頁、鴨良弼『刑事訴訟法の新展開』(日本評論社、1973年)210頁、218頁、石川才顕『刑事訴訟法講義』(日本評論社、1974年)116頁、庭山英雄『刑事訴訟法』(日本評論社、1977年)75頁、松岡正章『刑事訴訟法講義(1)』(成文堂、1981年)49頁、渥美東洋『刑事訴訟法』(有斐閣、1982年)33頁、光藤景皎『口述刑事訴訟法(上)』(成文堂、1987年)97頁、多田辰也「被疑者取調べとその適正化」立教法学29号(1987年)140頁、鈴木茂嗣『刑事訴訟法の基本問題』(成文堂、1988年)70頁、村井敏邦編著『現代刑事訴訟法』(三省堂、1990年)120頁[高田昭正]、後藤昭「取調受忍義務否定論の展開」『平野龍一先生古稀記念論文集(下)』(有斐閣、1991年)291頁以下、田宮裕『刑事訴訟法』(有斐閣、1992年)126頁以下、井戸田侃『刑事訴訟法要説』(有斐閣、1993年)87頁以下、福井厚『刑事訴訟法講義』(法律文化社、1994年)149頁以下。最新の文献として、平賀睦夫「被疑者の取調べ受忍義務」下村康正古稀『刑事法学の新動向(下)』(成文堂、1995年)177頁以下がある。

[84]　肯定説といえるのは、団藤重光『新刑事訴訟法綱要〔7訂版〕』(弘文堂、1967年)326頁、同『條解刑事訴訟法』(弘文堂、1950年)365頁、瀧川幸辰ほか編『法律学体系コンメンタール篇・刑事訴訟法』(日本評論社、1950年)262頁[中武靖夫]、青柳文雄『全訂刑事訴訟法通論(下)』(立花書房、1954年)412頁、伊達秋雄『刑事訴訟法講話』(日本評論社、1959年)41頁。その後は、柏木千秋『刑事訴訟法』(有斐閣、1970年)56頁、平場安治ほか『注解刑事訴訟法(中)』(青林書院新社、1974年)48頁[高田卓爾]、渥美東洋ほか『増補刑事訴訟法』(青林双書、1977年)33頁[松本一郎]ぐらいしか見当たらないのではないだろうか。

言っても過言ではなかろう[87]。理論上、およそ認め難いとされていることが、実務上はあたかも自明の如くに扱われているわけである。実際、下級審判例もこの状況を無批判に受け容れているだけのようにみえる[88]。

これを異様な事態と呼ばなければならないとする所以である。

(3) 上述したとおり、自己負罪拒否特権は、対立当事者からの「尋問」(への応答)を強いられてはならないという権利である。それ故、すでに言及したとおり、論理必然的に取調受忍義務＝出頭・滞留義務なるものは否定される外はない[89]。けだし、出頭・滞留を課すこと、即ち、取調べを受忍せしめることは実質的には、まさしく「尋問」(への応答)を強いていることに外ならないのだからである。したがっ

---

[85] 身体拘束中の被疑者取調べ自体が許されないとするものとして、沢登佳人「逮捕または勾留中の被疑者の取調は許されない」法政理論12巻2号 (1979年) 1頁以下、上口裕「身体拘束中の被疑者取調べについて」南山法学5巻1＝2号 (1981年) 119頁以下、横山晃一郎「被疑者の取調べ」法政研究49巻4号 (1983年) 13頁。また、捜査官が被疑者を取り調べたい場合には、一般面会の手続に従って行なうべきとするものとして、梅田豊「取調べ受忍義務否定論の再構成」島大法学38巻3号 (1994年) 1頁以下、高内寿夫「逮捕・勾留中の被疑者取調べに関する一試論」白鷗法学3号 (1995年) 73頁以下がある。

[86] 捜査機関側の実務家の見解として青柳文雄ほか『註釈刑事訴訟法 (2)』(立花書房、1976年) 82頁 [吉田淳一]、同121頁 [藤永幸治] など。また、泉幸伸「余罪取調べと取調受忍義務」別冊判例タイムズ12号 (1992年) 10頁は肯定説を「通説」と述べているが、誤りであろう。

[87] 渡辺・前掲注49書211頁は出頭・滞留義務を肯定しているが、弁護人立会いをその前提としている。即ち、弁護人立会権の優位性を説いている。三井誠「被疑者の取調べとその規制」刑法雑誌27巻1号 (1986年) 178頁にも同様の発想が窺える。また、横川敏雄『刑事訴訟』(成文堂、1984年) 109頁や野間建二『刑事訴訟における現代的課題』(判例タイムズ社、1994年) 22頁は、肯定説ではあるが、供述拒否権が実質的に保障されることを前提にしている。

[88] 被疑者の取調受忍義務の存在を自明視したり、その存在を明言する判例として、大阪高判昭43・12・9判時574号83頁、大阪高判昭49・7・18判時755号118頁、東京地決昭49・12・9刑裁月報6巻12号1270頁 (いわゆる都立富士高校放火事件の証拠決定)、東京地決昭50・1・29刑裁月報7巻1号63頁、青森地判昭51・1・27判時813号72頁、東京地判昭51・2・20判時817号129頁、津地四日市支判昭53・3・10判時895号62頁、東京高判昭53・3・29刑裁月報10巻3号233頁、仙台高判昭55・8・29判時980号69頁、東京地判昭62・12・24判時1270号62頁。なお、逮捕勾留中の被疑者の指紋採取等拒否に対する直接強制を許されるとした東京地決昭59・6・22判時1131巻160頁は、「取調べ」の場面でないにもかかわらず、198条1項但書を引用して (かなりの) 有形力を用いての出頭 (強制) を自明視しており、受忍義務の存在を直接明言したものである。ただし、最判昭36・12・20刑集15巻11号1940頁・判時282号6頁における藤田八郎・高橋潔の意見参照 (いわゆるポツダム政令・団体等規正令の不出頭罪につき、多数意見は、刑の廃止として免訴)。

[89] 渡辺・前掲注49書211頁及び松尾浩也『刑事訴訟法 (上) 〔補正版〕』(弘文堂、1984年) 65頁は、受忍義務と出頭・滞留義務とを分離させるが、「出張拒否及び退去の自由がない」としつつ、「被疑者には、——供述しない自由だけではなく——取調そのものを拒む自由をも認めなければならない」とするのはまったく難解な論理に思われる。

て、刑事訴訟法198条1項但書は、これが逮捕・勾留されている被疑者に出頭・滞留義務を課したものとしか文理上読めないのだともしするならば、違憲の規定といわざるをえないであろう[90]。

　もっとも、この点は、つぎのように解すべきである。即ち、GHQのプロブレムシートの "A procurator or police official may, in the course of the investigation of a crime, call upon an accused, a suspect or a person believed to have information, to answer questions. The individual questioned has the right to refuse to answer, and, if not under arrest, may withdraw at any time." (検察官又は警察官は、犯罪捜査の過程で、被告者、被疑者又は事件の情報を有すると信じられる者に対して、問いに答えるよう求めることができる。問われた者は、答えることを拒絶する権利を有し、そして、若し逮捕されていない場合には何時でも退去することができる）という部分が法198条1項但書を導いていると考えられるが、このときGHQ側に取調受忍義務などという発想があったとは思われない[91]。それゆえ、平たく言えば、同但書は、取調べを拒否することが逮捕・勾留されている場からの解放までは導かない（外へは出られない、あるいは、家へは帰れない）という謂であろう。そう解することはそれほど不自然な解釈ではないというべきである。

　(4)　ところで、現在の我が実務状況においては、法198条1項但書違憲論はもとより、取調受忍義務否定説から当然導かれてしかるべきはずの黙秘権行使による取調中止効が受け入れられる兆し自体およそ見出しえないといわざるをえない。そうとするならば、弁護人としては、かりに出頭・滞留を課して取調べの場を設定しようとすることに合憲的運用がありうるのだとするならば、それは自己負罪拒否特権が確保される手続的保護措置がセットされた場合の運用においてのみと考え、出頭・滞留義務の前提となる「自己負罪拒否特権の手続的保護措置」を要求し続ける外はない。

　即ち、弁護人立会い要求であり、あるいは、取調べ可視化の要求、端的には取調べ全過程のテープ録音要求である[92]。また、取調べ可視化のためのその余の要求（取調べ毎に調書を作成すること、取調べに立ち会った者全員を明記すべきこと、調書に

---

[90]　村井・前掲注83書120頁［髙田］、髙野隆「刑事訴訟法39条3項の違憲性」柳沼八郎＝若松芳也編著『接見交通権の現代的課題』（日本評論社、1992年）31頁参照。

[91]　プロブレムシートの原文は、横井大三「新刑訴法制定資料」刑法雑誌3巻3号（1953年）19頁。なお、多田辰生「被疑者取調べとその適正化（1）」立教法学27号（1986年）131～136頁、大出良知「被疑者取調の歴史的考察（戦後）」井戸田侃ほか編『総合研究＝被疑者取調べ』（日本評論社、1991年）129～131頁参照。

はその回数を第何回というように記すこと、取調時間を中断の時間・事情をも含めて明記すべきこと、契印は被疑者本人もなすこと、一問一答式の調書作成を要求すること、調書作成時にその写の交付を求めること等）も手続的保護措置の一環としてこれを位置づけることができる[93]。もとより、これらは手続的保護措置として十分なものとは到底言い難い。換言すれば、これらはまさしく必要最低限の要求なのである。

既述のとおり、弁護人立会権については、憲法38条1項から必然的に導かれるというべきであり、しかも我が憲法においては34条、さらには37条3項から、それが憲法上の権利であることを否定することができないというべきである。また、取調べの可視化要求についても、自己負罪拒否特権を手続的に保護するまさしく必要最小限の措置として、当然に導かれる被疑者（被告者）側の権利といってよい。

これらの要求さえ受け容れないとする現在の捜査実務に対して、弁護人は倦むことなく、かかる要求を、その密室の重い扉をこじ開けるまで繰り返し続けなければならない。被疑者との信頼関係の構築を大前提とするところの困難性を孕んだテーマではあるが、これが、現在の我が刑事訴訟実務における取調受忍義務問題に関わる弁護姿勢の要というべきである[94]。そして、これらの最低限の要求さえ肯認されない状況が続くのであれば、調書への署名押印の拒否の実践、さらに取調室への出頭を拒みうるとの実践、これに弁護人が主体的にかかわることが必然的な課題となってこざるをえないであろう[95]。同時に、公判弁護においては、これらの手続的保護措置が充たされないのであれば証拠排除されるという法理を確立すべく、徹底的な法廷論争を試みなければならないということになる。

92　取調べ可視化に関する論説等の状況並びに取調べの可視化を被疑者の権利として捉えるべきことについては、小坂井久「『取調べ可視化』論の現在──取調べ『全過程』の録音に向けて」大阪弁護士会刑事弁護委員会刑弁情報11号（1995年）13頁以下、同12号（1995年）40頁以下、同13号（1996年）11頁以下、同14号（1996年）12頁以下参照。取調べ可視化請求権は、基本的には憲法13条にもとづく権利と考えられよう。

93　大阪弁護士会『捜査弁護の実務〔新版〕』（大阪弁護士会協同組合、1996年）の第3章「取調」参照。なお、渡辺修「取調べ」川端博＝田口守一編『基本問題セミナー刑事訴訟法』（一粒社、1994年）97頁を併せ参照。

94　弁護実践においての黙秘権の意義に言及するものとしては、高野隆「被疑者の取調べにどのように対処するか」竹沢哲夫ほか編『刑事弁護の技術（上）』（第一法規出版、1994年）95頁以下、高野嘉雄「刑事弁護のあり方」（1994年度東北弁護士会連合会夏期研修講義）日本弁護士連合会編『現代法律実務の諸問題・平成6年版』（第一法規出版、1995年）535頁以下参照。前者は真正面からの黙秘権による実践を説き、後者はいわばからめ手からの黙秘権実践を説いている。

3　自白・承認の証拠許容性について

　上述の如き取調べを経て、供述調書が作成されているわけであるが、現在の公判実務において、被告人の供述を録取した書面の証拠許容性のハードルはいちじるしく低くなっているのが実情である。換言すれば、法319条1項の「任意性の疑い」その他証拠排除の要件についてのハードルは異様に高くなっているのが実務の在りようといわなければならない。まさしく「調書裁判」という、わが刑事訴訟実務の病理は、法321条（特に1項2号後段の書面）とともに、被告人の供述調書の問題において具現されている。自己負罪拒否特権の観点から、今一度、この問題にアプローチすべきであると思われる。

　(1)　この点については、まず、憲法38条1項の黙秘権と同2項の自白法則との関係について、両者はまったく別個の原理にもとづく規定だとする平野・田宮見解について考えてみなければならない。かかる見解が刑訴法の学説上はほとんど通説化しているようだからである。

　その説くところは、①発生の歴史を異にする、②適用の範囲が違う、③1項は証拠禁止の場面で後者は証拠法則の場面である、といった理由に拠るのであるが、たとえば平野・田宮両者においてもその言うところは必ずしも一致しておらず[96]、この見解は、今一度、疑ってみるに値するように思われる。もともと、かかる平野説は、我が憲法における黙秘権が独自の存在であることを強調するところに主眼があった[97]。

　しかし、黙秘権の存在理由がなし崩し的に見失われている我が実務状況のなかでは、かかる黙秘権と自白法則との原理峻別論は、むしろ黙秘権の意味をいっそう失わせる方向でしか機能してこなかったのではないだろうか。実際、被告人の供述調書の証拠許容性の問題は、専ら憲法38条2項、結局のところは、法319条1項の「任意性」をめぐる問題（のみ）として捉えられる傾向がある。これは、

---

[95]　このような試みとして、近時においては、「ミランダの会」が投げかけた問題がある。法198条5項の活用という点をも含めて、その試みは理論的に正しいという外なく、捜査弁護に携わるすべての弁護人が十分に受けとめ、吟味・検討すべき問題といわなければならない。なお、かかる弁護活動に関連して、「取調拒否をめぐる弁護活動について東京地方検察庁が批判を表明されたと報道されていることに対する刑事弁護委員会の見解」大阪弁護士会月報1995年12月号29頁以下参照。

[96]　平野・前掲注4論文48～52頁、田宮・前掲注78論文77～78頁。

[97]　平野・前掲注4論文52～54頁、66頁。

かかる峻別論の故ともいうべきなのではなかろうか。
　かかる峻別論に精緻な反対論を展開する澤登文治は、その論稿の結論部分においてつぎのとおり述べている。

> 　被疑者・被告人本人から不利な供述を奪いとる拷問・強制・脅迫の禁止を内容とする自白法則は、自己の意に反して自己に不利益となる供述を強制されず、また、自己の内心をのぞきこまれることのないよう自己に関する質問の返答を強制されないという自己負罪拒否権と、本質的に同じ原理から派生したものである。なぜなら、両者はいずれも自己負罪的供述の強制を受けない権利として本質を同じくし、その違いはもっぱら、その禁じられた強制が、宣誓その他の精神的強制手段によるか、それとも身体に対する暴力の行使またはその告知という物理的強制手段によるかの差に、すぎないからである。また、1687 年のリルバーン裁判を概観して明らかになったように、自己負罪拒否権確立の端緒は、〈何人も自己を告訴する要なし〉という原理に基づいて、公判以前の予審段階での尋問を拒否したことにあった。したがって、少なくとも当初は、被告人は刑事手続のいかなる段階においても、自己を不利に導くいかなる供述も行なう必要はないという意味に、同権利はとらえられていたのである。したがって、ミランダ判決が、捜査段階でも同権利の存在を認めたのは、その後いったん見失われた権利の再確認にすぎない。以上を総合して自己負罪拒否権は、歴史的にも内容的にも、自己の内心の自由を保障して個人の尊厳と人格の自由な発展を守る、もっとも基本的かつ普遍的な人権の一つであると、結論する[98]。

　以上がミランダとこれに続くミランダ諸判決の示すところであることもすでにみてきたとおりである。
　(2)　いずれにしても、被告人の供述調書の証拠許容性の問題は、ただちに「任意性」の、そして「任意性」のみの問題として捉えられる傾向が、我が実務上は根強く存在している。それは「不任意」の類型化の問題としてしか考えられていない。それが我が実務における一般的傾向で、この類型にあてはまるかどうかという観点からのみ考えられることが多いといってよいのである。
　かかる視点を転換させて、自己負罪拒否特権の意義を捉え直すところから自白

98　澤登・前掲注 30「自己負罪拒否権の歴史的展開（2）」124 頁以下。

等の証拠許容性を考えなければならない。

　このような観点から今一度この問題を考えてみると、実際、憲法学説上は、同2項を「1項の自己負罪拒否特権を実効あらしめるため」の規定と説くものが多い[99]。「(1項の) 裏面解釈として、証拠法上、自白の任意性が保障されねばならない」[100] とか、「1項の自白強要の禁止を受けて、これを証拠法的に保障するもので、第1項の反面解釈として、自白が証拠能力を認められるためには、それが任意になされたもの、いわゆる自白の任意的性質が認められねばならない」[101] とか、「自白の効力の制限をして前項の趣旨を証拠法的側面から強化している」[102] と説かれているのである。要するに、「本条項は、1項の自白の強要禁止の趣旨をより確実に保障するために本条に違反して収集した自白を証拠として犯罪立証のために用いることを一般的に禁止したものである。自白偏重に伴う被疑者、被告人の人権侵害という悪弊を防止し、あわせて捜査過程における適法手続の保障による司法の公正を確保することがその趣旨である」[103]。憲法が、38条1項に続いて2項を置いている趣旨からみても、こう解するのが素直であり、GHQ側の意図もすでにみたとおり、そういうものであったと解されよう。また、ミランダが任意性の原則の明確な基準設定として登場し、そのことが繰り返し確認されていることも、現在においてのこの解釈の正当性を裏付けるであろう。「任意性」の語を用いるにせよ用いないにせよ、自白・不利益承認の証拠としての許容性の問題は、本来、まず何よりも黙秘権＝自己負罪拒否特権侵害の問題だという原理が想起されなければならない。

　(3)　このような観点から現行実務上見直すべき問題はあまりに多い。

　たとえば、任意同行の「名目」で身体を拘束した間に得られた自白などは、端的に黙秘権を侵害したものとして証拠の許容性はないといわなければならない[104]。

---

[99]　樋口陽一ほか『注釈日本国憲法 (上)』(青林書院新社、1984年) 793頁 [佐藤幸治]。
[100]　清宮四郎編『憲法』(青林書院新社、1954年) 200頁。
[101]　和田英夫『憲法体系 [新版]』(勁草書房、1982) 199頁。同旨山田徹彦ほか編著『日本憲法論』(酒井書店、1971年) 126頁。
[102]　小林直樹『憲法講義 (上) [新版]』(東京大学出版会、1980年) 496頁。
[103]　浦田賢治ほか編『新・判例コンメンタール日本国憲法 (2)』(三省堂、1994年) 361頁。
[104]　かかる観点をまったく欠いている判例として、最決昭59・2・29刑集38巻3号3749頁 (高輪グリーンマンションホステス殺人事件。2名の裁判官の意見がある。鈴木義男「判評」判時1129号 [1984年] 226頁)、最決平1・7・4判時1323巻153号 (ただし、坂上反対意見があり、黙秘権告知に言及している) 参照。なお仙台高秋田支判昭55・12・6判夕436巻173号は「違法な任意同行下の自白」として証拠排除したものである。

「何であれ顕著な方法で行動の自由を奪われた後に、法執行官によって開始された質問」にミランダ法則は適用されるのであり、この理は、我が国においても貫徹されなければならない。このような捜査方法によって黙秘権・弁護権を侵害することは、なし崩しの憲法破壊以外のなにものでもない。

もとより、密室の取調べにおいて作成された調書(結局、現在におけるすべての調書)について、この観点から今一度検討する必要のあることはすでに述べたとおりである。被告人供述を録取したとされる調書の証拠許容性については、弁護人は、黙秘権＝自己負罪拒否特権を侵して作成されたものかどうかという観点から取り組むべきであり、少なくともその手続的保護措置についての要求がなされているような場合に、その措置を欠いているときは、措置を欠くことのみで証拠排除されるとの姿勢を堅持して公判に臨まなければならない。

なお、現在のわが判例理論における「任意性」の類型化の状況については、次章「憲法第38条第2項」において、今一度具体的に論じていくこととする。

4 被告人質問について

(1) 本項1の③において見たとおり、刑事訴訟法は、その311条に被告人質問の規定を設けている。その1項を見る限り被告人の黙秘権は十分保障されているように見える。しかし、2項3項の運用によって、被告人の黙秘権は実際上はほとんど有名無実の規定になっているのが実情である。

たとえば、法291条2項[105]の被告人の意見陳述の機会に裁判官がくわしく「いわゆる罪状認否」をさせようとして、被告人を訊すといった光景は法廷でよく見られる光景である。事実、この際に法311条2項の被告人質問が許されるとの判例さえ存在している[106]。

さらに、証拠調手続の当初の段階で、検察官が証拠物を展示する際に、関連性立証と称して(あるいは、禁制品については没収のため所有関係を明らかにするためと称して)、被告人質問(法311条3項)を突然開始するといったことも、法廷でのごくありふれたやりとりとなっているといえよう。

また、被告人の自白調書の任意性立証のためと称して、被告人質問をまず求める検察官も存在しているし[107]、弁護人からの被告人質問が行なわれた後、「主質問」に関連しない質問であっても、「被告人質問」であるが故に許容されるとの前

105　現行291条3項。
106　最決昭25・11・30刑集4巻11号2438頁。

提で、質問を行なう検察官もいるのである。

　そして、このような被告人質問が繰り返され、職権の証拠調べということで次々と何次にも亘って被告人質問の公判調書が作成されていくというケースもある。

　要するに、「何時でも必要とする事項につき被告人の供述を求めることができる」との規定のルーズな運用の結果、およそ限定のない時期におよそ限定のない事項について、「被告人質問」という名の「被告人尋問」をなすことが可能とされ、現になし崩し的に「被告人尋問」がなされているのが実務の現状になっているといわなければならない108。このよう状況は憲法38条1項が到底想定していなかった事態というべきである。実際、法311条2項には「被告人が任意に供述をする場合には」という前提が規定されているのであって、自己負罪拒否特権の趣旨からすれば、この「任意」は、まさしくその言葉の字義どおり自発的に被告人の側から供述がなされた点については「供述を求めることができる」という意味に解すべきである。被告人の側が自発的に述べようともしていない事柄について、審理の最初や途中において、いきなりあれこれ問い訊すことが許容されるという趣旨とは考えられない。

　(2)　実務の実情としては、公判廷における黙秘権行使ということ自体、公安事件などのごくまれなケースでしかみられないし、それも、もとより部分的行使がほとんどであろうと思われる109。弁護人の側も公判廷における黙秘権行使に消極的なのは、後述する黙秘権と不利益推認の関係の問題が横たわっているからとい

　107　具体的争点を明らかにすべくこのような姿勢を検察官としてはとるべきとするのは、金吉聡「検察官の法廷技術」熊谷弘ほか編『公判法大系（2）』（日本評論社、1975年）219頁。裁判官がかかる訴訟指揮をする例もある。
　108　もともと「被告人質問」の規定は、「尋問権」を否定する趣旨で設けられたもののはずである。即ち、現刑事訴訟法の制定過程において、日本側の第7次案になって「被告人訊問」に関する規定が削除され、「被告人質問」の規定がおかれた（また、日本側は、GHQの指示を奇貨として、捜査機関の強制捜査権限の強化を図り、強制処分としての「被疑者訊問」を規定しようとしていたが、第6次案まであった「被疑者を訊問することができる」旨の規定が、第7次案で取調べることができる旨の規定となっている）。多田・前掲注91論文126〜130頁、大出・前掲注91論文参照。
　109　髙木甫「弁護人が被告人質問を行なうにあたって留意すべき点」丹治初彦ほか編『実務刑事弁護』（三省堂、1991年）350頁参照。もとより、同論稿の「自白調書がある場合……ごく例外的な場合を除き、被告人が公判廷で黙秘することは意味がない」との指摘自体はまったく正しいのであるが、被告人質問は審理の最終段階で行なうべきものというのが、本来の（憲法の趣旨に則った）実務慣行というべきであり、法301条の趣旨もまた、かかる裏付けを提供しているというべきであるから、弁護人の側は、このことにもっと自覚的であってよい。審理の最終段階に至っていないときは、黙秘権の部分的活用を行なってでも、この実務慣行を揺るぎのないものとして定着させるべきであると思われる。

えようが、少なくとも、上述したような被告人質問の本来の趣旨を逸脱するような「被告人尋問」に対しては、黙秘権行使の部分的活用（現段階では黙秘権を行使する、現時点では罪体そのものに対する質問には答えない等々）をもっと実践してよいはずである。むろん、現実の公判活動のなかでの実践には、これも被告人との信頼関係の構築等慎重な配慮を経たうえでの決断を要する事柄ではあろうが、まず弁護人自身発想の転換が必要なのではないかと思われる。即ち、黙秘権を単なるテクニカルな権利と考える誤解を解き積極的な意味をもつ権利としての黙秘権を生き返らせるべく、弁護人の側において、新たに一から見直すべきところがあるように思われるのである。

5　被告人の証人適格[110]

上記4において言及した問題について、これを根本的に打開するためには、学説上は少数説であるが、アメリカにおけるように、被告人もみずからのために (for himself, for herself) 証人となることを認めるべきであると考える。このように解しても、憲法に反するものでないことは、その英文から明らかというべきで、実際にアメリカにおいては自己負罪拒否特権はこれを放棄することが出来、被告人はみずからのために証言しうるのであるから、これと趣旨を同じくする現憲法の規定のもとで被告人の証言を拒むべき理由はないはずである。弁護人が、まさしく被告人のために在席する状況下、即ち、公判においては、自己負罪拒否特権をその対象事項を明確に定めたうえで、放棄することに問題はなく、憲法38条1項は、被告人に証人適格を認めることの障害には何らならないと考えられる。

この点、被告人に酷になるという反対論も根強い。しかし、それはむしろ観念

---

[110] ここで私が被告人に証人適格を認めるべきとする所以は、一言で言えば、弁護実践上の「功利主義」的発想だということになる。しかし、現在（2013年5月）、裁判員裁判における「被告人質問」は本文で述べているような聴かれ方をされてはいない。裁判員の方々は、ちゃんと聴いてくれているのである（有利に心証形成されるか、不利に心証形成されるか、それは、その次の問題である）。したがって、本文記載当時（1997年）に、私が被告人に証人適格を認めるべきとしていた「功利主義」的理由は今はなくなったといえる。そのうえで、この問題を再度考えてみる。これまた実務上の感覚を言えば、偽証罪の告発権限が訴追機関側にいわば独占され、これをコントロールする「外部」をもたない現状のシステムのもとにあっては、被告人を証人とすることで、被告人と弁護人間に無用の緊張関係がもたらされる可能性があるであろう。今日までの偽証の運用の仕方に鑑みると（たとえば、甲山事件の例を忘れるべきではない）、これを杞憂と決めつけたり、弁護人の姿勢次第の問題で採るにたりないなどとは断定できないものと思われる。成程、「被告人質問」は、なお中途半端な制度である。しかし、私は現在では、上記の如き条件整備なしに被告人の証人適格を認める制度を直ちに構築することには賛成することはできないと考えている。

的な論議とさえいわなければならない。なぜなら、現状の「被告人質問」における被告人供述は、被告人に不利な方向での心証形成という点では、まさしく「被告人尋問」として採用されてしまっているのが実情といえるからである。即ち、一部の、しかし必ずしも少数ともいえない裁判官たちは（被告人に欺されてなるものかという意識が強い故なのか）被告人の供述の信用性を、その細かで些細な矛盾供述を採りあげて弾劾することに大きな熱情を傾けていると評したくなることがあるほどである。他方、被告人供述は、有利なかたちでは、それがただ「被告人質問」であるとの理由だけで、めったに心証形成されないとさえいっても必ずしも過言ではないのが実情なのである。そうとすれば、立証趣旨を定めた証人尋問のなかでテストされるというかたちのほうが、現在の「被告人質問＝被告人尋問」の情況よりよほど自己負罪拒否特権（放棄）の在りようとしても正常というべきではないだろうか。そして、証人となることを選択する限りにおいては、法311条の規定は適用されないと解すべきであろう[111]。

なお、憲法37条2項の解釈としても、被告人の証人適格は、これを認めることができる[112]。

6　黙秘と不利益推認

(1) 有罪推認

黙秘したことを不利益な証拠にされないということは当然のことと考えられてきていたが[113]、これに対しては有力な反対論がある。不応答はうしろめたさの故だというのは、素朴な合理的な経験論であり、この合理的な心証の働きを阻止しなければならないいわれはないというのである[114]。実際、黙秘権を行使することは不利益になるのではないかとの意識には根強いものがあると思われる[115]。

111　田宮・前掲注78論文75～76頁。
112　竹之内明「第37条第2項」憲法的刑事手続研究会編『憲法的刑事手続』（日本評論社、1997年）参照。
113　平野・前掲注78書229頁、255頁。
114　田宮・前掲注78論文83～84頁。ただし、田宮・前掲注83書337頁は反対である。
115　調査の時期としてはいささか古いが、大阪弁護士会編『法・裁判・弁護──国民の法意識』（ミネルヴァ書房、1978年）4～62頁は、1974年から2年あまり実施された調査結果として、黙秘権を行使して警察や検察庁で不利益な扱いを受けると「思う」と答えた者は32.0％、「わからない」者が41.4％で「思わない」者は22.7％であったとしている。同様に裁判所で不利益な取り扱いを受けると「思う」者は15.6％、「わからない」者が48.5％であり、「思わない」者が30.6％であったとしている。

そして、1994年12月、黙秘権発祥の地ともいえるイギリスにおいて、不利益推認についてのコメントを許容するかたちで黙秘権を制限する法案が成立するに至って、この問題は、再度、我が憲法・刑事訴訟法・刑事訴訟実務に対して、重大かつ現在そのものに関わる論点として議論されるべく、突きつけられることになっているといえる[116]。

　もっとも、1984年の「警察及び刑事証拠法」(the Police and Criminal Evidence Act, 1984)によって、取調べのテープ録音化が徹底され、その可視化に十分な措置がなされ、また、取調べ自体きわめて短時間で終わるイギリスの法制のもとでの議論を我が実務にそのまま導入して論じることのできないことは改めて言及するまでもないというべきであろう。

　そして、理論的な視点からの結論を言うならば、上述した如きの「素朴な合理的な経験論」を排除することこそが黙秘権が憲法上の権利たる所以というべきであり、イギリスにおける黙秘権制限法案は、上来詳述した黙秘権＝自己負罪拒否特権の、いわば「基本的人権」性をまったく理解しないものという外はないであろう[117]。けだし、不利益推認を排除しなければ、供述が「強いられ」ることは火をみるより明らかというべきだからであり、これを禁じなければ自己負罪拒否特権はおよそ生かされないのだからである。

　アメリカの判例理論は、長い時間を経て、自己負罪拒否特権の「基本的人権」性を認識するに至ったからこそミランダルールを生んだのであるが、我が憲法がその認識を同じくするものであること自体は否定の余地がない。黙秘権＝自己負罪拒否特権は、孤立した状況下で個人が国家権力と対峙したとき、みずからの尊厳に基づいて行使しうる唯一の権利に外ならないのである。我が憲法上、イギリスにおける黙秘権不利益推認の許容に左袒し、その法制を共有する法理は存在しない。

　要するに、黙秘という事実自体は一切評価されてはならない。その意味では自

---

[116] The Criminal Justice and Public Order Act 1994（刑事司法及び公共の秩序法）における黙秘権制限（不利益コメントの許容）については、井上正仁「イギリスの黙秘権制限法案（1）（2）」ジュリスト1053号39頁以下、1054号88頁以下（いずれも1994年）、鯰越溢弘「黙秘権と刑事弁護」季刊刑事弁護2号（1995年）162頁以下、東京三弁護士会合同代用監獄調査委員会「イギリス刑事司法・監獄調査報告書」（1995年）20頁以下、青山彩子「イギリスにおける『黙秘権の廃止』立法について」警察学論集48巻12号（1995年）111頁以下参照。

[117] 上記法案については、ヨーロッパ人権規約違反であるとの議論がある（井上・前掲注114論文92頁、鯰越・前掲注114論文167頁参照）。なお、イギリスでは黙秘権は憲法上の存在ではないとの意見がある（井上・前掲注114論文参照）。

由心証に一定のワクがはめられている（いわば、マイナスの法定証拠主義が想定されている）ものというべきである。それ故、我が実務において検察官は、論告でこれについての論評をしてはならないのである。

もとよりこのことは、合理的な弁明（供述）がなされた場合と黙秘の場合とを同列に扱うべきと主張することを意味しない。この意味では、合理的弁明をなさなかったことの不利益を負う結果となるようにみえるかもしれないが、しかしそれは、原理的には、その他の証拠で合理的な疑いを超える有罪立証がなされていた場合において、それを減殺するための供述をしなかったことによって、有罪の心証が揺るがなかったという関係を示しているにすぎない。その他の証拠で合理的な疑いを超えての有罪立証がなされていないものについて、黙秘が有罪の方向での評価を受けるということではけっしてないのである。これと異なり、上記の如き一般的な「素朴な合理的な経験論」が許されるのであれば、黙秘そのものが、その他の証拠で合理的疑いを超えて有罪立証を果たせない場合に、まさしく合理的疑いを超えるべき一要素として勘案される（されなければならない）ことになりかねないのである。

要するに、「かかる素朴な合理的な経験論」が排除されるべきこと自体は、原理的に自明のことと思われる。実際の実務の現状を踏まえて考えてみても、少なくとも捜査段階において黙秘を貫いたという場合に、これが有罪推認してよいという「素朴な合理的な経験論」の妥当する場面・領域であるなどとは到底思われまい。したがって、この意味でも反対論は失当といわざるをえないであろう[118]。

以上のとおりであるから、供述しないと有罪推認が働く旨の告知を捜査機関の側が被疑者に対してなすことは（それは実務上しばしばみられるといっても過言ではないが）、我が憲法のもと違憲・違法ということになる。かかる告知を経ての供述は、証拠排除されねばならない。

(2) 黙秘と量刑上の不利益

次に、黙秘を量刑上不利に扱ってよいかどうかという問題がある。判例はわかれている[119]。もし、量刑上の不利益が一般的に想定されるという前提であるならば、これも供述を「強いられ」ることは明らかといわざるをえないから、許されない

---

[118] 田宮・前掲注78論文91頁も捜査段階における黙秘の不利益推認は「非常に弱いとみなければならない」としている。しかし、端的に不利益推認はないとしなければならないし、実際、そのような「経験論」は存在しないというべきである。この意味においても、国情が違うとはいえ、イギリスの黙秘権制限法案は実は誤った認識を前提にしているのではないかとの疑いをもたざるをえない。

という見解が理論的に断然正しいということになる[120]。

　もっとも、逆に犯行を認め改悛の情を示している被告人については、弁護人は必ずといってよいほどこれを反省の一徴憑として良き情状の一つとして考慮せよとの弁論ないし主張立証を行なっているのが現状であるやもしれない。したがってこれと対照すれば、その反面として、黙秘は、この良き情状の一つを欠いているように見えるかもしれない。その意味では、この問題は、簡単には割り切れない要素を含んでいることも否定し難いであろう。

　しかし、この場合も原理的には有罪推認の場合と同じである。実際にも、黙秘それ自体が一般的に量刑上の不利益推認を招いているとは考えられないというべきであろう。

　この問題は、一般に、否認が量刑上不利に扱われるかどうかということに繋がる問題であるが、否認内容自体の合理性如何の問題と関係し、それはケースバイケースとしかいえないのが実情であるだろう。合理的といえる理由を伴った否認について、最終的に有罪認定された場合であっても量刑上不利に評価されたというケースは、現実的感覚でいえば、まず少ないのではないかと思われる。

　したがって、このこととパラレルに考えるのであれば、黙秘権行使についても、その行使の時期・場面等、その合理性如何というかたちで、現実の実務のなかで量刑判断の対象のなかに、それが浸透してくること自体がありえないとまでは断定できないが、しかし、それは一律に量刑上不利益に扱われるということとは明らかに違うのである。なお、弁護人としては、自白したことそれ自体が良き情状要素であるかのような弁論はすべきでないと思われる。自己負罪拒否特権を行使するか放棄するか、それ自体を等価とするのが自己負罪拒否特権の特権たる所以というべきだからである。

　いずれにせよ、これは、あくまでも被疑者・被告人自身の選択の問題である。捜査機関が、量刑上不利に扱われうるとの見解・その可能性を被疑者に告知することは許されない。また、検察官が論告でこれについてコメントすることがあってはならない。それらが黙秘権侵害であることは、有罪推認の場合と変わりがないといわなければならない。

119　高松高判昭25・5・3判決特報10号160頁は不利益援用を当然としている。これに対して東京高判昭28・12・14判決特報59号221頁は不利益援用を許されないとしている。
120　佐伯千仭「量刑理由としての自白と否認」同『刑事訴訟の理論と現実』(有斐閣、1979年) 213頁以下。

(3) 黙秘と罪証隠滅

　勾留の要件、あるいは保釈を却下する要件にある「罪証を隠滅すると疑うに足りる相当な理由」と黙秘との関係が問題となる。判例は、黙秘（の態度）をもってこれを推定することも許されるとする趣旨のものが多い[121]。

　しかし、そのような推定が前提となるならば、身体の拘束（の継続）という不利益をもって供述を「強いて」いることになるのはあまりに明らかであろう。「罪証を隠滅すると疑うに足りる相当な理由」をこれらの要件として掲げていること自体が何よりの問題であるが[122]、要は、黙秘自体は、その要件判断のうえで一切考慮されてはならない。それが憲法の要請するところである。

7　憲法38条1項と刑事訴訟法39条3項

　対立当事者からの「尋問」（への応答）を強いられてはならないとの自己負罪拒否特権の趣旨からすれば、自己負罪拒否特権を確保するための手続的保護措置として不可欠であることが明らかな弁護人との接見交通権について、これを当の対立当事者側が制限しうるなどというのは、まったくの背理といわねばならない。要するに、法39条3項は理論的にはまったくナンセンスな規定ということにならざるをえないのであって、同規定は、憲法38条1項からも、到底許容されえない違憲の規定というべきである。

121　京都地判昭47・8・17判時688号105頁など。
122　なお、旧法（大正刑訴）の「罪証隠滅ノ虞レ」とは、明らかに文言が異なるから、「おそれ」程度で、この要件が充たされると解すべきでないことはいうまでもない（梶田英雄「公判審理の活路」石松竹雄退官『刑事裁判の復興』（勁草書房、1990年）3頁参照。

第2章　憲法第38条第2項

【英文憲法】
Confession made under compulsion, torture or threat, or after prolonged arrest or detention shall not be admitted in evidence.

【英文憲法日本語訳】
強制、拷問あるいは脅迫下における、または裁判所への引致を引き延ばされた後の、あるいは勾留の後の、自白は、証拠として認められてはならない。

【日本国憲法】
強制、拷問若しくは脅迫による自白又は不当に長く抑留若しくは拘禁された後の自白は、これを証拠とすることができない。

制定過程

1　英文の変遷過程とGHQの意図

まず、第1次案から第3次案への変遷過程を辿ることとする。
GHQの当初の案はつぎのとおりのものであった。

No confession shall valid unless made in the presence of counsel for the accused, nor shall it be valid if made under compulsion, or torture, or threat.
自白は、それが被告人の弁護人の面前でなされたものでない限り、効力がない（また、自白は、強制、拷問または脅迫の下においてなされたときは効力がない）[1]。

---

[1]　犬丸秀雄ほか編著『日本国憲法制定の経緯』（第一法規出版、1989年）144〜145頁。ただし、同書にはカッコ書きにした部分の訳出がない。

これについて、つぎのような議論がなされたことはよく知られたところである。

証言と自白に関する議論に際してホイットニー将軍は〈自白は、それが被告人の弁護人の面前でなされたものでない限り、効力がない〉とした規定が賢明なものかどうかを問題とした。この規定は、犯罪を犯した直後に自然になされた自白を〔証拠として〕用いることを禁ずるものである (This outlaws the use of spontaneous confession made immediately after the commission of a crime)。弁護人のついていないところでなされた自白も、強迫されずに (without duress) なされたのであれば、証拠能力を認められるべきである、と彼は述べた。ラウエル中佐は、この規定は日本独特の悪習を防止する役目を果たす、と述べた。日本では、伝統的に検察官は、自白を手に入れるまでは事件を裁判所に持ち出したがらず、そのために、公訴を提起する以前に自白を得るためには、精神的肉体的拷問をしたり、おどしたり、どんなこと (extreme lengths) でもする、と彼は述べたのである。ホイットニー将軍は、日本において自白が広く濫用されていることは認めたが、強制、拷問もしくは脅迫による自白または不当に長く抑留もしくは拘禁された後の自白は、これを証拠とすることはできない (no confession shall be admitted in evidence if made under compulsion, torture or threat, or after prolonged arrest or detention) と規定すれば、濫用の防止が十分に設けられたといえるであろう、と述べた[2]。

かくて、前記英文のうち、"valid unless made in the presence of counsel for the accused, nor shall it be valid" の部分がカッコ書きにされたうえで、削除されるに至り、代わって、"be admitted in evidence" が挿入され、さらに、最後に "or after prolonged arrest or detention" が付け加えられたのである[3]。なお、"if made under compulsion, or torture, or threat" の各 "or" にもカッコ書きが付されたようであるが、これらは削除されず、GHQ（マッカーサー）草案となっている[4]。GHQ（マッカーサー）草案は、先にみたホイットニーの言葉とまったく同文であった[5]。最終的な英文憲法の文言は、"confession made under shall not be"

2　高柳賢三ほか編著『日本国憲法制定の過程（1）』（有斐閣、1972年）212～214頁（訳文もそのまま引用している）。
3　高柳ほか・前掲注2書230頁。
4　高柳ほか・前掲注2書230頁および282頁。
5　高柳ほか・前掲注2書214頁。

であって、GHQ（マッカーサー）草案の"No confession shall be if made under"とは文言の体裁自体は異なっているが、意味としてはまったく同義といえよう。

2 訳文等の変遷過程

以下、有意と思われる変遷部分等は下線をもって示す。

- GHQ草案の外務省仮訳[6]
  自白ハ強制、拷問若ハ脅迫ノ下ニ為サレ又ハ長期ニ亘ル逮捕若ハ拘留ノ後ニ為サレタルトキハ証拠トシテ許容セラレサルヘシ
- 「3月2日案」32条2項[7]
  自白ガ直接又ハ間接ニ強制、拷問又ハ脅迫ノ下ニ為サレタルトキハ証拠トシテ之ヲ認ムルコトヲ得ズ
- 「3月5日案」34条2項[8]
  自白ハ強制、拷問若クハ脅迫ノ下ニ為サレ又ハ長期ニ亘ル逮捕若ハ拘留ノ後ニ為サレタルトキハ証拠トシテ許容セラレサルヘシ
- 「3月6日要綱」34条2項[9]
  強制、拷問若ハ脅迫ノ下ニ又ハ長期ノ逮捕若ハ拘禁ノ後ニ為シタル自白ハ証拠トナスヲ得ザルコト

この後、3月18日から26日ころまでの日本側の関係各庁との打ち合わせにおいて、「第2項ノ〈長期ノ逮捕〉ハ、意味ヲ成サズ。又長期ノ拘禁ノ後ノ自白ヲ無効トサレテハ裁判上甚ダ不都合ナル結果ヲ生ズベシ」との意見が出された。さらに「……要綱では単に〈長期ノ〉となっているけれども、英文の方のprolongedという言葉には〈ことさら長期にわたった〉とか、あるいは〈不当に長期にした〉という意味があるのではないかという意見があった」とされ、「長期の〈逮捕〉について〈シバリッパナシナルベキカ〉〈聞イテ見ルコト〉という書き込みがある」とされている[10]。

---

[6] 佐藤達夫『日本国憲法成立史（3）』（有斐閣、1994年）38頁。
[7] 佐藤・前掲注6書96頁。
[8] 佐藤・前掲注6書167頁。
[9] 佐藤・前掲注6書193頁。
[10] 佐藤・前掲注6書246頁。

・「4月13日草案」35条2項[11]
　強制、拷問若しくは脅迫の下での自白又は不当に長く抑留若しくは拘禁された後の自白は、これを証拠とすることができない。
・「4月17日草案」[12]
　上記「4月13日草案」に同じ。

　4月17日の草案に対し、司法省刑事局は、「拷問、脅迫その他の強制によりなされた自白又は不当に長く抑留若しくは拘禁された結果なされた自白は、これを証拠とすることができない」との修正意見を出した[13]。修正理由は「拷問、脅迫は強制の一種であること、自白が強制或は抑留又は拘禁と関係ある場合に限ることを明らかにしたもの」というのである。
　その後、帝国議会の審議の過程で、特別委員会が修正案の取扱いを担当させるために設けた小委員会の会合において、上記意見に添ったつぎの如き変更が加えられたのである[14]。
　即ち、「7月25日・自由党修正案」は、「第35条〈脅迫の下での〉ヲ〈脅迫による〉ト改ム」というものであり、「7月26日・日本進歩党修正案」も、「第35条第2項の〈脅迫の下での〉を〈脅迫による〉と改める」というものであった。そして、「7月31日・小委員会」でも、「原案第35条第2項の〈脅迫の下での自白〉について、自由党の委員からその表現がいかにも翻訳調であることが指摘され〈脅迫による自白〉と修正することの主張」があり、これが小委員会案となったのである[15]。
　かくて、衆議院における審議では、かかる案への修正が前提とされていた。この際、牧野英一が「（抑留を勾引と解して――引用者注）一定の期間の定め」が法定されていることを理由に「……〈不当に長く抑留〉するというような場合が刑事訴訟法上特に想像されるのでございましょうか」との質問を発しているが、司法大臣木村篤太郎は「只今の所では左様に想像はされませぬが、万一の場合にそういうことがあるかもしれませぬ」と答えている。それ以上の議論はなされていない[16]。

11　佐藤・前掲注6書328頁。「逮捕→抑留」、「拘留→拘禁」の変化については、その意味するところについての言及はない。同340頁。
12　佐藤・前掲注6書340頁、347頁。
13　佐藤・前掲注6書354頁。
14　佐藤達夫『日本国憲法成立史（4）』（有斐閣、1994年）664頁。
15　佐藤・前掲注14書717頁、728頁、765頁、785頁。
16　清水伸編著『逐条日本国憲法審議録（2）』（有斐閣、1962年）774頁。

こうして、そのまま衆議院修正を経て現行文になったわけである[17]。

3 その問題点と試訳

上記変遷過程から抽出される問題点は、まず英文それ自体に関しては、いうまでもなく、「自白は弁護人立会の下でなされない限り効力がないと規定す」べきかどうかの議論である。ホイットニーが、そう「規定するなら、犯行直後に自然になされた自白を排除することになる」と反対し、結局この部分が削除されたことの意味をどのように解するかである。この点は後に順次検討し言及していくことになろう。

訳文等の変遷過程から抽出される問題点は、つぎの3点に要約できる。

① under   「下での」   → 「による」
② prolonged   「長期」   → 「不当に長く」
③ arrest, detention 「逮捕・拘留」 → 「抑留・拘禁」

まず、この訳文変遷における3つの問題点を通じて、試訳を導いた所以を述べておきたい。

(1) "under" をめぐって

上記①の点は、やはり"under"の文意に忠実に訳すべきではないかと思われる。そのような一定の状況下においての自白であること自体において、証拠として許容しない趣旨とみるべきだからである。

最終的修正は「翻訳調」であることを理由にして訳文が変更されたものであって、「自白が強制と関係ある場合に限る」とする司法省刑事局の見解が直截に採り上げられた故か否かについては直接の言及はない。が、おそらくはそういう趣旨が込められていることは暗黙裡の前提になっていたと推察はされよう。

しかし、「拷問あるいは脅迫下における自白」が「拷問あるいは脅迫」とまったく無関係ということはそもそも考えられないというべきである。したがって、関係性、つまりは因果関係をことさらに要求するような解釈の方がむしろ不自然であり、そうとすれば、そのような解釈を許容する余地のより乏しい文章にすべきであると思われるのである[18]。これは "after prolonged arrest or detention" についても同様と解される[19]。

---

17 佐藤・前掲注14書873頁。

(2) "prolonged" をめぐって

また、上記②の点は、「不当に長く」という現行文で、格別問題があるというべきではないのかもしれないが、"prolonged"は、延ばされたの謂であって、単に長期かどうかという時間の長さのみが問題になるという意味ではない。実際、逮捕が「シバリッパナシナルベキカ」という問題意識は論外だとしても、「〈長期の逮捕〉ハ意味ヲ成サズ」という問題意識自体は、正当なものを含んでいると思われる。あるいは、衆議院における前記牧野質問も同様である。つまり、時間の長短のみが問題となるという前提をおいてしまうならば、その点ではこれらの疑問は正しい発想ということにもなろう。けだし、逮捕というものが同時に法定期間そのものの身体拘束を意味するとするならば、成程「長期の逮捕」とは概念自体としてどういう意味だか判らないし、「不当に長く」の意味も趣旨不明になる筋合だからである。要するに、問題は法定期間を基準としての時間の長短ではないことが明らかである。

逮捕のなかに「引き延ばされた」ものが存在するということは、逮捕の法定期間内の自白であっても、いわば規範的な意味において、証拠排除されるべきものが存するということである。そうとしか理解できないのであって、そもそも逮捕という概念は、法定期間そのものの身体拘束の謂ではないと解されよう。

したがって、やはり「(不当に) 長く」の語は文意が損なわれかねないともいうべきで、「引き延ばされた」として、そのいわば規範的意味合いが端的に読みとられるようにすべきだと思われる。

(3) "arrest" をめぐって

"arrest" が「逮捕→抑留」となり、"detention" が「拘留→拘禁」となった点

---

18 憲法38条2項の公定英訳文が "confession made under" であることにも言及して、この旨判示した判例として二俣事件破棄差戻後の一審判決 (静岡地判昭31・9・20判時91号5頁) がある。しかし、その控訴審東京高判昭32・12・26判時139号44頁は、「……強制、拷問または脅迫と自白との間に相当因果関係の存在を必要とする旨示したものと解される」として、一審判決の解釈を斥けている (なお、結論自体は検察官控訴を棄却)。

19 伊藤正己『憲法』(弘文堂、1982年) 333頁は、「そのような一定の状況下では自白にそもそも任意性がないことを推定するという意味である。したがって、不当に長い拘留または拘禁と自白とのあいだに因果関係をみる必要がないことになる」とする。同旨、団藤重光『新刑事訴訟法綱要〔7訂版〕』(創文社、1972年) 253～254頁、250頁以下、法学協会編『註解日本国憲法 (上)』(有斐閣、1953年) 665～667頁。宮沢俊義『日本国憲法 (法律学体系コンメンタール篇1)』(日本評論社、1955年) 322頁。なお、小林直樹『憲法講義 (上)〔新版〕』(東京大学出版会、1980年) 496～498頁参照。

については、格別の説明はなされていない。訳文の変遷それ自体には、それほどの意味があるものとは認められないとも考えられよう。実際、detentionについての訳語の変化は換言というレベルにとどまるものともいえるであろう。しかし、「逮捕」という言葉と「抑留」という言葉のあいだには実は相当の意味変化があるというべきであるやもしれないのである。

この問題は、結局、逮捕とは何かという問題に外ならない。「抑留」という語は、一般には、比較的長期に亘らない身体拘束の謂と解されているわけであるが[20]、長期に亘らないとはいっても、その語が身体の拘束・自由の拘束そのものを意味していること自体には異論はないし、むしろ語感自体は、相応の時間幅のある自由拘束を感じさせるといえるのではなかろうか。他方、本条でいわれている逮捕（＝arrest）というものが、そのような時間幅のある自由拘束それ自体の状態を意味する言葉かどうか自体、実は甚だ疑問といわなければならない。

結論を言えば、ここでいわれている「arrest＝逮捕」とは、基本的に裁判所への引致のことであり、それ以外ではないと考えられる。一般に刑事訴訟法の基本書的定義に拠れば、「逮捕とは、被疑者の身体の自由を拘束し、短時間拘束の状態を続けること」とされているが[21]、その「短時間拘束の状態」の「続行」は、裁判所への引致手続に必要とされる範囲のものであって、それ以上ではないと考えられるのである。それゆえ、本条のarrestは、端的に「裁判所への引致」と意訳するのを相当と考えた。「引き延ばされた逮捕」といった訳語も考えられたが、この訳語だと、逮捕手続や逮捕行為それ自体が遅延している状態との区別がつかなくなるという難があるためでもある。いずれにせよ、この点については、さらに説明が必要であろうから項を改めて論じることとしたい。

以上から試訳を導いたものであるが、これを踏まえつつ、以下においては、さらにその立法意図を検討し、あるべき解釈を探究してみることとする。

---

20 『広辞苑〔4版〕』2640頁は、法律用語としては「比較的短期間、強制的に自由を拘束すること」とする。『大辞林〔2版〕』2649頁、『日本語大辞典〔2版〕』2246頁もほぼ同義である。
21 平野龍一『刑事訴訟法』(有斐閣、1958年) 93頁。同旨、井戸田侃『刑事訴訟法要説』(有斐閣、1993年) 95頁。もっとも、井戸田は「逮捕は引致に、……その本来の使命がある」としているのであって、「本来の使命」であるというのであれば、後にみるとおり、むしろ端的に逮捕は引致そのものと解すべきである。他方、田宮裕『刑事訴訟法』(有斐閣、1992年) 74頁は「法に決められた短時間の留置という効果を伴う」として、留置を伴うことを自明視しているが、後述するとおり、これは甚だ疑問といわなければならない。

憲法 38 条 2 項の法意と我が実務① ──「逮捕」をめぐって

1 マクナブ判決と「引致を引き延ばされた後の自白」

"Prolonged arrest" をどう理解するかという問いを立てたとき、1943 年のマクナブ判決の存在を看過することはできない[22]。"after prolonged arrest" という言葉を用いるとき、起草者の頭のなかにあったのが、同判決の法理であったことは、判決時との直近性からみて、ほとんど疑いを容れないと思われるからである[23]。

(1) マクナブ判決は、逮捕された被告人らが裁判官の面前に引致されないまま取調べを受け 14 時間後に (その後カウンティ・ジェイルで計 2 日間拘束されて、その間に) 自白した事案についてのものである。周知のとおり、これが当時の連邦法の「被逮捕者をただちに (immediately) 司法官憲の許に引致しなければならない」との定めに反するとされ、不法拘束中に得られた自白であることを理由に、自白が証拠排除されたのであった。

そして、この判決に従い、1946 年に、最高裁は、被逮捕者を「不必要な遅滞なしに (without unnecessary delay)」裁判官の面前に引致すべしとする連邦刑事訴訟規則 5 条 (a) を制定した。かくて、1948 年のアップショー判決では[24]、逮捕後裁判官への引致なしに 30 時間拘禁中になされた自白につき、また、1957 年のマロリー判決では[25]、逮捕後自白に至るまでの 8 時間の留置の事実を理由に、この間に得られた自白につき、その証拠能力を否定した。

いわゆるマクナブ＝マロリールールの確立である。

(2) それ以前のアメリカの判例理論は、コモン・ロー上、自白法則の基準が自白の任意性にあるとされたことから、これに従い、一切の事情を総合的に考察する、いわゆる事情の総合説によって、任意性の有無を判断していた。不任意自白排除の実質的理由も、虚偽排除であったり、自由意思ないし供述の自由の侵害とされたり、違法を取調べ方法に求められたりしてきた。現在の我が刑事裁判実務、あるいは刑訴法の学説状況とまったく似た状況にあったともいえるわけである。

しかし、事情の総合説は、客観的・画一的基準を定立しえず、そのような基準

22　McNabb v. United States, 318 U. S. 332 (1943).
23　平野龍一「捜査と人権」宮沢俊義還暦『日本国憲法大系 (7)』(有斐閣、1965 年) 271 頁は、「憲法 38 条 2 項が、マックナップ・ルールを採用しようとしたものであることが推知できる」としている。
24　Upshow v. United States, 335 U. S. 410 (1948).
25　Mallory v. United States, 354 U. S. 449 (1957).

として機能しえなかった。そこで、この欠点を克服した最初の試みとしてマクナブ＝マロリールールが設定されたのである。

もっとも、1968年には連邦議会が、自白の許容性は任意性テストによることとし、逮捕から引致までの時間は一つの考慮事由にすぎないとする合衆国法典18編3501条(c)を制定したので、連邦事件においては、マクナブ＝マロリールールは適用の余地は事実上なくなっている。ただし、州レベルでは同ルールと類似の制定法が施行されているところが多いといわれている[26]。

ともあれ、我が憲法38条2項の"prolonged arrest"が、裁判官への引致までに不必要な遅滞を来している逮捕であると考えられていたことは明らかである。

(3) かくて、憲法34条と整合的な解釈が定立されることになるというべきである。

村岡啓一「第34条」憲法的刑事手続研究会編『憲法的刑事手続』(日本評論社、1997年)で、同条の理念は、habeas corpusの考え方であって、同条は、逮捕行為後遅滞なく裁判所に引致され、身体拘束に関する司法のチェックがなされるべきであるという規定である。憲法38条2項は、かかる憲法34条の法意を証拠法の観点から規定したといえる。

即ち、逮捕行為後裁判所への引致に不必要な遅滞を来たした場合は、「引き延ばされた」状態であって、そのような逮捕の後の自白は証拠排除されるとみなければならない。そうすることによって、身体拘束に関する司法のチェックを全うさせようというのである。また、これを「任意性の原則」の観点からも言うとすれば、この場合、任意性の疑いが擬制されているといってよい。いずれにしても、今日の我が裁判実務でみられるレベルでの任意性があるとの反証程度で、証拠能力の付与が容易に許されるとはおよそ思われないというべきである。けだし、マグナブ＝マロリールールとは、明確な証拠排除の基準であるのだからである。

2　被逮捕者の地位

以上のように考えたとき、この問題は、被逮捕者の地位、その性質をどう捉えるかという問題とほとんど同じであることが判る。

---

[26]　以上については、渡辺修『被疑者取調べの法的規制』(三省堂、1992年)35～42頁、小早川義則『ミランダと被疑者取調べ』(成文堂、1995年)27～30頁。なお、松尾浩也＝田宮裕『刑事訴訟法の基礎知識』(有斐閣、1966年)68～71頁参照。また、事情の総合説については、渥美東洋編『米国刑事判例の動向(1)』(中央大学出版部、1989年)11～12頁[香川喜八郎]参照。

この点、改めて考えてみると、刑事訴訟法自体、逮捕の法定期間について定めてはいるが、「逮捕したとき」は「留置の必要がない」と思料するか、「留置の必要がある」と思料するかによって、「釈放」か「送致」、あるいは「勾留を請求」する、という文言の条文であって、もともと被逮捕者という地位は「留置」を予定されたものではない規定になっているといえる[27]。
　即ち、逮捕留置という概念自体が否定されるべきとの見解が、憲法解釈のみならず刑事訴訟法の解釈としても正当といわねばならない。逮捕留置を否定する見解は刑事訴訟法レベルの解釈として大要つぎのとおり述べているところである[28]。

　　204条、205条の〈留置の必要〉は文理的には〈勾留〉の必要である。検察官の〈留置の必要〉さえ、勾留という裁判を要する。したがって、警察逮捕に独自の留置権限を認めるのは本末転倒である。また、203条は逮捕の場合、〈弁解の機会の付与〉しか想定していない。逮捕自体が相当な嫌疑の存在および身体拘束の必要性を捜査機関および裁判官が肯定したことを意味しており、司法警察員としては、弁解を聞いて、被逮捕者に有利な事実を調査して、逮捕の前提となった理由・必要性が消失したときは釈放、そうでなければ勾留請求という仕組みになっている。逮捕段階では、嫌疑の否定や弱化は予想されても、取調・自白追求による嫌疑の強化などというものは想定されていない。要するに、逮捕は、裁判官の下への引致を行ない、勾留についての判断をさせるための通過点である。留置を本来の性質とするのは勾留であって、それ故、現行法には逮捕については身体を拘束する場所の特別の規定がないのである。当然だから規定がないとしかみられないのであって、被逮捕者は警察の支配下を通過するというだけのことである。相当時間のかかる場合もあるが、あくまでそれは〈留置〉ではない。例外的に特に必要な場合は209条により監獄で留置する。〈弁解の機会を与える〉以上の状態があれば留置となるわけであるが、留置はあくまで〈監獄〉で行なう。したがっ

　27　刑事訴訟法203条、204条、205条参照。この点、永嶋靖久弁護士（大阪弁護士会）の教示を得た。なお、この条文の体裁自体は旧刑事訴訟法の現行犯逮捕および勾引状の執行を受けた被疑者についての手続に関する条文（旧126条ないし129条）と、「訊問」が「弁解の機会を与え」と変更されている点を除いては、基本的に同じである。
　28　酒井安行「被逮捕者留置の性質について」国士舘法学21号（1990年）45頁以下。なお同旨の見解として、中田直人「逮捕留置について」吉川経夫古稀『刑事法学の歴史と課題』（法律文化社、1994年）385頁以下参照。

て、留置にまで至らない限りは引致場所としての警察に置いてもよいが、留置は監獄において行なう必要があるのだから、その監獄が警察留置場でもよいというのでは出発点に反することになる (以上は要約)。

　刑事訴訟法の解釈として逮捕留置を否定する見解は、およそ上述のとおり述べるのであるが、もともと、その根拠は憲法34条に求められるというべきである。そして、憲法38条2項は、上記のような意味における逮捕 (=裁判官の下への引致を行ない、勾留についての判断をさせるための通過点という状態) に反する状況下でなされる自白を証拠排除することによって、側面から逮捕を引致手続のみに純化させ司法によるチェックを全うさせるべく存在しているといえるのである。

3　逮捕等の法定期間の意味について

　そうすると、現行法における逮捕等の法定期間とは、そもそも何なのかという疑問が生じよう。現在の捜査実務は、逮捕の48時間とか72時間の法定期間をあたかも当然に被疑者取調べのための捜査機関側の手もち時間であるかのようにして、これを自明の如くにして適用されているわけである。また、勾留期間の10日間、さらに10日を加えた20日間についてもまったく同様の扱いになっていることは、およそ否定できまい。

　結論をいえば、現在のこのような捜査実務の運用のもとでなされた自白は、すべからく憲法38条2項によって証拠としての許容性をもたないことになると考えざるをえない。

　このことを明らかにするため、基本的に法定期間の問題に絞って、現行法の制定過程の議論を以下概観してみることにする。

　⑴　そもそも、戦後における現行刑訴法の制定論議は、戦前・戦中の検察権を強化しようとする改正論議を背景にして、司法省のイニシアティヴのもとに出発しており[29]、当初、検事の強制捜査権、さらには司法警察官にも強制捜査権を認め、たとえば検事のなした勾留の期間を1カ月とし、司法警察官も10日の勾留をなしうるという案が考えられていた[30]。

　GHQ (マッカーサー) 憲法草案が出来上がる過程で、いわゆるマニスカルコ案

---

[29]　刑事訴訟法制定過程研究会ほか「刑事訴訟法の制定過程 (1) 〜 (3)」法学協会雑誌91巻7号 (1974年) 89〜97頁、同91巻8号 (同年) 97〜102頁、同91巻10号 (同年) 46〜53頁。

は「被告人ヲ拘置シタルトキヨリ 24 時間内ニ告発（charge or complaints）セザルトキハ之ヲ釈放スベシ」という、憲法 34 条、同 38 条 2 項に添った改正案を示していたが[31]、これが顧みられることはなかったわけであるし、GHQ 側から「司法官憲は裁判官に限る」旨を示唆されて以降でさえ、「検事及び司法警察官に或る程度の強制捜査権を与へる必要があることについては、すでに御諒解を得たと思ふ」というのが日本側の姿勢であった[32]。これによって、1946 年 8 月に第 1 次案、同年 9 月に第 2 次案が作成されているのである[33]。

　(2)　このような日本側の姿勢がようやく改まったのは、GHQ 側が 1946 年 10 月頃にきわめて強い勧告を行なって以降のことである[34]。当時の GHQ の担当者は、オプラー、ブレイクモアらで、憲法草案に携わったケーディス、ラウエルらに比して、明らかに保守的傾向を有している人たちであったが、それでも彼らが提出していたいわゆるブレイクモア案は、「被勾引者（司法省訳では arrest が勾引と訳されていた——引用者注）を 24 時間以内に釈放するか裁判官・審問官の前に連れていくべきこと」というものであり、7 日間の仮勾留（temporary detention）のみを認めるという内容であった[35]。かかるブレイクモア案に対して検事局は当時の刑事訴訟法における逮捕の法定期間（結局、現行法と同じ警察 48 時間以内、検事 24 時間以内）を求めていたのである[36]。

　かくて、同年 10 月から 12 月にかけて第 3 次案が出来上がるが、第 3 次案では、警察に「遅くとも 24 時間以内」、検事に「遅くとも 24 時間以内」で、仮勾留は 10 日という案とされていたわけである[37]。そして、この時間自体は第 6 次案の段階まで変わっていない（ただし、第 6 次案では「遅くとも」の語は削除されてい

30　小田中聰樹「刑事訴訟法の制定過程 (8)(9)」法学協会雑誌 92 巻 7 号（1975 年）117 頁、同 92 巻 10 号（同年）129 頁、刑事訴訟法制定過程研究会「刑事訴訟法の制定過程 (12)」同 93 巻 3 号（1976 年）106 ～ 107 頁。
31　小田中聰樹「刑事訴訟法の制定過程 (6)」法学協会雑誌 92 巻 5 号（1975 年）109 頁。同案こそが憲法的刑事手続を全うする刑訴法改正案であったといえよう。
32　刑事訴訟法制定過程研究会・前掲注 30「(12)」112 ～ 113 頁。
33　刑事訴訟法制定過程研究会「刑事訴訟法の制定過程 (14)」法学協会雑誌 93 巻 5 号（1976 年）145 ～ 146 頁、同「刑事訴訟法の制定過程 (15)」95 巻 8 号（1978 年）110 ～ 111 頁。
34　刑事訴訟法制定過程研究会「刑事訴訟法の制定過程 (16)」法学協会雑誌 95 巻 9 号（1978 年）123 ～ 128 頁。
35　刑事訴訟法制定過程研究会・前掲注 34 論文 128 ～ 129 頁。ただし、この temporary detention を認める案自体、憲法の趣旨に合致しているとは思われない。
36　刑事訴訟法制定過程研究会・前掲注 34 論文 133 ～ 134 頁。
37　刑事訴訟法制定過程研究会・前掲注 34 論文 148 ～ 151 頁。

る)³⁸。また、検事局自体は、これらの案自体に強い不満を表明し、たとえば仮勾留の更新（2回、通算して30日を超えない）を定める条文修正を求めるという状況にあった³⁹。

　(3)　このような状況のもと、1947年3月13日から15日にかけて、応急措置法について、GHQ側と日本側の審議がなされている。応急措置法8条の案が旧刑事訴訟法の現行犯逮捕に関する規定を準用する内容になっていたため、逮捕の法定期間をめぐって、激しい議論がなされたのである。

　このやりとりについて、松尾浩也は、「日本的な逮捕観（逮捕は、取調を伴うのが当然である）とアメリカ的な逮捕観（警察は、逮捕した被疑者を遅滞なく裁判官——ないし検察官——のもとへ送致すべきだ）との対立であり、後の捜査構造論の原型が明確に提示されている」としているが⁴⁰、むしろ、その実態はGHQ側がずるずると後退を重ねているという印象を受ける。

　即ち、GHQ側は、「新憲法の主義は警察が人間を捕まえておくことを、やめさせたい点にある」としながら、逮捕の法定期間につき前記ブレイクモア案から、まず警察24時間、検事24時間の計48時間とすることを許し、次いで計60時間とし、ついには72時間という時間を許容してしまうのである。そして、勾留については10日とすることで合意が成立している。勾留期間の点は当時においては日本側にも基本的に異議はなかった⁴¹。ここには、GHQ側が、みずからの側の逮捕観を全面に押し出してやりとりをするという場面はないように思われる。むしろ、旧刑事訴訟法における実務自体を所与の前提とする議論になってしまっているとしかみれない。要するに、前提とする認識についてはすれ違ったままで議論が重

38　刑事訴訟法制定過程研究会「刑事訴訟法の制定過程(18)」法学協会雑誌96巻1号（1979年）75〜79頁。
39　刑事訴訟法制定過程研究会・前掲注34論文162〜167頁。その所以は、「草案は犯人逮捕後の捜査時間を極度に制限し……かかる制限は捜査機関が交通・通信、鑑識等の物的人的施設を完備し、科学力を十分発揮し得る態勢に在ることを前提としてゐるのであるが、現実の予算は頗る遺憾の点が多い。特に検察官（および国家警察官）はその課せられた使命に鑑み集団的犯罪、都府県乃至全国に跨る犯罪、その他大規模にして複雑な犯罪（たとえば、暴動、広汎なゼネストによる業務妨害、大規模な経済的犯罪等）の捜査に重点を置かねばならない。此の種の犯罪を有効適切に検挙、処罰する為には最小限度の要求として上掲修正条文を加える必要がある」というものであった。
40　刑事訴訟法制定過程研究会「刑事訴訟法の制定過程(20)」法学協会雑誌97巻5号（1980年）121頁。
41　刑事訴訟法制定過程研究会・前掲注40論文112〜121頁。その後、さらに10日の勾留延長が認められるに至った経緯は定かでない。

ねられているという印象は否み難いところである。

⑷　しかし、24時間という逮捕の法定期間を延長しようとする日本側の理由づけの主たるものとしては、交通状態が挙げられており、また、制限をきびしくすることの脱法行為の誘発などを理由として延長が求められているのであって、成程、証拠の収集にも言及されてはいるが、これは基本的には現行犯に関するものであり、取調べの必要自体についてはわずかに言及されているにすぎない。この議論の過程が、現行捜査実務の前記の如き在りようを自明とし容認するような内容のものでないこと自体はあまりに明らかというべきであろう。

この後、現行法に至る経緯については資料に乏しく定かではないところがあるが[42]、要するに現行法の逮捕の法定期間の規定というものは、交通状態等の特殊事情で「送致」「引致」が遅れる場合であっても「遅くとも」その時間内に措置すべきとの趣旨の規定であることは間違いがなかろう。その間に捜査機関側が被疑者が有罪であることに資する方向で積極的に取調べをすることを許すという意味で、法定期間が存在しているわけではまったくないのである。

4　まとめに代えて

結局、現在の実務上当然とされている逮捕の法定期間を「利用して」なされる取調べというものは許されない。けだし、本条でいう「arrest＝逮捕」とは「取調べ」を目的としたものでないことはいうまでもないうえ[43]、「逮捕」には、裁判官への引致ということ以上の状態、即ち、「警察が人間を捕まえて」取り調べるという状態は、まったく予定されていないのだからである。本条は、これを禁ずることをこそ目指している規定に外ならない。

この理解は、現実の実務の在りようとは掛け離れているということにはなろう。しかし、だからといって、この考えがおよそ実務上の視点足りえないと捉えるべきではあるまい。翻って考えてみれば、現在まで日本国憲法（日本文）の「不当に長く

42　法学協会雑誌の「刑事訴訟法の制定過程」の連載は99巻12号（1982年）以降中断したままである。

43　もっとも、arrestという法律用語自体が取調べを目的とする要素を一切もっていないということはできない。アメリカ合衆国の判例による定義にも「取調の目的」は含まれているようであるし（ロランド・V・デル＝カーメン〔樺島正法＝鼎博之訳〕『アメリカ刑事手続法概説』〔第一法規出版、1994年〕146頁、Dunaway v. New York, 442 U. S. 200 [1979]）、前記ブレイクモア私案でも、その趣旨を含むような定義になっている（前掲注35参照）。さらに"BLACK'S LAW DICTIONARY (6 ed.)" pp.109-110参照。しかし、arrestという語自体は、多義的であって、本条の趣旨を上述のとおり解することが、その言葉からおかしいとされる理由もないのである。

抑留」という部分自体問題にされたことさえないといえるのであるが、こういう事態こそがおかしいことは明らかなのだからである。これは、憲法の条文上の文言がいわば完全に死んでいる状況に外ならない。実務上の実践によって、これを生き返らせる以外、方途はないというべきではなかろうか。こう考えるとき、上述した本条の趣旨と現状実務との間を架橋する解釈と、これにもとづく実践はどのようなものになるだろうか。

　上述したところからすれば、捜査機関の側が「裁判所への引致」という枠を逸脱して獲得された自白、つまり、捜査機関側がことさらに「取調べ」の場を設定したうえでなされた自白は、当然「裁判所への引致を引き延ばされた」後の自白と推定されることになる。憲法38条2項はそのような明確な証拠排除基準を定めた規定に外ならない。結局、逮捕期間中になされた自白は、被告者の自発的（spontaneous）な真意による供述であることが検察官によって厳格に立証される必要があるのであるが、この推定を覆し、その供述の自発性を厳格に立証するためには、弁護人立会いがあること、あるいは少なくとも可視化の措置が十全に採られているということが不可欠になってこよう。そうでない限りは、それは「裁判所への引致を引き延ばされた」後の自白であって、そのような自白は憲法38条2項に反し証拠能力を付与されないと解される。弁護人としては、上述のように主張することとなろう。

　なお、正当な理由なくしてなされた逮捕行為の後の自白については、その当該逮捕が「引致」に純化している限りにおいては、本条の問題ではなく、憲法34条に照らして、その証拠排除を検討すべきことになるものと考える。

憲法38条2項の法意と我が実務②──勾留あるいは任意性

1　「勾留の後の自白」をめぐって

　(1)　上述のように捉えたとき、「勾留の後の自白」の意味はどのように理解されるだろうか。

　もともと憲法38条2項は、逮捕後（しかも犯罪直後というふくみさえある）における自発的な自白以外を証拠として許容しないという法意と考えうるわけである。そうすると、現在の10日や20日といった長期間の起訴前勾留における捜査機関側からの働きかけによる取調べにもとづく自白というものを証拠として許容するということは、全然想定されていないといわなければならないことになる。この考えからするとつぎのように解さざるをえなくなるのではないか。

すなわち、端的に言えば、"prolonged" は "detention" を形容していないとみるほうが、"prolonged arrest" の理解との関係ではむしろ整合的なのではないかということである。
　従来は、"prolonged detention" と捉えることが自明視されていたと考えられるが、裁判所への引致の枠を超える状況での自白を証拠として許容しないという法意からは、「引致」よりはるかに時間幅のある「勾留」のもとでの自白が許容されうるとも思われない。つまり、「(不当に) 引き延ばされた勾留」という概念をことさらに考える要もないとするほうが余程簡明なように思われるのである。実際、この理解は、英文の理解として文法的に誤っているというわけのものでもないし、実のところ、現行の日本文でも「<u>不当に長く抑留若しくは拘禁された後の自白</u>」なのであって (下線引用者)、文法的にこの理解が排斥される関係にないことは明らかである。
　要するに、この考えでは、端的に「勾留の後の自白」は証拠として許容されないことになる。勾留中に取調べを行なって自白を獲得しても無意味なわけであるから、これはつまるところ、勾留下での取調禁止論に外ならないことになろう。
　(2)　身体拘束下における取調べが禁じられているとする学説は、その論拠として、逮捕・勾留の目的、黙秘権 (憲法38条1項)、公判中心主義等を挙げている[44]。が、上述したところからすれば、その根拠は、むしろ端的に憲法38条2項だと解することができる。要は、身体拘束下においては、捜査機関側からの働きかけによる被疑者取調べについては禁じられている。捜査機関・訴追機関は、かような取調べを経ることなく、これ以外の証拠収集を了したときは、すみやかに起訴・不起訴を決すべきなのである。それをしないで、勾留の10日間や20日間を所与の前提として、被疑者を取り調べて自白がなされたとしても、それを証拠にはできない。
　以上が、憲法38条2項の法意である。これにより、公判前拘禁の長期化を防止しようとしたものと解されるわけである。憲法34条は、身体を拘束する以上 "charge" すべきことを定めていると解しうるのであって、憲法38条2項は、まさ

---

[44]　逮捕・勾留の目的に重点を置き、法198条1項但書・法39条3項・法322条1項の解釈論として、取調禁止論を展開するものとして、沢登佳人「逮捕または勾留中の被疑者の取り調べは許されない」法政理論12巻2号 (1979年) 1頁以下、黙秘権および公判中心主義を論拠とするものとして、上口裕「身柄拘束中の被疑者取調について」南山法学5巻1＝2号 (1981年) 119頁以下、以上を基調としつつ、強制処分か任意処分の視点から論ずるものとして、横山晃一郎「被疑者の取調」法政研究49巻4号 (1983年) 13頁以下。

しく不可欠とされた「訴追されること (charge) がないまま拘禁されていることがないようにするための憲法上の保障」の証拠法の側面における保障に外ならない[45]。Chargeを受けて国家と対峙する被告者となった者が、detentionの後に取調べを受けるという状況を想定しえないとするのは、きわめて当然の考えというべきではあるまいか。

(3) 憲法38条2項が身体拘束下の取調禁止論に外ならないとの見解につき、取調受忍義務否定論者の見解を参照しながら、さらに検討してみよう。

オーソドックスな取調受忍義務否定論者である平野龍一は、「訴訟法の規定自体（逮捕・勾留の法定期間──引用者注）を憲法違反とでもしない限り、マックナブ・ルール（憲法38条2項の法意──引用者注）の適用の余地はほとんどない」としている[46]。この見解は、現状実務を違憲と捉える視点自体は正しいといえるものの、憲法38条2項と訴訟法の法定期間との関係に限っていえば、これを必ずしも正しく捉えてはいないように思われる。けだし、起訴前勾留の間（法定期間）に証拠収集をすること自体は、憲法38条2項の規定からただちに問題になるわけではないのであって、その点からは、法定期間それ自体がただちに違憲になるというわけではないからである（起訴前勾留の違憲性は、憲法34条および憲法37条1項から論じられるべきものであろう）。この見解は、暗黙のうちに勾留期間の取調べというものの存在を自明視していると思われるのであるが、その自明性こそが疑われるべきなのではないだろうか。問題は、あくまでも「自白」なのであり、その間における捜査機関側からの働きかけによる被疑者取調べそのものだと思われるのである。

平野は、上記部分に続けて「そこで最高裁判所は、公訴提起後6か月も1年も勾留された後に自白した事件に、この条文を適用した。異なった事態のもとでは同じ法の定めも、こうまで違って適用されるのか、と嘆じさせるほどである」としたうえで、「現行法のもとで、マックナブ・ルールの精神を生かすとすれば、おそらく追逮捕・追勾留の場合であろう。別件逮捕自体必ずしも違法とはいえない。殺人の嫌疑が十分でないとき、詐欺で逮捕・勾留しても、詐欺について、逮捕・勾留の理由がそなわっているかぎり、即ち詐欺について逃亡のおそれ、罪証湮滅のおそれがあるかぎり、その逮捕・勾留は違法ではない。また、詐欺で勾留中、殺

45　高柳ほか・前掲注2書28〜29頁。なお、憲法的刑事手続研究会編『憲法的刑事手続』（日本評論社、1997年）所収の、高野隆「刑事人権規定の制定過程」注98、村岡啓一「第34条」を併せ参照。

46　平野・前掲注21書72頁。

人の取調べをすることも、取調べが任意のものであるかぎり、違法とはいえない。しかし、詐欺で20日間勾留して殺人の取調べをした後、さらに殺人で20日勾留するのは、まさに不当に長い拘禁というべきではなかろうか」と論じている（下線引用者）。しかし、上記の如く、その前提とする視点のなかには、一罪20日間という期間があたかも取調期間として所与の前提の如くに存在しているという先入観が看取できるといわなければならない。これはオーソドックスな取調受忍義務否定論の問題点がよく表われている論述のように思われる。つまり、「取調べが任意のものであるかぎり」という部分こそが、大いに問題だと思われるのである。

(4) 前章「憲法第38条第1項」において言及したとおり、取調受忍義務否定説は今や学説上の圧倒的多数説として形成されている。

取調受忍義務を否定するということは、被告者が「任意」に取調べに応じ「任意」に供述する以外の「取調べ」は、およそ許されないと考えるということに外ならない。そして、そう考えることは、前章「憲法第38条第1項」において述べたとおり、まったく正しいといわなければならない。そうだとすると、取調禁止説は、身体拘束下においては、もはや「任意」ということは、本来在り難いと考えたといえるわけである。これ自体は、あながち突拍子もない考えというわけのものでもないといわなければならない。取調禁止説は、取調受忍義務否定説の理論的徹底形態と呼ぶことができるはずである。むしろ、受忍義務否定論者が、「取調べは任意である限り許される」というとき、現実の身体拘束下の「取調べ」において、どのような「任意」がありうるのかを詰めて考えてこなかったことのほうが問題というべきなのではないだろうか[47]。

以上論じたところからすれば、その論理一貫性は、取調禁止論のほうが単なる取調受忍義務否定説より勝っているように思われる。

(5) 以上を踏まえたうえで、我が判例の実情を見れば、平野が慨嘆したように、109日間の拘禁の後にはじめて犯行自白したケースについては、「不当に長く抑留若しくは拘禁された後の自白」にあたるとしたが[48]、他方、39日間50回の取調べ（帝銀事件）では、「不利益な供述強要したものとは言えない」としている[49]。これが実情なのであって、上述したところとの乖離の甚だしさに改めて「慨嘆」せざるをえないであろう。こういった判例理論は、「単に自白の時期が不当に長い抑

47　上口・前掲注44論文および横山・前掲注44論文参照。
48　最大判昭23・7・19刑集2巻8号944頁。
49　最大判昭30・4・6刑集9巻4号663頁（帝銀事件上告審）。

留・拘禁後に行なわれた一切の場合を包含するものではなく、自白と不当に長い抑留・拘禁との間に因果関係の存しないことが明らかな場合には、かかる自白を証拠とすることができる」とする法理が前提とされているからであるが[50]、本来想定された憲法38条2項の法意が完全に骨抜きにされてしまっていることは明らかである。

　このような実務を対象として、弁護人としてはどのような主張が考えうるであろうか。上述の取調禁止論を展開するということもありえてよいはずではある。しかし、この論の展開は、"prolonged arrest"について述べたところよりさらに、現実の実務と（さらには多くの学説とさえ）掛け離れすぎた解釈とされ、弁護実務上の指針となりえないとされよう。取調禁止論それ自体を唱えても、現実の実務に切り込めるというものでないことは否定し難いやもしれない。

　そうとするならば（そうであるとしても）、弁護人としては、取調禁止論の趣旨＝憲法38条2項の本来の法意を、少しでも生かしつつ実務上の弁護実践を試みるべきである。それは、その自白が、平野いうところの「任意」なものとして真に自発的なものであることが明らかか否か、それが検察官によって立証されているか否かを問うていくということに外ならない。自白は、そうでない限り証拠としておよそ許容されないとの立場である。我が実務は、現実にそのようなレベルのはるか手前の違憲状態に在る。このことこそが問題なのであり、変革されるべきなのである。

　⑹　ここでいう「任意」性（自発性）を明らかにする基準は何か。これは、憲法38条2項の法意が勾留下の取調禁止論をも本来想定していたことも考慮したものでなければならない。即ち、"prolonged detention"という概念を取り入れ「（不当に）引き延ばされた勾留」という状態を想定しうるとしても、つまり、勾留下の自白のなかに許容されるものとされないものがあるという規範を読みとりうるとしても、それは捜査機関側の働きかけによる取調べを基本的には許容しないという立論でなければならない。それは結局、捜査機関の働きかけという要素を排斥する状況が設定されているか否か、ということである。換言すれば、身体拘束という状態を解除されているとみなしうる状況設定、それに等しい措置設定の有無という発想以外にはないと思われる。ここにおいて、改めて、憲法38条1項と2項とが表裏の関係にあることが想起されなければならない。

　要するに、自己負罪拒否特権を手続的に保護する措置が講じられたうえでの自

50　最大判昭23・6・23刑集2巻7号715頁。同旨、最大判昭24・7・13刑集3巻8号1264頁。

白は「真に自発的なもの」とみなす余地があることになる。他方、その手続的保護措置（具体的には弁護人立会い、少なくとも供述状況の全過程の可視化）がないのであれば、真に自発的であることをおよそ立証しえたことにはならない。要するに、かかる措置が採られたこと、これが存在したことを国家の側は立証しなければならないのである。憲法 38 条 1 項の証拠法的側面での保障を完全に確立しているのが憲法 38 条 2 項というべきであり、その具体的基準は上述のとおりと考えられるのである。

なお、上述の判例の如き長期拘束にあっては、憲法 38 条 2 項が、明確な証拠排除基準である以上は、因果関係は明らかに擬制されているというべきである。このような長期拘禁の場合は、弁護人立会いさえ十分な保護措置たりえず、上記擬制を解除しないことがあると解する余地があるといわなければならないであろう。

2 任意性

(1) 上述したところからすれば、一般に憲法 38 条 2 項が自白の任意性の規定とされていることの意味ももはや明らかであろう。

現刑事訴訟法の制定過程において、日本側の最終案（第 9 次案）が憲法 38 条 2 項と同様の文言であったのに対し、GHQ のプロブレムシート修正（2）の意見は、"The court must, if it has any doubts as to the voluntary nature of the confession, reject the confession as evidence."（「裁判所は、いささかでも自白が自由意思によりなされたのではない疑いがあるときその自白を証拠とすることを拒否しなければならない」）というものであったが、これが法 319 条 1 項「その他任意にされたものでない疑いのある自白」という文言を導くことになったと考えられる[51]。そして、この意見こそが憲法 38 条 2 項の示唆する「任意性」をそのまま表現したものに外ならないというべきである。要するに「任意」とは文字通りいささかの疑いの余地もない「自由意思」でなければならないのだ[52]。ここにおいても憲法 38 条 1 項と 2

51　1948 年 4 月 12 日〜5 月 5 日「刑事訴訟法改正協議会」（多田辰也「被疑者取調べとその適正化 (1)」立教法学 27 号〔1986 年〕130〜156 頁、大出良知「被疑者取調の歴史的考察 (戦後)」井戸田侃ほか編『総合研究＝被疑者取調べ』〔日本評論社、1991 年〕131 頁参照）。プロブレムシートの原文は、横井大三「新刑訴制定資料」刑法雑誌 3 巻 3 号（1953 年）24 頁。

52　「任意」とは「心のままにすること、その人の自由意思にかませること」『広辞苑〔第 4 版〕』、「そのものの思いにまかせること」『大辞林〔第 2 版〕』、「規則などによらず心のままにまかせること・さま」『日本語大辞典〔第 2 版〕』、「思いのままにすること」『角川国語辞典』である。

項とが表裏の関係にあることは明らかなのである。

(2) その意味で、現在の我が判例の任意性に関する類型化なるものは、憲法38条2項の法意に添っているとはおよそいいがたい。通常、類型化としてはつぎの如きものが挙げられているが、上記趣旨を全うするものとはおよそ思われないのである。

① 強制による自白（暴行脅迫が端的な例であるが、さまざまのファクターがありうる）[53]
② 手錠を施したままの自白[54]
③ 約束による自白[55]
④ 偽計による自白[56]

---

[53] この類型は、いわば抽象度も高いので、さまざまな判例を挙げることが出来よう。最判昭26・8・1刑集5巻9号1684頁（手錠、暴行など。審理不尽で破棄差戻）、最判昭32・7・19刑集11巻7号1882頁（警察段階の強要でただちに検察段階の自白の任意性を欠くとすることはできないとしつつも、その事情によっては影響がないとは到底いえないとしている）、仙台高判昭32・10・14判時130号4頁（暴行）、最判昭33・6・13刑集12巻9号2009頁（小島事件。石川才顕「強制による自白の一事例」熊谷弘ほか編『証拠法大系〔2〕』〔日本評論社、1970年〕115頁参照）、広島高判昭47・2・14判時694号16頁（仁保事件差戻控訴審。警察官調書につき数名がかりで長時間執拗な追求があったとして、任意性を否定した）、東京高判昭59・6・22判時1085号30頁（下妻事件。片手錠、連日連夜長時間数時間の直立など）、大阪高判昭60・9・24判タ589号127頁（暴行、壁に向かって座らせる等）、大阪高判昭61・1・30判時1189号134頁（貝塚ビニールハウス事件。手錠、暴行など）、大阪地判昭62・8・14判時1267号159頁（暴行）など。東京高判昭60・12・13判時1183号31頁（日石土田邸事件）や東京高判平3・4・23判時1395号19頁（松戸OL殺人事件）もこの類型といえようか。

[54] 最判昭38・9・13刑集17巻8号1703頁（「任意性につき一応の疑いをさしはさむべき」とする。ただし結論は任意性を肯定した）、東京地判昭40・5・29下刑集7巻5号1134頁（寺尾正二「手錠を施したままの自白」熊谷弘ほか編『証拠法大系（2）』〔日本評論社、1970年〕56頁参照）、最判昭41・12・9刑集20巻10号1107頁（宮ир事件。手錠の点につき審理不尽であるとして、破棄差戻）、大阪地決昭46・6・21判時643号98頁（供述の不任意性とのあいだの相当因果関係の存否を問題とするまでもないとする）。ただし、片手錠は任意性肯定──東京高判昭11・3・27判時557号278頁、大阪高判昭50・9・11判時803号24頁（上記宮崎事件差戻後控訴審）、最決昭52・8・9判時864号22頁。なお、検証調書（片手錠下の指示説明）についても東京高判昭52・7・6東高刑報28巻7号75頁は証拠能力を認める。

[55] 最判昭41・7・1刑集20巻6号537頁（ただし、自白を排除しても犯罪事実は認定できるとした。児島武雄「約束による自白」熊谷弘ほか編『証拠法大系（2）』〔日本評論社、1970年〕48頁参照）、大阪高判昭41・11・28判時476号63頁（早期釈放ないし減刑の約束）、福井地決昭46・10・5判時662号106頁（罰金ですむ約束）、大阪地決昭49・9・27判時777号111頁（罰金ですます旨の明示または強度の暗示）などがある。高松地判昭39・5・18判時376号47頁（恩赦の話をした利益誘導）もこの類型といえようか。

⑤　夜間の継続的取調による自白[57]
⑥　長期拘禁後の自白 (これについては前述したとおりであるが、いずれの判決文も「不当に長い」かどうかを問題にし、「任意性」の語は使っていない)[58]
⑦　(公正な第三者といえない) 私人が立ち会い自白をすすめる等したことによる自白[59]
⑧　糧食差入れを禁止されての自白[60]
⑨　「(違法な) 別件逮捕勾留中の自白」[61]

---

[56] 最判昭45・11・25刑集24巻12号1670頁 (いわゆる「切り違え尋問」による自白)、東京地判昭62・12・16判時1275号35号 (分泌物が一致したとの虚言による自白)、浦和地判平1・10・3判時1337号150頁 (再度の執行猶予を示唆したケース) などがある。

[57] 高松地判昭39・4・15下刑集6巻3＝4号428頁。逆に、任意性ありとするのは名古屋高判昭25・5・8特報9号67頁 (岡村治信「徹夜または夜間の継続的取調による自白」熊谷弘ほか編『証拠法大系 (2)』〔日本評論社、1970年〕158頁参照)。

[58] 最判昭25・5・8刑集2巻8号944頁 (河村澄夫「不当に長い拘禁後の自白の一事例」熊谷弘ほか編『証拠法大系 (2)』〔日本評論社、1970年〕137頁参照)、最判昭24・11・2刑集3巻1号1732頁、最判昭27・5・14刑集6巻5号769頁、東京高判昭34・5・28高刑集12巻8号809頁がある。なお、証拠能力肯定判例としては、最判昭23・2・6刑集2巻2号17頁、最大判昭23・6・23前掲注50、最判昭25・8・9刑集4巻8号1562頁 (河村澄夫「長期拘禁と自白の因果関係」熊谷弘ほか編『証拠法大系 (2)』〔日本評論社、1970年〕146頁参照)。

[59] 仙台高判昭25・10・20高刑集3号508頁 (金隆史「私人を同席させて得た自白」熊谷弘ほか編『証拠法大系 (2)』〔日本評論社、1970年〕80頁参照)。

[60] 最判昭32・5・31刑集11巻5号1578頁 (寺尾正二「糧食差入の禁止と自白」熊谷弘ほか編『証拠法大系 (2)』〔日本評論社、1970年〕180頁参照)。

[61] 最大判昭30・4・6前掲注49 (帝銀事件上告審) は別件逮捕勾留の違法性と自白の証拠能力ないし許容性とは別個の問題だとしていた。しかし、東京地判昭42・4・12判時486号15頁 (東十条事件) は、他の要素 (取調べの方法が妥当でない) を加え、「任意性に疑あり」とした。そして、金沢地七尾支判昭44・6・3判時563号14頁 (蛸島事件) は端的に証拠能力を否定した。東京地判昭45・2・26判時591号30頁 (東京ベッド事件)、大阪地判昭46・5・1刑月3巻5号661頁 (六甲山事件第1次一審)、東京地決昭49・12・9判時763号16頁 (富士高校放火事件一審)、福岡高判昭52・5・30判時861号125頁 (佐賀実母殺害事件)、大阪高判昭59・4・19判タ534号225頁 (神戸まつり事件)、福岡高判昭61・4・28判時1201号3頁 (鹿児島夫婦殺し差戻控訴審) はここの系列の判例である (ただし、後二者は余罪取調べが違法という趣旨)。また、広島高判昭47・2・14前掲注53 (仁保事件差戻控訴審) は、別件勾留が長期であること等を理由に検察官調書の証拠能力を否定している。ただし、別件に逮捕勾留の理由と必要性は存し、本件と社会的事実として密接な関連があるとして、取調べを適法とした例として、最決昭52・8・9判時804号22頁 (狭山事件決定) がある (新矢悦二「判解」最判解説 (昭和52年度) 15事件参照。なお、新関雅朋「不法拘禁中の自白・他事件による勾留中の自白」熊谷弘ほか編『証拠法大系 (2)』〔日本評論社、1970年〕163頁以下参照)。なお、この関連では、違法な現行犯逮捕で拘束されたときの自白であることを理由に証拠能力を否定したものとして、大阪高判昭40・11・8下刑集7巻11号1947頁がある。

⑩ 「弁護権（弁護人依頼権あるいは接見交通権）侵害の結果得られた供述」[62]
⑪ 「黙秘権侵害の結果得られた供述」ということのみでの類型化はみられない[63]
⑫ 諸類型総合型[64]

(3) 以上のような判例状況に対し、現在の学説は的確な批判的視点をもっているとはいい難いのではないか。

　学説は、一般的に「任意性の原則」というとき、自白法則における虚偽排除説や人権擁護説等の各説から「任意性」の定義づけを行なおうとしている。たとえば、虚偽排除説からは「不任意の自白とは、虚偽の自白を誘発するような相手方の態度・処置に基づいてなされた自白ということになるであろう」とされ、人権擁護説からは「不任意の自白とは、人権とくに黙秘権を侵害するような違法な手続（取調）によって誘発され虚偽を含む危険性を伴った自白ということになるであろう」とされ、このようにおのおの定義づけたうえで、「自白とそれに先行する一定の手続との間に因果関係のある場合でなければ、（法 319 条 1 項は——引用者注）適用されない」と述べる論者もいるのである[65]。しかし、このような解釈は「任意」の語自体に本来そぐわないし、憲法 38 条 2 項の法意にまったく背くものである。

62　弁護人依頼権については、大阪高判昭 35・5・26 下刑集 2 巻 5 ＝ 6 号 676 頁（「任意性に疑あり」とする。田宮裕「弁護人選任権の侵害と自白」熊谷弘ほか編『証拠法大系〔2〕』〔日本評論社、1970 年〕185 頁参照）、大阪地判昭 44・5・1 判タ 240 号 291 頁（弁護人選任を断念させたケース）、大阪高判昭 53・1・24 判時 895 号 122 頁（弁護人依頼権を取引材料としたことを大きなファクターとしている。ただし、これも「任意性に疑あり」とする）。また、接見交通の制限については、函館地決昭 43・11・20 判時 563 号 95 頁がある（泉山禎治「弁護人との接見制限と自白」熊谷弘ほか編『証拠法大系（2）』〔日本評論社、1970 年〕194 頁参照）。

63　ただし黙秘権・弁護人選任権の不告知につき、「任意性に疑い」とした浦和地判平 3・3・25 判タ 760 号 261 頁（鈴木義男「判批」別冊ジュリスト『刑事訴訟法判例百選〔第 6 版〕』〔有斐閣、1992 年〕152 頁）があり、その他浦和地判平 1・3・22 判タ 689 号 83 頁（浦和嬰児殺事件）、浦和地判平 2・10・12 判タ 743 号 69 頁（埼玉パキスタン人放火事件）、浦和地決平 3・3・25 判タ 760 号 261 頁、浦和地決平 3・5・9 判タ 764 号 271 頁は、黙秘権・弁護権侵害を証拠能力制限の重要なファクターとする志向性を明らかにしている。これについて、黙秘権の告知を欠くこと自体は黙秘権侵害ではないとの前提で、各権利の告知を欠くこと自体で任意性を欠くわけではない旨に言及するものとして、出田孝一「黙秘権・弁護人選任権の不告知と自白の任意性」判例タイムズ 896 号（1996 年）4 頁以下がある。しかし、すでに本書第Ⅲ部第 1 章で論じたとおり、かかる見解は正当とは思われない。なお、弁護人立会権の要求が無視された場合でも証拠（自白）の許容性は簡単に肯定されている実情にあるようである（高野隆「被疑者の取調べにどのように対処するか」竹沢哲夫ほか編『刑事弁護の技術（上）』〔第一法規出版、1994 年〕102 頁参照）。

64　前掲注 63 挙示の各判例参照。

また、いわゆる違法排除説は、基準の明確化を目指して唱えられたのではあったが[66]、その説自体が憲法38条2項の解釈の枠を越えた立論であったため、逆に憲法38条2項の解釈論としては、かえって不明確性を帯びる結果になっているというべきではなかろうか。
　さらに上記判例のなかで、とりわけ⑨ないし⑩および⑫の諸判例においては、ここで述べてきたことの、かすかな萌芽を示すものは存在しているというべきであるかもしれない。また、学説でもこれらの諸判例と同一志向のもと、新たな事情の総合説を説くものがある[67]。しかし、諸事情を総合的に判断するというとき、「任意」ということの意味を非常に判りにくくさせるきらいがあるのではないか。そればかりか、このような事情の「総合」は、多くの場合、任意性（証拠許容）の基準を緩やかにする方向にしか機能しないといわねばならない。憲法58条2項は明確な証拠排除の基準を示す規定に外ならない。結局、それは自己負罪拒否特権を保護する措置の有無・存否という基準以外ではないというべきである。

3　まとめに代えて

　憲法38条2項の法意は、事情の総合説によるような任意性基準の不明確化を避けるべくして設定された規定である。にもかかわらず、我が実務の現状は甚だしく不明確な基準のままで、しかも、驚くほど緩やかに証拠能力・証拠許容性を判断し、これを認めてきているといわざるをえない。
　制定過程をたどるならば、もともとは弁護人立会権が前提とされていたのであって、かりに弁護人の立会いがない場合であれば、その全過程の可視化を全うするというかたちでの厳密な「任意」性の立証が検察官によって果たされなければならない。そうしてはじめて、被告者が自己負罪拒否特権や弁護人立会権を真に放棄したことが立証されうるのである。その限度においてのみ、証拠能力を認めるという規定が、憲法38条2項といわなければならない。
　そして、上述した憲法38条2項の法意からすれば、つぎのことも自明といわなければならない。即ち、本来許容されえない勾留下の取調べを自明視し、そのうえで、あろうことか、その許容され難い取調べを逆に理由として、被告者と弁護人

---

[65]　柏木千秋「自白の任意性」日本刑法学会編『刑事訴訟法講座（2）』（有斐閣、1964年）150頁以下。
[66]　田宮・前掲注21書347頁参照。
[67]　渡辺・前掲注26書311頁以下参照。

との接見交通を制限するなどという現在の実務運用は、憲法38条2項に照らしても、明らかに違憲である。そのような接見制限は、捜査機関・訴追機関が、自己負罪拒否特権を手続的に保護する措置をみずから完全に封じたことを意味する。換言すれば、「いささかでも自白が自由意思によりなされたのではない疑い」というものをみずから作出しているのである。それは「任意」であること、「自由意思」であることの立証が不可能に帰したことをみずからの所為によって示したということに外ならない。そのような接見制限のもとでなされた自白は、憲法38条2項のストレートな適用によって、証拠排除されなければならない。

第3章　黙秘権をめぐって

はじめに——大法廷判決の憲法38条1項に関する判断

　大法廷判決が、憲法38条1項について言及している部分は、次の2箇所である。
　1つは、刑訴法39条3項本文にいう「捜査のため必要があるとき」について、これを「接見等を認めると取調べの中断等により捜査に顕著な支障が生ずる場合に限られ（る）」と解釈する際、取調べそのものが指定要件となりえない旨の主張を排斥すべく述べられた次の件である。

　　A「所論は、憲法38条1項が何人も自己に不利益な供述を強要されない旨を定めていることを根拠に、逮捕、勾留中の被疑者には捜査機関による取調べを受忍する義務はなく、刑訴法198条1項ただし書きの規定は、それが逮捕、勾留中の被疑者に対し取調受忍義務を定めているとすると違憲であって、被疑者が望むならいつでも取調べを中断しなければならないから、被疑者の取調べは接見交通権の行使を制限する理由におよそならないという。しかし、身体の拘束を受けている被疑者に取調べのために出頭し、滞留する義務があると解することが、直ちに被疑者からその意思に反して供述することを拒否する自由を奪うことを意味するものでないことは明らかであるから、この点についての所論は、前提を欠き、採用することができない」。

　いま1つは、刑訴法39条3項本文の規定が憲法38条1項違反であるとする上告理由について、直接判断している次の件である。

　　B「所論は、要するに、憲法38条1項は、不利益供述の強要の禁止を実効的に保障するため、身体の拘束を受けている被疑者と弁護人等との接見交通権をも保障していると解されるとし、それを前提に、刑訴法39条3項本文の規定は、憲法38条1項に違反するというのである。
　　しかし、憲法38条1項の不利益供述の強要の禁止を実効的に保障する

ためどのような措置が採られるべきかは、基本的には捜査の実状等を踏まえたうえでの立法政策の問題に帰するものというべきであり、憲法38条1項の不利益供述の強要の禁止の定めから身体の拘束を受けている被疑者と弁護人等との接見交通権の保障が当然に導き出されるとはいえない。論旨は、独自の見解を前提として違憲をいうものであって、採用することができない」。

しかし、これらの判示は、憲法38条1項の自己負罪拒否特権（＝黙秘権。以下、自己負罪拒否特権という用語ではなく、基本的に、黙秘権という語を用いる）についての無理解を露呈させたものというほかはない。その認識が根本的に誤っている以上、21世紀の比較的早期の段階で、これは、わが刑事司法において、当然克服され、改められなければならない認識であり、課題であるはずである。

そのような観点から、以下、幾分基礎的な視点をも踏まえつつ、論じていくこととするが、論述の道程は、およそ次のとおりとなろう。まず、上記判示に対して指摘できる問題点を挙げて、その批判を試みる。次いで、黙秘権についての実務上の意義についての考察を行う。その際、ミランダ判決、そして、ディカソン判決を中心にアメリカ法の判例理論について言及することとし、そこから、わが刑事司法における黙秘権の「現在」的意義を改めて考察したい。そのうえで、今一度、大法廷判決に戻り、乗り越えられるべき課題を呈示できればと考える。ただ、あらかじめ結論めいた言及をするとすれば、次のとおりとなろうか。すなわち、大法廷判決の「誤り」を指摘することが困難だとは思えない。しかし、その「無理解」を克服することは必ずしも容易とは思われないところがある。その所以を明示していくことが、本稿のほんとうのテーマということになるのかもしれない。

大法廷判決の判示に則しての批判①
──取調受忍義務をめぐって

大法廷判決は、Aにおいて、要するに、身体拘束下の被疑者に対して取調べのため取調室への出頭・滞留義務を課しても、「直ちに」黙秘権を侵害することを意味しないとしている。「直ちに」という意味をどう理解するかという問題はあるにしても（この点、後述する）、この判断には基本的な間違いがあると断じなければならない。

まず、取調受忍義務を肯定したか否かという問題についていえば、Aは、取調べが指定要件たりうるか（接見の制約理由となりうるか）という判断に関するもので

あって、取調受忍義務そのものの存否を直接判断の対象としているわけではない。したがって、この判示から大法廷判決が取調受忍義務肯定を明言したとするのは早計だとする見解があることは理解できる。しかし、上告代理人らの主張は「前提を欠」いているというのであるから、前提事項として、取調べのため出頭・滞留を義務づけることと供述を強いることとは別だという判断が示されたことは疑えない。これは、黙秘権侵害を理由とする出頭・滞留義務否定説の否定であり、つまるところ、その限度での出頭・滞留義務肯定説と解さざるをえない[1]。なるほど、この判示は、「直ちに」という文言からみて、出頭・滞留を強いたうえでさらに何らかの要素が付加されたときには、黙秘権侵害が生じうること自体は、当然これを認めていると解される。しかし、それ自体は、あたりまえといってしまえば、あたりまえの話にすぎない（もっとも、その当然の事柄さえ、わが刑事司法では、およそ現実には認められていない。この点、後述する）。いずれにしても、上記判示が、取調べのために出頭・滞留を義務づけることと供述を強要することとを分離できるという理解・判断を前提としていることは、疑いがないのである。

　この大法廷の判断は間違っていると断じなければならない。まず第1に、これは、ただ観念的な発想にすぎず、実務の実情について全く無理解であるということである。つまり、現実を直視しない空論の類といわねばならない。第2に、理論的に考えても、これは誤りというべきである。後述するとおり、ここで「直ちに」の語を付して、問題を曖昧にするのは、むしろ逆立ちした論理といわなければならない。

　以下において、一応、実態面と理論面の2つの各視点から論じていくことを試みるが、もとより、この両者は分かち難く結びついている。

1　出頭・滞留義務をめぐって①──実態論から

　まず、前者の視点から検討する。

　(1)　大法廷判決のAの判示から、「被疑者が望むならいつでも取調べを中断しなければならない」ということ自体も否定されているものと読み取りうるかどうか。必ずしも定かではないとはいえ、大法廷判決が否定的口吻であることは覆うべく

---

[1]　村岡啓一「接見国賠訴訟大法廷判決の評価と今後の課題」自由と正義50巻7号（1999年）146頁は「……仮に刑訴法198条1項ただし書を取調受忍義務を定めたものと解釈したとしても、直ちに黙秘権侵害を意味しないと判示したものであるから、同判決が取調受忍義務を肯定したと理解するのは行き過ぎであろう」とするが、本文で述べた限度での出頭・滞留義務肯定説であると解するほうが素直である。

もあるまい。そうだとすると、出現・滞留義務を課したうえで（つまり、取調室から出られないようにしたうえで）、被疑者が「取調べを止めてくれ」と言ったとしても、取調べを続行してよいと判断されていることになる。

　大法廷判決は、その取調べの続行などの程度如何について、言及しているわけではないし、取調べを延々と続けてよいと断じたわけでもない。むしろ、大法廷判決の本意は、「直ちに」の語によって一定の歯止めの存在を示唆しようとしているというべきであろう（この点については、後に詳論する）。しかし、歯止めは具体的には何ら示されなかったのである。これは、さしあたり現状追認の機能しか果たさない。結局、大法廷判決は、現状における延々と続く取調べを事実上容認してしまったと評価する以外ない。

　さて、そこまでくると、そのような取調べが、どうして黙秘権の侵害にならないのか、理解に苦しむことにならざるをえない。実際、取調べの実情は、次のようなものだからである。

　(2)　取調べの場で、取調官は、まず取調べ開始時に被疑者に対して黙秘権を告知することになっている[2]。実際には、それさえ、ちゃんと行わない取調官もいるが、そのような違法は誰しも論外だというであろう。しかし以下に述べるところから明らかなように、取調官としては、それこそが取調べの実態に則した一貫した態度というべきかもしれないのである。

　すなわち、取調べの実情は、次のとおりである。まず、何はともあれ、取調官は「あなたには黙っている権利がある」と告知することになっている。しかし、その舌の根も乾かぬうちに、取調官は、「それで、どうなんだ」と被疑者に供述を迫る。

　あえて言うなら、黙秘権を行使する被疑者に対し、捜査官が、たとえば10分程度といった短時間、説得を試みるというレベルであれば、黙秘権侵害とまではいえないといった見解はありうるかもしれない。しかし、現状はそんなものではない。被疑者が「黙秘権を行使します」と言ったとしても、次々と発問が繰り返され、閉ざされた取調室内で、その状況は何時終わるともしれない。被疑者が、その権利を放棄させられるまで、そういう状況が続くのだ。

　その過程で、どのようなことが生起しているか。取調室は閉ざされた密室であ

---

[2]　なお、山名京子「『被疑者』概念について──黙秘権の告知を中心に」佐伯千仭傘寿『新・生きている刑事訴訟法』（成文堂、1997年）51頁以下参照。わが国においては「重要参考人」とされる者に黙秘権告知がなされないといった現状があるが、捜査機関側が、たとえ主観的であるにせよ、被質問者に嫌疑を抱いて発問する以上は、如何なる質問であっても、黙秘権告知がなされるべきだと解される。

る。その被疑者が、仮にすれっからしの図太い犯罪者であったとしても、また、取調官の人格がいかに高潔で、その人柄が善良であったとしても、これは、一人の個人が国家と対峙している場面なのだ。国家が個人に負罪供述を求めるという関係性があらかじめ設定された場所なのである。物理的にも、代用監獄の取調室は、三畳一間ほどの閉塞し密封された部屋である。そして、一人の被疑者に対し、多くの場合、複数の取調官が対峙する。かかる密室のなかで否応なく権力作用が働く。一罪につき23日間、それはなされうるのだ。

しかも、現状では、この密室取調べの状況は、リアルタイムで検証されえないことはもとより、事後的にさえ、およそ客観的に検証する手立てを有していない[3]。およそ外部から遮断された全く閉ざされた場（つまり、客観的な何のチェック機能も働かない場）で権力作用が働くとき、どのようなことが起こるか、少しの知的能力さえあれば、ちゃんと想像出来るはずのことではないか。大法廷判決は、「刑訴法は、身体の拘束を受けている被疑者を取調べることを認めているが、被疑者の身体の拘束を最大でも23日間（又は28日間）に制限している」などと言い、23日間の法定期間をあたかも厳格な制限であるかのようにも述べているが、上記実情についての認識の欠如は、度し難いと批判するほかないであろう。

(3) わが国の取調べの実情においては、取調べという場面では、最初に告知した権利は直ちに放棄されることが自明の前提とされている。告知した側が受容することのない権利告知なのである。そんな権利告知に、一体、何の意味があるのだろうか。要するに、権利告知は、ただのセレモニーでしかない。否、権利行使しないことしか予定されていない権利告知などというものは、取調官が最初から二枚舌を使う姿勢で臨んでいるに等しい。要は、これ自体、実に奇妙な光景なのだ。

しかし、これが、この国の一般的な取調べ状況である。例外では全くない。前述したとおり、黙秘権の告知を怠る取調官が現にいる。誰しも、その違法を疑いはしない。だが、この取調官は、実は一貫しているのではないか。けだし、これと二枚舌との間に、どんな差異があるというのか、と問わねばならないからである。わが国の刑事司法は、まさに、この取調べの場において、病理的であるというほかはない。

---

[3] 周知のとおり、「司法制度改革審議会意見書」（2001年6月12日）50〜51頁は取調べ過程・状況をリアルタイムで書面によって記録化する制度の導入を唱え、他方、取調べ状況の録音・録画あるいは弁護人の立会いについては「将来的な検討課題」としているが、この問題については、本文で後に論じる。

しかも、その実情は、今日まで少しも明らかにされてこなかったというわけではないのだ。幾つかの判例は、現に酷い取調べがなされたという事実をちゃんと認定しているのである[4]。あるいは、取調べの実態についての報告は、既に相当数刊行されている。例えば、近時では、仙台筋弛緩剤点滴混入事件における被告人の勾留日記が公刊されるに至ったが、黙秘権行使に対して、取調官はそれを受容する姿勢など全くなく、「どうして話さないんだ」、「黙っている奴は俺が許さない」などといって、まさに怒りを顕わにして供述を迫るのである[5]。また、かかる取調べにおける自白についての心理学的視点からの分析も進められ既に公表されている[6]。

最高裁裁判官は、これらの報告の一片さえも眼を通してはいないのだろうか。あるいは、事例報告等については、当事者の言い分で未検証だとでもいうのかもしれない。が、それならば各判例で既に事実認定された事例の存在を、最高裁裁判官らは、どのように考えたのであろうか。判例で示された事例などが氷山の一角であることこそ自明ではないのか。最高裁裁判官らの知的想像力の欠如には致命的なものがあるといわざるをえない。

(4) この点、ミランダ判決は「蛮行すなわち拷問 ("third degree") や……各種の技法がたとえ用いられなくとも、身体拘束下の取調べ (custodial interrogation) という事態そのものが、個人の自由に重い制約を課し、また個人の弱さにつけいる」という認識を示した[7]。同判決は、「このような取調べ環境が、個人を捜査官の意思に屈服させる目的で生み出されたものに他ならないことは明白である。この環境は自ら脅迫のバッジをつけている。確かにこれは肉体的脅迫ではない。しかし等しく人間の尊厳を破壊するものである」として、「……外界から遮断された取調べ (custodial interrogation) の実務は、わが国において最も大切になされてきた原理の一つ、すなわち、人は自ら罪に陥れる供述を強制されないということと敵対する」

---

4 諸判例が判示した内容については、高野隆「刑事訴訟法39条3項の違憲性」柳沼八郎＝若松芳也編著『接見交通権の現代的課題』(日本評論社、1992年) 18頁以下参照。

5 守大助＝阿部泰雄『僕はやってない！——仙台筋弛緩剤点滴混入事件・守大助勾留日記』(明石書店、2001年) 116頁、129頁など。いうまでもないが、黙秘権を行使した被疑者に対して、取調官が怒りを顕わにするという事実は、刑事弁護人には、いわば経験則としての「常識」にほかならない。

6 浜田寿美男『自白の研究』(三一書房、1992年)、同『自白の心理学』(岩波書店、2001年) など。

7 Miranda v. Arizona, 384 U. S. 436。ミランダ判決については、基本的に高野隆訳による。なお、適宜、樺島正法訳と原文を参照した。

と明言し、そして、「身体拘束状態に内在する強制の要素を払拭するに十分な保護措置が採られない限り、被告人（the defendant）から獲得されたいかなる供述も真に自由選択の産物ということはできない」と断言したのである。かくて、同判決は、「供述が真に自由な選択の産物であることを保障するために適切な保護措置を取調べの初めに用意する労を惜しまなかった警察官がこれらの事件中一人もいなかったという事実は動かし難い」と判示した。

われわれは、この判示を前にして、どのように言うべきだろうか。取調べについて大法廷判決が暗黙のうちに示している認識とミランダ判決が示している認識と、どちらが取調べというものの実態について透徹した認識を示しているか。議論の必要があるだろうか。

供述が真に自由な選択の産物たりうるために、そのような措置をどう採るべきかということについて、思考の労を惜しまない最高裁裁判官が一人もいなかったという「動かし難い」事実は、わが国の司法を考えるとき、慄然とせざるをえない事態というほかはない。供述を真に自由な選択の産物とするために、そのとき、まさに文字通りの必要最低限の措置として、弁護人との自由な接見交通が不可欠であることが、どうして自明でありえないのだろうか。

以上要するに、まず現在のわが国の取調べの実態からみて、大法廷判決の分離論（出頭・滞留を義務づけることと供述を強いることとは別であるとの立論）は明確な間違いというべきである。

2　出頭・滞留義務をめぐって②——理論的側面から

次に理論的側面から検討しよう。

大法廷判決は、既に述べたとおり、理論的に言えば、仮定的表現で含み自体は残しているとはいえ、出頭・滞留義務それ自体は、これを認めたものと解さざるをえないだろう。そのうえで、大法廷判決は、その主観的意図としては、自らの立場を、取調受忍義務それ自体については、何ら判示していない立場だとしているのではなかろうか。要するに、大法廷判決は、出頭・滞留義務と取調受忍義務そのものを分離できるという立論をしているようにも思われるのである。

なるほど、学説上も出頭・滞留義務と取調受忍義務とを区分けして論じる説が存在しており[8]、これは、近時、相応の有力説になっていると思われる。実際、何処までいっても法理上「任意」でしかありえないはずの「取調べ」に対応して、これを受忍せねばならぬ義務が生じるということ自体、法理として背理であるとしか言いようがない。大法廷判決として、その明言までは、さすがに避けたとみるのは、

あながち、穿ちすぎということはないと思う。大法廷判決が「取調受忍」という用語を避けて条文上の出頭・滞留という語に忠実なのは、まさに、この説を意識し上記背理を明言しないためではなかったかと推察されるのである。しかし、出頭・滞留義務と離れた取調受忍義務を観念するという説は、甚だ難解な見解であり、観念的議論にすぎないというべきである。けだし、次の如く解されるからである。

「取調べ」とは何か。研究者の定義によれば、「捜査機関が抱く犯罪の嫌疑に関する被疑者の認識の有無・その内容を供述するように働きかける処分」である[9]。この定義からすると、たとえ「雑談」の様相を呈していても、あるいは、あたかも「取調べ」の前段階としての「説得」という衣装を纏っていても、「供述するように働きかける」ものである以上、何処までいっても、その全てが「取調べ」そのものであるはずである。

また、捜査官の認識は、「被疑者の取調べは、被疑者から犯罪についての供述、つまり自白を得ることを目的として行なうもの……」というものである[10]。要するに、「犯罪についての供述」とは「自白」なのだ。そういう目的に向けられた捜査官の言動の全てが「取調べ」なのである。

このようにみてくると、「取調べ」の実質的定義として、「捜査機関が嫌疑を抱いた者に対し嫌疑に関する応答を求め、あるいは、応答を求めるため働きかける」ことが、その範疇に含まれることはまず疑えまい。この点、アメリカのイニス判決（1980年）の定義も参考となろう[11]。

しかし、果たして、「取調べ」とは発問といった取調官側の言動だけを指すのだろうか。実際、辞書的定義によれば、「取り調べる」とは「くわしく調査する。くわしく尋ねる」ことにほかならない[12]。それは、単に一言二言訊ねるというものではない。取調べの言義は、平たく言えば、根掘り葉掘り問い訊し、その応答を受けて「くわしく調査」していくということなのである。

このようにみると、「取調べ」というものは、取調官側の言動のみならず、これへ

8 　松尾浩也『刑事訴訟法（上）〔補正版〕』（弘文堂、1984年）65頁がかかる分離論の嚆矢と思われる。しかし、「出頭拒否及び退去の自由がない」としつつ、「被疑者には、——供述しない自由だけではなく——取調そのものを拒む自由を認めなければならない」とするのは全く難解な論理というべきである。また、渡辺修『被疑者取調べの法的規制』（三省堂、1992年）210頁も、この分離論を肯定するが、渡辺説は、自由な接見交通と弁護人立会いを前提としてはじめて出頭・滞留の義務づけを肯定するという立場である（同書212〜228頁参照）。

9 　渡辺・前掲注8書211頁。

10 　綱川政雄『被疑者の取調技術』（立花書房、1977年）13頁。

の応答がセットになっているように思われる。少なくとも応答を自明の前提とした発問であることは否定の余地がないだろう。また、「取調べ」概念と「訊問」概念の異同は必ずしも明確に意識されていないかもしれないが、「訊問」に強制の要素があり、「取調べ」は必ずしもそうでないということだけではなく、上記辞書的定義をも踏まえれば、「取調べ」は本来的に応答をも含むがゆえに、「訊問」より広い概念であるということができるのではないだろうか[13]。

かくて、取調べの定義は、上記の如き実質的定義のみならず、次の如き形式的定義をも、その範疇から、はずすことはできないというべきである。すなわち、取調べとは、取調室といわれる場（あるいは、そのように設定された場）で行われる取調官の発問を含む一切の言動、そして、被疑者とされている者の応対、その両者の総体である、と。つまり、それは、取調官の発問を含む言動一切とこれに対する応答が対になった概念であると断じて差し支えないはずである。このとき、応答（あるいは、その拒否）などの被疑者側の対応を除外してしまって、発問を受けることだけは強いられてよいという考えは、なりたちえないというべきだ。

このように考えると、取調べのために取調室への出頭・滞留を義務づけるということは、とりもなおさず、取調べを強いることであり、それがまた、供述を強いるものであることは、概念的にも自明というべきだと思われる。これらは、分離不可能なほどに密接不可分なのだ。要は、概念そのものとして、「取調べのための出頭・滞留」と「取調べ」を分けることはおよそできないし、取調べと供述強要を分けることもできないというべきである。

それゆえ、大法廷判決の判示は、概念矛盾ということになる。取調べのための

11　Rhodelsland v. Innis, 446 U.S. 291。「われわれは、ミランダの保護手段は身柄拘束中の者が明示の質問ないし機能的にそれらに相当するもの（either express questioning or its functional equivalent）にさらされた場合には常に作用すると結論する。すなわち、ミランダの下での『取調べ』という用語は、明示の質問だけでなく、容疑者からそのことにより負罪的反応を合理的に引き出せるであろうことを警察官が知っているべきであるところの当該警察官による何らかの言語ないし行動（any words or actions on the part of the police that the police should know are reasonably to elicit an incriminating response）をさす」（小早川義則『ミランダと被疑者取調べ』〔成文堂、1995年〕152～154頁参照）。但し、これは本文で後述するミランダ判決の「身体拘束下の取調べとは、身体拘束され、あるいは何であれ顕著な方法で行動の自由を奪われた後に、法執行官によって開始された質問のことを意味する」との判示に関する判断である。

12　『広辞苑』『大辞林』『日本語大辞典』いずれも同旨。

13　大正刑訴法は254条を設けて「取調」に言及しつつ、133条以下に被告人「訊問」の規定を置いており、旧254条は現行197条となっているわけであるが、いずれにしても、「取調べ」概念が「訊問」概念よりも広いこと自体は明らかである。

出頭・滞留の義務づけは、そう義務づけられた者が供述するということを当然の前提としている。供述を強要される事態というものが、出頭・滞留義務を課せられた場において除かれるということは、（供述強要を回避するための格別の措置を現実に講じない限りは）取調べという場そのものの設定において、ありえないというべきである。したがって、取調べのための出頭・滞留の義務づけによって、「直ち」に「供述することを拒否する自由」は奪われているといわなければならない。

　以上のとおりであるから、大法廷判決の「直ちに」の語は、むしろ問題の所在を不明確にする機能しか果たしていないというべきだ。出頭・滞留義務を課しうるという立論をしようとするならば、むしろ、逆に考察しなければならないはずである。すなわち、無条件に出頭・滞留義務を課したのでは「直ちに」黙秘権侵害は生じてしまうことこそが論理必然である以上、少なくとも黙秘権侵害を生ぜしめない条件設定が先行しなければならない。そのとき、最低限の条件として、自由な接見交通が前提となるとするのは、きわめて素直な発想であり帰結である。

大法廷判決の判示に則しての批判②
── 黙秘権の実効的な保障をめぐって

　Bの判示も結局、Aの判示と表裏のものであることは改めて説くまでもないであろう。

　これは、黙秘権保障の措置を全て立法政策の問題として、これを実効的に保障するための措置を憲法は何ら指し示していないという判断だということにならざるをえない。憲法は丸裸で具体的な手当てなど何もない「権利」だけを保障しているというわけで、上記「大法廷判決の判示に則しての批判」の末尾で指摘したところは、全く顧みられていない。しかし、これまた、観念論の極みというほかはあるまい。

　先にみたとおり、ミランダ判決は、黙秘権の問題が個人の自由・人間の尊厳と密接不可分であるという前提のもとにその論理を展開している。個人の尊厳を根本理念とするわが憲法においても、その理は全く同じはずである。わが憲法において黙秘権保障の問題が憲法解釈の問題でないなど、ありうべきことではない。「判例がこのような判断をするのであれば、出頭滞留義務を課しても供述の強制にならないための条件を示すべき」なのであり、「特にここでの論点は、接見を後回しにさせて取調べをすることが黙秘権と弁護人依頼権を侵さないかという点」なのであるから、「それは判決が示唆するような立法政策の問題」などではなく、「憲

法がどれくらい実効的な権利保障を要求しているかという、憲法解釈の問題」にほかならないはずである[14]。

ここでも、ミランダ判決の次の如き判示をさらに引用せざるをえないであろう（なお、以下、被疑者・被告人——the accused あるいは accused persons——の謂で、「被告者」の語を用いることがある）。

> 検察官は、自己負罪拒否特権を確保するのに効果のある手続的保護措置（procedural safeguards）を用いたことを示さない限り、被告人（the defendant）に対する身体拘束下での取調べ（custodial interrogation）の結果得られた供述を、帰罪的なもの（inculpatory）であれ弁解的なもの（exculpatory）であれ、使用することができない。身体拘束下での取調べとは、身体拘束され、あるいは、何であれ顕著な方法で行動の自由を奪われた（deprived of his freedom of action in any significant way）後に、法執行官によって開始された質問のことを意味する。用いられるべき手続的保護措置について言えば、被告者（accused persons）に黙秘権を知らしめ、かつ、それを行使する継続的な機会を確保するための他の十分効果的な手段が用意されない限りは、以下の方法が必要である。すなわち、いかなる質問にも先立って、被告者に対しては、彼が沈黙を保つ権利を有すること、彼のいかなる供述も彼に対立する証拠として（as evidence against him）使用され得ること、そして、彼が私選あるいは官選の弁護人の在席を求める権利があることが告げられなければならない。被告人（the defendant）は任意に、熟慮の上でかつ理性的に（voluntarily, knowingly and intelligently）行われるという条件の下で、これらの権利を有効に放棄することができる。しかし、取調べのいかなる段階においても、話をする前に弁護人と相談したいという意向を何らかの方法で彼が示したときは、質問することは許されない。彼が弁護人と相談したうえで質問されることを承諾しない限りは、単に彼が質問に答えあるいは自ら供述したという事実のみによって、それ以上の質問への回答を拒否する権利を奪われることはない。

アメリカ合衆国連邦最高裁判所は、後述するとおり、ディカソン判決において[15]、ミランダ判決が示したかかる手続的保護措置を、憲法そのものの要請としたが、わが憲法解釈においても、その理は同様といわなければならない。

14　後藤昭『捜査法の論理』（岩波書店、2001年）171頁参照。

大法廷判決は、具体的にその憲法解釈を明示すべきであった。そのとき、憲法解釈として、「基本的に」最低限「被疑者と弁護人等との接見交通権の保障が当然に導き出される」ことこそが必然のはずである。仮に、それを立法問題だというのだとしても、全くの白地であるなどということがありえない以上、大法廷判決は、そのいうところの「立法政策」の内容について、憲法の指向するところを示唆して然るべきだったはずである。

黙秘権の課題①──ミランダルールと自白法則との関係など

以上を踏まえ、以下において、今一度、わが刑事司法における実務上の課題としての黙秘権についての「現在」的な意義の考察を試みたい。

上記大法廷判決が、いみじくも示したように、今日のわが国の刑事司法実務において、黙秘権というものは有名無実の権利としてしか扱われていない。憲法上の権利が50年以上に亘って、無視され貶められてきたのであり、かかる現状を大法廷判決は「追認」してみせたのである。しかし、冒頭で述べたように、かかる現状は根本的に改められなければならない。

そのためのわが刑事司法における実務上の視点として、2つの視点を挙げておきたい。

1つは、黙秘権保障のためにはリアルタイムの保護措置が不可欠だということである。すなわち、ミランダ判決が示した黙秘権保障のための実効的措置という観点をいま一度確認するということである。身体拘束下の取調べというものにおいて、かかる観点を実務上導入することは絶対に必要なことである。実際、かかる視点なくしては、黙秘権侵害という事態を覚知することは甚だ困難というべきであるし、黙秘権侵害などは原理的に存在しないということにさえなりかねない。というのは、黙秘権侵害とは、まさしく意に反して供述させることにほかならないが、供述というものは、多かれ少なかれ、その者の意にもとづいてしかなされえないという本来的性質をもっているからである。つまり、供述が存在する以上は黙秘権は放棄されたということになり、畢竟、その侵害などはありえないことにもなりかね

15　Dickerson v. United States 167 crL 472, 68 LW 4566。同判決については、小早川義則「米連邦最高裁ミランダを再確認」現代刑事法2巻10号（2000年）63頁以下、同「ミランダの意義と限界──合衆国最高裁ディクソン判決を契機に」名城法学50巻別冊（2000年）166頁以下、鈴木義男＝渥美東洋＝小早川義則＝高野隆＝椎橋隆幸「座談会・ミランダの射程──ディクソン判決と日本法への示唆」現代刑事法3巻2号（2001年）4頁以下参照。

ない。もとより、その放棄が有効か否かが問題となるわけであるが、このとき、保護措置の存否という観点なしには、いわば原理的にかかるトートロジーに陥ることを避けられない。

そして、もう1つとしては、黙秘権保障と自白法則を表裏一体のものとして捉えるという視点を挙げるべきだと思う。けだし、事後的な措置とはいえ、自白の証拠能力を厳格に解するという実務こそが黙秘権保障をまさに実効化させることはいうまでもないからである。両者を密接不可分の関係にたたせる実務を現出させることこそが重要である。

なるほど、黙秘権と自白法則は、その起源自体を異にするといわれている。その本来の性質も、黙秘権は供述に法的義務を課さないという問題であり、自白法則は事実上の強制による供述の問題で、そのような事実上の強制による自白を証拠としないという問題だとされ、両者は別個のものだといわれてきたのである[16]。

しかし、今日、このような起源あるいは本来の性質による区分けは、もはや意味をもたないし、実際、わが憲法38条1項・2項の解釈においても、そのような起源などによる解釈が有意味だとは思われない。けだし、憲法38条1項・2項の制定過程に照らしてみても、そのような起源が考慮された形跡はまったく窺われないし、むしろ、両条項は、これを一体として捉えられ制定されたとみられるからである[17]。要するに、その重点は、供述の自由(供述するかしないか、するとすれば、どう供述するか)の全てを、被告者(被疑者・被告人)の権利として承認するというところにある。法的であれ、事実上であれ、かかる権利がおよそ制約されえない以上かかる権利を侵害して獲得された供述についての証拠能力を認めないことが肝要なのである。そうしてはじめて、この自由は確保できる。かくて、黙秘権保障と自白法則は表裏一体のものとして捉えられなければならない[18]。

以上が後に詳論するアメリカ憲法修正5条の黙秘権条項の解釈でもある。したがって、現在なお、われわれは、アメリカ憲法修正5条に立ち還り、さらにミランダから多くを汲み取らねばならないのである。

16　平野龍一「黙秘権」刑法雑誌2巻4号(1952年)39頁以下、田宮裕「被告人・被疑者の黙秘権」日本刑法学会編『刑事訴訟法講座(1)』(有斐閣、1963年)75頁以下参照。

17　小坂井久「第38条第1項」憲法的刑事手続研究会編『憲法的刑事手続』(日本評論社、1997年)441頁(本書第Ⅲ部第1章204頁)以下参照。なお、本稿は、この拙稿と重複するところがあるが、これはミランダを繰り返し確認することが、黙秘権の理解にとって必然と考えるゆえである。この点、ご理解を賜りたい。

1 アメリカ憲法修正5条

このような立論に対して、アメリカ法とわが法とは違うのだという反論がなされるとすれば、それは明確な誤りだというべきである。なぜなら、既に指摘した、個人の尊厳という根本理念を共有するということは、両憲法で全く同じだからであり、また、条文自体をみても、憲法38条1項の英文は、まさに「No person shall be compelled to testify against himself」という文言なのだからである。これは、アメリカ憲法修正5条のうち「(No person) shall be compelled in any criminal case to be a witness against himself……」の部分と趣旨を同じにするとされ、いわゆる自己負罪（self-incrimination）の禁止を規定したものとされている[19]。このことは、制定過程それ自体からも明らかである。

それゆえ、憲法38条1項を的確に理解しようとするならば、アメリカ憲法修正5条の黙秘権とは何かについての理解を深めることが必要不可欠である。むしろ、憲法38条1項を理解するということは、アメリカ憲法修正5条の黙秘権を理解することと同じといわなければならない[20]。

このとき、英文憲法でいうところの「testify against himself」は、自らに対立する立場で証言すること、つまり、自らに対するチャージについての対立当事者側（捜査側・訴追側）のために（for）証言すること自体を意味していることが理解されなけ

18　この点については、澤登文治「自己負罪拒否権の歴史的展開（2）」法政理論25巻1号（1992年）124頁以下の次の記述が参照されるべきである。「……被疑者・被告人本人から不利な供述を奪いとる拷問・強制・脅迫の禁止を内容とする自白法則は、自己の意に反して自己に不利益となる供述を強制されず、また、自己の内心をのぞきこまれることのないよう自己に関する質問の返答を強制されないという自己負罪拒否権と、本質的に同じ原理から派生したものである。なぜなら、両者はいずれも自己負罪的供述の強制を受けない権利として本質を同じくし、その違いはもっぱら、その禁じられた強制が、宣誓その他の精神的強制手段によるか、それとも身体に対する暴力の行使またはその告知という物理的強制手段によるかの差に、すぎないからである。また、1687年リルバーン裁判を概観して明らかになったように、自己負罪拒否権確立の端緒は、『何人も自己を告訴する要なし』という原理に基づいて、公判以前の予審段階での尋問を拒否したことにあった。従って、少なくとも当初は、被告人は刑事手続のいついかなる段階においても、自己を不利に導くいかなる供述も行なう必要はないという意味に、同権利は捉えられていたのである。従って、ミランダ判決が、捜査段階でも同権利の存在を認めたのは、その後一旦見失われた権利の再確認にすぎない。以上を総合して自己負罪拒否権は、歴史的にも内容的にも、自己の内心の自由を保障して個人の尊厳と人格の自由な発展を守る、最も基本的かつ普遍的な人権の一つであると、結論する」。

19　宮沢俊義『憲法（2）』（有斐閣、1971年）424頁、小林直樹『憲法講義（上）』（東京大学出版会、1973年）382頁、伊藤正己『憲法』（弘文堂、1982年）332頁、佐藤幸治『憲法』（青林書院新社、1986年）410頁など。

ればならない。そういう証言を強いられないということの意味を、端的に換言すれば、対立当事者側からの「尋問」それ自体を強いられてはならないということに行き着かざるをえまい[21]。すなわち、黙秘権行使が示された以上、求められている供述内容・事項の有利不利にかかわらず、「尋問」それ自体が禁じられなければならない。

　ミランダ判決は、この理を極めて正確に理解したというべきである。それゆえ、以下、今一度、ミランダ判決の示した理論の概要を再確認しておかねばならない。繰り返すが、われわれは、わが刑事司法の実務を改革するために、ミランダから汲み取るべき課題を、多く負っている。もとより、それをそのまま、わが実務とするかどうかは、大いに検討すればよいことだ。しかし、汲むべきものの存在が疑えない以上、われわれは、何度でもミランダに立ち還らなければならないと思う[22]。

2　ミランダ判決①——原理的考察と任意性の原則

　ミランダ判決の根底にあるのは、一個人が国家と対峙するときの個人の尊厳という基本原理にほかならない。すなわち、同判決は、「『国家と個人との均衡』を保つために、政府に『全ての責務を担うこと』を求めるために、人格の不可侵性を尊重するために、わが刑事司法における弾劾主義のシステム（accusatory system）は、個人の処罰を求める政府は自らの労力によってその証拠を見出すべきであって、相手の口から証拠を引き出すことを強制するというような苛酷で簡便な方法に頼ってはならないことを要求する」とし、「要するに、個人が『何らの障害もなしに自らの意思に基づいて話すことを選択しない限り沈黙を保つことができる』という権利を保障された時に初めて、この特権は実現される」とする。そして、ミランダ

　20　芦部信喜編『憲法（3）』（有斐閣、1981年）210頁以下［杉原泰雄］は、日本文とアメリカ憲法修正5条の文言上の差異を強調され、日本国憲法の黙秘権のほうが、より保障の幅が広いことを示唆されている（同趣旨の指摘として、佐伯千仭「税法と黙秘権」同『刑事裁判と人権』〔法律文化社、1957年〕163頁以下参照）。しかし、黙秘権は、国家からチャージされた者、すなわち、被告者であることを想定される地位において、顕在化する固有の権利としての性格を有し、その固有の地位にもとづいての普遍性を有すると考えるべきではなかろうか。

　21　小坂井・前掲注17論文412頁（本書第Ⅲ部第1章167頁）以下参照。

　22　憲法判断にあたって、立法時立法府が考慮した立法事実のほか、裁判時までに裁判所に利用可能となった立法事実を考慮するほうが合理的であるとするものとして、時國康夫「憲法訴訟における立法事実の位置づけ」Law School25号（1980年）15頁参照。このとき、本文で言及するミランダからディカソンに至るアメリカの判例理論をもわが憲法上の黙秘権解釈の重要かつ必ず考慮すべき立法事実として捉え、その解釈を行うことは当然許されるはずである。

判決は「われわれはこの特権が身体拘束下の取調べ中に法執行機関によって行なわれる強制についても適用されることを確信する」としている。けだし、「慣れ親しんだ環境から警察留置場へと追い立てられ、敵対する権力に包囲され、……各種の説得のテクニックにさらされている個人は、供述を強制されているというほかはない」からである。

かくて、同判決は、「……自白の許容性をめぐる実体的及び手続的保護措置は、この特権に内在する全てのポリシーを反映するものであり、非常に厳格に要求されるものとなった……任意性の原則（voluntariness doctrine）は、……個人をして自由で合理的な選択をなし得なくするおそれのある全ての取調べ実務を射程におくものである」とし、「合衆国裁判所の刑事事件においては、自白が任意性を欠くが故に許容されないか否かという論点は、常に、修正5条における……(No person) shall be compelled in any criminal case to be a witness against himself……との一節に照らして判断されなければならないのである」とし、「任意性の原則」（すなわち、自白法則）のより明確な基準化（保護措置の存否）を説いたのである。

同判決が示した見解――すなわち、「われわれは、適切な保護措置がない限り、被告者に対する身体拘束下の取調べ手続それ自体に個人の抵抗の意思を弱め供述を強要する強制的圧力が内在するという結論に達した」という見解――の正しさを疑うことはできない。「この圧力を減殺し自己負罪拒否特権を行使する十分な機会を保障するためには、被告者（the accused）は自己の諸権利について十分かつ効果的な告知を受けなければならず、その権利の行使は十分に尊重されなければならない」のであり、こうして、同判決は、黙秘権を確保するための手続的保護措置について言及していく。

3　ミランダ判決②――ミランダルール

かくて、同判決は「少なくとも被告者（accused persons）に沈黙する権利を知らしめかつその権利を行使する継続的な機会を保障する他の効果的な方法が示されない限りは以下の保護措置が遵守されなければならないと考える」として、次の諸原則を掲げた。

① 「まず第一に、身体を拘束された者が取調べを受ける場合、初めに彼が黙秘権を有することを明確で疑問の余地のない用語で知らせなければならない」。
② 「黙秘権の告知は、いかなる供述も法廷においてその者に対立するもの

として用いられる（can and will be used against the individual in court）という説明を伴うものでなければならない」。
③　「身体拘束下の取調べをめぐる環境は、単に取調官から特権を知らされたに過ぎない者の意思の上に素早くのし掛かってくるであろう。それゆえ、取調べに弁護人を在席させることは、今日われわれが示したシステムの下で修正5条の特権を保護するために欠くことのできないものである」。
　「取調べのために拘束された者は、この判決に示されている特権擁護のシステムの下で弁護士と相談しかつ取調べ中彼を同席させる権利を有することを明確に知らされなければならない」。
④　「取調べを受ける者に、このシステムの下での権利の内容を完全に知らせるためには、弁護士と相談する権利があるというだけでなく、無資力の者は弁護人を選任してもらう権利があるということも告知される必要がある」。

　わが国の取調べの実情に比して、指摘しておくべき点は多々あるが、ポイントのみを挙げれば、以下のとおりである。
　①に関連して、「警告においては、その個人が特権を行使することを選ぶならば取調官はそれを了解する用意があることをその個人に示さなければならない」としている。それは当然の理なのだ。その権利を告知する以上、国家は、その権利行使を受容しなければならない。そしてまた、これは当然であるがゆえに、きわめて重要なのであるが、驚くべきことに、既に述べたとおり、わが刑事司法の黙秘権告知は、全くそうなっていない。繰り返しになるが、わが国の取調べの実情は、誰がどう見ても、病理現象以外の何ものでもない。
　さらに、③について、同判決は、「われわれの狙いは、沈黙と供述に関する個人の選択権が取調べの全過程を通じて侵害されないことを確実にすることにある。やがて取調べを開始するだろう人物から一度警告を受けたからといって、権利についての知識を最も必要とする人々にとって上述の目的を達成させるのに十分ということはできない。取調官からの単なる警告だけではこの目的を達成するに不十分である」としている。すなわち、「弁護人によってあらかじめ与えられた助言でさえ、密室の取調べによって容易に打ち負かされてしまう。したがって、修正5条の特権を保護するための弁護人の必要性というのは、取調べの前に弁護人と相談する権利のみならず、被告人（the defendant）が望むならば取調べの間弁護人を在席させる権利をも包含するのである」とするのである。

そして、同判決は、弁護人立会権の告知も取調べの絶対的要件であるとしている。すなわち、同判決は「このような告知を通じてのみ、被告人 (the defendant) が確実にこの権利を知っていたことを確認しうる」としている。

このようにミランダ判決は、黙秘権から（他の効果的方法が示されない限り）当然に導かれるものとして取調べへの弁護人立会権を導いている。このとき、いうまでもなく、取調べに際しての弁護人との自由な接見交通は自明の前提とされている。しかも、「弁護人によってあらかじめ与えられた助言でさえ、密室の取調べによって容易に打ち負かされてしまう」のであり、「取調べの前に弁護人と相談する権利」だけでは、黙秘権を保障する措置として、徹底的に不十分なことは明らかだとしているのである。これさえ封じることが黙秘権の侵害であることは、同判決において自明の理とされていることが明らかである。

4 ミランダ判決③──ミランダルール違反の効果

以上の言及を経たうえで、ミランダ判決は、その効果について、「以上の告知がなされた後の手続は明白である」として、次のとおり述べている。

⑴　まず、「取調べの前あるいは取調べ中のどの段階であれ、個人が黙秘したい旨をいかなる方法でも示したならば、取調べは中止されなければならない。……特権を援用した後に得られた供述は強制の産物以外の何ものでもない。質問自体を中止させる権利がないならば、身体拘束下の取調べという状況は、特権発動後も個人に供述をさせるべく作用するだろう」として、黙秘権行使を示すことによる取調べの中止効を導いた。既に論じたとおり、黙秘権は「質問自体を中止させる権利」を当然含んでいるとしたのである。

⑵　また、「もしも個人が弁護士を求める旨述べたならば、弁護士が現れるまで取調べは中止されなければならない。その際、弁護士と相談し、かつ引き続くすべての質問の間弁護士を在席させる機会が与えられなければならない。もしも個人が弁護士を得ることができず、しかし警察に供述する前に弁護士を得たい旨を示したならば、警察官は彼の黙秘するという決断を尊重しなければならない」として、弁護人の立会いを求めることによる取調べの中止効も導いている。すなわち、これも既に論じたとおり、取調べに際して「弁護士と相談」する権利は、黙秘権のうちに自明のものとして存在しており、のみならず、弁護人立会権も含まれているとし、これを取調べ中止効で完全に担保するというのである。

⑶　更に、「弁護人の在席なしに取調べが続行され供述が得られた場合は、政府は被告人が熟慮のうえで理性的に (knowingly and intelligently) 自己負罪拒否特

権並びに私選・官選の弁護人を得る権利を放棄したことを示す重い責任を負担する」として、黙秘権放棄の厳格な立証責任の負担の所在について言及している。その所以を同判決は次のとおり述べている。

「当裁判所は常に憲法上の権利の放棄に関して高度の立証の基準を設定してきた。われわれはこの基準が身体拘束下の取調べにも当てはまることを改めて表明する。取調べが行われる孤立した環境を設置しているのは政府であり、また、外界から遮断された取調べの間に告知がなされたことを示す確かな証拠を入手しうるのも政府であるから、この立証責任はその肩に担わされるのが正当である」。

要するに、

「被告者（the accused）が単に沈黙したということや最終的に自白が獲得されたという単純な事実から、有効な放棄がなされたことを推定することはできない。……『沈黙の記録から放棄を推測することは許されない。記録中において被告者（accused）が弁護人付与の申出を受けながら、理性的に熟知したうえで（intelligently and understandingly）この申出を拒否したことが示されなければならない。それに満たないものは放棄ではない』」

のである。そして、

「被告者（an accused）が権利を放棄したとする捜査官憲の証言がいかなるものであれ、供述がなされる前の長期間の取調べや外界と遮断した拘禁（incommunicado incarceration）は被告者（the accused）が有効に諸権利を放棄しなかったことの強力な証拠である。このような状況下では、最終的に個人が供述したという事実は、取調べの強制的影響力がついに彼を供述に追い込んだという結論と符合する」

とする。

上記(1)(2)(3)の諸原理が、黙秘権のコロラリーだとする認識は、きわめてまっとうなものであるが、接見交通との関連で改めて一言すれば、次のとおりとなろう。すなわち、もし自由な接見交通が妨げられ制限されたとするならば、黙秘権の有効

な放棄などというものを認めることはできない。ミランダ法理のもとでは、このことは、自明のことである。われわれがミランダ判決に、たえず立ち還らねばならない所以である。

5 ミランダ法理の展開

その後のミランダ関連諸判例が、どのような法理を展開してきたかについては、既にこれを詳しく解説する文献がある[23]。それゆえ、ここでは、その詳細を繰り返すことはしない。

なるほど、上記したミランダ諸原則（ミランダルール）は、1974年のタッカー判決によって[24]、「それ自体憲法により保障された権利ではなく、自己負罪拒否特権が保障されることを確保するための手段である」と判示され、その後もバーガーコートのもとで、ミランダルールを憲法原理から、その「予防法則」（prophylactic rules）へと格下げする傾向があるといわれてきた。また、1971年のハリス判決[25]および1975年のハス判決[26]が示した「弾劾例外」や1984年のクォーレス判決[27]が示した「公共の安全の例外」といったミランダルールの後退傾向もあるとされ[28]、そして、上記(3)における立証責任の問題は、その後の判例において緩和される傾向にあることを否定しえないとされている。

最後の点は、「ミランダの矛盾」といわれ、ミランダルールについての一番の問題点として存在していること自体は、これを否定しえないであろう。すなわち、ミランダルールについて、当初から指摘されていたのは、取調官に被告者への権利告知を義務づけつつ、同時に被告者から権利放棄の同意を取りつけるという相反する義務が課されているということ、しかも身体拘束中の被告者に手続的保護措置（すなわち、例えば最も重要なものとして弁護人の立会い）が存しない限り、その供述は真に任意の供述ではないとしながら、権利放棄（すなわち、例えば弁護人立会権の放棄）は弁護人の立会いなしに行えるという矛盾が存在しているということである。

---

23 小早川・前掲注11書に詳しい。
24 Michigan v. Tucker, 417 U. S. 433.
25 Harris v. New York, 401 U. S. 222.
26 Oregon v. Hass, 420 U. S. 714.
27 New York v. Quarles, 467 U. S. 649.
28 もっとも、ミランダルールの例外というのは、クォーレス判決の「公共の安全の例外」だけだという指摘もあり（鈴木ほか・前掲注15座談会の高野発言）、また、例外ではないとする指摘もある（同座談会の小早川発言、渥美発言参照）。

これについては、ミランダが行きすぎていると主張し従前の任意性のテスト（事情の総合説）への復帰を説く論者と逆にミランダルールでは不十分だと考える論者（不十分さを克服するために、弁護権放棄の禁止や身体拘束下の自白の全面的排除を説く論者もいる）に共通する認識であるとされている。事実、ミランダ判決以降の自白率には、ほとんど変化がないという調査結果もあって、むしろ権利放棄が一般化・通常化しているともいわれている。判例をみても、モズリー判決（1975年）が[29]、取調べを中止させる権利を「誠実に尊重していた」といった点等「全体の事情を総合的に判断して」権利放棄の有効性を判断し、その後も、1979年のバットラー判決では黙示の権利放棄が有効とされ[30]、1986年のバービン判決[31]、コネリー判決[32]、1987年のバレット判決[33]、スプリング判決[34]を通じて、ミランダ判決の示した厳格な重い立証責任というものは事情の総合説的アプローチによってかなり緩和されるに至ったとされている。結局、「自白の任意性」から「権利放棄の任意性」へと移行したにすぎないともいわれる実情だというのである。

　ここでは、その実態についての的確な評価を加えうるような用意も知見もない。しかし、次のことは明らかというべきだ。すなわち、ミランダルールは、問題を孕みつつも、アメリカ憲法における判例理論を形成し、要するに、ミランダルールは黙秘権を担保するものとして、それがベストのものかどうかはともかく、そのルール自体はルールの存しない状況より明らかにベターなものであると広く認識されているということである。このことは疑えないが、その所以として、次の点をも挙げることができるのではないか。それは、黙秘権保障を弁護人の援助を受ける権利を強化することで全うさせようとするミランダ法理がまさに貫徹されるという経線である。

　すなわち、1981年のエドワーズ判決[35]は、「弁護人を介してのみ警察と取引したい旨の希望を示した被疑者は、被疑者自身が警察とのコミュニケーション、やりとりないし会話を開始した場合を除き、弁護人が被疑者に利用可能となるまで官憲によるその後の取調べにさらされることはない」旨判示した。そして、1990年の

29　Michigan v. Mosley, 423 U. S. 96.
30　North Carolina v. Butler, 441 U. S. 369.
31　Moran v. Burbine, 475 U. S. 412.
32　Colorado v. Connelly, 479 U. S. 157.
33　Connecticut v. Barrett, 479 U. S. 523.
34　Colorado v. Spring, 479 U. S. 564.
35　Edwards v. Arizona, 451 U. S. 477.

ミニック判決[36]は、エドワーズの保護する修正5条の権利は被疑者が弁護人と相談すれば終了するというものではないとして、「被疑者に弁護人が『利用可能となる』との要件は、取調室の外で弁護人と相談する機会のあったこと以上のことを意味する。エドワーズでわれわれは、被疑者が弁護人依頼権を行使すると『弁護人が立ち会うまで取調べは中止されなければならない』とのミランダの命令に焦点を合わせた」とし、「エドワーズおよびその後の判例を公正に読むと、それらは取調べ時に被疑者と同席する弁護人がいない限り、警察の開始する取調べを禁止したものと同法則を解釈してきたことを示している。……われわれは今、弁護人が要請されると、取調べは中止されなければならない、そして捜査官は、被疑者が弁護人と相談したか否かにかかわらず、弁護人の立会いなしに取調べを再開できないと判示する」と明言したのである。要するに、同判決は、修正5条が自由な接見交通を自明としたうえで、弁護人立会権をも当然の権利として含んでいることを改めて明示的に確認した。

このような判例理論の展開のなかで、ミランダルールは「被疑者をより尊重する風土作りに貢献したのであり、最も卑しい反抗者をも尊重に値するものとして取り扱う訴追側の意思表示」とされ、「その刑事手続保障に関するシンボル的効果は重要である」といわれているのである[37]。そして、かかるミランダルールが憲法上の原則か否かについて、ディカソン判決がついに決着をつけたのであった[38]。

黙秘権の課題②──ディカソン判決をめぐって

ディカソン判決は、上述の如く「予防法則」にすぎないともいわれたミランダルールについて、これを憲法そのものの要請である旨明言した判決である。同判決は、直接的には、ミランダ判決の2年後の1968年に、連邦議会が「犯罪防止及び街路の安全に関する包括法」を制定し、そのなかに自白の証拠能力に関する3501条を規定したことが憲法違反か否かを判断したものであった。

3501条は、自白は「任意になされたものであると認められる限り」証拠として許容されるとして、ミランダルールを廃棄しようとして制定されたものである。すな

36　Minnick v. Mississippi, 498 U. S. 146.
37　小早川・前掲注11書175〜271頁参照。
38　なお、以下の本文におけるディカソン判決に関する記述は、一部原文を参照しているが、小早川・前掲注15「ミランダの意義と限界」に、ほぼ全面的に依拠していることをお断りしておかねばならない。

わち、3501条は、当該自白をした際に関わりのある全ての事情を考慮するものとして、例えばミランダ警告の違反などを自白の任意性の争点に関し決定的なものとする必要はないとしていたのである。要するに、任意性の判断において、いわゆる「事情の総合説」（言い換えれば、あらゆる事情を考慮して自白が任意になされたものと判断されればその自白は証拠として許容できること）への回帰を明定したのであった。しかし、3501条は、実務上およそ利用されることのないまま年月を経ていた。そういった過程を経たうえで、改めて3501条の適用が問題とされ、ディカソン判決に至るのである。

いうまでもないが、上記「事情の総合説」は、今日のわが国の刑事裁判実務において、任意性判断の際に通常用いられている立場である。そして、現にわが実務において、それが、自白ないし不利益事実の承認について、きわめて緩やかに証拠能力を認める帰結を導いていることをことさら指摘するには及ばないであろう[39]。かかる情況への回帰に対し、明確なる否をディカソン判決は示した。以下、その経緯を辿り、その判旨をみたうえで、同判決のわが刑事司法上の意味を考察することとする。

1 ディカソン判決に至る経緯

1999年2月8日、合衆国第4巡回区連邦控訴裁判所は、連邦法廷での自白の証拠としての許容性はミランダではなく3501条によって規制される旨判示した。同控訴裁判所は、地裁の判断を、3501条の下では許容できる自白を技術的なミランダルール違反で証拠排除しているとし、これを誤りだとして破棄したのである。その所以は、議会には、憲法上の要求ではない裁判所によって創出された証拠法則・手続法則を変更する権限があるというものである。すなわち、議会に3501条を制定する権限があるか否かは、合衆国最高裁がミランダで明らかにした法則が憲法上の要求であるかどうかにかかっているが、ミランダルールは憲法上の要求ではないというのである。最高裁は、その旨を繰り返し判示してきたというのであり、結局、3501条のもとで証拠の許容性を判断すべきだとしたのである。

ところで、ディカソンで特異なことは、訴追側である司法省が議会の制定法の合憲性を弁護するのを拒否したということである。司法省は、合衆国最高裁がミラ

---

[39] この点については、季刊刑事弁護14号（1998年）の各論稿（白取祐司「自白法則の閉塞状況と課題」同30頁以下、後藤貞人「自白の任意性を争う弁護活動」同42頁以下、小坂井久「弁護士からみた任意性の基準・その立証について」同61頁以下など）参照。

ンダを変更しない限り、合衆国は 3501 条に依拠するよう下級審に求めることはできないとの立場を明らかにし、ミランダルールは憲法上の根拠があると主張した。すなわち、年月を経てミランダが警察実務、司法手続及び国民の知識の中に摂取されてしまったこの時点でミランダ判決を変更すべきでないというのである。

　かかる司法省の立場の論拠をさらに具体的に述べれば、およそ次のとおりである。すなわち、ミランダは裁判の真相解明機能にコストを課してはいるが、そのコストはミランダの変更を必要とするほどには法執行の妨げにはなっていない。また、ミランダ警告の実施は困難でなく、ミランダ以前の法状態への逆戻りは、全体の事情から自白の任意性を判断することとなり、それが実務上ミランダより良く機能するとは考えられない。おそらくミランダよりもその適用が困難かつ不確実であろうという。さらに、司法省はまた、身体拘束中の取調べは依然として内在的に強制的であることを認め、ミランダ警告が解毒剤として効果的でもないし必要でもないとはいえないとし、ミランダは、刑事司法制度は公正であるとの国民の信頼感を促進することによって、刑事司法制度に関する国民の考え方にユニークで重要な役割を果たしているとする。かくて、司法省は、ミランダ判決の変更は司法制度の公正さへの国民の信頼感を損なうことになろうと主張したのであった。

2　ディカソン判決の判旨①

　合衆国最高裁は 2000 年 6 月 26 日、7 対 2 で、3501 条の違憲性を明示し、ミランダルール違反供述にはじめて 3501 条を適用した上記控訴裁判所の判断を破棄した（法廷意見の執筆はレンキスト首席裁判官）。その結論は以下のようなものである。

>　「……われわれは、ミランダは、当裁判所の憲法判断（a constitutional decision）であるので、議会の制定法によって事実上それを変更することはできないと考える。そしてわれわれ自身がミランダを変更することも拒否する。それゆえ、われわれは、ミランダ及び当裁判所でのミランダ関連判例が州及び連邦裁判所における身体拘束下の取調べ中になされた供述の許容性を規制すると考える」。

　同判決は、まず自白の証拠能力の沿革について述べ、ミランダ以前には被疑者の自白の証拠としての許容性は任意性の有無という判断基準に従って判断され、その判断基準のルーツが、コモン・ローで発展したことなどについて述べている。

そして、任意性テストの適用は、任意性の判断基準を「被疑者の性格及び取調べの詳細を含む自白を取り巻くすべての事情の全体」を検討し、「自白に付随するすべての事情が検討されなければならない」というものであったとしている。

ミランダ判決は、その判断基準を変えた。ディカソン判決は、これについて言及していく。すなわち、ミランダ判決は、警察での身体拘束下の取調べは、その性質上、個人を孤立させ、強制することになることを指摘して、身体拘束中の取調べに内在する強制力は任意な供述と不任意な供述との境界線を曖昧にし、それゆえ、個人の意思が、自己負罪拒否特権と合致しない危険性を高めることになると結論し、具体的な憲法上の指針としてミランダルールを提供したとするのである。

他方、ディカソン判決は、3501条について、これは、ミランダ警告の欠如を決定的要因でないことを明示していて、ミランダ判決を変更しようとしたものであると判示した。そのうえで、同判決は、ミランダ判決と3501条との矛盾は明らかであるから、議会にはこのようにミランダ判決を変更する憲法上の権限を有しているかを検討しなければならないとする。

要は、「議会にそのような権限があるのであれば、自白の証拠能力を全体の事情から総合的に判断するという3501条のアプローチがミランダ警告の要件に優るとしなければならず、権限がないというのであれば、3501条はミランダ判決のより特定した要求に屈服しなければならない」。ミランダ法廷が憲法上の法則を宣明したのか否かがまさに問題だというのである。

3　ディカソン判決の判旨②

以上のような論述を経て、同判決は、ミランダルールを憲法上の要請だとしたのであるが、その理由として述べられているところを要約して列挙すれば次のとおりとなろう。

① 　州裁判所での手続については、最高裁判所の権限は合衆国憲法の命令を実施することに限定されているが、ミランダ判決は州裁判所での手続にミランダルールを適用し、以来、一貫して、ミランダルールを州裁判所で生じた訴追に適用してきたこと。
② 　人身保護手続は、「ある人が合衆国の憲法または法律、または条約に違反して身柄を拘束されている」という主張に対してのみ、利用できるが、ミランダルール違反の主張を人身保護令状手続において連邦裁判所に提起することを認めてきたということ。

③　ミランダ判決の法廷意見それ自体、法の執行機関及び裁判所に順守すべき具体的な憲法上の指針を示すために上告受理の申立てを容れたと述べ、多数意見には憲法上の法則を宣明しようと考えていたことを示す文言が充満しており、その後の判例の多くも、ミランダの憲法上の基盤に言及していること。

④　強制的な自己負罪を禁止する憲法上の権利を保護するための立法活動をミランダ法廷は促しているが、それはミランダルールと「少なくとも同等に効果的な立法上の措置を憲法は妨げていない」と述べているのであって、むしろミランダの憲法上の根拠を示しているとみるべきこと。

⑤　ミランダ法理に例外を認めてきたという諸判例はあるが、他方、ミランダ法理の適用を拡大した判例もあり、これらの判決は、ミランダ法理を憲法上の法則ではないとしたものではなく、憲法上の法則も不変ではないという原理を示しているにすぎないこと。

⑥　3501条は、強制自白を阻止するうえで同等に効果的であるとのミランダ法理の立法上の代替物の要件に合致しているという主張があるが、取調べ前の警告の実施を被疑者の自白の任意性を判断する単なる一要素とする3501条は伝統的な全体の事情のテストを十分なものとして復帰させるものであって、このテストは、身体拘束中の不任意自白を看過する危険があり、自白が有罪を立証するための積極的証拠として提出されると、この危険は受け入れ難いほど大きくなるのであって、結局、3501条は、全体のテスト以上の何かが必要であると結論したミランダの要件を充たしえないこと。

⑦　憲法解釈に、先例拘束性は絶対的な命令ではないが、憲法事案においても、この原理はきわめて説得的な力を有しており、先例からの離脱をするには特段の正当化理由による裏付けのあることが必要であるところ、ミランダは、わが国の文化の一部となったといえるほどまでに日常の警察実務に溶け込んでしまっていて（has become embedded in routine police practice to the point where the warnings have become part of our national culture）、ミランダを変更するこのような正当化理由があるとは思われないこと。

⑧　ミランダルールのマイナス面は、自己の権利を熟知している被告人の決して不任意とはいえない供述であっても、証拠排除されることになって、その結果、犯人たる被告人が釈放されかねないということであるが、経験の示すところでは、3501条が復活を求めている事情の全体のテストはミラン

ダよりも法執行官がそれに従い、裁判所は一貫した方式でそれを適用するのは難しいということ。

かくて、「議会が立法によって破棄することのできない憲法上の法則をミランダは表明したものである」との結論が導かれたのである。

4 ディカソン判決の意味①

上述したディカソン判決の判旨のほとんどの部分は、アメリカ法固有の論点に関わる。ここで、これらの論点について論じる用意はないし、実際、そのような知見もない。また、そのような論述が、ここで必要なわけでもない。だが、上記判旨のなかでわが刑事司法上の課題として共有できる部分、もしくは共有すべき部分については、ここで、その意味を考察しておかねばならない。

周知のとおり、アメリカ憲法は、わが憲法34条の如き規定を欠いている。しかし、弁護人の援助を受ける権利を強化・貫徹するミランダ法理を憲法上の要請としたディカソン判決によって、まさにアメリカの判例理論において、わが憲法34条と同旨の権利が憲法上の存在として認知されたと評しえないわけではない。その意味で、わが憲法(34条、37条3項、38条1項)とアメリカ憲法とは全く同じになったとさえいうべきだ[40]。むしろ、アメリカが日本国憲法の法理に追いついたといっても過言ではないのである。しかし、憲法上の法理それ自体は同じであるはずなのに、その実務の実情の相違・隔絶は、既にみたとおり、余りに決定的である。このことの意味と改革課題の考察は、これを避けることができない。

たとえば、本項3④で示された如くミランダ判決が立法措置を促しているよう

---

[40] このような論述は、いささか乱暴に思われるかもしれない。実際、このような言い方は、本稿が初めに掲載された柳沼八郎＝若松芳也編著『新・接見交通権の現代的課題』(日本評論社、2001年)所収の、村岡啓一「被疑者主体論」の論旨とは必ずしも整合していない。しかし、わが憲法37条3項の弁護人依頼権がアメリカ憲法修正6条のそれと共通し、また、わが憲法34条は身体拘束された者の弁護人の援助を受ける権利を明示しているところ、その明文を欠いたアメリカ憲法のもとで、修正5条を介してミランダ法理が生まれたのであり、同法理はわが憲法34条に通ずる権利を明確にしたといって決して間違いではないと思う。憲法34条についての大法廷判決の「この弁護人に依頼する権利は、身体の拘束を受けている被疑者が、拘束の原因となっている嫌疑を晴ら(す)……自己の自由と権利を守るため弁護人から援助を受けられるようにすることを目的とする……」との判示自体は、こういう理解に適合的というべきだろう。なお、接見交通権・弁護人立会権につき、これを憲法34条・37条・38条の一体的解釈から導かれるとするものとして、上野勝「浅井・若松両判決の実務上・憲法上の問者点」柳沼八郎＝若松芳也編著『接見交通権の現代的課題』(日本評論社、1992年)39頁以下参照。

に、わが憲法もまた、既に指摘したとおり、立法措置を促しているはずである。また、3⑤で示されたように憲法原則といえども必ずしも不変ではないのだとしても、他方、そのベーシックな部分は実務において必ず生かされねばならない。このことも、当然わが憲法でも同様であるはずであるが、これらについては、いま一度、大法廷判決を見る際に論及することとする。

そして、上記ディカソン判決のうち、実質的な論拠とされたもののなかで、わが実務において考察の対象とすべきは次の2点に要約できよう。すなわち、3⑥で示された事情の総合説の危険性の問題と、3⑦で示されたナショナルカルチャーという問題である。

3⑥でディカソン判決が示している認識は、わが実務においても、全く同じように妥当する。実際、事情の総合説によるテストは、「身体拘束中の不任意自白を看過する危険があり、自白が有罪を立証するための積極的証拠として提出されると、この危険は受け入れ難いほど大きくなる」のである。しかし、今日までのわが裁判実務は、そのような観点からの検討を行っているとはいえない。黙秘権を保障するための実効的な保護措置の存否によって証拠能力を判断するという発想自体が、一部の判例を除いて[41]、全くないからである。しかし、既に言及したとおり、この視点の重要さは、これを強調して強調しすぎるということはない。3⑧が述べる如くに「経験の示すところでは、……事情の全体のテストはミランダルールよりも法執行官がそれに従い、裁判所は一貫した方式でそれを適用するのは難しい」のであって、このことは、わが刑事司法でも全く同様なのだからである。これは、前述した黙秘権保障と自白法則とをリンクさせるべきというテーマにほかならないが、わが刑事司法においても、裁判所は、捜査機関側がそのための措置をどのようなかたちで採ったかをこそ問うべきである[42]。

さらに、より根底的な問題は、3⑦の判旨をめぐってである。これについては、問題の重要性に鑑み、項を改めて論じることとする。

5　ディカソン判決の意味②——ナショナルカルチャー論をめぐって

ディカソン判決は、ミランダ法理が、まさにナショナルカルチャーの一部（part of

---

[41] 例えば、そのような志向性を明確に看取できる判例として、浦和地判平元・3・22判タ698号83頁、浦和地判平2・10・12判タ743号69頁、浦和地判平3・3・25判タ760号261頁などがある。これら木谷明コートによる判断は、先駆的価値を有しているというべきである。

[42] 後藤・前掲注39論文、小坂井・前掲注39論文参照。

our national culture）として日常の警察実務（routine police practice）に嵌め込まれていると判示した。警察実務におけるミランダルールの実践が、30 年以上――およそ一世代以上――に亙って履践された実務である以上、これは、もはやナショナルカルチャーと呼ぶに相応しいということであろう。

　この点、わが刑事司法はどうか。既にみたとおり、現憲法施行後の 50 年以上に亙ってさえ、取調べは「秘匿」された密室のなかで延々と行われてきた。そして、被疑者本人の供述が捜査機関側に「囲い込まれ」て捜査機関側の「物語」として供述録取書化（調書化）されていくという状況がずっと維持されている。しかも、これは 50 年といったタイムスパンの問題なのではない。明治刑訴法下で「訊問調書」の制約を潜脱すべく「聴取書」が生まれ、これが今日の供述録取書となっているのであって、その「伝統」、すなわち、客観的に検証不能な密室の取調べで「物語」を作成し、その「物語」にもとづいて事実認定するという「信仰」ともいうべき「伝統」は、100 年にも亙って続いてきている[43]。否、かかる「伝統」は 100 年というタイムスパンでもない。それは江戸時代から続いてきたとの指摘がなされているのである[44]。仮に、これを 300 年に亙るものとするならば、これこそが、わが刑事司法のナショナルカルチャーというほかないことになるのではないか。より端的に言えば、自己負罪供述を徹底的に求めることこそが、そして、その供述を被疑者本人の側の言葉としてではなく、国家、すなわち、彼あるいは彼女を断罪する側――捜査機関・訴追機関側――の「物語」に仕立て上げるということこそが、およそ 300 年に亙って受け継がれた、わがナショナルカルチャーだといわざるをえないのやもしれない。かくて、謎は解けたとさえいうべきであろうか。

　憲法の保障する黙秘権の解釈をめぐって、我が大法廷判決とミランダ・ディカソン判決を対比したとき、その隔絶の前にわれわれは、ほとんど立ち尽くさざるをえないのであるが、その隔絶の所以はナショナルカルチャーそのものにあったとい

---

　[43]　大審院判例は、当初、司法警察員の「訊問調書」を越権として無効としていた（大判明 25・6・30 法律新聞 1875 号 4 頁参照）。また、「聞取書」の表題があっても、実体が訊問調査であれば「訊問調書」だとしていた（大判明 28・10・25 判決録 3 輯 169 頁参照）。しかし、その後、「供述力其自由任意ノ承諾ニ出テタルモノ」であれば「適法ニ作成シタル書類」であるとの判断がなされ（大判明 36・10・22 判決録 9 輯 1721 頁参照）、「物語」形式の「聴取書」が定着してしまうことになる。
　[44]　石松竹雄「日本の刑事司法に未来はあるか」季刊刑事弁護 27 号（2001 年）17 頁以下参照。江戸時代の自白は口書（くちがき）への捺印によって果たされた旨言及され、わが刑事司法の運用の実際の原型がここに看取されるとされている。なお、この点、上野勝「調整論批判」柳沼八郎＝若松芳也編著『新・接見交通権の現代的課題』（日本評論社、2001 年）も併せ参照。

わざるをえないのやもしれない。自己負罪供述を徹底的に求め続けることこそが、わがナショナルカルチャーであるとすれば、最高裁裁判官15人全員が本稿の冒頭で引用した黙秘権というものに全く理解を示さない大法廷判決を言い渡して恬然としているのも理解可能ということにもなろう。300年のナショナルカルチャーに従って、何を恥じることがあるのか——というわけである。しかしながら、丁髷の時代に世界的に仮に先駆的であったかもしれないシステムであっても、それが、現在、なお、そのようなものだと信じるに足る根拠は決定的に乏しい。

　というのも、さらに、あえてこの構造に言及するとすれば、次のとおりとなろうからだ。すなわち、いったん国家から嫌疑をかけられた以上、その者は自己負罪供述をし、それを国家の側の「物語」とすることで、いわば「国家社会」とでもいうべきものに帰順しなければならない。帰順し、さらに帰依するために、自白と謝罪が徹底的に追求される。自己負罪供述は謝罪の意味をもち、それを通してこそ、この「社会」は、この者を再び受容するとされる（少なくとも、この「社会」からはそういう姿勢が示される）。それをせずに、かかる供述を拒む者は、この「社会」の異端者以外の何者でもない。しかし、このシステムは、必然的に冤罪を生むほかはない。犯罪事実や犯情がより大きく重くされるといった傾向も、このシステムにあっては、不可避である。もしかすると、一定の確率で生じるそれは、この「社会」の当然の前提としかみなされていないのではないか。誰もはっきりと語りはしないが、このシステムの維持を明言する者は、内心そう考えているとしか考えようがないのではないか。あるいは、この見易い道理さえ、眼を塞いで見ようとしていないのだろうか。はたまた、神の如き立場で、これを完全に防止できると思い込んでいるのだろうか[45]。

　ともあれ、自己負罪供述を拒否すること、すなわち、黙秘すること、それは、わがナショナルカルチャーに真正面から対立することだったのだという見解が生じうる。すなわち、黙秘権は、わがナショナルカルチャーにおいて、忌み嫌われ、徹底的に排除され、疎外される権利以外のなにものでもなかったとみることができると

45　司法制度改革審議会・前掲注3意見書50頁は「被疑者の取調べの適正さを確保するための措置について」の項で、「被疑者の取調べは、それが適正に行われる限りは、真実の発見に寄与するとともに、実際に罪を犯した被疑者が真に自己の犯行を悔いて自白する場合には、その改善更生に役立つものである」としているが、前段はともかくも、後段の記述には、わが刑事司法のナショナルカルチャーの系譜を見ないわけにはいかないというべきだ。しかし、取調官は牧師でも僧侶でもない。少なくとも、被疑者取調べの場で告解がなされるべきであり、それゆえ取調べを重視すべきとする発想は、根本的にどこかオカシイというべきである。

いう見解である。そうとすれば、その発語如何をも含めて、自らの供述・言葉を自らのものとする思想、これを法的に言えば、個人が個人であるが故に有するとされる表現・思想・良心の自由、まさに人格の自由、つまりは、個人の尊厳というもの、それをこそ、わがナショナルカルチャーは拒み続けてきたというべきだということになるのではないか。ディカソン判決は、いわば、たかだか30年のナショナルカルチャーに言及することで、わが300年のナショナルカルチャーを照射したともいうべきこととなろう。これこそが、ディカソン判決のわが刑事司法における最大の意味にほかならないのかもしれない。

かくて、21世紀というタイムスパンのなかで、黙秘権を考察の対象とし、また、接見交通権を採りあげることの意義を改めて見出しうるというべきである。すなわち、個々の一人一人の人間が、わが憲法の根本理念を肯おうとするのであれば——個人の尊厳が個々の人間一人一人に認められるべきだとする法理を自らの原理とするのであれば——たとえ、どのような事件の被疑者に対してであれ、はたまた、どのような人格に対してであれ、個人の尊厳という以上は、何らの差異をも設けえないという原理を肯定するのであれば、である。

ここに、上述したわがナショナルカルチャーはわが憲法の根本理念に背馳しているという課題を見出しうる。いま一度、大法廷判決に戻って、この点を含めて考察していきたい。

大法廷判決の射程とさらなる展望

前項の論述とは別の観点から考察してみる。率直に言えば、大法廷判決とミランダ判決・ディカソン判決との差異を、ナショナルカルチャーの一語で括って説明すること自体に、格別の意味があるというわけではないと思われる。特殊日本的な状況を採り上げる言説は、それが肯定的評価であれ、逆に、否定的評価であれ、多くの場合、ただの観念としてのイデオロギーとしてしか機能しないように思える。カルチャーとカルチャーの対立であるとして、これを「実体」化させ、いわゆるカルチャー論議を展開してみせることに意味があるとも思われない。それこそ「実体的真実主義」ではないが、「実体」が誰かに判っているというようなものではないわけであって、むしろ、ここで確認すべきは、そのようなナショナルカルチャーに固執する観念の存在自体は、これを認めることができるということではないかと思う。

それをも含め、むしろ、そのような観念をこそわがナショナルカルチャーと呼ぶ

とするなら、そのようなナショナルカルチャーの観念の岩盤は、現在、明らかに亀裂を生じさせているというべきだ。というのも、そのようなイデオロギー（観念）より正確な事実認識こそが先立つことは自明だからである。

まず刑事弁護の立場からみれば、既に指摘したとおり、大法廷判決の認識とミランダ・ディカソン判決のそれのいずれが、身体拘束下の取調べというものに、より正確な認識を行き届かせているかは明らかである。日常的に身体拘束下にある被告人に接していれば、誰しも同じ認識に到達するとみて、まず間違いはないはずだ。そうとすれば、ほんとうは、これは刑事弁護の立場に規定されるような認識というわけではない。この認識に到達するのに、どちらがより正確かという基準以外のイデオロギー（観念）をもちだす必要などはおよそないはずである。ましてや、病理を病理と認識することに、イデオロギーなどいらない。

現に、司法制度改革審議会意見書さえ、「……被疑者の自白を過度に重視する余り、その取調べが適正さを欠く事例が実際に存在することも否定できない。わが国の刑事司法が適正手続の保障の下での事案の真相解明を使命とする以上、被疑者の取調べが、適正を欠くことがあってはならず、それを防止するための方策は当然必要となる」としている。ここで言われていることは当然すぎるレベルの話であり、また、その表現は余りに微温的・限定的ではある。しかし、これは、上記観念に対する（ささやかとはいえ）異和の表明をも含んでいるといってよい。むろん、これを、わがナショナルカルチャーの観念の枠内にとどまった言辞だということもできようが、しかし、それを突破する萌芽をみることが否定されうるわけではない。ここに、わが刑事司法の「現在」をみることは可能である。

1　大法廷判決にみる萌芽

本稿の前半部分で、大法廷判決の判示を批判した。では、大法廷判決自身は、上記観念に完全に搦めとられつくした産物以外の何ものでもないだろうか。必ずしもそうではない。

大法廷判決自身、憲法34条前段の弁護人に依頼する権利につき、次のように述べている。すなわち、同権利は「身体の拘束を受けている被疑者が、拘束の原因となっている嫌疑を晴らしたり、人身の自由を回復するための手段を講じたりするなど自己の自由と権利を守るため弁護人から援助を受けられるようにすることを目的とするものである。したがって、右規定は、単に被疑者が弁護人を選任することを官憲が妨害してはならないというにとどまるものではなく、被疑者に対し、弁護人を選任した上で、弁護人に相談し、その助言を受けるなど弁護人から援助を

受ける機会を持つことを実質的に保障しているものと解すべきである」。大法廷判決は、まさしく同権利が実質的で効果的な弁護人の援助を受ける権利にほかならないことを、はっきりと示すほかなかったのである。

もとより、この解釈自体は、憲法学説上の通説であって[46]、その意味では、大法廷判決は、従来からの通説を当然の事理として肯認したにすぎない。しかし、50年まえの大法廷判決は、この点を消極的に解しているように考えられていたのであって[47]、最高裁大法廷自身が、その理論の根幹として「実質的」弁護を憲法上の要請であると明言したことの意義は大きいというべきだ[48]。

そして、これ自体が、上記観念を突き崩す端緒としての機能を果たしうるはずである。なぜなら、この判示は、従来の取調べに対する観念の枠の臨界点に位置づけうるからであり、これを越える志向性をもっているからである。つまり、「弁護人から援助を受ける機会を持つことを実質的に保障している」という以上、それは、ほとんど必然的に、取調べの場そのものにおける被告者の防禦権の実効化を招かずにはいないはずである。あるいは、「機会」という語を捉えて、それを限定していこうとする企てはあるやもしれないが、しかし、例えば、黙秘権についていえば、ミランダ判決が示したとおり、その手続的保護措置は、黙秘権を行使する「継続的な機会を確保する」ものでなければならないのであって、「実質的な保障」というものは本来的にそのようなものとして存在するほかはない。そうである以上、「機会」を限定しようといった企ても、やがては放逐されることになるというべきである。

たしかに、大法廷判決が裁判官15名全員一致の判断である以上、刑訴法39条3項が法令違憲でない旨の判断が、早晩、変更されるという見込みはない。しかし、上記したように、大法廷判決それ自体のなかに、上記ナショナルカルチャーという観念を克服する契機自体は、これを見出しうるというべきである。

そのような観点から、大法廷判決の射程とさらなる展望について概観してみた

---

[46] 芦部・前掲注20書146〜153頁［杉原］、佐藤功『ポケット註釈全書・憲法（上）〔新版〕』（有斐閣、1983年）543〜544頁、樋口陽一＝佐藤幸治＝中村睦男＝浦部法穂『注釈日本国憲法（上）』（青林書院新社、1984年）740〜742頁［佐藤幸治］、有倉遼吉＝小林孝輔編『基本法コンメンタール憲法（第3版）』（日本評論社、1986年）152頁［江橋崇］など参照。
[47] 最大判昭24・11・30刑集3巻11号1857頁参照。
[48] 大法廷判決の示した「実質的」弁護の要請の当然の帰結として、例えば、弁護人と被告者間の信書の秘密を保障すべきとする大阪地判平12・5・25の高見岡本国賠判決がある（高見・岡本国賠訴訟弁護団編『秘密交通権の確立――高見・岡本国賠訴訟の記録』〔現代人文社、2001年〕参照）。

い。一つは、取調べの可視化の問題であり、そして、いま一つは、本稿の本題たる接見交通についてである。

2　取調べの可視化

既に論じたとおり、大法廷判決は、「直ちに」の語によって、黙秘権保障の観点において、逆立ちした論理を展開している。しかし、何らの措置も不要としているわけではない。むしろ、何らかの措置を必要としていること自体は、これを示唆しているといってよい。判決文の読み方には様々ありうるとはいえ、そういう示唆を読み取ることは十分可能である。

このとき、どのような措置が想定されうるか。端的に結論をいえば、取調べ全過程を可視化する措置がまさに最も実効的な措置として想定されるというべきである[49]。自由な接見交通を制約する刑訴法39条3項を合憲としてしまった大法廷判決からすれば、裁判所が自由な接見交通より以上の権利ともみざるをえない取調べへの弁護人立会権を憲法上の権利とする可能性は現段階では極めて乏しい。そうだとしても、弁護人立会いとは別個の原理・根拠をもつ取調べ全過程の可視化（端的にいえば、テープ録音化・ビデオ録画化）については、これを被疑者の憲法上の権利とすることができる。大法廷判決において、これはなお否定されていない。先に述べた黙秘権保障のリアルタイムの措置という意味においても、現憲法のもとで、かかる措置が採られなければならない[50]。

アメリカ合衆国の司法省が、かつてミランダルールの代替案として考案したのも、かような取調べの可視化であった[51]。わが裁判所において、ミランダ法理自体は、これを採用する途が、とりあえず閉ざされたとみざるをえない現在、黙秘権保障（すなわち、供述の自由を担保するもの）として、考えうる方途は、取調べ全過程の可視化以外にはないと断じてよい。あえて言えば、取調べ全過程の録音・録画にあっては、「ミランダの矛盾」の如きものは生じえないし、また、取調べそのものの中止効が直ちに導かれるというわけでもない。これは、現在のわが刑事司法実務と、本来は、地続きで繋がっているとさえみなしてよいほどの措置である。たとえ立法措置を採らなくても、現行法のもとにおいてなお、これは実現の可能性をもっ

　49　「取調べ可視化」に関する議論の全体像については、小坂井久「『取調可視化』論の現在」大阪弁護士会刑弁情報11～14号、16号、17号（1995年～1998年）参照。なお、大出良知「取調べのテープ録音は導入可能か」季刊刑事弁護14号（1998年）75頁参照。
　50　小坂井・前掲注49大阪弁護士会刑弁情報13号（1996年）16頁以下参照。
　51　小早川・前掲注11書168頁以下参照。

ているというべきである。

　司法制度改革審議会意見書は、「……被疑者の取調べ過程・状況について、取調べの都度、書面による記録を義務付ける制度を導入すべきである。制度導入に当たっては、記録の正確性、客観性を担保するために必要な措置（例えば、記録すべき事項を定めて定式的な形で記録させたうえ、その記録を後日の変更・修正を防止しうるような適切な管理体制の下で保管させるなどの方法が考えられる）を講じなければならない」としたが[52]、これも上記わがナショナルカルチャーとしての観念の枠内の言辞と捉えうるとしても、他方、これを、ほんとうの取調べ全過程の可視化の第一歩と位置づけることは可能である[53]。これを黙秘権のリアルタイムの保障の端緒とし、自白法則とリンクさせ、かかる記録に虚偽記入ないし記入の懈怠があったときには「自白ないし不利益事実承認」の証拠能力を排除することを制度運用の指針として銘記させるべきであり、また、そういう弁護実践を展開すべきである。これによって、さらに可視化を推進させ、取調べ全過程のテープ録音・ビデオ録画に行きつき、黙秘権保障の実効化を果たさねばならない。同意見書は、「これに加え、取調べ状況の録音、録画や弁護人の取調べへの立会が必要だとする意見もあるが、刑事手続全体における被疑者の取調べの機能、役割との関係で慎重な配慮が必要であることなどの理由から、現段階でそのような方策の導入の是非について結論を得るのは困難であり、将来的な検討課題ととらえるべきである」として、取調べ全過程の録音・録画については、これを先送りしている[54]。しかし、取調べの可視化は、いったん始まれば、必ずや行きつくところまで行く性向を持っているはずである。

　ともあれ、大法廷判決のいう「立法政策」に、少なくとも、取調べ全過程の可

---

[52] 司法制度改革審議会・前掲注3意見書51頁。
[53] 書面による記録化については、記録すべき事項の細目をどう詰めていくかが問題となる。現在の「被疑者取調日誌」においても、既に「日にち」「取調場所」「取調官」「補助者」「被疑者」「取調前のチェック――①心身の異常の有無（問診した結果）、②取調前の供述拒否権の告知」「取調時間等」「取調事項及び被疑者の態度等」「取調後のチェック」「作成者」が記載事項となっている。ただ、「被疑者取調日誌」は、任意性の疑いについて、余程、徹底的に争わなければ公判廷で顕出されない（この点、下村忠利弁護士〔大阪弁護士会〕の資料提供を受けた）。かかる記載事項について、何をつけ加え、何を不要とするかであるが、いずれにしても、供述内容の中身自体も記載させざるをえないものと思われる。そして、これが公判廷にかならず顕出されるということになり、本文でも言及したとおり、その記録の虚偽記入・記入の懈怠が自白法則とリンクするならば、取調べ全過程の録音・録画に行きつかざるをえないはずである。
[54] 司法制度改革審議会・前掲注3意見書51頁。

視化は、極めて適合的であり、これを進めるに値することが明らかである。このこと自体は、大法廷判決も容認するところであり、既に述べたとおり、わが憲法は、かかる立法措置をまさに促しているのである。そして、取調べ全過程の可視化は黙秘権保障のベースとなりうる。取調べ全過程の可視化それ自体は、本来は、攻撃・防御のいずれにとっても等価値でニュートラルなもののはずであるから、これをこそベーシックなものと評してよいはずである。

同時に、われわれは、その実現のために、刑事弁護の質的向上とその活性化が鍵であることを改めて確認しておかねばならない[55]。可視化実現への展望を切り拓く弁護実践としては、まず、捜査機関に対して、かかる申し入れをすることである。それとともに、被告者・弁護人側から接見状況の録音化などを含め[56]、弁護人調書を作成するなどし、自ら可視化していくという活動を展開すべきである[57]。かかる弁護活動が可視化実現の突破口となろう。弁護人・被告者の立場から言えば、こちらが可視化したとき、あちら側の可視化は必然とならざるをえないということである。

以上みたとおり、取調べ全過程の可視化は、なお現行法上の被疑者の権利として認知される可能性を残している。また、いずれにしても、かかる立法措置が採られなければならない[58]。

---

[55] かかる観点から論じられている文献として、大阪弁護士会刑事弁護委員会『シンポジウム・取り調べ可視化の実現に向けて』(2000年)、秋田真志=伊賀興一=石松竹雄=小坂井久=後藤貞人=渡部一郎=渡辺修「座談会・取調べ可視化に向けて」大阪弁護士会会報212号(2000年)19頁以下参照。なお大阪弁護士会は、2000年11月24日の常議員会において「会を挙げて取調べ可視化実現のための取り組みを実施」することを決め、その具体的内容として、2000年12月を期して、当番弁護士を含む全会員に、「可視化」申入れの一定の申入書を配布し、捜査機関に対し、かかる申入れをするよう呼びかけるという運動を展開することとし、また、同年12月1日、近畿弁護士会連合会は、同人権擁護大会で「取調全過程の録音・録画による取調べ可視化を求める決議」を行って、その実現のため、各弁護士会および各弁護人が全力を挙げて取り組んでいく旨表明している。

[56] 接見室での弁護人による録音には許可を要するとする矯正局長通達(昭38・4・4矯正甲279号)があるが、これは違憲・違法で無効である。これは秘密交通権の趣旨から明らかである(浦功「刑訴法81条の接見等禁止と弁護活動」梶田・守屋退官『刑事・少年司法の再生』〔現代人文社、2000年〕209頁参照)。

[57] 弁護人調書作成の実践については、財前昌和「捜査弁護における新たな実践の動き」刑法雑誌39巻1号(1999年)100頁、同「被疑者の供述の証拠化」季刊刑事弁護15号(1998年)35頁、大阪弁護士会刑事弁護委員会『大阪における当番弁護士活動(6)』(1998年)152頁以下・同『大阪における当番弁護士活動(7)』(1999年)71頁以下〔山本健司弁護士の実践例〕参照。もっとも、その使用方法・時期については十分な吟味が必要となる。

3　接見交通について

　大法廷判決の明言によって、刑訴法39条3項は、司法判断によっては生き延びたことになる。しかし、そうとすれば、それこそ「立法政策」によって、同項は死滅すべきである。

　司法制度改革審議会意見書は、取調べの可視化に関する論述に続いて、次のとおり述べている。「なお、こうした方策のいかんにかかわらず、前述の被疑者に対する公的弁護制度が確立され、被疑者と弁護人との接見が十分なされることにより、取調べの適正さの確保に資することになるという点は重要であり、そのような意味からも、その充実が図られるべきである」[59]。

　これは、文脈としては、取調べの可視化を限定する材料として記載されているとの憾みを否めまい。しかし、そうだとしても、その趣旨自体は、むしろ明瞭というべきではないだろうか。要するに、刑訴法39条3項の撤廃が打ち出されているというべきだ。司法改革議論のなかで、刑訴法39条3項は死滅すべきなのである。既に繰り返し述べた「捜査の実情」を「踏まえたうえでの立法政策」を考えるならば、このことは、もはや自明というべきではなかろうか。

　被疑者国公選制度のもとで、上述したところは必然というべきだ。病理を少しでも治癒させるために、かかる「立法政策」が採られなければならない。そして、自由な接見交通の実現とともに、取調べへの弁護人立会が実現されなければならない。

結語に代えて

　以上、大法廷判決の黙秘権に関わる判断をめぐって、私なりの考察を展開してきた。頗る未熟な論稿であり、明晰さに著しく欠けているが、言いたいことは、むしろ単純である。

　先に私は、アメリカ憲法の法理が日本国憲法のそれと同じになったとさえいうべきだと述べた。ところが、同一の法理のもとで、取調べ実務の実情は決定的に違

58　私案としての立法案の素描に関しては、日本弁護士連合会『第42回人権擁護大会（前橋）シンポジウム・第1分科会基調報告書資料編』（1999年）207頁以下[高野隆]、同212頁以下[小坂井久]参照。

59　司法制度改革審議会・前掲注3意見書51頁。

う。このことについても繰り返し言及してきた。要は、いずれが、まっとうか——と問えば足るところがあると思われるのだ。

アメリカの当事者対抗主義（システム）は、わが国では根づかないという見解がある。あるいは、そのような主義は、わが刑事司法の採るところではないとの表明もあるようだ。しかし、率直に言うと、私は、現在、われわれが直面しているのは、必ずしも当事者主義か職権主義かといった「主義」の対立の場面であるとは思っていない[60]。またさらに言えば、それは弾劾的捜査観か糾問的捜査観かという捜査「観」対立の場面でさえもないようにも思われる。けだし、たとえ如何に糾問的捜査観に立とうとしても、たとえば、有罪認定のためには自白による法定証拠主義が正しいのだといった見解がもはや存在しえないように、憲法と法それ自体の枠組みの外に出ることは、法理としてできない話なのだからである。実際、今日の糾問的捜査観が、綿密な選別を旨としてあくまでも実体的真実主義を目指しているのだとするならば[61]、わが国の取調べの実情は「実体的真実」への志向さえ阻害しているとしか思われない。

わが国の取調べの実情を改革しなければならないという現在的課題は——それは、とりもなおさず、わが国の刑事裁判・刑事司法全体の問題だというべきだが——、必ずしもそのような理念的（言い換えれば、イデオロギー的）対立によってしか、決着がつかない問題であるとも思えない。要するに、そのような理念（イデオロギー）論争とは、また別のレベルにある問題とさえいわざるをえないのではないか。取調べ、そして、黙秘権をめぐる状況は、このことを示しているというべきではないだろうか。

私は、日本の刑事司法における取調べの在り方をアメリカと全く同じにせよ——と必ずしも主張しているわけではない。アメリカの取調べのありようは、憲法原理にかなり忠実だと考えられるが、それだけが憲法原理に忠実な唯一の在り方だというわけではないだろう。それは、ミランダ判決自身が述べているところでもある。しかし、だからといって、同様の憲法の法理のもとで、その憲法原理を放置する病理を何時までも正当化しうるというものではない。要するに、より正確な認識というものはありうるのだ。まっとうな認識にまず到達すべきなのである。現在において、それ自体は、刑事訴訟についての対立的な主義・考え方を持ち出さずとも、足る話なのではないか。むろん、個人の尊厳という理念は、これをはずすことがで

60　松宮孝明「『当事者主義』を考える」ジュリスト1148号（1999年）84頁参照。
61　後藤・前掲注14書251頁以下参照。

きない。それも理念ではあろうが、これが、現在の全ての法のベースであることは疑いようがない。そして、わが憲法は、はっきりと黙秘権を保障しているのである。

　黙秘権をめぐっての「無理解」を克服する途は平坦ではないだろう。しかし、21世紀のかなり早期の段階で、1999年3月24日の大法廷判決は、根底的に見直されなければならない。少なくとも、現時点で私は、次のように述べることはできると考える。いずれにしても、やがて大法廷判決自身が今日までの経緯の臨界点として示した判示それ自体によって、この大法廷判決は克服されざるをえないと思う。

第4章　主張明示義務と黙秘権

はじめに

　刑訴法291条2項[1]の権利告知の場面で、「黙っていても、あなたが不利益に扱われることは一切ない」旨告げる裁判官に出会って、感激したことがある。通常、裁判官は、こういう明言まではしていないからだ。この裁判官は、黙秘権の眼目が、この権利を行使することによる不利益取扱いの禁止にあることを明確に意識している[2]。しかし、この裁判官は、改正刑訴法316条の9第3項の黙秘権告知の場面で、どのような告知をすべきか、困惑されているのではないだろうか。なぜなら、この場面にあっては、次のように告げることが正確なはずだからである。「今、黙っていると、あなたが将来公判で初めて主張しても、その主張については、証拠が制限されることがあります」。

　裁判員裁判をイメージしたとき、公判前に審理計画を策定する一定の必然性があること自体は確かであろう。しかし、改正刑訴法316条の17が定める主張明示義務は、黙秘権を侵害する規定ではないのだろうか。黙秘権の変容は、どの限度まで許容されうるのだろうか。新刑訴法が施行される前に、この問題を考察しておくことは、決して無駄なことではないように思われる。

黙秘権の意義および効果

　黙秘権は、「国家機関が（それが何であれ）個人に対して供述義務を課する（法律上または事実上）ことに対して、これを拒否する権利」とされている[3]。そして、

1　現行291条3項。
2　この旨説く裁判例として、和歌山地判平14・12・11判タ1122号185頁。また、札幌高判平14・3・19判タ1095号301頁参照。上記和歌山地判も言及するとおり、これは事実認定の場面では自由心証に一定の枠を設けたものと解すべきである（小坂井久「第38条第1項」憲法的刑事手続研究会編『憲法的刑事手続』〔日本評論社、1997年〕446頁〔本書第Ⅲ部第1章211頁〕）。なお、これに反対する趣旨の判示を含むものとして、札幌高判昭47・12・19判タ289号285頁参照。

黙秘権の重要な効果は、黙秘を理由に「被告人に不利益な心証をとってはならない。検察官は、弁論でこの点を指摘してはならない」ということである[4]。黙秘権行使による有罪推認は許されないとするのが圧倒的通説であることは疑いがない。もっとも、量刑上の不利益取扱いの是非という点になると、見解は一様ではない[5]。

要するに、黙秘権には、その行使の効果として禁ずべき「不利益取扱い」を、どのレベル・範囲で捉えるかという問題がある。証拠制限という問題は、罪体の不利益推認や量刑上の不利益取扱いとは、位相を異にする不利益取扱いというべきであるが、しかし、不利益取扱いであること自体は否定しがたい。実際、今、語らなければ後で証拠請求できなくなるという法的効果が生じるということのなかに、供述への強制の契機が全くないということはできまい。そうすると、これは憲法38条1項に違反しないのだろうか。また現行法上の黙秘権は、これによって、変容しているのではないのだろうか。

合憲論・「前倒し」論について

すでに知られているように、主張明示義務に違憲問題が生じないとの見解は、憲法38条1項は「不利益」な供述の「強要」禁止を定めているとし、主張明示義務はおよそ、そのようなものではないと説き、さらに、いずれにしても公判終了までには、主張（供述）するか否かを決断しなければならないとの点を捉えて、主張の前倒しという問題は黙秘権侵害の問題ではないかのように唱えている。いわゆる「前倒し」論である[6]。この見解は、「（控訴審における主張制限は）原審段階にお

3　田宮裕「被告人・被疑者の黙秘権」日本刑法学会編『刑事訴訟法講座（1）』（有斐閣、1963年）89頁。ただし、この論稿では、田宮は、黙秘権の効果に有罪の不利益推認禁止を含ませていない（同82頁以下）。

4　平野龍一『刑事訴訟法』（有斐閣、1958年）255頁。なお、前掲注2田宮も後に改説し、有罪の不利益推認禁止を当然の効果とするに至っている（田宮裕『刑事訴訟法』〔有斐閣、1992年〕337頁）。

5　判例は分かれている（高松高判昭25・5・3判決特報10号160頁は不利益援用を当然とするが、東京高判昭28・12・14判決特報39号221頁は不利益援用を許されないとする）。学説では、佐伯千仭「量刑理由としての自白と否認」同『刑事訴訟の理論と現実』（有斐閣、1979年）213頁以下が、量刑の不利益取扱いは一切許されないとしている。これに対し、自白は一般に反省を示す手がかりとされ、その反面として結果的に黙秘が量刑上不利益になることはやむをえないとも説かれている（田宮・前掲注3書337頁、白取祐司『刑事訴訟法』〔日本評論社、1999年〕164頁、田口守一『刑事訴訟法』〔弘文堂、2001年〕113頁。平野・前掲注3書229〜230頁も同旨か）。

ける自己に不利益な供述の強要に当たるとは考えられていない」とか[7]、「(現在でも、公判審理終了までに主張・反証するかどうかの決断をしているが) 一定時期までに決断を迫られることに伴う心理的負担はあるにせよ、それが『強要』されたものといえないことには、異論がないであろう……そうだとすれば、主張や反証があれば準備手続において明らかにするよう義務付ける制度を設けたとしても、やはり、そこに『強要』を見出すことはできないように思われる」とか述べ[8]、「選択を迫られる時期をいわば前倒しにしたにすぎない」と説くのである。

しかし、包括的黙秘権はいつ言うか言わないかの自由をも含む権利というべきである[9]。時間的制限を設けるということは、一定の時期には供述義務を課してよいということにほかならないが、それは黙秘権の定義自体に変容を迫るものといわなければならない[10]。

「前倒し」論批判

裁判が終わるまでには、主張 (供述) するか否かを決めなければならないのは、裁判というものの性質上、当たり前の話である。しかし、それは本来、裁判が終わるまでは、いつ主張 (供述) してもよいということ以外ではない。そして、ここでいう裁判がことがらの性質上、事実審を指すことも、また自明のことというべきである。

なるほど、現行法は、一審公判終了までに主張しなかった事実を控訴審で主張・立証するのには一定の制限があるという法制である。しかし、これは現行法

---

[6] 司法制度改革推進本部裁判員制度・刑事検討会における井上正仁座長見解は、そういうものであった。ほかに、川出敏裕「新たな準備手続の創設」現代刑事法 4 巻 11 号 (2002 年) 49 頁、同「公判前整理手続」ジュリスト 1268 号 (2004 年) 77 頁、大沢裕「『新たな準備手続』と証拠開示」刑法雑誌 43 巻 3 号 (2004 年) 69 頁など。

[7] 川出・前掲注 5 「新たな準備手続の創設」49 頁。

[8] 大沢・前掲注 5 論文 69 頁。

[9] 渕野貴生「裁判員制度と刑事手続改革」法律時報 76 巻 10 号 (2004 年) 34 頁。後藤貞人「刑事裁判の充実・迅速化——弁護人の立場から」現代刑事法 6 巻 12 号 (2004 年) 44 頁。なお、刑訴法 311 条 2 項参照。

[10] 実際、上記検討会(第 20 回)における酒巻匡見解は、「……現在、確かに被告人はずっと黙っていてもいいんだという権利があります。これは『黙秘権』といわれ、被告人は終始沈黙する自由ないし権利を持っていますから、形の上では、A 案を採ると、被告人に準備手続の段階で、ある供述ないし主張を義務付けることになるわけですから、その点で、現行の刑訴法 311 条の黙秘権に、形の上ではひっかかると思います」という。もっとも、「(しかし、A 案は) 立法政策としては否定されてはいない」とし、これを妥当とする。

が、原判決をチェックする事後審としての控訴審を構想しているからである。事実審の側面があるとはいえ、それは、あえていえば、むしろオプションとしてしか構想されていない。そのような構想の是非自体は、またまったく別の問題であり、仮に完全な覆審説をとるなら、主張・立証を制限する法制は許容されがたいであろう。いずれにせよ、それは、控訴審の構造の問題であり、司法判断がなされるまでの一審事実審の過程やその前段階において、主張（供述）の前倒しの義務化を可能とするような法原理を示しているわけではない。

また、公判審理過程での心理的な負担と公判が始まる前の制裁を伴う法的義務づけを同視しうる道理などもない。そのようなことを言い出せば、捜査段階でも同じ論理が妥当することにさえなりかねまい。

要するに、「前倒しにしたにすぎない」という論法で、黙秘権問題を解決できるわけではない。少なくとも、すでにみたとおり、黙秘権変容の問題は明らかに存在するのである。

防御権のコアとしての黙秘権

私は、時間的任意性をも含めた包括的黙秘権こそ憲法上の権利であると考えている[11]。憲法は、個人の尊厳を基本として、詳細な刑事人権規定を定めた。この憲法は、国家から告発されている者について、その供述の自由の完全な確保をこそ定めているというべきである[12]。そうであるからこそ、憲法は、自己負罪拒否特権＝黙秘権（憲法38条1項）と自白法則（同2項）を連動させ、さらに、同3項によって自白の補強法則を明らかにして、国家の側に、国家が告発して国家に対立する当事者となる個人の口から証拠を採取し利用することに極力抑制的である旨のスタンスを要求しているとみられる（これは刑訴法301条によっても具現されている）。このことと不可分一体のこととして、被告人は、まさに自ら述べたいときに述べ（あるい

11　黙秘の対象の有利・不利を問わないのが憲法の趣旨であるとするものとして、田宮・前掲注3書331頁、白取・前掲注4書162頁、畑博行「黙秘権」阿部照哉編『判例と学説（1）憲法』（日本評論社、1976年）212頁など。なお、芦部信喜編『憲法（3）』（有斐閣、1981年）210頁〔杉原泰雄〕、小坂井・前掲注1論文412頁（本書第Ⅲ部第1章167頁）参照。

12　大正刑訴下では、被告人に供述義務（真実義務）があるか否かに争いがあったが、「被告人の主張を陳述する」義務の存在は疑われていなかった（小野清一郎『刑事訴訟法講義（全）〔全訂第3版〕』〔有斐閣、1922年〕318頁、竹田直平『刑事訴訟法』〔三笠書房、1939年〕132頁）。現憲法が、大正刑訴と同様の被告人の供述義務を存置させたとは考えがたい。

は、述べない) 自由を憲法上確保されているといわねばならない。その意味で、黙秘権は、主張の自由をも包含する権利であり、その余の防御権、たとえば、被告人の証人審問請求権 (憲法37条2項) などとも不離の関係にある。

要するに、被告人のさまざまの防御権は黙秘権をコアとして構成されているといっても過言ではなく、検察官の全面的立証責任の原則も無罪推定の原則も、明らかに黙秘権と連関しているとみてよい[13]。それゆえ、包括的黙秘権は、当該公判における検察官の主張・立証活動の展開全体をも想定したダイナミズムを前提とし、これに対応すべく想定された極めて実践的な見地から認められた権利でもある。

主張明示義務と不利益取扱いの限界

主張明示義務が黙秘権の侵害となることを否定するためには、証拠制限それ自体は黙秘権行使の効果として禁じられるところの「不利益取扱い」ではないという枠組みを設定する以外ないであろう。が、証拠制限という制裁による強制の契機を否定しえない以上、その枠組みを先験的に自明視できるというわけではない。要するに、黙秘権からみて、どのような場合に、証拠制限が許容されうるのかという検討が必要不可欠である。

この点、イギリス94年法における黙秘権「制限」、すなわち、不利益事実推認のコメントの許容に関する議論が参考になろう[14]。しかし、まず、イギリスでは黙秘権が憲法上の存在ではないとの意見があることに留意しなければならない。そうであるからこそ、このような立法が可能になったといえる。わが憲法上、イギリスと同様の法制を許容する余地はない。そして、なによりもイギリスの不利益推認のコメント自体、極めて限定されているということに着目しなければならない[15]。それは誰が考えても弁解してしかるべきといわざるをえない情況においてのみ作動

---

[13] 和歌山地判・前掲注1は、この旨明言する。また、Griffin v. California 380 U. S. 609 (1965) も自己負罪拒否特権が無罪推定の原則に繋がっていることに言及している。なお、田宮・前掲注2論文84頁参照。

[14] The Criminal Justice and Public Order Act 1994 (刑事司法および公共の秩序法) における黙秘権制限(不利益推認コメントの許容)については、井上正仁「イギリスの黙秘権制限法案(1)(2)」ジュリスト1053号 (1994年) 39頁・同1054号 (同年) 88頁、鯰越溢弘「黙秘権と刑事弁護」季刊刑事弁護2号 (1995年) 162頁、青山彩子「イギリスにおける『黙秘権の廃止』立法について」警察学論集48巻12号 (1995年) 111頁参照。その立法化の過程では、「主張明示義務」を不利益推認に反対する人々が妥協的に主張していたようである (前掲井上論文参照)。

するのである。また、十分な証拠開示を前提にしているということにも留意しなければならない。広範な証拠制限は、イギリスの不利益推認以上の不利益取扱いになりかねないというべきである。そうだとすると、少なくとも、その制限がかかる場面は、イギリスの不利益推認コメントの許容場面と同視しうる程度にまで、絞られる必要がある。

これは同時に、刑訴法311条や同291条2項の変容を実質において認めない解釈をとるべきだということでもある。もとより、刑訴法311条も同291条2項も撤廃されたわけではないからである[16]。

要するに、改正刑訴法316条の17にあって、黙秘権をコアとした現行法上の被告人の防御上の地位・立場と同価値の情況が実現されなければならない。それは一言でいえば、現在の一審公判のゴールと等価の情況の現出、すなわち、公判における検察官主張・立証の全体の展開を経て主張・反証することのできる地位・立場と同視しうる情況の設定である。そうしてはじめて、主張明示を義務づけうるというべきである。換言すれば、被告人には、包括的黙秘権（それは上述したとおり、供述の自由と同義である）を基軸にして、かような情況設定を求める権利があるとみるべきである。

合憲限定解釈の視点

以上の観点から合憲限定解釈の視点を素描すれば、次のとおりとなろう。

まず、自明のことを2点、確認する。1つは、訴因や検察官の主張する証明予定事実に対する認否それ自体が義務づけられているのではないということである。もとより、認否を含めた主張を行うこと自体は自由であるが、認否それ自体を義務づけるとすれば、それは直ちに黙秘権侵害になるといってよい。今1つは、被告人質問で新たなことがらを言っても、その供述が制限されることはないということである。仮にもし、被告人質問における供述をも証拠制限の対象とするなら、これ

15　渡辺修＝山田直子監修『取調べ可視化──密室への挑戦──イギリスの取調べ録音・録画に学ぶ』（成文堂、2004年）44頁、58頁。
16　刑訴法291条2項の「被告事件に対する陳述」は、あくまでも「機会」の提供であり、他方、主張明示は「義務」なのであるから、その限度での「変容」は否定しがたいようにも思われる。実際、同項のままでは、充実した集中審理を達成できないとされたがゆえに、公判前整理手続（そして、主張明示義務）が設けられたともいえる。しかし、それは現行法上の黙秘権の実質的価値までも変容させてよいということではまったくない。

も直ちに被告人の供述の自由を侵害するものとして違憲になるというべきである。

そして、上述した情況設定の観点からみて、次の2つの限定が必要不可欠といわなければならない。すなわち、

> ①　検察官主張が一義的に明確にされ、と同時に、捜査機関の手持ち証拠は、検察官が公判終了までに立証可能な全体の像を示す程度にまで開示されなければならない。
> ②　主張明示義務が果たされて以降の検察官の補充立証は限定されるべきである。

①については、それがなされないとき、後の公判での新たな証拠請求は改正刑訴法316条の32の「やむを得ない事由」に該るものと解すべきである。上述した情況設定を欠いて制裁を課すことこそ黙秘権（供述の自由）の侵害というほかないからである。②については、検察官の補充立証を禁ずるという発想もありうる[17]。少なくとも、検察官に対する証拠制限は被告人のそれより厳しいものになるべき必然性がある。一審事実審の主張・立証構造を黙秘権（供述の自由）を基軸とする国家対個人という対抗関係に照らして考えたとき、このような片面解釈は必然のことと解されよう。同様の観点から、被告人側からの弾劾証拠の使用はすべて改正刑訴法316条の32にいう「やむを得ない事由」になると解すべきである[18]。

弁護実践について

主張明示義務の設定によって、公判前整理手続の比較的早期の段階において、裁判官、あるいは、検察官から、弁護人に対し認否をも含めた主張の明示を迫るような事態が生じうるだろう。実際、「争点の明確化はかなりの程度証拠関係とは独立に可能なはずである」という見解もある[19]。しかし、まず証拠開示（改正

17　渕野・前掲注8論文35頁。
18　このほか、主張明示義務が生じたかどうかの弁護人の判断の「ずれ」や「まちがい」も「やむを得ない事由」と解すべきではないだろうか。なお検討を要するが、弁護人の誤解のつけを被告人に負わせることはできないように思われる。
19　尾崎道明「刑事裁判の充実・迅速化──検察官の立場から」現代刑事法6巻12号（2004年）36頁。ほぼ同旨、本田守弘「裁判員制度と検察官から見た訴訟追行の在り方」ジュリスト1268号（2004年）97頁。

刑訴法316条の15）が自明の前提であり、すでに言及したとおり、その開示は、上記情況設定にふさわしいものでなければならない。仮に類型証拠開示が十分になされていない（あるいは、検察官の主張が一義的でない）と判断されたときは、弁護人には、改正刑訴法316条の17の証拠申請を伴う「証明予定事実」を明示する義務は生じない。「公判期日において（主張）することを予定」しうべき情況にないというべきだからである。このとき、多くのケースでは、弁護人は、具体的な「証明予定事実」にまで至らない同条の「事実上の主張」を一定のレベルで行って、争点関連の証拠開示（316条の20）を求めていくこととなろう[20]。弁護人は、この過程を繰り返していき（316条の22）、上記した情況が完全に設定されるよう努めるべきである[21]。それが被告人の権利であることも、既に繰り返し指摘したとおりである。

なお、「弁護人が捜査段階から関与しているとなれば、事件の内容や被疑者の言い分などについても知悉しているはずですので、それと証拠開示とを組み合わせることによって、実質のある争点整理を行ってもらえるだろう」という見解もある[22]。この見解には留保が必要だと思う。というのは、身体拘束下の者の判断の適否という問題もあり、仮にその点をさておいても、弁護人と被告人の間に一定の緊張関係が存在することは決して稀なことでもないからである[23]。ほとんどのケースは、証拠開示が進むことによって、積極的な争点呈示がなされるであろう。しかし、そうでないケースはありうる。単に「争う」、あるいは、「黙秘する」ということで主張明示が終わることも当然ありうるが、それはそれで争点は明確であり、審理計画を立てることができるのである[24]。このとき、検察官は、被告人側に証拠制限をかけたければ、上記した情況設定をするまでの証拠開示を履践し、主張を一義的に明確にするということになるだろう。

主張明示義務をめぐっては、法曹三者各々に、発想の転換が求められているところがあることは確かなように思える。いずれにせよ、弁護人は、黙秘権を基軸と

---

[20] なお、裁判所の裁定（改正刑訴法316条の26）を先に求めるかどうかの選択の問題はある。
[21] このような弁護人の態様を示唆するものとして、「座談会・刑事司法はどう変わるのか」法律時報76巻10号（2004年）11頁の安原浩発言参照。
[22] 「座談会・裁判員制度をめぐって」ジュリスト1268号（2004年）31頁の井上正仁発言。
[23] 同旨の指摘として、美奈川成章「証拠開示・公判前整理手続の実務的課題」季刊刑事弁護40号（2004年）90頁。誤解されがちなので付言しておくが、弁護人と被告人の間の緊張関係の存否・その高低如何と、被告人が有罪か無罪かといった問題は、有意の関連性を持ってはいない。弁護人が被告人に対する誠実義務を尽くすべき存在であることについて、法曹三者が共通の認識をもって然るべき時代が到来しているように思われる。

する防御権を実効化させる弁護活動を展開していかなければならない。弁護の技能・質もまた、高まらざるをえないと思う。

24　後藤・前掲注8論文44頁。なお、公判前整理手続における争点整理は間接事実のレベルの証拠構造の何処に争いがあるかまで詰めることが想定されているとし、そうでなければ、裁判員制度が崩壊するとも説かれているが (酒巻匡「裁判員制度導入の意義と課題」法律のひろば57巻9号〔2004年〕54頁)、実際に、多くのケースでは、証拠構造上の争点をも詰める展開を辿ることになると思われるとはいえ、この見解が、「すべて争う」といった態様を非難する趣旨を含むとすれば、その点は、明らかに筋が違うと思われる。

第5章　刑事訴訟法第316条の17[1]

本条の趣旨

　改正法は、「充実した公判の審理を継続的、計画的かつ迅速に行うため……事件の争点及び証拠を整理するための公判準備」として公判前整理手続を新設した (法316条の2以下)。その一つの柱を構成するのが新たな証拠開示制度であるが、本条は、この証拠開示制度に伴うものとして、被告人側に予定する主張の明示義務と証拠の取調べ請求義務を設定している。公判前整理手続のもう一つの柱ともいうべき全く新たな規定である。

　すなわち、新たな証拠開示制度においては、まず第一段階として、検察官による証明予定事実の提示と検察官取調べ請求証拠の開示が義務づけられ (法316条の13第1項、同条の14)、また第二段階として、検察官による取調べ請求証拠以外の一定類型の証拠開示も、一定の要件のもとに認められるに至ったが (法316条の15・類型証拠開示)、本条は、これらの段階を経た場合、被告人又は弁護人において、「証明予定事実その他の公判期日においてすることを予定している事実上及び法律上の主張があるときは、……これを明らかにしなければならない」と規定している。「充実した公判の審理を継続的、計画的かつ迅速に行うことができるよう」にするため (法316条の3)、検察官だけでなく被告人側も、公判前整理手続において公判で予定している主張を明らかにして、証拠調べ請求を行っておくことが必要とされたものである。充実した集中審理を実現するため争点を明確にし証拠を整理して審理計画を策定するという観点から、本条が設けられたことは間違いがなく、本条の規定により、充実した (かつ迅速な) 公判審理のための審理計画策定が可能になるものと想定されているといえよう。

　裁判員裁判をイメージしたとき、確かに、事前に審理計画を立てるべき必然性自体は存在するであろう。しかし、被告人・弁護人にとっては、公判開始前にその予定する主張を明示し、証拠調べ請求を義務づけられることとなるが、このこと

---

[1] 本稿は『コンメンタール公判前整理手続〔補訂版〕』(現代人文社、2010年) の一部であって、森直也弁護士と共同執筆したものである (本書収録のため必要最低限の修文を行った)。

は被告人の「自己負罪拒否特権＝黙秘権」（憲法38条1項、法311条1項）を侵害しないかどうかが問題となる（自己負罪拒否特権と黙秘権とを同視して表示しているが、これは憲法上の権利と刑事訴訟法のそれを同一とみているからである。その所以については、後述する）。また、検察官が全面的に立証責任を負うという原則、あるいは、無罪推定の原則に抵触しないかどうかという問題も生じうる。

本条の解釈運用如何は今後の刑事訴訟実務の命運を決すると言っても過言ではなく、刑事弁護人にとって、それほどに極めて重要な規定というべきである。

総説

1　問題の所在と視点

(1)　問題の概要

本条は被告人・弁護人（以下、単に「被告人側」ともいう）に主張明示義務を課したが、これに違反した場合（すなわち、「公判期日においてすることを予定している……主張があるとき」これを公判前整理手続で主張しなかった場合）、後の公判での主張を制限するという制度は採用されておらず、主張明示義務は、主張それ自体については、法的制裁を伴わないものとされている。

しかし、これだけで直ちに上述した諸原則への抵触問題が全て解決されているとはいえない。実際、証拠調べ請求については、「やむを得ない事由」によって公判前整理手続において請求することができなかったものを除いて、新たな証拠調べ請求をすることができないとされ（法316条の32）、主張明示義務は、一定の制裁を伴う義務とされている。端的に言えば、「被告人・弁護人の主張明示義務は、被告人の黙秘権を侵害しないか」という問題が存在すると考えられるのである。これと重なりつつ、「検察官の全面的挙証責任の原則、あるいは、無罪推定原則を変更していないのか」という問題も存在している。それゆえ、この証拠制限制度をめぐって、そしてまた、本条の原理的な位置づけに関わって、本条の解釈は上述した各問題との関係で十分考究される必要がある。これらの問題を考察するにあたっては、主張明示を義務づける前提として、どのような情況が担保される必要があるのか、その条件の内容が詰められなければならない。さらに義務づけの範囲と意味についても十分検討しておかなければならない。

(2)　視点

あらかじめ結論を導く視点を述べておけば、本条が黙秘権を制限する可能性をもち、同時に、上述の挙証責任の原則や無罪推定原則に違背する可能件をもつ

条文であることは否定し難い。したがって、本条による主張明示を義務づけるためには、次の3つの視点による前提を措く限定解釈をすることが必要不可欠である。

① 検察官の主張が一義的に明確にされること
② 公判における検察官立証終了までの検察官立証の全体像を示す程度にまで証拠開示がなされること
③ 主張明示義務が果たされて以降の検察官の補充立証は（被告人・弁護人のそれに比して）限定されるべきであること

以上のように解してはじめて、本条は黙秘権を侵害せず、上記諸原則にも違背していないということになると解する。弁護人は、この基本視点に立って、本条にもとづく弁護活動を展開すべきである。以下、上記視点を導いた所以を示すために、黙秘権とは何かをもう一度捉え直すところから検討していくこととする。

2　黙秘権の意義および効果

(1)　意義および効果

黙秘権とは、「国家機関が（それが何であれ）個人に対して供述義務を課する（法律上または事実上）ことに対して、これを拒否する権利」とされている（田宮裕「被告人・被疑者の黙秘権」日本刑法学会編『刑事訴訟法講座（1）』〔有斐閣、1963年〕89頁。この論考で示されている見解を、以下、旧田宮説という）。そして、旧田宮説によると、黙秘権の効果は、次の2点とされる。

① 刑罰その他の制裁（不服従罰や裁判所侮辱）で、供述を強制しないという効果
② 証拠禁止の機能

このように、旧田宮説は、黙秘権の効果に有罪の不利益推認禁止を含ませていない（同82頁以下。「不応答はうしろめたいことがあるからだろうというのは、素朴な合理的経験論である。この合理的な心証の働きを、どうして阻止しなければならないのか」とする。ただし、「（不利益推認の――引用者注）コメントを許すためには、被告人の供述前に、検察官は、自己の立証段階で、まず被告人の供述以外により（自白も除かれる。刑訴301条）、有罪を相当程度（罪体）立証するという慣行ができなければならない（刑訴規199条1項参照）。そうしなければ、検察官の証拠収集の意気を阻喪し、被告人にも不当に酷になる」としている〔同84頁〕）。

旧田宮説は、「供述義務を課する」ことの意味を、供述拒否それ自体に対して直ちに刑罰を科すような直接的な強制のみと捉える見解といってよい。

しかし、もともと黙秘権の重要な効果は、「黙秘を理由に被告人に不利益な心証をとってはならない。検察官は、弁論でこの点を指摘してはならない」ことだと有力に主張されていたのであり（平野龍一『刑事訴訟法』〔有斐閣、1958 年〕255 頁）。田宮も後に改説し、有罪の不利益推認禁止を当然の効果とするに至った（田宮裕『刑事訴訟法』〔有斐閣、1992 年〕337 頁）。そして現在、有罪推認を許さないとするのが圧倒的通説となっている。たとえば、田口守一『刑事訴訟法〔第 3 版〕』（弘文堂、2001 年）112 頁以下は「……黙秘権行使の事実から不利益な事実を推認することは許されない。有罪証拠として挙示することはむろんのこと、証拠評価の資料とすることも許されない」とする。不利益推認というかたちでの間接証拠を禁じることこそが黙秘権の眼目と捉えられるわけである。これは事実認定の場面では自由心証に一定の枠を設けた（いわば、マイナスの法定証拠主義が採用されている）と解すべきものであろう（小坂井久「第 38 条第 1 項」憲法的刑事手続研究会編『憲法的刑事手続』〔日本評論社、1997 年〕446 頁〔本書第Ⅲ部第 1 章 211 頁〕。増田豊『刑事手続における事実認定の推論構造と真実発見』〔勁草書房、2004 年〕380 頁以下も同旨か）。

(2) 効果についての諸見解

このように今日の黙秘権理解において、有罪推認を禁じることは当然とされているのであるが、量刑上の不利益取扱いの是非という点になると、見解は一様ではない。判例はわかれている（高松高判昭 25・5・3 特報 10 号 160 頁は不利益援用を当然とするが、東京高判昭 28・12・14 特報 39 号 221 頁は不利益援用を許されないとする）。学説では、佐伯千仭「量刑理由としての自白と否認」同『刑事訴訟の理論と現実』（有斐閣、1979 年）213 頁以下が、量刑の不利益取扱いは一切許されないとしている。「犯罪事実を認めなければ刑罰を重くするぞというような裁判官、あるいはそれを公然要求するところの検察官の態度は、正しく被告人に対して自己に不利益な供述を強要するものにほかならぬ……」とされるのであり（同 219 頁）、このような不利益取扱いの存在自体に供述を強制する要素のあることが直視されている。これに対し、自白は一般に反省を示す手がかりとされ、その反面として結果的に黙秘が量刑上不利益になることはやむをえないとも説かれており（田宮・前掲『刑事訴訟法』337 頁、白取祐司『刑事訴訟法』〔日本評論社、1999 年〕164 頁、田口・前掲書 113 頁、平野・前掲 229 ～ 230 頁も同旨か）、黙秘を量刑上どうみるかは一筋縄ではいかないところのあることは否定し得ないけれども、理論的には佐伯説が最も筋の通った見解であると思われる（増田・前掲書 396 頁以下参照）。

(3) 証拠制限の位置づけ

　以上みたとおり、黙秘権には、その効果として禁ずべき「不利益取扱い」を、どのレベル・範囲で捉えるかという問題がある。ここで問題となる証拠制限は、罪体の不利益推認や量刑上の不利益取扱いとは、やや位相を異にする不利益取扱いというべきであるが、しかし、不利益取扱いであること自体は否定しがたい。そして、少なくとも当該刑事手続きにおいて、黙秘による不利益取扱いを一切禁じることこそが黙秘権の志向するところというべきであろう。

　そうとすれば、証拠制限という不利益取扱いも当然問題視されざるをえないことになる。実際、今、語らなければ後で証拠請求できなくなるという法的効果が生じるということのなかに、供述への強制の契機が全くないということはできない。

3　裁判例にみる黙秘権の位置づけ

(1) 裁判例

　ところで、上述した黙秘権の意義および効果について、次のように明確に述べている裁判例がある。

>　　刑事手続は、国家権力が個人に強制力を使ってまで事案を解明することを求めており、訴追機関と被訴追者である個人が真っ向から対立することを予定している。しかしながら、訴追機関と被訴追者の力のアンバランスは明白であり、それが種々の冤罪を生んできたことは歴史上明らかである。そこで、法は、力のアンバランスが悲劇を生まないよう双方のバランスを保つため、被訴追者たる個人は権力の行使者である訴追機関に対して自ら弁解を主張する必要はなく、訴追機関側が考えられるあらゆる弁解をその責任において排斥すべきこととしたのである。そして、そのために設けられた制度が黙秘権である。ところで、事実上黙秘することは、特に権利とされるまでもなく、誰にでもできることである。したがって、黙秘することを「黙秘権」という権利まで高めた眼目は、まさに、黙秘したことを一切被訴追者（被告人、被疑者）に不利益に扱ってはならないという点にあるといわなければならない。このことは、民事訴訟において、相手方の主張した事実に対して争うことを明らかにしない場合には、それを自白したとみなされる（民訴法159条）ことと極めて対照的である。この規定は、肯認的争点決定主義に基づくものといわれ、当事者が積極的に争わない限り自白とみなして裁判官の認定を不要とするとともに、当事者に相手方の主張事実について答弁すべき責任を負わせたものであ

る。したがってこの規定は訴訟政策的な理由に基づくものであるが、その規定が合理的であるとされる背景には、当事者が争わない限り真実とみなしていいのだという発想があるものと解される。このようなことを考えると、社会的には、不利な事実に対して黙秘することは、それは真実であって反論できないからであるという感覚の方が相当なのかもしれない。したがって、黙秘したことを被告人に不利益に扱ってはならないという黙秘権の制度が、一般世人にとって、納得のいかない印象を与えるのはむしろ当然なのかもしれない。しかし、刑事裁判においては、被告人が黙秘したことを不利に扱えば、被告人は弁解せざるを得ない立場になり、結果的には弁解するだけなく、弁解を根拠づけることまで求められ、ひいては、国家権力対個人という力のアンバランスが生む悲劇を防ぐべく、実質的な当事者主義を採用し、攻撃力と防御力の実質的対等を図ろうとしている刑事訴訟の基本的理念自体を揺るがすことに結び付きかねないのである。したがって、黙秘権という制度は、むしろ黙秘に関する社会的な感覚を排斥し、それ以外の証拠関係から冷静な理性に従って判断することを要求していると解すべきであり、もし黙秘するのはそれが真実であるからであるという一般的な経験則があるとするなら、むしろそのような経験則に基づく心証形成に一種の制約を設けたもの（自由心証主義の例外）ととらえるべきものである（和歌山地判平14・12・11判夕1122号185〜186頁〔「和歌山カレー事件」判決〕——下線引用者）。

⑵　黙秘権の位置づけ

　この裁判例のいう「不利益」な取扱いが、罪体についての有罪不利益推認を含んでいることは疑いがないが（他に、黙秘権行使の有罪推認を明確に否定する裁判例として、札幌高判平14・3・19・判夕1095号301〜302頁参照。なお、これに反対する趣旨の言及を含むものとして札幌高判昭47・12・19判夕289号285頁参照）、それを超える「不利益」取扱いを何処まで想定しているかは必ずしも明確ではないというべきかもしれない。しかし、「被訴追者たる個人は国家権力の行使者である訴追機関に対して自ら弁解を主張する必要はなく」と言い、「刑事裁判においては、被告人が黙秘したことを不利に扱えば、被告人は弁解せざるを得ない立場になり、結果的には弁解するだけなく、弁解を根拠づけることまで求められ、ひいては、国家権力対個人という力のアンバランスが生む悲劇を防ぐべく、実質的な当事者主義を採用し、攻撃力と防御力の実質的対等を図ろうとしている刑事訴訟の基本的理念自体を揺るがすことに結び付きかねない」として、「一切」の「不利益」取扱いが禁じら

れていると述べていることからすれば、のちの時点で証拠制限するというのも、その射程範囲に入ることは、むしろ明らかなように思われる。そして、「法は、力のアンバランスが悲劇を生まないよう双方のバランスを保つため、被訴追者たる個人は国家権力の行使者である訴追機関に対して自ら弁別を主張する必要はなく、訴追機関側が考えられるあらゆる弁解をその責任において排斥すべきこととした」と述べて、「そのために設けられた制度が黙秘権である」と断言している判示は、黙秘権が、検察官の全面的な挙証責任の原則と密接不可分の関係にあることをも示しているといえよう（なお、自己負罪拒否特権が無罪推定原則と連関していることに言及するものとして、Griffin v. California, 380 U. S.〔1965〕参照）。

4　黙秘権と供述の時期の問題について

(1)　包括的黙秘権と供述の時期

　黙秘権の黙秘の対象について、現行法が、被告人の供述について、法311条1項で「終始沈黙し、又は個々の質問に対し、供述を拒むことができる」として包括的黙秘権を定めていることに異論はない（憲法との異同については後記5参照）。また、包括的黙秘権に時間的限定があるか否かについても、これは当然、限定のない権利であると解すべきである。けだし、法311条2項が「被告人が任意に供述する場合には、裁判長は、何時でも必要とする事項につき被告人の供述を求めることができる」と規定していることに照らしてみても、黙秘権が黙秘対象の包括性のみならず、時期の問題についても、供述の全てを被告人の「任意」としており、その意味においても「包括的黙秘権」と称されていることは明らかといわなければならないからである。すなわち、包括的黙秘権は何時言うか言わないかの自由をも含む権利である（法311条の1項と2項を別個の原理にもとづくものとして、分けて考える見解がありえないわけではないが、技巧的にすぎよう。法311条は、全体として、被告人につき、黙秘権にもとづく供述の自由を定めた規定とみてよい）。

　主張明示について時間的制限を設けるということは、一定の時期には供述義務を課してよいということを意味するのではないか。これは、黙秘権の定義自体を変容させる要素を孕んでいよう。供述の自由を保障するという観点からみても、黙秘の対象の「包括」性は、供述の時期選択の点をも自由とすることによって保たれるというべきであり、時間的制限を設けることができないのはむしろ自明のように思われるのである。

(2)　「前倒し」論とこれに対する批判

　ア　いわゆる「前倒し」論

この点、いずれにしても公判終了までには、主張（供述）するか否かを決断しなければならないとの点を捉えて、主張の前倒しという問題は黙秘権侵害の問題ではないかのように唱える（逆にいえば、黙秘権のなかに時間的任意性という要素を認めない）見解がある（検討会における井上正仁座長見解はそういうものであった。ほかに、川出敏裕「新たな準備手続の創設」現代刑事法4巻11号〔2002年〕49頁、大澤裕「『新たな準備手続』と証拠開示」刑法雑誌43巻3号〔2002年〕69頁など）。

　いわゆる「前倒し」論である。同見解は、「（控訴審における主張制限は――引用者注）原審段階における自己に不利益な供述の強要に当たるとは考えられていない」とか（川出・前掲論文）、「（現在でも、公判審理終了までに主張・反証するかどうかの決断をしているが――引用者注）一定時期までに決断を迫られることに伴う心理的負担はあるにせよ、それが『強要』されたものといえないことには、異論がないであろう……そうだとすれば、主張や反証があれば準備手続において明らかにするよう義務付ける制度を設けたとしても、やはり、そこに『強要』を見出すことはできないように思われる」とか述べ（大澤・前掲論文）、「選択を迫られる時期をいわば前倒しにしたにすぎない」などと説くのである（川出・前掲論文）。

　イ　その批判

　しかし、「前倒し」論は失当といわなければならない。前記裁判例も示すとおり、包括的黙秘権は、当該公判における検察官の立証活動の展開全体をも想定したダイナミズムを前提とし、これに対応すべく想定された権利ともいうべきである。旧田宮説でさえも、検察官の立証先行の慣行の確立を説いていたところからも十分窺われるとおり、黙秘権は、本来、極めて実践的な見地から認められた権利ともいうべきで、主張（供述）の「前倒し」が安易に肯定されうるような権利ではない。裁判が終わるまでには、主張（供述）するか否かを決めなければならないのは、裁判というものの性質上、当たり前の話であるが、それは換言すれば、裁判が終わるまでは、何時、主張（供述）してもよいということ以外ではない。そして、ここでいう裁判が事柄の性質上、事実審を指すことも、また自明のことというべきである。

　なるほど、現行法は、一審公判終了までに主張しなかったことを控訴審で主張・立証するのには一定の制限があるという法制をとっている。しかし、控訴審の例は（その事後審たる性格づけの是非はともあれ）、もともと一審中心主義を打ち出している現行法の下で、持ち出して論じるべき場合とも思われない。そもそも、あるかないか不明の控訴審のことまで視野において、黙秘権との関係を論じることの相当性自体、疑問である。

　逆に言えば、仮に被告人にとって2度の完全な事実審が必要との覆審説が憲

法上の要請であるとの見解をとりうるなら、そのような主張制限・証拠制限は黙秘権侵害であり、許容され難いという議論が生じるであろう。しかし、現行法自体は、事後審として控訴審を構想していることが明らかであって、要するに、原判決の当否をチェックするものとして控訴審は位置づけられている（実際、一審判決で有罪となれば、一定の限度で、無罪推定原則も働かなくなるとされている）。被告人の出頭が不要なのも、それゆえである。控訴審には、事実審の側面があるとはいえ、あえて言えば、それは、むしろオプションとしてしか構想されていないといって過言ではない。

もとより、そのような構想の是非自体は、また全く別の問題である。いずれにせよ、それは、控訴審の構造の問題であり、控訴審とのアナロジーをもってそこから、司法判断がなされるまでの一審事実審の過程（もしくは、その前段階）で主張（供述）の前倒しの義務化を容認するような根拠を導くことはできない。

また、公判審理過程での心理的な負担と公判が始まる前の制裁を伴う法的義務づけを同視しうる道理などもない。そのようなことを言い出せば、捜査段階でも同じ論理が妥当することにさえなりかねない。

以上論じたとおりであるから、これを「前倒しにしたにすぎない」などということはできない。「前倒し」という論理のみで、主張明示義務に黙秘権制限の問題が生じないとする立論は誤りというべきである。

(3) 黙秘権の変容をめぐって

ア 酒巻匡見解

検討会における酒巻匡見解は、次のとおり述べ、法311条との抵触関係に言及していた（第20回検討会議事録参照。なお、下記に登場するA案・B案とは、推進本部事務局の「たたき台」であり、A案は被告人・弁護人に対し予定する主張——この「たたき台」段階では、検察官主張事実を「否認する主張」も含まれていた——を明示する義務と主張制限の規定を設けるというものであり、B案は弁護人のみに「できる限り」主張の予定を明示する義務だけを定め主張制限は設けないというものであった）。

> ……私はA案にするか、B案にするか、まだ少し悩んでいますけれども、少なくともA案に被告人が入っているからといって、憲法に違反する制度ではないと考えています。自己負罪拒否特権というのは、不利益な供述を強要することを禁止しているものですから、細かいことは言いませんけど、この制度は「不利益な供述」の「強要」には全く当たらないので、憲法違反の問題はない。そうするとA案とB案のどちらをとるかは立法政策の問題であるというこ

とになる。……現在、確かに被告人はずっと黙っていてもいいんだという権利があります。これは「黙秘権」といわれ、<u>被告人は終始沈黙する自由ないし権利を持っていますから、形の上では、A案を採ると、被告人に準備手続の段階で、ある供述ないし主張を義務付けることになるわけですから、その点で、現行の刑訴法311条の黙秘権に、形の上では引っかかると思います。</u>しかし、その法律の趣旨は、憲法の自己負罪拒否特権、要するに、言いたくないことを無理やり言わされるということがあってはならないという権利を保障する観点から作られている制度だとすれば、言いたいことがあればこれを早めに言ってくださいという制度は、憲法の趣旨に反しないし、また、<u>黙秘権自体は憲法上の要求ではありませんから、A案を採ることは立法政策としては否定されてはいないと思います。</u>……B案のままですと、後から被告人は自由自在に準備手続とは違う主張をしてもいいというような格好になってしまうわけです。しかし、そもそも、争点整理のための準備手続を設け、手続の迅速・効率的な進行を図るという観点から言えば、そのような主張の後出しが出てくる可能性が残っているということになりますと、特に裁判員事件の場合、かなり問題があるであろう。そうだとすれば、やはり被告人にも争点の明示義務を負わすという立法政策の方が望ましいでしょうし、そして、これは弁護人、被告人両方にとってですけれども、これまで見てきたように、相当詳細に検察側の攻撃証拠に関する開示は行われているわけですから、それに対して、被告人も含めて、どこをどう争うという形で主張を明示させるということは、立法政策として妥当なあり方なのではないかと思います（下線引用者）。

イ　立法政策について

　酒巻見解によっても、主張明示義務は包括的黙秘権に抵触するとされているといえる。本条によって、法311条に変容を来たしている部分があるというわけである。さらに、法311条と同時に、主張明示義務の設定によって、法291条2項が変容しないのかどうかをも考察しなければなるまい。実際、法291条2項の「被告事件について(の)陳述」は「機会」の提供であり、本条は予定主張の明示を「義務」化しているのであって、法291条2項のままでは、充実した集中審理は達成できないとされたゆえに、公判前整理手続が設けられたともいえるとすれば、その変容は自明の前提とされているかのようでもある。

　しかし、主張が後出しにされる可能性を極力減少させたいとの発想自体は理解可能だとしても、上記の如き変容をなし崩しに容認しうるわけではない。安易な立

法政策論は、被告人の黙秘権を軸として構成される防御権を著しく後退させる危険性を孕んでいる。もとより法311条も法291条2項も厳然と存置されていて撤廃されたというわけではないのである。立法政策としても、主張明示義務の創設によって、包括的黙秘権の価値の実質が変容しない解釈こそが求められているといわなければならない。

すなわち、法311条及び291条2項の存在を見据えたうえで、その趣旨を堅持することである。そのような立法政策の中身自体、検討会や国会審議で十分検討されたとまではいえない（上記酒巻発言の他、たとえば、検討会第26回で、井上座長は「刑訴法311条の規定を直さなければならないのか、準備手続における主張明示義務を定めれば、刑訴法311条もそれとの関係で部分的に修正されたというふうに考えるのか、可能性としては両方あり得るのではないでしょうか。それは、技術的な問題だと思うのですけれども」と述べているが、この点、それ以上の議論がなされているわけではない）。むしろ法施行段階において、徹底的に議論し、上述した解釈を導かなければならないと思われるのである。

そして、さらなる問題は、果たして、これが立法政策の問題にとどまるかどうかである。

5　憲法・刑事訴訟法の趣旨

(1)　包括的黙秘権と憲法

ここでの問題は、憲法上の自己負罪拒否特権と法311条の包括的黙秘権との関係である。すなわち、憲法38条1項が「何人も、自己に不利益な供述を強要されない」と規定し、「不利益な供述」の強要を拒む権利とされていることの意味が問題となる。要するに、憲法上の権利と刑訴法上の権利の異同如何であり、これについては、よく知られているように、刑訴法によって憲法上の権利が拡充されたという説と憲法と刑訴法は同一の権利を定めているとする説との対立がある。前者、すなわち包括的黙秘権を憲法上の権利でないという見解が通説ともいわれ、上記の井上座長見解も酒巻見解もそれを前提としている（川出・前掲論文なども、そうである）。

しかし、包括的黙秘権こそ憲法上の権利であるとみるべきである（田宮・前掲『刑事訴訟法』331頁、白取・前掲書162頁、畑博行「黙秘権」阿部照哉編『判例と学説（1）憲法』〔日本評論社、1976年〕212頁など）。なぜなら、①「不利益な供述」如何の判断権が全面的に被疑者・被告人にあるとしなければ、その自己負罪拒否の権利は全うされないことは明らかであり（芦部信喜編『憲法（3）』〔有斐閣、1981年〕210頁〔杉原泰

雄〕）、これは、その判断が不能の場合をも含むから、必然的に包括的黙秘権が要請され、②もともと「不利益な供述」の言葉も、英文憲法からみると、訴追機関に「対立する（立場における）供述」という意味であることは明白であって、供述内容の有利・不利という問題ではなく（小坂井・前掲論文412頁以下）、③実質的にみても、多くの場合有利・不利は不可分一体であり、しかも、実際のところ、「利益」供述を義務づけることは、この義務に応じない沈黙につき、直ちに一定の意味づけを招く関係にあることは明らかというべきであって、結局、包括的黙秘権以外の「黙秘権」のありようは想定されえないというべきだからである（この点につき、増田・前掲書411頁以下参照）。

(2) 旧法との対比

ところで、大正刑事訴訟法下では、被告人に供述義務（真実義務）があるか否かに争いがあったが、おおむね次のように解されていた。「訊問權ある機關の訊問を受けたる場合に於て被告人は一應陳述を爲すの義務あるものと考へなければならぬ。……（中略）……しかしながら其の義務は被告事件に對する被告人の主張を陳述するの義務たるに止まる。被告人は其の犯罪事實に付き眞實を供述するの義務を負ふものではない。此の點證人と其の性質を異にする。證人は眞實を供述する義務を負ひ、虛僞の供述を爲すときは刑法上僞證の制裁がある。しかし、此は被告人に對しては全く其の適用がないのである。唯被告人にして自己の犯罪事實に付き任意に供述を爲すときは其は證據と爲り得る。しかも被告人が供述を爲す場合に於て僞證の制裁に於て眞實を述ぶる義務はないが、同時に虛僞の供述を爲す權利を有するものではない」（小野清一郎『刑事訴訟法講〔全〕〔全訂第3版〕』〔有斐閣、1922年〕318頁。同旨、竹田直平『刑事訴訟法』〔三笠書房、1939年〕132頁）。大正刑事訴訟法下で、「被告人の主張を陳述する」義務の存在は疑われていなかったわけであるが、現憲法が、大正刑事訴訟法そのままにこのような被告人の供述義務を存置させたとは考えがたい。要するに、憲法上の「不利益な供述」を、この大正刑事訴訟法時代のそれと同様の意味に解することなどできない。

(3) 防御権の核としての黙秘権

憲法は、個人の尊厳を基本として、詳細な刑事人権規定を定めた。このような憲法が、国家から告発されている者について、その供述の自由の完全な確保をこそ定めていると解すべきことは、むしろ当然というべきである。そうであるからこそ、憲法は、黙秘権（憲法38条1項）と自白法則（同2項）を連動させ、さらに、憲法38条3項によって自白の補強法則を明らかにして、国家の側に、告発している相手方の口から証拠を採取し利用することに極力抑制的であるべきとのスタンスを

要求しているというべきである（これは法301条によっても具現されている。前掲・旧田宮説における法301条の言及をも参照）。この点、和歌山地裁・前掲平14・12・11判決が言及しているとおりである。

そして、このことと不可分一体のこととして、被告人は、まさに自ら述べたいときに述べる（あるいは、述べない）自由（時期の点をも含む包括的黙秘権）を憲法上保障されているというべきであろう。その意味で、黙秘権は、主張の自由をも包含する権利であり、その余の防御権、たとえば、被告人の証人審問請求権（憲法37条2項）などとも不離の関係にある（石田倫識「被告人の主張明示義務に関する批判的考察──被告人の黙秘権に関する一試論」九大法学91号〔2005年〕1頁参照）。要するに、被告人の様々な防御権は黙秘権をコアとして構成されているといっても過言ではない。無罪推定の原則も検察官の全面的な挙証責任の原則も、かような憲法上の黙秘権と明らかにリンクしているとみられる。

6　主張明示義務と供述義務

以上を踏まえると、本条（法316条の17）の「主張明示義務」が憲法の定める黙秘権の意義に照らして禁止されている、「供述義務」を課すことになるのではないかということを、まず問わざるをえないであろう。この点、「（予定）主張の明示」と「供述」はちがうのだという見解が考えうるが、そのような見解の論拠は、次の3つ位しか考えられないのではないだろうか。

　① 「主張明示」は証拠ではなくて単なる弁論であり、「供述」は証拠そのもので、両者は別のものである。
　② 前者は基本的に弁護人の行為で、後者は被告人の行為であるから、異なる。
　③ 前者は主張明示の「予定」を示すにすぎないから、「供述」そのものとは異なる。

しかし、いずれの論理も成立し難いと思われる。①についていえば、なるほど、刑事訴訟法は「陳述」と「供述」という用語を使い分けており（第3章第1節「公判準備及び公判手続」の法291条2項、法292条の2、法293条、法295条などに「陳述」の用語が使われ、法311条、そして、第3章第2節「証拠」では「供述」の語が用いられている）、前者を「主張」、後者は主に事実を述べる場合であるから「証拠」とし、概念的に二分して捉えること自体は不可能ではない。しかし、「主張」もまた、手続調書に

記載されるなどして、「証拠」となりうることは否定し難いのではないか（法322条2項参照）。これは②についても同様で、弁護人の主張だから「証拠」にならないというとしても（その限度では、そのとおりだとしても）、本人が出頭して自ら「主張明示」したらどうなるのかという問題は原理的には必ず残る。

「主張明示」は如何なる意味でも「供述」の要素を含まないとし、公判前整理手続調書（の被告人の主張明示部分）は証拠にできないという割り切りも1つの考えではある。しかし、述べる内容が概括的・抽象的であればあるほど、事実を述べる「供述」としての要素は薄いとはいえるとしても、これは、あくまでも濃淡にすぎず、それを「供述」たりえないと断じることは、困難ではないか。まして、手続調書そのものを実質証拠とするかどうかにかかわらず、「公判前整理手続で、このように主張明示していましたね」という弾劾手段としての使用も許さないとする論拠は一層見出し難いことになろう。そもそも、「供述」義務を禁じる趣旨が、その「供述」が「証拠」とならなければよいということなのか、「証拠」となるか否かによって、その是非を決するということなのか、そういう問題設定自体が疑問というべきである。また、③のように「予定」といってみたところで、「供述」の要素を含むものが直ちに「供述」でなくなるわけのものではあるまい。

以上、検討したとおり、上述の如き論拠をもって、主張明示義務が黙秘権侵害（すなわち、違憲）でないと直ちにいうことはできない。

7　主張明示義務と不利益取扱いの限界

結局、主張明示義務が憲法の定める黙秘権の侵害であることを否定するためには、証拠制限それ自体は黙秘権の効果として禁じられるところの「不利益取扱い」ではないという枠組を設定する以外ないであろう。なるほど、既に言及したように、証拠制限という問題は、有罪不利益推認などとは位相を異にする取扱いだということはできる。しかし、法律上の義務を課したうえで証拠制限の制裁があるということは、強制の契機を有することを否定しえないのであり、したがって、少なくとも証拠制限は全て許容されるという立論はとうていとりえない。そこで、どのような場合に、証拠制限が許容されるのかを検討しなければならない。

この点、イギリス1994年法における黙秘権「制限」、すなわち、不利益事実推認のコメントの許容に関する議論が参考になろう（the Criminal Justice and Public Order Act 1994〔刑事司法及び公共の秩序法〕における黙秘権制限――不利益推認コメントの許容――については、井上正仁「イギリスの黙秘権制限法案（1・2完）」ジュリスト1053号〔1994年〕39頁以下・同1054号〔1994年〕88頁以下、鯰越溢弘「黙秘権と刑事弁護」季

刊刑事弁護 2 号〔1995 年〕162 頁以下、東京三弁護士会合同代用監獄調査委員会「イギリス刑事司法・監獄調査報告書」〔1995 年 11 月〕20 頁以下、青山綾子「イギリスにおける〈黙秘権の廃止〉立法について」警察学論集 48 巻 12 号〔1995 年〕111 頁以下参照)。その立法化の過程では不利益推認の法制化に反対する人々が、妥協的に「主張明示義務」の設定を主張していたことも、紹介されている (井上・前掲論文参照)。

しかし、まず、イギリスでは黙秘権が憲法上の存在ではないとの意見があることに留意しなければならない。そうであるからこそ、このような立法が可能になったといえる。我が憲法上、イギリスと同様の法制を許容する余地はない。

そして、イギリスの不利益推認のコメント自体、極めて限定されているということに着目しなければならない (渡辺修=山田直子監修『取調べ可視化――密室への挑戦――イギリスの取調べ録音・録画に学ぶ』〔成文堂、2004 年〕44 頁、58 頁)。それは誰が考えても弁解してしかるべきといわざるをえない状況のみにおいて作動するのである。また、イギリスでは、事前の十分な証拠開示を前提にしているということにも留意すべきである (同 101 頁)。これに加え、イギリスの不利益推認コメントの許容自体、改正刑訴法が定めているような証拠制限を自明視しているわけでもない。

以上のことからすると、広範な証拠制限は、イギリスで存在する不利益推認以上の不利益取扱いになりかねない危険がある。ここからも、それが証拠制限である (それ自体は不利益推認ではない) という理由だけで、黙秘権侵害でないとの結論を安易に導くわけにはいかないことが帰結されるのである。逆に言えば、広範な証拠制限は、憲法上の黙秘権侵害になる蓋然性が高いというべきである。

以上、論じたところからすると、少なくとも、その制限がかかる場面は、上述したイギリスの不利益推認コメントの許容と同程度にまで、限定された場合に絞られる必要があるといわなければならない。

8　合憲限定解釈の視点

(1) 前提

以上の観点から、本条を合憲限定解釈し、かつ、現行法上の包括的黙秘権を変容させないように解釈するための視点を素描すれば、次のとおりとなろう。

まず、自明のことを 2 点、確認する。1 つは、検察官の主張する証明予定事実に対する個別的な「認否それ自体」が義務づけられているのではないということである。認否を義務づけていると解してしまうと、直接に黙秘権侵害になるといってよい (この点、検討会においても前記「たたき台」A 案にあった「検察官主張事実の全部又は一部を否認する主張」という部分が「座長ペーパー」段階で削除され、座長説明によれば、「そ

のような主張は『事件に関する主張』に含まれるといえますし、検討会においてもご指摘のあったところですが『検察官主張事実の全部又は一部を否認する主張』と書いてありますと、被告人に対し、検察官主張事実について個別に細かく認否を求め、被告人は、否認することを明らかにした部分以外は、積極的に認めるということを明らかにしなければならないという趣旨であるかのように受け取られるおそれもないではないと思われることから、その語句を削除したものです」とされていたことも確認しておいてよい）。

　今１つは、被告人質問は何を言っても問題ないということである。その供述が制限されることはないのである。仮にもし、被告人質問における供述をも証拠制限の対象とするなら（つまり、その供述を押し止めようとするなら）、これは直ちに被告人の供述の自由を侵害するものとして違憲になろう。

　もっとも、前者については、訴因等に対して「争う」か否か応答すること自体、実質「認否それ自体」ではないかという問題が生じる。この点については後に詳述するが、結論のみ予め述べておけば、訴因に限っていうならば、「争う」か否かを明示すべき義務があると解する立場が有力であろう。ただし、本書の立場にあっては、下記の①②③の３条件を充たすことが、その自明というべき前提となるのである。すなわち、主張明示義務を生ぜしめるための情況・条件が設定されなければならない。

(2)　情況・条件設定

　現行法の包括的黙秘権・無罪推定の原則・検察官の全面的挙証責任の原則を実質的に変容させない情況は、先に述べたように、次の３条件によって設定されると考えられる。

①　検察官の主張は一義的に明確にされなければならない。
②　それに伴い、証拠開示は、検察官の公判における立証終了までの立証可能な全体像を示す程度にまで明らかにされなければならない。
③　検察官の補充立証は極力限定されなければならない。

　①は、検察官主張に対応する防御という観点からは当然の要請である。検察官主張が不明確なままに、これに対応する防御上の主張を述べるべきとすることの不当性は、あらためていうまでもないであろう。①の条件が充たされなければ、予定主張明示「義務」は生じないのであり、これは「証明予定事実」明示との関係でいえば、その明示がなく後に公判で証拠調べ請求を行う事態になった場合でも、証拠制限のかかる場面が限定されるべきことを意味する。すなわち、証拠制

限問題との関係では、「やむを得ない事由」があると解されなければならない（法316条の32参照）。

②は、主に、検察官立証が合理的疑いを容れない程度までになされなければ、被告人は何もいう必要がないという原則との関係から導かれるものである。また、現行法上、検察官がまず事件の審理に必要と認めるすべての証拠の取調べ請求をし、その中の必要なものの取調べを先行させるということ（規則193条、199条参照）と価値的に等価の状況が設定されなければならないとの要請に拠るものである。この②が充たされず、類型証拠開示が中途半端なレベルでしかなされていないときは、予定主張明示「義務」は生じない。これも法316条の32における「やむを得ない事由」に該当すると解すべきである。

そして、③は②の、いわばコロラリーともいうべきものである。たとえば、この点、検察官の補充立証を禁ずるという発想がありうる（渕野貴生「裁判員制度と刑事手続改革」法律時報76巻10号〔2004年〕35頁）。もとより、このような見解に立てば、補充捜査も禁ずるということになろう。仮にそこまで言い切れないとしても、少なくとも、検察官に対する証拠制限は被告人に対するそれより厳格なものにされなければならないであろう。

(3) 証拠制限の片面性などについて

このように、証拠制限は片面的なものになってしかるべきであるとすれば、被告人側からの弾劾証拠の使用は全て「やむを得ない事由」になると解して差し支えないであろう。民訴規則102条は実際上の必要性に配慮して弾劾証拠を事前に提出すべき証拠から除外したのであるが（最高裁判所事務総局民事局『条解刑事訴訟規則』〔司法協会、1997年〕229頁参照）、民事訴訟にあっては、当事者双方において各々分配された立証責任を負担し、その立証活動を相手方において弾劾する必要性が双方に生じるけれども、刑事訴訟では、検察官に全面的挙証責任があり、その弾劾の必要性は基本的に被告人側に存在する。そして、黙秘権を有する被告人は、かような弾劾手段まで事前に示すべき義務を負ういわれはないことが明らかであるから、このような片面解釈は十分合理性があるというべきである。

さらなる問題は、主張明示義務が生じたかどうかの判断の問題である。弁護人が判断するほかないと思われるが、弁護人の判断の「ずれ」や「まちがい」をどう考えるか。全て「やむを得ない事由」に該当すると解すべきではないだろうか。イギリスでも被疑者・被告人に対し弁護人が黙秘すべき旨のアドバイスをし、これに依拠して黙秘した場合、基本的には、これについて不利益推認許容のコメントはなしえないとされている。弁護人の誤解のつけを被告人に負わせることはできな

いので、この理も相当なものというべきである。
　(4)　合憲性について
　以上の如き視点に立った情況設定がなされれば、そのいうところの前倒しを許容するに足る保護措置が施されたといえなくはない。上記①②③3条件を充したうえで、後述するような一定の限度で、予定主張の明示義務を課すことができるにとどまるとすれば、本条は、違憲という非難を免れうると考える。

各説

1　第1項

(1)　「被告人又は弁護人は、第316条の13第1項の書面の送付を受け、かつ、第316条の14及び第316条の15第1項の規定による開示をすべき証拠の開示を受けた場合において、……公判期日においてすることを予定している……主張があるときは」

　ア　「……書面の送付を受け、……開示をすべき証拠の開示を受けた場合」
　本条は、まず、検察官によって証明予定事実が示され、その請求証拠のみならず、法316条の15の類型証拠開示が全うされるべきことを前提にしている。このことは、本条の文言上明らかである。逆にいえば、「開示をすべき証拠の開示」を受けていないときは、主張明示義務は生じる余地がない。同時に、既に述べたとおり、検察官の証明予定事実も一義的に明確にされている必要があると解すべきである。
　本条が黙秘権侵害にならない理由を、被告人側自らの判断によって、公判で明らかにしようとする主張を時期を「前倒し」して、予め公判前整理手続で明らかにするよう求める趣旨であることに求める見解があることは、既に述べたとおりである。しかし、既述したところから明らかなように、前倒しということだけで問題が解消されるわけではなく、主張時期の選択の自由を含む「黙秘権の包括性」に代替するだけの情況が設定されなければならない。すなわち、被告人による防衛方針設定の前提としての条件が全て充たされていなければ、被告人にいかなる主張をするのかの判断を迫ることはできないと解すべきである。
　それゆえ、次のことは、重ねて確認されなければならない。
　本条が被告人側に、公判前整理手続段階において、主張の明示と証拠調べ請求を義務づけたのは、改正法が整備した検察官手持ち証拠の開示を含む新たな証拠開示制度を前提とするものである。すなわち、現在の実務では、被告人側の

証拠調べ請求は、公判において検察官立証が終わった後になされるものとされているが（規則193条2項参照）、これは、被告人側の防御方針は、最終的には検察官立証をふまえてはじめて確定できる場合が多く、かつ、黙秘権・検察官の立証責任の原則・無罪推定原則の関係からも、それが相当と考えられているからだと解される。そうだとすると、こうした現行手続を変更して、公判前整理手続の段階で被告人側に主張明示と証拠調べ請求を求めるためには、上述の地位・立場と同等の条件（価値的に等価の情況）が設定されていなければならないのである。

　上述したとおり、黙秘権は防御権の核として、このような情況設定を求めることができる被告人の権利と解すべきである。主張明示義務を生ぜしめるためには、上記した①②③の3条件が充たされるべきで、本来、類型証拠開示の段階までに、ここまでの要件が充たされていることを法は想定しているというべきである。弁護実践においても、この点は重要であって、類型証拠開示が不十分であるのに、直ちに予定主張の明示に及ぶというような対応は原則として採るべきではない。

　イ　「公判期日においてすることを予定している……主張があるときは」
　㋐　「予定している」の客観的な前提条件など
　上述したとおりであって、主張明示義務の前提となる「予定」について、まず「予定」しうべき情況を客観的に絞り込んで限定解釈すべきことは、本条の合憲性を担保するために必要不可欠の前提といわなければならない。上記①②③が充たされないときは、被告人側において公判期日での主張自体を規範的に「予定」しえないものというべきで、このような場合は、公判前整理手続において主張を明示しなくても、同義務違反にはならないと解すべきである。

　それゆえ、同時に、「証明予定事実」に関する証拠調べ請求も制限されないと解される。条文解釈上、上記義務を課すべき前提条件が充たされていない場合は、全て法316条の32の「やむを得ない事由」にあたると解さなければならない。もっとも、この点、②の証拠開示については裁判所の裁定（さらには上級審への不服申立に対しての結論）にまで至れば、それを離れて独自に「やむを得ない事由」を観念しがたいとの考えもありえよう。しかし、証拠開示の裁定それ自体は、本条の予定主張明示の問題と完全に連動している制度というわけではないし、いずれにしても、公判が進行していく過程で、①②③の条件成就如何を総合的に見定めるべきなのであるから、やはり「やむを得ない事由」の存否は、証拠開示についての裁判所の裁定の問題とは別個に考慮しうるというべきである。

　㋑　「公判期日においてすることを予定している……主張」

次いで「公判期日」における「予定主張」の対象であるが、「公判期日においてすることを予定している」との文言からは、法291条2項の陳述、法316条の30の主張の外、証拠調べ手続に入って以降の最終弁論（法293条）などの意見陳述が全て、その「主張」として含まれると解する余地がある。また、主体が「被告人又は弁護人」となっており、被告人質問における被告人の供述をここでの「主張」に含ませる解釈を生じる余地もないではない。

しかし、公判前整理手続は、争点整理と審理計画策定のための手続であって、決して公判そのもの——その中心は証拠調べ手続である——を「前倒し」にする手続でないことはいうまでもない。

それゆえ、事柄の性質上、ここでいう「主張」は、原理的に法291条2項の陳述と法316条の30の主張のみを指しているとみてよい。けだし、証拠調べを経た後の「主張」は、あくまでも証拠調べの結果にもとづいて構成されるものであるから、それを経ていない段階では、本来的に「予定」し難いものだからである。予定し難いものをもあらかじめ義務づけるとすれば、黙秘権（主張・供述の自由）を侵害する要素を孕んでくるというべきであろう。また、被告人質問は狭義の証拠調べではないとしても、そこにおける被告人の供述は、証拠としての側面をもつことはいうまでもなく、公判前整理手続は、如何なる意味でも証拠調べの先取りをする手続ではないから、被告人質問を、ここでの「主張」の対象として考えるべきではない。「主張」と「証拠」の濃淡の問題は、さきに言及したとおりであるが（前記「総説」6参照）、ここでの主張は、いわば「淡い」レベルのもののみが想定されているというべきで、そうでないものをも主張明示の対象として含ませるべきだというとすれば、そこに黙秘権（供述の自由）侵害になる可能性が生ずるというべきであろう。

(ウ) 「主張があるときは」の意義（主観的条件など）

上述した時系列の問題を主観的な「予定」の蓋然性の問題として、換言すれば、「公判においてする……」の意味を、公判で述べる「かもしれない」というレベルの主張についてまで全て明示すべきだ、という趣旨と捉えることはできないということである。そのようなレベルで義務を課すと捉えてしまうと、広範な主張明示義務を課すことにもなって、主張の自由が制約されることになりかねない。そして、そういう（するかもしれないし、しないかもしれないというレベルの）「証明予定事実」についてまで証拠制限という「強制」を伴わしめるような解釈・運用がなされるとすれば、本条は、主張（供述）それ自体を強いるということになってしまい、黙秘権侵害として、まさしく違憲の規定ということにならざるを得ない。一般に、「予定」の蓋然性の高まりは、①②③の条件が整えられることと相関性を有すると考えうるが、

そのうえで「予定」するか否かは、まさに決断の問題ということにもなろう。かくて、「予定」ということの主観的意味をどう解するかも重要となる。

すなわち、公判前整理手続の最終段階を前提に考えたとき、この「予定」は「するかもしれないし、しないかもしれない」というレベルの話ではなく、「確定」したものと解されるところ、「確定」とは、上述した①②③の客観的な条件が充たされていると合理的に判断されたうえで、かつ、「主観的に決定」されている場合を意味することになろう。したがって、たとえ①②③の客観条件を充たしていても、主観的にこの域に達していなければ、理論の筋としては、義務となるわけではない。法291条2項の陳述で述べないと決め、法316条の30も主張しないと決める限り、そう決めた部分については、本条による主張明示もありえないことになろう。

ただし、「証明予定事実」について、公判段階になって初めて主張し証拠調べ請求をしたとき、それが「やむを得ない事由」にあたるか否かは、上記客観的要因と主観的要因の相関から導かれる判断となろう。その意味では弁護人の全くの自由裁量というわけではないことは明らかである（ただし、弁護人の判断の誤りは、既述のとおり、結局、「やむを得ない事由」にあたると解さざるをえないと思われる）。

なお、公判前整理手続のプロセスのなかで、「かもしれない」というレベルで「予定手張」を明示することはありうる。法316条の20との関係を想定すれば、このことは明らかであろう（法316条の22参照）。これは、義務としてではなく、任意になされるものである（後記⑵ア参照）。

⑵ 「予定している……主張があるときは、……これを明らかにしなければならない」

ア 義務のみか否か

条文の文言が「……明らかにしなければならない」となっているので、本条が被告人又は弁護人に、義務のみを定めたものか否かが問題となりうる。この点、本条で明らかにする主張明示を全て義務としてのそれとみる一元説と、それ以外に任意の主張明示というものも考えられるとする二元説の2つの考え方がありうる。

一元説の考えは、文言上、そう解するのが素直だとする。この考え方によれば、法316条の20にいう「第316条の17第1項の主張」も、その義務で画された主張に一元化されることになる。

他方、文言が義務を定めるものであるからといって、義務のみに一元化させねばならない必然性はないとするのが二元説である。法291条2項を実質的に変容させない解釈という観点からも、公判廷での主張自体が権利として認められて

いる以上、「予定主張」の明示にも権利としての側面があると解すべきであると説くのである。それが権利でもあることは自明であるがゆえに、義務とする部分があることを明らかにする意味で、本条の文言自体は、設定されたものと解しうるとする。上記①②③の条件が充たされていなくとも主張する場面があることをも考えると、この意味では、(義務が生じていなくとも)任意に主張する領域があるとする二元説が妥当なように思われる。

イ 客観的規準と主観的規準について

さらに「明らかにしなければならない」範囲について、これを客観的規準をもって定められるとの考え方と、「予定」しているという主観的規準によって決せられるとの考え方がありうる(当然、両規準を併用するという考え方もあることになる)。

客観的規準一元説(前記ア参照)は、審理計画の策定の必要性が一義的に定まるとの理解を前提にしていることになろう。他方、客観的規準二元説(同様に前記ア参照)は、争点整理・審理計画の策定に資する予定主張の明示については、義務として最低限要請されるレベルと権利として最大限主張しうるレベルの広狭二元がありうるとする(義務として、どのレベルが要請されるかについては、後記(4)参照)。

この点、争点整理・審理計画の策定に資する限り、被告人側は予定主張の明示を制限されることはないはずである。このように考えると、客観的規準に拠る限り、予定している主張について、その明示を全て義務づけられるということを意味しないと解することになろう。けだし、主張明示される全てを客観的規準としての義務の範囲とみることが相当とは到底考えられない反面、義務の範囲を超えるという理由で「明示できない」ということにはならないと考えられるからである。かような二元説からは、法316条の20にいう「法316条の17第1項の主張」については、権利として主張するものを含む広義に解して何ら問題はないということになる。

しかし他方、主観的規準に一元化することが可能ではないかとも言われている。すなわち、主張を「予定」すると「決める」ことによって、それが義務に転化すると考えれば、予定主張明示の制限などという問題はおこりえないとするのである。さらに主観的規準を基本としつつも、客観的規準を設けるべきだとの考え方もある(この点、後記(4)で、さらに詳述する)。

(3) 「証明予定事実その他の……事実上及び法律上の主張」

ア 「証明予定事実」

被告人側が明示する「証明予定事実」とは、第2項の証拠調べ請求の前提となる事実の主張である。それ自体は、様々なものが考えられる。たとえば、①違法

阻却事由を基礎づける事実、②責任阻却事由を基礎づける事実、③検察官主張事実に対する積極否認の事実、④いわゆる補助事実で一定の証拠について証拠能力を欠くことを基礎づける事実、⑤量刑上の重要な事実、これらは被告人側が証拠によって証明しようとする限り「証明予定事実」である（なお、④については、316条の16の証拠意見に含まれるという議論もある）。

また、どの程度、具体的に述べるか否かも、様々であろうし、そのレベルをあらかじめ決めることができるというものではない。実際、証拠請求を伴うものは、どのような些細な事実であっても（つまり、二次的な間接事実・補助事実であっても）、「証明予定事実」たりうることは否定されようがない。これ自体、審理計画の策定上の必要性は同様と解されるからである。

イ 「その他の……事実上……の主張」

(ｱ) 「事実上の主張」

本項で、「証明予定事実」は、「その他の公判期日においてすることを予定している事実上……の主張」の例示とされている。「証明予定事実」以外の「事実上の主張」としては、どのようなものが考えうるであろうか。

客観的規準を前提に考えたとき、訴因（主要事実）についての主張のみに限るとの考え方や重要な間接事実についての主張をも含むといった考え方があるが（後記(4)参照）、さしあたり、次のことはいえるであろう。

すなわち、上述したとおり、類型証拠開示が十分でないとき、あるいは、検察官の証明予定事実が一義性を欠いていて、被告人側の「証明予定事実」について、主張明示義務を生ぜしめえない場合がある。このような場合、弁護人は、「証明予定事実」としての具体的事実の主張にまでは至らなくとも（つまり、証拠請求を伴わなくても）、一定の事実上の主張をすることができる。すなわち、証明を予定しない自由な事実主張が認められているものと解されるのである（但し、準用されている法316条の13第1項後段により、予断・偏見を与えることはできない）。このような事実主張がなされることにより、当該主張に関連する法316条の20の証拠の開示へと進むのである。

以下、この過程が繰り返され（法316条の22の規定から、このことが前提とされていることは明らかである）、最終的には、必要にして十分な証拠開示が全て果たされ、上記①②③が充たされることにより、弁護人の主張も一義的となり、「証明予定事実」として明確化されることを法は期待しているといえるであろう。また、この他に「事実上の主張」としては、もとより検察官の立証予定事項から明らかになっている事実に関する主張が含まれる。

この「事実上の主張」に関しては、文言上、検察官主張に対する「認否」を想定しているかのようにも読める余地がなくはない。しかし、認否については条文上も何ら明言されておらず、検察官証明予定事実記載書面に対して個別に認否することを求めるものではないことは、黙秘権から見ても自明のことである。このことは既に論じたとおりである。もっとも、訴因（主要事実）については、これを争うか争わないかを明示すべきとする見解が有力であり（概括的主張のレベルであれば供述の自由を侵害する要素がない、もしくは、乏しいとみているといえるであろうか）、その立場に立てば、これが「事実上の主張」の端的な例となることは後にも論じるとおりである（後記(4)参照）。

（イ）　義務づけの意義

主張明示「義務」の対象については、後述するとおりの議論がありうるが、客観的規準によって義務づけ如何を論じようとする議論は、そもそも実益に乏しい。このことは予め指摘しておかざるをえないであろう。というのは、ここでの実際の法的制裁は証拠請求問題であるから、義務の存否基準は、基本的には「証明予定事実」についてのみ求めれば足るといってよいからである。それ以外に義務があるか否か基準を定める意味は、極めて乏しく、これを定めてみても精神条項以上のものではなく、訓示的意味しかないことが明らかである。

要するに、義務違反の効果は何もないのであり、もし何らかの効果を求めようとするならば、それは、有罪不利益推認の肯定にも結びついて不当な結果を招きかねない。義務違反の効果がないことを自明の前提とする以上、客観的規準によるアプローチが如何ほどの意味をもつかは疑問である。客観的規準を前提としても、「予定」ということは、結局、被告人又は弁護人の全き主観に収斂する問題に外ならないことにも留意すべきである。

かくて、条文上は「これを明らかにしなければならない」とあるが、明確に法的制裁を伴う義務となるのは証拠制限を伴う「証明予定事実」だけで、他は、単なる訓示的意味以上のものではない。このことは、黙秘権との関連から、そのように定められたとも解しうるのであり、この点は繰り返し確認するに値するというべきである。

ウ　「法律上の主張」

「法律上の主張」とは、法律の解釈ないし適用についての主張で、例えば、犯罪構成要件該当性を争う法律上の主張や、違法性阻却や責任阻却に関する法律上の主張、さらに公訴棄却など訴訟条件に関わる主張など、様々のものが考えられる。

上述したところからすれば、これについても法的に主張明示「義務」を観念しうるのは、「証明予定事実」を伴って争点形成すべき場合のみと解してよい。その余は、審理計画策定のうえで、述べておいたほうが望ましいとはいえても、公判になってから新たに主張することが制限されているわけではないし、法335条2項の関係で問題が生じるというわけでもない。

(4) 主張明示義務の対象

ア　客観的規準による諸説について

上述したとおり、客観的規準を設けるとの考えに立つ場合、主張明示義務の対象として、どの範囲を考えるかについては諸説が考えられる。おおむね次の5説に集約されよう。

 a説　「証明予定事実」
 b説　「証明予定事実」＋訴因（主要事実）を争うかどうか
 c説　「証明予定事実」＋訴因（主要事実）を争うかどうか＋争点形成事項（たとえば、正当防衛を基礎づける事実の主張と法的評価の主張）
 d説　「証明予定事実」＋訴因（主要事実）を争うかどうか＋争点形成事項＋重要な間接事実を争うかどうか
 e説　「証明予定事実」＋訴因（主要事実）を争うかどうか＋争点形成事項＋重要な間接事実を争うかどうか＋検察官証明予定事実記載書面に示された全ての事実について争うかどうか

イ　各説の検討

e説は審理予定の策定ということを強調する立場から唱えられることがある（辻裕教「刑事訴訟法等の一部を改定する法律〈平成16年法律第62号〉について（1）（2）」法曹時報57巻7号〔2005年〕61頁以下・同57巻8号〔2005年〕65頁以下参照）。e説のうち最も広範な義務を課すものとしては、個々の事実を争う場合、積極否認の事実の主張明示を求める見解がありうる。しかし、いずれにしても、既に繰り返し論じているとおり、黙秘権・検察官の全面的挙証責任の原則といった観点からみて、失当というべきであり、そのような義務を観念することはできない。そもそも、そのような主張レベルでの詰めを行ったとしても、検察官の実質的挙証責任が軽減されるわけでも何でもない。細かな事実のレベルで主張を詰めることはむしろ争点を多元化させ、審理をかえって混乱させることにもなりかねないというべきであろう。審理計画の策定といっても、法は、何もタイトな審理予定の策定自体を目指し

ているわけではなく、基本的には形式的挙証責任を一定転換させる限度で争点が明確化されることをもって足りると考えているとみるべきである。

　a説は、その対極にあって、証拠制限というペナルティが課せられている「証明予定事実」のみが義務づけられているとみる見解である。双方が「証明予定事実」を示すことを通して、自ずと争点が明確になり、その限度で審理予定の策定がなされれば足りるというのが法の立場であるとする。傾聴に値する考えで、法の基本的立場は、そのように解しうると思われるが、「証明予定事実」のみに限定するのは文言解釈としては、いささか無理があるといわざるをえないであろう（「事実上の主張」で義務づけられる部分が全くないということになる）。

　b説ないしd説は、審理計画の策定（あるいは争点整理）といった観点から、義務づけの範囲を論じようとするものであるが、上記縷述したとおり、そのような要請があるからといって、これらの主張の義務づけが全て正当化されるわけではない。黙秘権・無罪推定・検察官による全面的挙証責任の負担などの諸原則と抵触しない範囲においてのみ、法的義務づけが可能なことはいうまでもなく、b説ないしd説のいずれの立場に立っても、上記した①②③の条件が充たされるべきことをまず、確認すべきである。

　そのうえで、上記諸説のうち、いずれが妥当かを検討すると、「主張明示」を「義務」づけるのは、実質上の認否の義務づけを認めることに転化しかねない危険をたえず孕んでいるので、その範囲は狭く解すべきである。審理計画の策定につき必要最低限のレベルの要請が充たされれば、それをもって足ると解されるのであり、その意味で、b説が妥当というべきである。訴因については、まさに、それが審理の攻防の出発点であるから、その限度で被告人側の対応を明確化すべきことはやむをえないし、かつ、それは現在の法291条2項の運用と同視しうるレベルであるから、b説をもって相当とすべきであろう（ただし、b説によっても「現場存在」の有無といったような準主要事実ともいうべき事実は、訴因に準ずるとみる考え方もあろう）。

　他方、間接事実についてまでの応答を義務づけて求めることになるとすると、法291条2項の根本的な変容を認めることになりかねないというべきであり、d説は妥当ではないと思われる。なるほど、争点を整理し審理計画を策定するうえで、実務上のプラクティスとしては、d説が望ましいとはいえよう。実際、ニュアンスの違いか各々あるとはいえ、多くの実務家が、この説を相当としている（村瀬均「刑事裁判の充実・迅速化──裁判官の立場から」現代刑事法6巻12号〔2004年〕30頁、尾崎道明「刑事裁判の充実・迅速──検察官の立場から」現代刑事法6巻12号38頁、杉田宗久「公判前整理手続における『争点』の明確化について」判例タイムズ1176号〔2005年〕5頁以下、

岡慎一「『公判前整理手続』における弁護の課題」自由と正義56巻3号〔2005年〕64頁以下など参照)。

　しかし、原理的な法的義務としては、この説に与すべきではなく、間接事実に対する応答やこれに関する主張は上述したとおり、被告人側の権利・任意の領域と捉えるべきように思われる。実際、この説が、主張明示義務の範囲を限定する。歯止めの権能を果たすかは、疑問ではないだろうか(審理計画の策定をより綿密にしようとするなら、いきおい「重要な」問題事実の領域は拡大されるのであり、d説は、限りなくe説に近づいていく危険を孕んでいるといわざるをえないであろう)。また、争点形成事項についても「証明予定事実」となる限度での義務づけを観念すれば足りるというべきで、「証明予定事実」以外にこれをことさらに義務の対象と観念しなければならない必然性まではなく、c説も必ずしも正当とはいえない。

　ウ　主観的規準説について

　客観的規準を前提としての検討は上述のとおりであるが、もっぱら主観的規準に一元化して考えるとする説に立つと、このような議論は格別の意義をもたないことになろう。なぜなら、「証明予定事実」についてはともかく、その余は全て主観的に「予定」するか否かに係る問題にすぎないからである。言い換えると、主張を「予定した」段階で、審理予定策定に関わる限り全てが義務に転化され、他方、主張を「予定しない」以上、たとえ訴因に対する対応であれ義務となりえないという論理である。

　「証明予定事実」以外のものにつき、法的「義務」の存在を観念してみても、実益を見出しえないことは既に述べたとおりである。もっぱら主観的規準によって義務づけの対象如何を判断すべきだとする考えは、全ては被告人側の内心の問題に収斂されるというのであって、結局、このことと表裏の関係に立つ見解ともいえるであろう。

　⑸　主張の方法

　被告人又は弁護人は、検察官から主張の提示と証拠開示を受けた後(法316条の13第1項、同条の14、同条の15第1項)、当該検察官請求証拠について、法326条による同意をするかどうか、またはその取調べ請求に関して異議がないかどうかの意見を明らかにする(法316条の16第1項)と共に、公判での証明予定事実その他の公判期日においてすることを予定している事実上及び法律上の主張を明らかにしなければならないとされているが、当該主張の明示については、検察官と異なり、書面によることは要求されてはいない。ただし、そこで裁判所に、事件について偏見又は予断を生じさせるおそれのある事項を述べることはできない(法

316条の13第1項後段)。

　なお、改正規則は、217条の19第2項において、「被告人又は弁護人は……証明予定事実のその他の公判期日においてすることを予定している事実上及び法律上の主張を明らかにするについては、事件の争点及び証拠の整理に必要な事項を具体的かつ簡潔に明示しなければならない」と定めており、217条の20では、「証明予定事実を明らかにするに当たつては、事実とこれを証明するために用いる主要な証拠との関係を具体的に明示することその他の適当な方法によつて、事件の争点及び証拠の整理が円滑に行われるように努めなければならない」と定められている。

2　第2項——証拠調べ請求の義務

　上記主張明示の際、被告人又は弁護人は、提示した「証明予定事実」を証明するために必要な証拠の取調べ請求も行っておかなければならないとされている（第2項）。上記①②③の条件が充たされたうえで、主張明示義務を課された限度においては、この証拠調べ請求はまさに義務となる。このことは既に繰り返し述べたとおりである。当該証拠の開示については、検察官と同様の方法で行われる（法316条の18）。

　なお、被告人質問においての証拠（供述）制限などないことは、既に述べたとおりであり、被告人質問は、ここでいう証拠調べ請求の対象にはならない。

3　第3項——主張及び証拠調べ請求の期限

　上記主張明示及び証拠調べ請求について、裁判所は、検察官及び被告人又は弁護人の意見を聴いた上で、一定の期限を定めることができる（第3項）。

　弁護人としては、検察官の主張および証拠開示が主張明示義務を課す程度に至っていないと判断される場合は、あくまでも検察官主張の先行を唱えることになろう。

　なお、改正規則217条の22は「訴訟関係人は、……期限が定められた場合には、これを厳守し、事件の争点及び証拠の整理に支障を来さないようにしなければならない」とし、改正規則217条の23は、「……規定する期限を定めた場合において、当該期限までに、……主張が明らかにされず、又は証拠調べの請求がされない場合においても、公判の審理を開始するのを相当と認めるときは、公判前整理手続を終了することができる」と定めている。

4　主張関連証拠開示（法316条の20）との関係

　主張関連証拠開示は、被告人側が本条による主張及び証拠調べ請求を行った後に行われるものとされている。すなわち、本条により被告人側からの主張がなされた後、被告人側から、当該開示が被告人の防御の準備のために必要である理由を示した上で、その主張に関連する証拠の開示請求がなされた場合には、検察官は、一定の要件のもと、当該証拠を開示しなければならない（法316条の20）。そして、改正法では、主張関連証拠開示によって、被告人側の主張の追加及び変更、証拠調べ請求の追加があることが予定されている（法316条の22）。

　もっとも、上述したところからすれば、本来は、検察官が類型証拠（法316条の15）を開示した段階で、黙秘権侵害の要素が完全に払拭されることを前提にしているというべきである。次のような弁護活動が想定されるが、これ自体は、むしろイレギュラーなものというべきであろう。

　すなわち、被告人・弁護人としては、仮に類型証拠開示が十分でなかった場合には、本条及び法316条の32との関係で、主張関連証拠開示を適宜活用することにより、証拠調べ請求の制限に直ちに結びつく事態を回避しつつ、十分な証拠開示を受けて新たな証拠請求に至る工夫が必要になる。例えば被告人と犯人との同一性が争点の場合に、被告人・弁護人としては、まずアリバイの前提となる事項の一般的な主張（例えば、犯行日時に被告人は犯行現場にいなかったという「事実上の主張」）を行っておき、それを前提として主張関連証拠（例えば、犯行時刻における被告人の行動に関する第三者の供述を記録した書面等）の開示を検察官に求め、その開示を受け、改めて具体的な主張の明示及び証拠調べ請求を行うこととなろう。これにより、公判前整理手続において、必要な証拠調べ請求を行うことが可能となる場合もあろうが、これ自体は、必ずしも正当なあり方とはいえないのではなかろうか。上記のような場合、主張関連証拠開示で開示された証拠も本来は、類型証拠開示の段階で開示されるべきものではないか、と解されるからである。

5　法316条の30（冒頭陳述）との関係

　本条が法316条の30を前提としていると解すべきことは上述したとおりである。

6　証拠制限規定の解釈

　法316条の32の解釈・運用にあたっては、裁判所の憲法原則に基づく判断が求められる。

第IV部 取調べ可視化を語る

第 1 章　今、可視化弁護実践とは何か[1]
——裁判員裁判を視野に入れて

はじめに

司会　皆さん、おはようございます。本日は暑いなか、またご多忙中、近畿弁護士会連合会主催の夏期研修にご参集いただきましてありがとうございます。本日、午前の部の司会を務めさせていただきます大阪弁護士会所属の小橋るりと申します。進行の方のご協力お願いいたします。

　本日は、「可視化弁護実践——裁判員制度を視野に入れて」というテーマで2人の講師の方に質問と答えという形で中身を進めさせていただきます。お2人の講師にご登壇いただきます。まず、質問をする若手弁護士の役といいますか、まさに若手弁護士なのですけれども、大阪弁護士会所属会員の久保尚弘さんに登壇いただきます。よろしくお願いいいたします。（拍手）

　その質問に正面からがっちり答えていただく、いわゆるミスター可視化、こと小坂井久さんにもご登壇いただきます。よろしくお願いします。（拍手）

　少しお2人の紹介をさせていただきます。久保尚弘さんは、2007年12月大阪弁護士会に登録された新進気鋭の若手弁護士ということで、刑事弁護委員会で精力的に活躍いただいております。本日は若手弁護士、経験知がそんなにないけれども、重要性にかんがみて新しい視点で先輩の胸を借りるという形の質問をぶつけていただく予定です。

　小坂井久さんは、もう紹介するまでもありません。1981年4月大阪弁護士会登録以降、可視化一本道ということで生涯を捧げておられます。最近の関係だけ申し上げますと、2003年8月から2006年3月まで日弁連「取調べの可視化実現ワーキンググループ」および同「取調べの可視化実現委員会」の事務局長を経て、現在、2006年4月以降、日弁連「取調べの可視化実現本部」の副本部長に就任しています。著書、論文多々ございますけれども、一番最近のから申し上げますと『コンメンタール公判前整理手続』（現代人文社、2005年）、共著を執筆されており

1　本稿は、2009年8月の講演である。本書収録に際して注を付した。

ます。また、もうすぐ発刊予定と聞いております『取調べ可視化論の現在』(現代人文社、2009年)ということで、執筆活動を精力的に行われています。

このお2人から出る可視化実践ということで、公判前整理や裁判員制度が現に始まっておりますので、皆様、ぜひ研修をある意味楽しんでいただき、実践に生かしていただきたいと思います。

では、マイクをお2人の講師に移したいと思います。では、よろしくお願いいたします。

久保 紹介いただきました弁護士の久保といいます。今日の研修のテーマは、取調べの可視化です。まず最初に、今日可視化を研修テーマにさせていただいた理由を説明させていただきたいと思います。

皆さんのご記憶にも新しいと思いますが、2009年6月23日に足利事件の再審開始決定がされました。この事件で犯人とされていた菅家さんは、捜査段階で自白調書を作成されていたのですが、刑務所から釈放されたときに当時の取調べ状況を振り返って「刑事たちの責めが酷かったです。おまえがやったんだろう、早く吐いて楽になれと言われ続けました」と述べられています。この足利事件以外にも近年記憶に新しいところでは、志布志事件、あるいは氷見事件といった事件で、捜査機関が自白を得るために違法な取調べをしていることが問題となりました。しかし、違法な取調べが行われているのは、こういった事件に限られるのではなく、日常的に行われているというのが残念ながら今の捜査機関の現状ということができます。そして、このような捜査機関の現状を根本的に打破して改革していくというのが、取調べ全過程を録画・録音、いわゆる可視化するということになると思います。

こういった状況のなか、今まさに可視化の導入に向けて熱い議論が繰り広げられていますので、今回、夏季研修においても可視化ということをテーマにさせていただきました。

ところで、一言に取調べの可視化といっても具体的に可視化の弁護実践というのはどのようにやっていったらいいのかあまりピンと来ていない方もいるのではないかと思います。当番弁護で出動する際、大阪弁護士会では当番セットの中に可視化の申入書のひな形を入れてもらっているのですが、私自身この可視化申入書を使って具体的にどういった弁護活動をして、公判でどのように生かしていったらいいのかということがまだピンと来ていませんでした。今日、研修にお越しいただいている先生の中でも、可視化が重要というのは何となくわかるのだけれども、具体的にどういった弁護実践をしていくのかということについてよくわからないな

いう先生方もいらっしゃると思いますので、その点について今日説明させていただきたいなと思っています。

今日、お隣にいらっしゃる小坂井さんは、ミスター可視化といわれて、まさに可視化というのが今日ほど大きく取り扱われていない、世間からも無視されているような時代から可視化ということをずっと唱えて、可視化の弁護実践をやってこられた方です。そこで、可視化弁護実践の経験のない私から可視化に関する率直な疑問を小坂井さんに正面からお答えいただく形で、進めさせていただきたいと思います。また、今年(2009年)5月21日から被疑者国選の対象事件が拡大して、弁護士としても被疑者の弁護をやっていく機会が増えている状況です。捜査段階から公判を見通してどのような弁護実践をやっていったらいいのかということも踏まえて、参考となるお話ができればと思います。

今日お手元に、レジュメ(省略)と添付資料(省略)を配付させていただいております。資料の方は適宜参照していきますし、レジュメの方も折に触れてはいきたいと思っておりますが、基本的にレジュメとは別に私の方から可視化に関する率直な疑問というのを小坂井さんに投げさせていただいて、それに答えていただくというスタイルで進めさせていただきたいと思います。

可視化申入れの法的根拠について

久保 それでは、本題に入っていきたいと思います。私たち弁護士のなかでは、取調べ全過程の録画が必要であるということは何となくわかっていますが、可視化申入れをするにあたって果たして法律上の根拠があるのかということについて疑問に思われている方も多いと思います。まず、その点についてお答え願えますか。

小坂井 はい。小坂井です。きょうはよろしくお願いします。

今の久保さんの質問は、直球を投げられたと、こういう感じがあるのです。私の方もバントなどという姑息なことはせずにバットを振り回す形で大風呂敷を広げてとりあえず議論したいと曳います。

法律上の根拠といえば、まず憲法に可視化請求権の根拠はあるのだと、私どもはいっています。38条1項の自己負罪拒否特権、38条2項の自白法則、自白法則というのは事後規制だというふうに一般になぜか信じられているのですけれども、これが事前規制に転化していけない理由は何もありません。憲法31条のデュープロセスから考えれば当然のことになります。あるいは、憲法13条にかん

がみますと、自分の情報というのは自分できっちり管理できるはずだということになります。このように、憲法上の根拠がある。権利としてあるのだというのが私どもの考えです。

では刑訴法には何もないのかといえば、「苦しいときの1条頼み」という言葉があるわけですけれども、刑訴法1条の理念にまさに可視化請求権は合致しているといえます。そして、こういった憲法、刑訴法のレベルの規定が、現在では刑訴規則により具体的に表れています。刑訴規則198条の4に可視化の理念が規則上ではありながら表れているということがいえると思います。

こういった権利性のみならず、本来は可視化というのは国家の責務でもあるのです。憲法でいえば37条1項の「公平な裁判所」つまりフェアトライアルの理念ということです。大風呂敷を広げているわけですけれども、そういう責務が裁判所にはある。今、まさに裁判員裁判が始まっているというこの段階で考えてみますと、裁判員の方々に無用な負担をかけずにわかりやすい審理をして、そこで責任ある判断をしてもらうのだと裁判所、国家はいっているのです。国家の側が捜査過程をわかりにくくしてどないするのか、ということです。国家の側は捜査過程を一義的に明確にする責務がある。これが憲法37条1項からも可視化が導かれるのではないかなと思う理由です。

2003年の人権擁護大会の決議文[2]の理由を見ていただければと思うのですが、このなかで当時の段階で考えられていた権利性について触れています。憲法38条1項によって黙秘権を保障されている。同様の自己負罪拒否特権を憲法上の権利としているアメリカでは拘束下の被疑者取調べにおいては黙秘権保障のための手続的な保護措置が不可欠であるとされている。これはミランダ判決、あるいはディカソン判決で憲法上の要請があることが明示されていて、我が国において、これと異なるべき理由はないといっております。

38条2項、これは先ほどいった自白法則ですが、これは同条1項を受けて被疑者に供述の自由を確保するための手続的な保護措置を求める趣旨と解することができる、刑訴法319条や322条をあげまして、要するに任意性に関する立証責任はすべて検察側にある、こういうことを述べたうえで、客観的な資料、客観性を十二分にもつ資料による立証がなされない限りは任意性を肯定できないというルールが確立されるべきである。これが人権擁護大会での決議です。

---

2 日弁連ウェブサイト〈http://www.nichibenren.or.jp/activity/document/civil_liberties/year/2003/2003_1.html〉。

被疑者の側でこれを求めることができるのは、憲法 31 条であったり、13 条による自己情報支配権であったり、そこからの適正手続の保障から求められるということで、自らの情報を提供するにあたり、情報提供の経過及びその内容を完全に保全する措置を求めることは、国家から告発された者にとってその人格上の当然の権利とされなければならないというのが 2003 年 10 月 17 日の日弁連人権擁護大会の決議です。一読すれば何をいっているかよくわからないと思われるかもしれません。3 回ぐらい読めば何をいっているか非常によくわかる文章だと思っています。

　少し余談なのですが、これは 2003 年に、近弁連から提出したのです。当時まだ日弁連の取調べ可視化実現ワーキンググループが発足したばかりだったということもあって、人権擁護大会の方に近弁連から提出したのです。人権擁護大会の決議案とか宣言案にかかわった方は皆さんよくご存知だと思うのですが、最終段階に至るまでに、もう一言一句、あるいは一行一行非常にチェックを受けます。人権擁護委員会の偉そうな、偉そうなではなくて、偉い弁護士さんが何人かいらっしゃって、一行一行チェックしていかれるのです。私は、その際の説明要員ということで行っていました。すると、このくだりのあたりを、偉そうなではなくて、偉い先生が読まれたのですね、「こういうことは一体誰がいっているんだね」といわれたのです。教えを請うという感じではもちろんないのです。こんなことを一体全体誰がいっているのだと、こういわれたのです。私はこれをいうと自慢になるのか、恥をさらすことになるか、よくわかりませんが、しばらく黙っていまして「私がいっております」と、こう答えました。すると、その偉い先生が半ばあきれた顔をされまして、このばかといくらしゃべっていてもしようがないと、とりあえず、ちょっと文章の「てにをは」は直してちょうだいね、ということで、その審査をパスしてしまいました。その結果、今やこれが日弁連の公式見解ということになっているわけです。

　最初の方は天ぷらの衣のようなものだと思っていただいてもいいのですけれども、なかなか意味があるのではないかというところがあるのです。つまり、国家から個人としてチャージされた人、告発された人が、今までの日本の裁判では自分の言葉がすべて対立当事者のベストエビデンスになるのです。これはやはりどう考えてもおかしいではないか。自分の言葉は自分自身が保持できて、自分の証拠として自分のベストエビデンスとして使えなければ、個人の尊厳に反するのではないか。この考えは、かなりまともなのではないか。権利性なり、国家の義務性などは明確にあると思います。したがって、可視化弁護実践することに皆さんも自信をもっていただきたいと思います。

可視化にかかわる学説の状況について

久保 2003年の日弁連人権大会決議として採択されたということなのですが、現在の、学説においては、可視化についてどのような議論がされているのでしょうか。

小坂井 可視化という言葉はもともと80年代の半ばに三井誠さんが使われたのが最初だと思います。そういったことから考えても、学界あるいは学説は可視化に好意的であってしかるべきだと思われるわけです。けれども、もちろん好意的な学者の方は何人かいらっしゃいますし、例えば渡辺修さんの「包括的防御権」といった考え方ですね、憲法上の幾つかの権利、つまり国家からチャージされた一個人は、憲法上の幾つかの権利をもっているけれども、その根源は包括的な防御権なのだと、こういう考え方だと思いますけれども、そのなかには当然可視化請求権は含まれているということで、そういう形で可視化に関して積極的な姿勢を取っていただいている学者の方は何人かいらっしゃると思います。けれども、他方でどうも比較的冷たい学者の方も相当数いらっしゃるのが現状だと思います。

それはなぜかといいますと、よくわからないところは私にはあるのですが、やはり平野刑訴での弾劾的捜査観あるいは当事者主義という、こういう理念的な問題が強く押し出されている。弁護人立会いはレベルの高い要求だ。しかし、可視化というのはそれよりも一段階レベルの低い要求なのだ。こういうことを割と公然とおっしゃっている学者の方もいらっしゃるわけです。まだ旧来型の弾劾主義と糾問主義の対立構造のなかで刑事訴訟をみていこうという姿勢が研究者の方のなかには根強くあるのではないのかなと思います。私は、可視化に対するそういう批判というのはあまり正しくないのではないかと思っています。

可視化の必要性

久保 では、取調べ録取の過程でなぜ可視化が必要なのか、その点についてお答え願えますか。

小坂井 これはいろいろなシンポジウムでも何度か使っていますのでもう聞きあきたという方もいらっしゃるかもしれませんけれども、「ないな　可視化しか　ないな」図面というのがあるのです（本書65頁参照）。供述録取書の構造ということです。何らかの出来事があると、当然、知覚、記憶、表現叙述という経過をたどる。これ

は刑事訴訟法の教科書に繰り返し出てくることなのですが、「供述録取」というのは全くそれとまた逆のプロセスをたどって取調官が認識し、記録、貯蔵してため込んで、それを表現し、更には、あるいは加工して供述録取書をつくる、こういう経過をたどっているわけです。

　刑事訴訟法の基本書などを読んでいますと、取り調べられる者が署名、指印することによって二重の伝聞過程のうちの一つは消えてしまうのだといわれています。そうあっさり書かれているのです。けれども、事態はそれほど単純ではないのではないか。この取調べ過程で取調官が問いを発し、取り調べられている者が答えを発するという、この情報の交換過程というのが極めて複雑かつ構造的なものがあるのです。今の刑事訴訟実務と申しますのは、申すまでもなくこの過程、これが全くのブラックボックスのままなのです。そして結論として、「供述録取」の結果だけがぽこっと表れている。それが現状です。

　非常に不思議なことなのですけれども、この「供述録取」の結果だけで実際にあった事実の認定をするのだということが、いまどき新憲法というと笑われますけれども、とにかく今の憲法のもとでさえ、更に歴史をさかのぼれば延々と古い話になるのですけれども、この事実認定のやり方をやり続けてきたわけです。プロの裁判官はこの供述録取書だけを見てとにかく事実を見抜くということに非常なエネルギーと努力を傾注してこられたという現状があります。

　しかし、これはどう考えても、図面化してみれば私は割と明確だと思うのですけれども、必ず誤りが混入する要素の極めて強いシステムになっています。まさに、歴史的に、こういうシステムには根強いものがあります。それが延々と続いてきてしまっている。だからこそ、これを根本的に解決するのは全過程の録画、つまり、可視化しかないと、こういうことだと思います。

警察・検察の対応について

久保　今示してもらっているこの供述録取書の構造という図式を見ると、可視化が必要だなというのは非常によくわかるのですが、警察署、検察庁は可視化が必要だという議論に対してどのような対応をしているのでしょうか。

小坂井　基本的には絶対反対の立場なのですよ。しかし、いろいろな状況のなかで皆さんもご存知のとおり2006年の8月からでしたかね、3年前だったと思いますが、最高検の方でいわゆる一部録画の試行というのを始めました。その検証結果というのが昨年（2008年）あるいは今年（2009年）出されて、検察庁については

この4月から一部録画を本格実施しています。警察庁の方もそれにのっとっていく形で、今年の春でしたかね、とにかく一部録画を試行していくということになっています。ただ、検察庁が試行を始めるというときにいった文言の要件的なものを幾つか拾い上げてみると、まず「裁判員裁判対象事件で」という大きな枠組みがあるのです。

「立証責任を有する検察官の責任において、任意性の効果的、効率的な立証のために必要性が認められ、取調べの機能を失わない範囲内で相当と認められる部分」。これが試行を開始したときの検察官の言い方で、今年本格実施するという場合、多少文言は変わっていますけれども、趣旨は全く一緒なのです。ですから、四重、五重ぐらいに塀を張りめぐらせて、そのうえでとにかくこれは義務でやるのではないのだ、おれたちの裁量でやるのだといっています。取調べというのは取調官の聖域なのだという大前提をとにかく崩したくない。そういう建前のもとで一部録画が今行われるということだと思います。

可視化申入れの方法

久保 可視化についての理論的な状況を今説明いただいたので、続いて可視化による弁護実践について議論を移させていただきたいと思います。
　まず、取調べの録画の申入れというのは警察署あるいは検察庁、どちらにしていくものなんでしょうか。

小坂井 それはどちらでもいいということになります。現在の私のやり方ですと両方にしています。内容証明までやると少し手間暇がかかりますので、普通の郵便で配達証明付で速達で出すことが私の場合多いです。両方に出しています。一時は、私は検察庁にしか出していない時期がありました。それはなぜかといいますと、警察へはそれを送っても必ず「このようなものは受け取れません」と送り返してくる時期がしばらくあったわけです。これは今日の話で後から出てきますけれども、いわゆる適正化指針なり、方針なりが出されて以降は、警察の方はそういう弁護人からの申入れ文書を送り返すというようなことはなくなりました。ですから、今は両方に出しています。急ぐときは、それこそファクス番号を聞いてファクスを打って流せばいいです。急ぐというのであれば、ファクスか、発信証明付の電報を出すとか、方法はどういう方法でもいいだろうと思います。
　ただ、ファクスについては最近若い弁護士さんに聞きますと、ファクスで送ったところ、わざわざあちらから「こういったものは原本で送ってくるものではないので

すか」ということをいわれたという話もあります。ファクスで送った後、郵送もしておかれたらいいのではないかと思います。

被疑者ノートと申入れの関係

久保 供述録取の過程を明らかにするために可視化の申入れをしていく必要があるということだったのですが、供述録取の過程を明らかにするものとしては、以前から被疑者ノートというものがあり、一定の役割を果たしてきたと思うのですけれども、可視化の申入れをしておくと、被疑者ノートを差し入れて被疑者に取調べの過程を書いてもらう必要はもうなくなるのでしょうか。

小坂井 それは全く違います。可視化という、ある意味で理念的な意味では大きな目標に向かって、可視化申入れも被疑者ノートも同一の目標に向かっての弁護実践であるわけです。けれども、その機能は重なるところがありながらも相当に違っています。被疑者ノートの場合には、被疑者ノートを見ていただいたらわかるとおり、まず最初に被疑者に対するきちっとしたアドバイスから始まって、あとの中身はとにかく一日、一日の取調べ経過をきっちり書いていただくことになっているのです。やはり書く被疑者自身が自分の主体性をきっちり保っていく一つの大きなよすがになっている。あるいは接見室にそれを持ってきてもらって接見を非常にスムーズにやる一つの道具にもなる。そういう被疑者ノート固有の要素というのがあります。捜査段階、公判前整理、公判段階を通しての可視化弁護実践ということで、両者の機能は重なっている部分はもちろんあります。が、決定的に異なっている部分もあります。ですから、被疑者ノートというのはこれから先に話が出ると思いますけれども、可視化立法が実現しても必要な弁護実践上のアイテムだろうと思っています。

違法取調べへの対応

久保 では、一度可視化の申入れをしたにもかかわらず、その後に捜査機関が可視化もせずに、依然として違法な取調べを行っているという状況を考えた場合、可視化申入れについては一度しておくともう再度する必要はないと考えてよいのでしょうか。

小坂井 今、久保さんは違法な取調べと、こうおっしゃったのですか。

久保 そうですね。はい。

小坂井 違法な取調べがもし続いているというような前提なのであれば、可視化申入れであれ、あらゆる抗議申入れは繰り返し行うべきだということになります。先ほど申し上げたとおりの発信証明付の電報でもいいし、あるいは直接の抗議でもいいです。とにかく繰り返しそういう申入れ、抗議はしていく必要があります。その関係からいいますと、先ほど久保さんがおっしゃったように志布志事件や氷見事件があった状況のもとで、ようやく彼らは適正化指針というのをつくったわけです。

　その適正化指針にのっとった警察の国家公安委員会規則として、「被疑者取調べ適正化のための監督に関する規則」というのができました。これを見てもらうと、いわゆる監督対象行為というのですかね、監督しなければいけない行為ということで、その定義規定が3条1項2号、イロハニホへとあります。それと2項では取調べ時間についての制限について言及しています。この3条1項2号のイからへを見ていますと、今までそういう取調べがなされているからこそこういう規定にしているのだなと思わず逆の意味でうなずいてしまうことが幾つか書いてあります。例えばハですね、「殊更に不安を覚えさせ、又は困惑させるような言動をする」とあります。殊更でなければいいのかなと思ってしまいます。ニもそうです。「一定の姿勢又は動作をとるよう不当に要求する」とあります。部屋に入るときに「よろしくお願いします」という挨拶を要求するぐらいは不当ではないということになるのかもしれないと思わず感じてしまいます。いずれにしても、これらを監督対象行為だということで、こういう行為があったということになれば、まさに3条1項2号のハならハ、ニならニに該当する行為がありましたということの苦情申立てをしなければなりません。必ずすべきです。

　7条に、「苦情の申出を受けたときは」という書き方をしていまして、10条ですけれども、苦情があればそれに対する、調査結果報告書をつくるのだということになっています。

　こういうことが国家公安委員会規則で決められたので、警察に対しては、これに基づいて苦情申出をしてくださいということになります。逆に、そうしないと、ああ、この程度の適正化指針でよかったのかな、大した苦情もありませんなということに逆利用されかねないわけです。絶えずこの規則を挺子にしてやっていく態度が必要だと思います。

　もちろん、この規則自体、実はよく読んでみて、では一体その苦情がどういうふうに最終的に処理されていくのかはよくわからないのです。懲戒か何かにはなるのだという話はあるのですけれどもね。そこでも幾つかの段階があるようなので、

そういう意味では効果がどこまであるかわからない。だけれども、ただ、少なくとも彼らは一応こういう調査結果を出すのだということは宣言したのです。それはきっちりとこちらも踏まえて対応すべきだろうと思います。

同じく検察庁は、最高検の通達（2008年5月1日「取調べに関する不満等の把握とこれに対する対応について」）が出ています。検察庁の「対応票」もそういう申入れ、取調べに関する申入れがあればそれについてどういう対応をしたのかきっちり記録として残すシステムになっています。ですから、これも従来とは違うことです。この対応をきっちりとしていくべきだと思います。

ですから、先ほどの久保さんの質問に戻りますと、違法な取調べなどが続いている以上はこういったあらゆる申入れ、苦情申入れをしていく。そのときにはあわせて可視化申入れ、改めていうけれども、全過程の録画をしてくれというのをつけ加えていただければと思います。

可視化申入れの意味について

久保 先ほど検察庁の一部録画に関する説明で、今現在、検察庁は検察庁の判断で取調べの一部を録画するか否かを決めているということだったのですが、弁護人の方で取調べの全過程を録画をするよう申し入れると、警察署あるいは検察庁が応じることは、ありえるのでしょうか。

小坂井 現状では120パーセントありません。弁護人立会いの要求についても、同様で応じることはありません。

久保 警察署、検察庁が取調べ全過程の録画に応じることはないということであれば、何のために可視化の申入れをするのかということについて疑問の方もいらっしゃると思うのですが、その点ご説明願えますか。

小坂井 その問いには長らく悩まされてきたところが実はあるのです。大阪弁護士会では2000年から可視化申入れを個別弁護実践で活用してくれませんかという形の会員への呼びかけを始めました。ただ、正直申し上げると、なかなかその運動が広がっていっていないのではないのかなという感じがなきにしもあらずで、日弁連の方で可視化運動が始まったあたりですね、東京の弁護士さんから大阪でそういう形で申入れ活動というか、弁護士会で呼びかけしているようだけれども、どれぐらいの弁護士がそれをやっているのかねと聞かれたことがありました。私は「まあ、2けたはやっているのではないでしょうか」と答えたことがあるのですけれども、何とかかろうじて10人ぐらいの人の顔が浮かんだものですから「2けたは

やっています」とこう答えたことがあります。
　そのときに、3けたにいくのは大変ではないかなと思っていたのです、正直当時はです。一体可視化申入れしてどんないいことがあるのだといわれて、「いや、捜査を抑制する機能は間違いなくあるんですけれどもね」といっても何となくこちらの歯切れもよくなかったのか、あまりピンと来ていただけなかった時期があります。そういう冬の時代があったのです。
　今、可視化申入れは、春の時代を迎えつつあるのです。恐らくですよ、これはもう全くの私の推測ですから大した根拠はないのですけれども、もう3けた時代には入っています。ある事件で申し入れしたところ、検察官の方が「申入れは流行りだからね」といったという報道があるのです。申入れされた弁護士さんはきまじめな方で、流行とは何ごとだと、おっしゃったようなのですが、私どもはその話を聞いて、おお、流行っとるのかと。ついに流行り出したかと、こう思ったのが実情なのです。申入れはとにかくやるべきです。いいことがあります。これ断言してもいいです。
　もちろん弁護活動でトータルに考えないといけないのですが、段階を3つに分けて申しましょう。まず捜査段階です。先ほど申し上げた捜査に関する抑制機能、取調べに関する抑制機能が間違いなくあります。今は裁判員裁判制度が始まり、皆さんご存じのとおり裁判員の対象事件の起訴が非常に減っているという現状があります。それだけ捜査機関、訴追機関が慎重に起訴をしているという問題があります。強盗致傷を窃盗と傷害に分ける。殺人未遂も少し難しかったら傷害で起訴しようかと、こういうことが現に行われています。可視化申入れがあることによって、ますます抑制しなければならないという、ベクトルが働く可能性自体は大いにあります。
　可視化申入れをされると、どのみち、裁判員裁判の公判でもめることが予測されるのです。それをできれば避けたいというのは、率直に申し上げて、捜査側のなかにあるのです。ですから、捜査段階での取調べ抑制機能、あるいは捜査全体に対するより慎重に、より慎重にという形にさせる機能を申入れはもっています。
　2番目、公判前整理段階。これは公判にもつながります。証拠開示の問題、後からまた話題になるかもしれませんが、証拠開示の問題があります。そこで、取調べメモ問題というのが大きな問題になっています。取調べメモの証拠開示を求めて、結局、最終的に検察官の方は「メモはあったけれども捨てました」「存在しません」というような対応をすることが多いです。それは改めなければいけないといわれてはいるのだけれども、今なお「取調べメモはこの程度しかありません」という

対応をされることが多いです。

　これはやはり裁判所の目から見て「何でやろ」となるのです。しかも捜査段階で可視化申入れまでされている。もちろん可視化申入れの中にそういったメモ類をすべて残しておけということを書き加えてもいいわけですけれども。そういうことまでされているにもかかわらず、「捨てました」と言う。これは一体何ごとだろうと、こういうことに今裁判所自体いろいろな具体的な事例でそういう対応をとられる裁判体がやはり多いわけです。なかには、「ない」ということ自体を将来の任意性の判断、信用性の判断のときには考慮するということを宣言する決定もあります。あるいは「ない」という裁判所の方で事実取調べをしてメモをもう少し調べますかというような姿勢も見受けられなくもありません。ということで、可視化申入れしたことがそういう機能を果たすことがあります。

　最後に3つ目として、まさに公判段階ですけれども、これも後で出てくるかもしれませんが、取調官に対する尋問をするときに、可視化申入れをしているということが一つのポイントになり得ます。これは裁判員裁判で裁判員の方にアピールする力は私は相当あるだろうと思っています。可視化申入れしていますね。結局何もしていませんね。それだけで、私は裁判員の方に相当の印象づけを与えることが可能ではないか、ということで申入れは、すごく意味があるのです。

　まだ申し入れたご経験のない方はこれから捜査弁護があれば必ずこの申入書を出してください。少なくとも今日来た方が全員出していただければ、3けた時代には間違いなく到達したということが証明できることになると思います。

申入れと事件の種類・依頼者の意向について

久保　今可視化の申入れの機能として、捜査段階の抑制機能・公判段階の裁判員に対するインパクトの大きさ等があるというご説明だったのですが、そのような機能から考えて事実関係に争いがある事件であるとか、事件の成否について争いがある事件の場合、可視化申入れが必要であるとわかりました。では、逆に自白事件の場合であっても可視化申入れが必要な場合というのはあるのでしょうか。

小坂井　確かに私自身、否認事件ではすべて可視化申入れしていると思います。が、自白事件ではケース・バイ・ケースというとらえ方をしていることは事実だと思います。ただ、いわゆる外国人事件、あるいは少年事件、それと知的障害があるような方の事件については、自白事件でも申入れすべきだし、しております。

久保　ところで、可視化の申入れを警察署あるいは検察庁にしていくのに、被疑

者の了解はとる必要はあるのでしょうか。

小坂井 もちろんありますというのが答えになるだろうと思います。これは弁護人の任務論の問題になりますけれども、誠実義務を履践するという弁護行為は、自らの依頼者の意思に従うということが基本になります。ですから、私は了解はとったうえで可視化申入れをしています。

久保 被疑者がなかなか了解してくれない場合、弁護人としては積極的に可視化の意味というのを説明して了解を得ていくべきなのでしょうか。

小坂井 そうですね。かなり積極的に説得します。先ほど申し上げたような話です。あなた自身の言葉が対立当事者のベストエビデンスになるような事態は避けなければなりません。自分の言葉が自分の証拠として使えないっておかしいでしょう。そのプロセスがきっちり残されるのは当たり前のことなのではないですかといえば、まあほとんどの人がわかってくれるという印象をもっています。

久保 先ほど自白事件でも知的障害の方とか外国人の方、あるいは少年の場合には可視化の申入れが必要だということだったのですが、こういった方に可視化の申入れの意味、あるいは利点というのを説明してもなかなかその趣旨を理解してもらえないことが考えられます。そのような場合、弁護人としてはどのように対応していけばいいのでしょう。

小坂井 それも弁護人の任務論に解消される議論で、それぞれの方がいろいろな弁護観をもっていらっしゃるとは思うのですが、先ほどいったことと全く逆のことを急にいい出して舌の根も乾かぬうちにと思われるかもしれませんけれども、意思は大事です。とことんその意思で了解を求める努力は必要です。しかし、例えば判断能力を著しく欠いている状態の人にその意思を求めても、ということにもなります。これは私の全く我田引水な言い方ですが、こんないいものを了解してくれないような状態がもしあるとすれば、やはり身体拘束下で、相当意思に問題があるというと少し語弊がありますけれども、そのような状態なので、失礼な言い方になっていればすみません。そういう場合は、被疑者の方の判断能力に明らかに問題があるという場合、弁護人は自ら保護者としての判断で申し入れをしていい場面があります。

久保 小坂井さんの経験として、可視化の申入れすることについて、被疑者から了承をもらえなかったという経験はありますか。

小坂井 おそらく１件か２件あります。要するに、今のように、こういったら何ですけれども、これだけいいことがあるよということをまだいえない時代だったというせいもあるかもしれませんが、「そういうことをすると、非常に捜査機関に刺激的で

はないでしょうか。それが嫌なのでやめてください」とこうおっしゃった方が1人、2人かもしれないですね、いらっしゃって、それは確かに私は申入れしませんでした。

申入れに不利益はあるかなど

久保 説明いただいた、被疑者の「捜査機関から逆に何か不利益を受けないのか」という心配は、可視化の申入れの必要性をいくら説明しても、被疑者としては当然疑問に思うところだと思うのですが、実際、可視化申入れすることによって被疑者に何か不利益が生じたりするおそれはないのでしょうか。

小坂井 私、現状ではもうないと断言していいと思います。思いますというか、ないです。確かに、例えば私自身がそういったことを始めたのが十数年前ぐらいになろうかと思いますが、そのころはこういうことをやるのは少し特異な印象を捜査官にも与える可能性があるし、逆に我が依頼者が意趣返しを受けたりしないのかなという不安が私自身あったことは事実です。

　ただ、先ほど申し上げたように、これはどう考えても正しいことなので、理論的確信だけはありましたから、そういう申入れはしないといけないというのでし始めたのですけれどもね。ただ、当時は私はファクスで送るなどという横着なことはしなかったです。いきなり郵便で送ることもしなかったです。どういうことかといいますと、わざわざ検察官を訪問して、これこれこういう趣旨でこういう申入れをさせていただきたいと、丁重なあいさつをして、ごあいさつをして手渡すということをしていました。そこで、可視化に関する議論などをざっくばらんにしてくれる検察官もいて、当初のころはそういう形で私も非常に気を遣っていた時期が、正直申し上げてあります。

　ただ、今申し上げたようにだんだんとそういう申入れ自体がスタンダートな弁護活動になってきていますので、今の段階でそういうことを心配する必要はないと思います。ただ、今なお、まだもしかすると「おまえの弁護士は妙なことをしとるな」ということを言う取調官がいらっしゃらないわけではないでしょうから、そういうことはあらかじめ被疑者にアドバイスというのですか、情報として伝えておいた方がいいとは思いますけれども。現実に不利益というのは、今はもう考えなくていい時代に来ていると断言していいと思います。

久保 では少し話題を変えます。可視化の申入れをして、可視化がされないままに自白調書がとられたというケースであれば、後の公判において、可視化をしない

まま違法な取調べを行って自白させられたとして任意性を争うことができると思いますが、しかし、初回接見に行ったときに、逆に虚偽の調書をとられました、どうしましょうというようなケースを考えた場合、この段階で可視化申入れをしても、遅いのでしょうか。

小坂井 いや、全く遅くないです。特に、この質問にあるように初回接見時、比較的初期段階でそういうものがつくられて弁護人が初めて接見したというのであれば、まさにそれこそ虚偽自白をとられていますということをきっちり書いて、可視化申入れをまさにすべき段階だという理解でいいと思います。

一部録画の現状について

久保 それでは続いて、今、警察署、検察庁が行っている一部録画という現状に其づいて弁護実践をどのようにしていくかということについてお聞きしたいと思います。まず、捜査機関が取調べを一部録画するとき、捜査機関は被疑者に対してこれから録画しますということを伝えるんでしょうか。

小坂井 はい。伝えています[3]。

久保 弁護人には伝えられるのでしょうか。

小坂井 伝えられません。

久保 そういう状況で一部録画されるときにはこういうふうにしなさいという被疑者に対するアドバイスはどのようにしていけばいいのでしょうか。

小坂井 今の一部録画のやり方といいますのは、彼らの言葉を借りればいわゆるレビュー方式というものです。それと、レビュー・読み聞け組み合わせ方式と、彼らは呼んでいるのですけれども、その２種類があって、逆にいうとその２種類以上のものは開示を受けたなかでこちらも発見できていないという状況があるのです[4]。

どういうことかといいますと、つまりレビュー方式というのはまさにレビューするわけで、いったん調書をつくってしまって、署名、指印まで終わってしまって、その後になってから「前につくった調書についてこれから聞くけどね」というような形で始まるわけです。それで、作成過程と中身について聞いていく、これがレビュー方式です。レビュー・読み開け組み合わせ方式といいますのは、その少し

---

[3] 現在の検察庁試行は、入室時から録画されている。
[4] 現在は「ライブ方式」もあり、身体拘束下「全過程」もある。

前の段階、つまり調書の原案ができ上がった段階、これから署名、指印させるという直前の段階で、読み開けからおもむろにスイッチを押して撮影し始めて読み聞けが終わって、署名、指印をさせて、あとはレビューと一緒です。「今サインした君の調書についてこれから作成過程を聞いていくけれども」と、こういう方式になるのです。

　何がいいたいかといいますと、私の言葉でいいますと、基本的には、板金捜査といいますが、叩いて伸ばして型にはめて完成したという段階で調書をつくって、おもむろに録画するということです。こういうふうに考えてもらって、やや言い過ぎか言い過ぎではないかというぐらいだと思うのですけれども、大体そんなものだと思ってもらったらいいと思います。

　ですから、そういう意味では基本的には今まで録画がされた時期はほとんどが起訴直前とか、あるいは起訴後のような場合が多かったのは事実です。ですから、そういう意味では比較的終盤に、要するにそういう形で自白が完全に完成した後、あるいは不利益事実の承認なら不利益事実の承認がしっかりとした型をなした後にやっているのが事実ですから、そういうことは一方で意識しながらアドバイスすればいいとは思います。が、他方で比較的早い段階で録画しているという情報もポツポツとあるのです。最も早いものでしたら、弁解録取の段階で自白がとれたからさっさと、その弁解録取のためだけのレビューをするとか、そういうことも報じられています。そういう意味でいきますと、弁護人は初期の段階で裁判員裁判対象事件であれば、君が自白すれば、あるいは不利益事実の承認をすれば、とりあえず録画される可能性があるのだということはきっちりと告知しておいて、更にそれに対する対応も比較的初期段階でアドバイスしておく[5]。比較的初期段階というか、初回接見段階からいっておくべきだと思います。

一部録画についてのアドバイスなど

久保　被疑者に対する具体的なアドバイスというのは、例えばどういうものがあるのでしょうか。

小坂井　一部録画に対するアドバイスというのは、正直申し上げるとなかなか難しいと思うのです。といいますのは、今申し上げたように、彼らはああいう前提のもとに一部録画をするわけですが、一部録画する対象は自白事件、あるいは少な

　　　5　現在は「否認」事件も試行録画の対象になっている。

くとも不利益事実の承認があった事件です[6]。将来刑訴法322条でいうところの任意性問題が生じ得る事件を対象にしてやるのだということで、全面的な否認事件は対象外だと、こういうことに一応なっているわけです。ただ、全面的な否認事件もいろいろな要素がありえますから、なかに不利益事実の承認を含むということもありえるので、そういう意味ではかなり間口が広いのだという認識でいたらいいと思うのですけれどもね。

　私が今何をいいたかったかといいますと、例えば自白した人というのは先ほどの私の品のない言い方でいいましたように、板金捜査が終わった段階です。完成した段階だということになりますから、ある意味では完全にまいっている立場の人です。その人がばっと一部録画の場面で自分のいいたいことをいえるかどうかは、極めて難しいとみなければなりません。ただ、弁護人とすれば、そういうことをも踏まえたうえでのアドバイスになりますので、私は最低限一つでいいよという形でアドバイスしていいと思います。では何かというと、君、殺意はなかったと私にずっといっていたよね。録画のときには少なくとも一言それは絶対いいなさい。これからシミュレーションするからね。はい、これ君の調書ね。ここにこう何か殺すつもりでとか書いてあるね。基本的にあっちは流しながら、はいはいといわせて終わらせようとするのですけれども、そのときには、必ず「実際に私は殺すつもりはありませんでした」と、その一言は必ずいってくれというのをシミュレーションを交えながらやることが必要だと思います。

　仮にその人にもう少し能力というと何ですが、エネルギーがあるなと思えたら、2番目の要求をすべきだと思います。どういうことかというと、そういう調書ができ上がっているのですから、何でできたのか。それは検事さんがああいったからではないですかといえるかどうかですけれどもね。それもシミュレーションをしていくことによって、ある程度訓練はできるので、私はその2点、骨の部分の2点に絞っていいと思います。あまり高水準のことを録画の場面で要求するのは中にいる被疑者、依頼者にとっては酷になると思うので、骨の部分の1点、あるいは2点、それだけは必ず録画場面でいいなさいというアドバイスが大事なのではないかなと思っています。

久保　今アドバイスの方法についてお聞きしたのですが、一部録画対象事件以外で、警察署、あるいは検察庁が独自の判断で一部録画しておこうというようなことは行われるのでしょうか。

6　前注のとおり。

小坂井　久保さんがおっしゃった一部録画対象事件以外というのをどうみるかという議論にもなりえますけれどもね。今、裁判員裁判対象事件が大前提だとこうなっています。私は今の質問に対しては、答えはノーというか、しない、99.9パーセントしないだろうと思います。それはなぜかというと、あれだけの先ほど申し上げたような枠組みをはめているわけです。そのうえで自分たちの聖域をとにかく嫌だけれども、はっきりいえば嫌でしようがないのだけれども、一部録画は何とかしましょうかと、こういうことです。もし積極的に「いや、対象事件以外でも私はあの機械を使って一部録画をやるのだ」という検察官がボンボン出てくれば、それはそれで組織としての統制も全くとれませんしね。つまり、やりたくないことを嫌々彼らはやっているので、とにかく限定したいというモチベーションだけはあります。けれども、広げようというモチベーションは全くないと思うので、現段階では広げてするということは少し考えにくいと思います[7]。

久保　そうすると、一部録画対象事件になっている裁判員裁判対象事件以外の事件では、一部録画に対するアドバイスは今のところは行わなくてもいいということになるんでしょうか。

小坂井　私は世間話の一環としてしていることはありますが、確かに対象事件以外の人にアドバイスはしていません。

任意性の争いと公判前整理手続

久保　それでは続いて、公判前整理手続についての可視化弁護実践についての質問に移らせていただきます。

　まず、裁判員裁判対象事件ではない事件でも自白の任意性を争う事件というのは当然あると思うのですが、そういった場合でも公判前整理手続に付してほしいということを裁判所に申し立てるべきなのでしょうか。

小坂井　私は任意性を争うと決めたような事件は、必ず公判前整理手続に付す申立てはすべきだと思います。

久保　今回の研修のテーマとは少しずれるかもしれませんけれども、公判前整理手続の利点というのをご説明いただきたいと思います。

小坂井　もし利点という形で表現するのであれば、それはもう証拠開示に尽きる

---

[7] 現在、試行自体も動いている情況であるので、今後、変化していく可能性は否定されないであろう。

わけです。否認事件や任意性を争うような事件でどうして証拠開示が必要なのかということになれば、そういうことは皆さん釈迦に説法でよくご存じのことだと思いますけれども、特に今裁判員裁判が始まって、あるいはその前の刑訴法改正から、刑訴規則も証拠の厳選、189条の2ですけれども、証拠の厳選ということを非常にいい始めましたね。それこそ30年前であれば、あるいは20年前であれば、率直に申し上げると、請求証拠自体が何重にも分厚いのをあちらも出してくるということだったわけです。ですから、請求証拠を見るだけである意味で捜査の過程なり、構造なりがわかるという時代があったと思うのです。が、今は証拠の厳選ということは、極めてうるさくいわれているので、請求証拠自体は極めて薄くなっているのが、一般事件でもそうだと思うのですけれども。

　そういう意味で、やはりこれは争わないといけない事件だ、あるいは任意性を争わないといけないということになれば、それは必ず証拠開示をしてもらわないと、任意性を争う手がかり自体がそもそも出てこないということがありえます。必ず公判前整理に付す申立てをすべきだと私は思います。

一部録画DVDの証拠開示について

久保　公判前整理手続では、証拠開示制度が充実しているということなのですが、一部録画のDVDは刑事訴訟法の何条に基づいて証拠開示を求めればいいのでしょうか。

小坂井　被告人本人の場合は刑訴法316条の15第1項7号です。類型証拠開示をやるときに、5、7、8号というのは、ルーティンとしてやってくださいということを常々いわれていると思うのです。いわれているんですよ。二弁の神山啓史さんがおっしゃったことだと思いますけれども、「いつもなやまずやってみよう」だったか、「類型は迷うことなく5、7、8号」だったか、その文言はどちらでもいいのですけれどもね。とにかく5、7、8号は、これはもうルーティン作業として類型証拠開示をするわけです。そのなかで7号というのは、「被告人の供述録取書等」ですから、「供述録取書等」の定義はもう皆さんよくご存じのとおり、316条の14第2号の中に「供述録取書等」の定義規定があります。

　その中に「映像もしくは音声を記録することができる記録媒体であって、供述を記録したもの」もその概念に含まれるということになりますから、7号で類型証拠開示、しかもそこで間違えないように、「供述録取書等」と必ず書くことです。つい「供述調書」と書いてしまう場合が下手をするとあるのだけれども、それは絶対し

ないようにしてもらって、概念にきっちり則る形で類型証拠開示請求書を書いてもらえれば、DVDもそこに含まれていますから開示があるということになります。

　ただ、その供述録取書等の概念について、なかには検察官の方でも習熟していらっしゃらない方がいないわけではないのです。「DVDがあるはずなのですけれどもね」と言ったら「ああ、ああ、ありました。すみません、忘れていました」というようなことがありえますので、そこはもし出てこなければ、事案によっては必ずあることがわかり切っていますので、念を押すようにしていただいたらいいと思います。

久保　類型証拠開示請求で「供述録取書等」ときちんと書けばDVDは、問題なく出てくるということなのですが、DVDの開示、閲覧、複写に関して、検察庁が条件をつけてくることはあるのでしょうか。

小坂井　今の「必ず出てくる」という話に、まず少しつけ足しておきますね。刑訴法316条の15はとにかく検察官の請求証拠に対する証明力を判断するために類型証拠開示だと、こういう理屈になっていますから、316条の15のその規定からいくと、被告人の供述録取書等が必ず出てくるというのは、一番わかりやすいのはもちろん乙号証請求がある場合です。乙号証請求がある場合には、請求されている乙号証に対する証明力を判断するためにほかの供述録取書等がぜひ必要だと、こういう論理になりますから出てくるのです。なかには乙号証が請求されていないようなケースもあるのですけれども、その場合でも甲号各証の証明力を判断するために、本人の供述経過はやはり重要だから、あるいは供述内容は重要だからということを書けば、それで出てこなかったケースは私自身は経験していません。ですから、ごめんなさい、つけ足しですが、必ず7号では出てくると、こういう理解をしてください。

　今の質問に戻りますと、316条の14第1号にあるように「弁護人に対しては、閲覧し、かつ、謄写する機会」なのです。DVDも必ず閲覧し、かつ謄写することができると、こういう前提になるわけです。ところが、どうも検察官の方は閲覧かつ謄写が自明なのだということを無視して、DVDはとりあえず閲覧だけでとか何とか、こう訳のわからないことをおっしゃって、素直な弁護人の方は「ああ、そうですか」と言って検察庁で閲覧してきて、帰ってくるというようなことがあったりするのだけれども、DVDというのは何度も見ないといけないものだという理解をしてください。ですから、必ず謄写してください。

　ただ、謄写に関しては、条件をつけている現状があります。証拠開示請求に対する回答書ということで、文言の多少の違いはありますけれども、おおむね3条件、あるいは1枚に限るとか、4条件とかいわれていますけれども、とにかくほかに情

報が漏れることが絶対に困るということで、インターネット等の外部接続されたパソコンを使用しないとか、裁判終了後は廃棄するとか、返還するとか、あるいは1枚限りですよと、こういう形の条件を今つけています。率直にいうと、この条件自体は今現在はつけられた状態で推移しているのが現状だと思われます。ただ、なかには誓約書を書いてくれというような検察官がいるかもしれませんので、そんなものまで書く必要は全然ないですから、いや、別に書く必要はありませんという対応をしていただいたらいいと思います。

これについても、こちらもきっちり裁定を求めて条件を外していくことを考えないといけないとは思っているのです。が、私なりのイメージでいえば、とりあえずどうしても何人もの弁護団を構成しないといけないような事件で、とてもDVD1枚では弁護活動自体に支障が生じるというような事件が裁定のポイントとしては一番いいのではないのかなと、これは個人的な考えですから、別にどんどん裁定を求めていただいてもいいのですけれども、今はこの条件がつきつつ、ただ謄写は必ずするという形で対応していただければなと思っています。

任意性の争いと予定主張明示

久保 続いて、類型証拠開示がされた後のお話で、予定主張明示の話に議論を移させていただきます。任意性に疑いがある事情というのは予定主張のなかでどの程度記載すればいいものなのでしょうか。

小坂井 なかなか難しい質問ですね。こういう研修でケース・バイ・ケースですというのは、回答としては一番よくない回答だと、こういうことになるのでしょうが、予定主張の一般論でいいますと、刑訴法316条の17の予定主張というのは、削れ、削れ、削れ、なるべく削れというのがまずは基本として正しいのだと、こういう発想で私はいいと思います。ただ、任意性固有の問題となると、別個の発想をもたざるを得ないのかなというのが正直申し上げればあります。私が予定主張を削れ、削れ、削れというのは自戒の意味も含めてなのですが、私自身割とよく書いてしまう方なので、それを少し抑制する必要があるなと自分で思っているからそういうことをいうんですけれどもね。

少し話が前後しますが、任意性に関してはそもそもこれが316条の17の問題なのか、そうではなくて316条の16の問題、つまり単なる証拠意見レベルの問題なのではないのかという見解もあります。不同意、任意性を争う、あるいは任意性に疑いがあると、それをいえばいい、あるいは任意性を疑う事情をいうにしても、

それは316条の16の問題であって、316条の17の予定主張明示のところにそれを入れるのはいかがなものかなという、原理的な反論が実はあるのです。ただ、この問題は今の実務上は任意性に関する疑い、任意性に関する事情も316条の17で予定主張明示の対象になるのだというのが実務的には定着しているのではないかなと、私は思っています。
　私自身はどちらかといいますと、実は316条の17説なのです。なぜかといいますと、被疑者ノートを証拠申請するのです。あるいは、任意性に関する形であくまでもそれは任意性立証責任は検察官にあって、こちら側からは「反証」ですけれども、こちらの証明予定事実というのがあるという場合が多いという理解なのです。そうだとすると、やはり審理予定の策定という意味合いも316条の16だけでカバーされるのではなくて、316条の17の証明予定事実として任意性を疑わしめる事情も予定主張明示の対象ではないのかなということで、316条の17説をとっています。が、あまりこういうことをいうと怒って舞台に駆け上がってくる人もいるかもしれないので、話題を変えます。
　要するに何がいいたいかといいますと、被疑者ノートは証拠申請することが多いだろうと思います。証拠申請しないケースもありますが。そうすると、被疑者ノートに書かれているレベルのことは相手に情報として伝わるわけです。伝わる以上、何でもかんでも書いていいというものではなく、ポイントを絞って書かないといけないのだけれども、私は任意性を疑わしめる事情については、2行、3行ではすまないのではないのかなと思います。もう少し具体的な主張というものをすることになるでしょう。
　いわゆる任意性を疑わしめる類型といわれているもの、あるいは、自白法則の視点です。虚偽排除、人権擁護、違法排除等々、こういう視点を総合して、あるいは本当にこれは類型かどうかは実は争いがあるかもしれません。単なる例示にすぎないという気もしますけれども、今までの裁判例や学説で類型だといわれているものがあるわけですから、こういうものにどこまであてはまるか、あてはまらないか、やはりその事情を書いていくということが予定主張明示のなかでかなり意味をもってくるのではないのかなという感じをもっています。問いに対する答えに明確になっていない可能性がありますが、もちろんケース・バイ・ケースではあるのだけれども、任意性に関する、任意性を疑わしめる事情を主張するときには、一定程度どの類型を総合した状態なのかを書いていくことになるのではないのかなというイメージをもっております。

被疑者ノートの証拠能力など

久保 今、任意性を争う場合に被疑者ノートの取調べ請求をするケースが多いということだったのですが、弁護人が被疑者ノートの取調べを請求した場合、検察官からの証拠意見はどのようなものが多いのでしょうか。

小坂井 検察官に有利な事情がずらずら書かれていれば別ですけれども、そうでない限り、不同意です。ただ、私は同意されたケースはあります。確かに検察官に有利な記載が幾つかあったので同意されたのだと思います。でも、ほとんど不同意です。

久保 不同意意見を出された場合に被疑者ノートを公判廷に出すために、ほかに方法はあるのでしょうか。

小坂井 被疑者ノートは弁護人側からの筋論はやはり刑訴法322条1項の特信文書だと、絶対的特信文書だというスタンスで対応することになるだろうと思います。実際にそれで採用されたケースがある以上、その線は維持すべきであると思っています。

　ただ、絶対的特信性のハードルはどの程度なのかについては議論がありますけれども、それで、多くのケースでやっているのは非供述証拠と、まきに被疑者ノートという「物」、供述記載・経過の存在そのものですという形で出しているケースが多いし、裁判所の方でも非供述証拠としてなら採用、あるいは自由な証明で足りるから採用しましょうというような形が多いのではないかと思っています。

久保 被疑者ノートを「物」として証拠調べ請求をした場合、裁判所はそれを採用するのですか。

小坂井 私の経験では非供述証拠としての採用はほとんどすべての裁判所がしていると思います。最近却下されたケースは、もともと要するに否認、一貫して否認している事件で、つまり調書の任意性や何やというのが争点にならない事件でしたので、これは必要性がないということで却下されましたけれども。そうでない限り、非供述証拠としてはとってくれているのではないのかなと思います。理屈として正しいかどうか、議論はあるかもしれませんが、それが多いというふうに私は理解しています。

久保 仮に非供述証拠としても採用されなかった場合、被疑者ノートを何とか公判廷に提出したいということもあると思うのですが、何か方法はあるのでしょうか。

小坂井 困りましたね。最後に残されているのは、やはり被告人質問で本人に語ってもらうなかで、それを被告人に示すことができるかできないかという問題だ

という気がします。調書添付まで認めてもらえるか、認めてもらえないかという問題ではないでしょうか。

久保 被告人質問で被告人に示す？

小坂井 ええ。刑訴規則199条の11です。「供述書」ですから、同条で示すこと自体、あるいは199条の10で示すと逆に矛盾することがあるのですかね、私もやったことないですから現実にどういう対応されるかは厳密にわからないですが、もし最後の手段として残されるとすれば、そういう場面は残されうると思います。要するに、証拠となっていないものであっても相手方が了知している以上、199条の11で許可を得て示すこと自体は可能です。

主張関連証拠開示請求について

久保 公判前整理手続では、先ほど説明いただいた類型証拠開示のほかにも主張関連証拠の開示請求というものがあるのですが、この開示請求では具体的にはどういった証拠の開示を求めていけばいいのでしょうか。

小坂井 今一番アップツーデートというと何ですけれども、課題でいえば、やはり取調べメモ類です。取調べメモあるいは取調べに関する、中身に関する報告書ということになります。先ほど5、7、8号で出た8号の方は、いわゆる犯罪捜査規範であれ、あるいは法務省の訓令であれ、要するに取調べの外形的事項しか書かれていないのです。時間、場所、取調官の名前、そういう外形的事項しか8号の準則に基づく取調べ状況報告書というのは書かれていませんから、中身について何らかのものを探知しようとすれば、中身についての捜査報告書というのもこれ当然ありうるのです。また更にメモもありうるわけですから、それを主張関連証拠で開示請求していくと、こういうことになるだろうと思います。

久保 今、主張関連証拠開示請求に関する3つの最高裁の判例が前の画面に出ていますが、この判例について少し説明願えますか。

小坂井 品のない言い方をすれば、私どもは最高裁3連発と呼んでいます。これは画期的な判例が出ています。いずれも取調べメモ関係というまとめ方をしてもいいと思うのですが、最三判平19・12・25判タ1260号102頁、これはつまり現に保管しているものに限らないのだ、公判立ち会い検察官が現に保管しているものに限らないのですといっています。保管しうるべきものについては対象になるのですよということです。それと犯罪捜査規範13条に基づくメモ類というのは公文書なのだという、捜査過程で作成し、あるいは入手したものと、こういう規定のし

ばり、文言になっているのですが、これを公文書だとしました。そういう意味で非常に画期的な判断だったと思います。

次の最三決平20・6・25判時2014号155頁、これは少し争いのあったのが、では公文書であるとか、公のものか私のものかとか、そういったものの判断はだれができるのかというときに、やはり捜査機関が判断すべきものであろうという見解も現にありえたわけです。その前の大阪地裁の決定（大阪地決平20・3・26判夕1264号343頁）だったと思いますが、判断は捜査機関がしたらいいではないでしょうか、しかし、ないという以上はその責任はとってくださいみたいな決定が出たことがあるのですけれどもね。それはともかくとして、その後6月25日に出たこの最高裁の決定は、判断権者は裁判所であると、いっているわけです。そこから何が導かれるかといえば、検察官の方はないと、あるいはあくまでも私的なものしかありませんといっていても、それは裁判所がきっちり事実取調べをしてでも調べたうえで裁定していいということになってくるのではないかなと思います。

最一判平20・9・30判夕1292号157頁は、やや事例判断だという感じがしますけれども、つまり警察官が一時的に家に持って帰っていたとか、あるいは自分の買ったノートでメモしていたというようなものであっても、そんなものは当然対象になりますよと、こういうことで、これは取調べメモに関する主張関連証拠開示をするとき、あるいはそれが拒まれて、あるいはないとかいわれて、裁定に持ち込むときに、必ずこの3つの最高裁判例を言及したうえで対応していくべきだと思います。

一部録画DVDの検討と証拠能力について

久保　一部録画DVDに話を戻したいと思うのですが、検察官から開示された一部録画のDVDはどういった点に注意して検討していけばいいのでしょうか。
小坂井　これまた後で岸上英二弁護士がやられたケースについてお話しするときに具体的なお話もすることになると思うのですが、一般論的にいえばもう単純な話で、繰り返し見る、我が依頼者の答えの仕方を繰り返し見る。取調官の方の発問の仕方を繰り返しチェックする。両方のコミュニケーションがどんな形で成立しているか、成立していないかを見る。主体と客体、客体と主体とコミュニケーション過程を見る。それを繰り返し見ると、こういうことになると思います。当たり前すぎることなのですけれどもね。

なぜこういうことをいうかといいますと、レビュー方式という名前が示すように、

ほとんどがレビューという名の誘導なのです。オープンな質問は珍しいというほど誘導が繰り返されているのが、私はそんなに何枚も見ているわけではないですけれども、私自身が見たDVDの率直な感想ですし、なかにはこの取調官は優秀だな、オープンな質問をうまく織り交ぜながら質問していらっしゃるなというDVDも見たことはありますが、ほとんどは誘導で押しつけに近い形になっているケースが多いのではないかと思います。一見、一度見ると、仕方ないな、全部に「はいはい」といって、うちの依頼者はしようがないなと、こう思う場面があると思うのですが、じっくり見ていると、これは、いや、そうでもないな、使えるなと思うことが割とあるので、そこは締めずに見ていただきたいと思います。

久保 一部録画DVDというのは、検察官の方からすれば自白の調書に任意性があるというために証拠として提出してくると思うのですが、その検察官が請求する一部録画DVDに対する証拠意見はどのようになるのでしょうか。

小坂井 不同意です。

久保 不同意の理由というのは。

小坂井 レビュー方式を端的にイメージしていただければわかるとおり、これはまさに伝聞証拠そのものです。レビューしているのだから。だから、不同意ということになれば、本来は実況見分調書などと同様のもので、取調官が出てきて真正立証しない限りは証拠能力はないというのが理論的には正しいと思います。ただ、今裁判所がそういう発想をとっているかというと、必ずしもそうではない。非供述証拠としての要素があるという発想もありえるので、やはり同時に関連性がないという意見も、取調べに異議あり、関連性がないという意見もいっておくべきだろうと思います。

　関連性がない理由ですけれども、まあ自然的関連性までないといえるかどうかは確かに議論がありえるのですが、証明力自体極めて薄いという意味では自然的関連性を問題にしていけないことはないし、少なくとも任意性立証に不十分だということはもう歴然としています。そういった意味で関連性がないという言い方もできるでしょうし、更に法律的関連性という意味合いで行けば、最後の最後の土壇場だけを切り取って、観念した人に「はいはい」と言わせているのです。確かに私がいったように、一度ぱっと見れば、ああ、もうこの人は調書のときも任意にしゃべってしまったのだろうなという印象だけは与えかねないのです。そういった意味では、任意性に関する事実認定を誤らしめる要素が極めて強いわけですから、法律的関連性がないという意見をいえばいいと思います。

　更につけ加えれば、レビュー方式というのは、まず調書をこうやってパッと見せ

るのです。見せて中身を確認させるような作業までさせている。そのうえで発問を始めているというようなケースがままありますから、それこそ規則の199条の11違反ではないかなと思います。あるいは199条の4第3項ですかね、不当な誘導になるのではないかなと、こういうようなことがいえます。規則違反ではないかという主張で取調べに異議あるという言い方も可能だと思います。

ただ、これはある高裁の判断で、取調べにおいては公判における刑訴規則は適用の余地がない、取調べにおいては理詰め誘導することが別に何の問題もないというような判断をされた高裁の裁判官がいらっしゃるのです。しかし、そういう問題意識を私はもっていいと思っています。

任意性の争いと審理について

久保 続いて、審理予定の策定に関してお聞きしたいのですが、従来の裁判員裁判以外の裁判手続では、任意性を争う場合、まずその当否は別にしまして、被告人質問を行ってどのような任意性を疑わせる事情があるのかという争点をまず明らかにして、その後に捜査官の尋問を行うといった順序で証拠調べが行われていたと思います。公判前整理手続を経て公判が行われる場合、捜査官の尋問と被告人質問の順序というのは変わってくるものなのでしょうか。

小坂井 久保さんが今おっしゃったことが必ずしも正確かどうかは若干留保はしないといけないところはあるとは思うのです。確かに、どちらが多かったですかといえば、かなりの確率で被告人質問をまずして、争点を大体示させて、裁判官曰くは被告人質問を聞いただけでもう主張自体失当のようなケースもあるから、とりあえず被告人質問をするのだというようなことをいわれていた時代がありました。今、公判前整理で先ほど比較的詳しい主張、詳しいという言い方が適切かどうかわかりませんが、することによって、そこは私自身の経験からも、取調官から調べましょうという方向性は増えつつあるのではないかなという感じはあるのです。

ただ、逆にいいますと、こちらの方も被疑者ノートも出し、ある程度の何かを隠し玉にできるかどうかというのは、それは戦略論の問題ですけれども、相当程度の事情は出してしまっているので、被告人によっては先に被告人質問をして、リアルに任意性を疑わしめる事情をまず示した方がベターということもありえるかもしれない。ですから、これもまたケース・バイ・ケース論みたいになってしまってあまりよくないかもしれませんけれども、そうこだわらなくてもいいケースもあるのかなと思います。ただ、一般論としては取調官が先ですよということはいいやすく

なっている要素があると思います。というのは、こちらが予定主張を明示します。そうすると、あちらは任意性に関して証明予定事実記載を補充してきます。同時に、あちらが取調官を証人請求したり、一部録画DVDを請求したりするのですけれども、そういう流れのなかで、では先に取調官が聞いてくださいねという形で審理予定計画が組まれるチャンスは増えてきているような気がします。

もう一つ、よく最近いわれているのが、では仮に被告人質問を先にしたとすれば、取調官を調べてその後に、当然被告人質問というのはいつでもできるわけですから、もう1回被告人質問をするというやり方があります。最初、ある程度、概括的という言葉が適切かどうかわからないけれども、一通りやっておいて、取調官の反応を聞いた後で、もう1回再反論を被告人質問でするというのがいいのかなと思っています。

久保 公判前整理手続を経た公判では、弁護人側からも冒頭陳述が必要的になっているのですが、予定主張明示で述べることと、冒頭陳述で述べることというのは、変わってくるものなのでしょうか。

小坂井 任意性の争いで一部録画DVDで任意性に疑いがあるとされた、実際に岸上英二弁護士がやられたケースを例にとると、その冒頭陳述は、率直にいいますと、岸上弁護士が公判前整理手続でやっていらっしゃったときの予定主張の内容そのものといってよいのです。2つが、異なるかどうかということになれば、そう異ならないのです。異ならないというか、ほぼ一緒なのです。ですから、予定主張で書く内容と、冒頭陳述で語る内容が内容的に同じになってくることは、私はありえると思います。それ自体は少しもおかしなことではないと思うのです。

ただ、仮に内容が一緒だとしても、それぞれの目指す目的といいますか、機能は全然違うわけで、予定主張の方はあくまでも審理予定策定のために、それに必要な限度で主張して、予定主張を明示して、そういう機能をもつものとして予定主張を明示しているわけです。

冒頭陳述、これは事実認定者にこれからどういう審理がなされるか、こういうものですよと、まさにプレゼンテーションとしてこちらの見取り図を示すことが眼目です。その意味での中身を示すと、こういう意味で、だから、機能としては全然違うという答えになると思うのです。結果的にというか、書いている内容がほぼそっくりだということはありえるのですけれども、そのこととそれぞれのもつ意味合い、目的、機能は違うという理解をしています。

久保 次に具体的に公判段階で取調官に尋問が行われるというような場面を考えていきたいと思います。捜査段階で行った可視化の申入れの事実を取調官の

尋問でも有効に使っていきたいと考えた場合、具体的にはどういった尋問が考えられるのでしょう。

小坂井 ごめんなさい、その質問に入る前に一言いっておきたいことがあります。今の久保さんの質問なども任意性は任意性で審理タイムがあるのだという前提のもとで、裁判員裁判なら裁判員裁判のなかでそういう審理予定を組んで、任意性審理タイムというと表現が適切かどうかわかりませんけれども、そういう場面がありえるのだという前提だという気がするのです。

久保 そうですね。

小坂井 もちろんそれは私どもはそうあるべきだし、そうあるだろうというふうに基本的には思っているのです。しかし、最近裁判所の感覚がかつてより、少し後退という言葉が適切かどうかわかりませんけれど、違ってきているのかなと思うことがあります。少し前までは任意性などの争いがあれば、それは当然裁判員裁判で裁判員の前で取調官を調べ、本人を調べるなり、あるいは録画DVDだけで済ますなら済ますのですけれども、何らかの任意性の審理をして、その参考意見は必ず裁判員の人に聞くのだという前提で事は運んでいるのだと私自身は実はずっと認識していたのです。

　しかし、どうも最近は、例えば任意性の問題であっても虚偽排除の観点からいわれているのであれば、それは信用性の問題にかかわるから、当然裁判員裁判の場で証人尋問等をやるのならやって、意見を裁判員の方に聞くのだと、これは否定しない。しかし、仮に、純然たる違法排除だけの主張であるような場合であれば、裁判員の意見を聞かずに裁判官だけの専権で決められるという見解がそこそこ有力になってきている、そういう雰囲気がどうもあるらしいのです。その適否はここで議論していると長くなりますけれども。

　とりあえず私が今の段階で申し上げたいことは、裁判員裁判で任意性の問題を争点にするときには、まさに事情の総合説で確かに違法排除説の観点が強いのか、人権擁護の観点が強いのか、いろいろ自白法則上の観点はあるだろうけれども、必ず、虚偽排除的観点を組み込んで、つまり信用性にも問題があるという予定主張を加えて明示してくださいということです。そうしないと、逆にいうと、裁判員裁判での確実な任意性審理タイムを設けない方向で処理をされていくというようなことになりかねない要素があります。ですので、余計なことかもしれませんが、注意事項としてそれを加えさせてください。

　その上で、今の話は、捜査官への尋問の問題でしたか。

久保 そうですね。捜査官尋問で、捜査段階にて可視化の申入れを行ったという

ことをどのように使っていけばいいでしょうか。

小坂井 捜査官尋問ですね。先ほど申し上げたことで、単純なことなのです。あなたは弁護人から取調べ全過程の録画の申入れをされましたね。覚えていますか。捜査担当者あてに出していますからあなたが当然見ていますよね。

　少し余談になりますけれども、誰あてに出すかもいろいろ議論があって、警察なら署長あてに出そうかといろいろあるのですけれども、私自身はやはり担当者あてに出しているんです。というのは、苦い経験が２回ほどありまして、同じような質問をしているときに「私は見ていません」という検察官が２人いたのです。「主任は見ていると思いますが、私は見ていません」と言うのです。そういうことがあったので、とりあえず担当者あてに必ず出してください。

　「あなた、見ていますね」。そこで可視化申入書を示します。「これですね」。「事情も書いてありますね」。「読みましたね」。「あなたは今までボイスレコーダーを使ったことがありますか」。「カセットデッキを使ったことがありますか」。「あなたの検察庁にある非常にいい録画装置ありますね」。「使い方を教わったことはありますか」。大体そういう雰囲気で私はいいのではないかと思うんですけれども。「当時、何かあなたがボイスレコーダーを使えなかった理由がありますか」。そこまで聞くと、反対尋問で理由を聞いていることになるので、その尋問はおかしいという方がいらっしゃると思います。ですから、この辺にしておきますが。大体そういう雰囲気で聞いていけば裁判員に対するアピールになると思います。

久保 そういう尋問を可能にするためにも捜査段階で可視化の申入れをしておく必要があるということですか。

小坂井 そのためだけにも申し入れする値打ちはあります。

久保 続いて、被告人質問の留意事項についてうかがいたいと思います。任意性を争う場合に、被告人質問で具体的には被告人に何を語ってもらうのが一番いいのでしょう。

小坂井 もちろん被告人質問は被告人にオープンに語ってもらう、具体的事実をリアルに語ってもらう、こういうことになると思います。おそらく裁判員裁判になりますと、前提的な事項について、可視化がなされる前の話ですが、全過程の録画がなされる前の話ですけれども、前提事項を語ってもらわないといけないことになると思うのです。つまり、裁判員の方にその人の置かれたシチュエーションがきっちりわかるようにしてもらわないといけないですから、そういう意味では部屋の大きさであるとか、明るさであるとか、あるいは取調官は何人いたのか、被告人が座っていた場所はどこだとか、座る位置がどうで、腰縄はどうなっていたのか、パ

イプ椅子だったのか、まあ、パイプ椅子でしょうけれどもね、そういうような前提事項を聞いたうえで、あとは取調べ状況について具体的に聞いていく。そこは前と一緒だと思いますが、今まで抜かしていたそういう前提事項部分の質問というのが必要になるのではないか。あとは被疑者ノートをどううまく使っていくかという問題かと思います。

大阪地決平19・11・14について

久保 続いて、具体的なケースに基づいて質問させていただきたいと思います。先ほど小坂井さんから紹介のありました、いわゆる岸上ケース、大阪弁護士会の岸上弁護士が担当されたケースですね、途中から小坂井さんも一緒に弁護人として担当されたのですね。

小坂井 公判段階から。

久保 公判段階から弁護人として関与された事件ですが、この事件では検察官の方から一部録画DVDを任意性立証として請求されたにもかかわらず、結論として自白調書の任意性がないと判断されています。このケースでは、──少し例外的ですけれども──弁護人の方からも逆に任意性がないことをうかがわせる事情があるとして一部録画DVDの証拠調べ請求されています。

小坂井 はい。任意性に疑いがあるということですね。

久保 具体的には一部録画DVDを見て判断されたのですか。

小坂井 これもちろん請求は先に岸上弁護士が公判前整理手続の段階でやっていらっしゃったのですけれどもね。私自身の──これは何度かいろいろな機会で申し上げていることですけれども──まさに、このDVDが最初に見た一部録画DVDだったわけですけれども、見たときの率直な感想は先ほど申し上げたレビュー方式に関する違和感なのです。この事案の場合でしたら、4日前にやった取調べについて4日後にわざわざ「君、4日前にとった調書についてこれから聞くけどな」と、こういう場面から始まっています。調書を見せる場面から始まったのですけれども、正直いって物すごい違和感があって、一体何をしているのやろうという感じが私はぬぐえませんでした。なぜあんなによい機械を仕入れて、4日前の取調べを今これから聞くからなというような迂遠なことをしないといけないのかというのが非常に違和感として残っております。

中身的には、この方の場合非常に高齢で耳が聞こえにくくて、あるいは目もよくない、漢字の識字力も高くない、要は言語に対する理解力自体が高いとはいえな

いんです。そういった状況下で、誤導をしていると評価できるのではないか。いいたいことをさえぎっているのではないか。あるいは適当に流しているのではないかとか、あるいは本人のいっていることを少し言い換えて済ましていっているというか、そういう場面が随所に見られたということです。

久保 従前裁判例とか学説等でいわれていた「任意性に疑いかあるとされている類型」にあてはまる事情があるとお考えになったのですか。

小坂井 トータルでいうと、それこそ事情の総合説で事情の総合は任意性の疑いを導く方にも働くし、逆の方向にも働いて、多くの裁判例では事情を総合してとにかく任意性があるのだ、あるのだというふうに事情を総合していくのが今までのケースだったのです。端的にいえば確かに今までの判決例、裁判例でこういう事情で任意性の疑いを導いたケースはないということになると思います。ただ、理詰めの尋問、誘導尋問、執拗な尋問、追及的な尋問等が一応類型のなかに上がってないことはないのです。上がってないことはないのだけれども、ではこれのみで任意性の疑いを導いた裁判例が今まであったかというと、それはなかったという結論になるだろうと思います。

久保 結論として裁判所は任意性がないという決定をしているわけですが、この決定について少し解説いただきたいと思います。

小坂井 この決定は、今の質問と答えの流れからいっても画期的なものであることが明らかになっていると思います。高齢で理解力が劣っているというようなこと等々、そういったことも触れたうえに、要はそういう状況を配慮しなかった。弁解を無視したのだと、こうなっています。それで、誘導・誤導した。供述の信用性の有無という程度を超えて、任意性に疑いを生じさせるものというべきであると、こういう判断をしています。

　ここが画期的なところで、今まさに久保さんがおっしゃったとおり、従来の類型論にとらわれていると、このレベルではどうかと思ったかもしれない部分について、そういうレベルについてはっきりと任意性の疑いを認めてくれた、そういう意味で画期的な決定例だと思います。

久保 そういう意味では、任意性に関する裁判所の判断は、従来の類型から脱却して事情の総合説へと、考え方は変化していると考えていいものなのでしょうか。

小坂井 今日は詳しく触れられませんけれども、今崎論文[8]や吉丸論文[9]につい
---

[8] 今崎幸彦「共同研究『裁判員制度導入と刑事裁判』の概要——裁判員裁判にふさわしい裁判プラクティスの確立を目指して」判例タイムズ56巻26号（2005年）10頁。

て考えておく必要があります。裁判所の判断自体が裁判員裁判の施行とともに、あるいは施行を控え、そして今始まるというなかで、任意性に関する基準、あるいは任意性立証に関する考え方がシフトしつつあること、つまり旧来の20世紀型から明らかに21世紀型になっていることはもう疑いがないと思います。こんな言い方が適切かどうかわからないですけれども、かつては確かに無罪判決をとるよりも任意性を飛ばす方がずっと難しいといわれている時代が現にあったし、めったなことでは飛ばないといわれていました。ぼこぼこに殴られたら飛ぶでしょうけれども、「それ以外は、どうも、うーん」というような発想の時代がありました。

　今は、裁判員裁判が大きな契機になっていると思いますけれども、やはり供述の自由という問題をその言葉どおりのままで、任意という言葉どおりのままでとらえて判断していっていいのではないかと思います。いや、少なくとも裁判員はそう判断するであろうということを前提にして、裁判官自身も判断基準を変えつつある。もちろん「つつある」という言い方しかできないですけれども、明らかに従来よりは変わってきていると思います。ですから、逆にいうと、任意性を争うことをためらう要素はもうなくなってきているということだろうと思います。

久保　積極的に任意性を争える事情があれば、任意性を争っていくということですか。

小坂井　はい。

共犯者供述について

久保　続いて、共犯者のケースについてお聞きしていくのですけれども、共犯者の一部録画DVDというのは証拠開示によって開示されるのですか。

小坂井　刑訴法316条15第5号のロですね。普通、共犯者は証人予定者として、あるいは請求証拠の中にあるわけですから……。

　供述録取書等の中に入ってきますので、これも検察官が忘れていることがあるので、共犯者のDVDありませんか、あるはずだと思うのだけれどもというと、「ああ、ありました」というケースが現にありますのでね。DVDについては類型で出てきます。

久保　DVD以外の取調べ状況を示すような資料は、どのようにして証拠開示を求めていけばいいのでしょうか。

9　吉丸眞「録音・録画記録制度について（上）」判例時報1913号（2006年）16頁。

小坂井　例えば被告人本人であれば、先ほど申し上げたとおり、7号とセットで8号です。8号で取調べ状況の外形的な状況はわかるからと、こういうことになるわけですが、共犯者については残念ながら共同被告人であっても8号でこちらに出てくるということはないということになっています。ただ、どこかで間違えてというと恐縮なのですけれど、共同被告人の分を8号で請求したら出てきたというケースがどうもあるようですけれども、これはおそらく検察官の間違いでしょう。共犯者の8号書面を請求する場合は、やはり何らかの主張をして、主張関連として8号書面を主張関連証拠でとると、こういうことになると思います。

久保　開示された共犯者に関するDVDあるいは取調べ状況を示すメモは、共犯事件の場合にはどういったケースで弁護側から証拠調べ請求することが考えられるでしょうか。

小坂井　そこはいろいろな議論はありえるのですけれどもね、とりあえず共犯者の取調べ状況自体も問題があるということになってくれば、当然主張関連でそこは被告人本人、依頼者の場合と同じで発想すればいいと思うのですけれども、取調べメモを主張関連証拠で開示請求するということがありえます。ただ、そこでどのレベルの主張をするかについては、これまたいろいろ議論があるところで、私などは率直に共犯者の取調べ状況にはこれこれこういう問題があるというようなことをチョロチョロと書いて、それとの関連でメモの開示を求めているのですが、そこまで書くこと自体おかしいという見解はありえて、単に共謀を争うという実体的な主張さえすれば、主張の関連性の問題として8号書面は当然のことながら、共犯者に対する取調べメモの開示もできるのだというご見解もあります。そこはそれぞれ工夫すればいいと思うのですが、いずれにしても主張関連でとれるはずです。

久保　主張関連証拠開示請求で開示を受けた取調べ状況の報告書等、あるいは一部録画DVDというのは、任意性を争うといった場合以外に、共犯事件特有の問題としてこういったケースで使うという典型的な事例はありますか。

小坂井　それが正常な使い方かどうかは私には何ともいえませんが、捜査段階のDVDにおける供述の方が彼の、共犯者の他の供述調書での供述、もしくは公判の主尋問でいうであろう供述よりはこちらに有利な要素を含んでいると思料されたものについて、こちらからDVDを証拠申請したことがあります。殺人の共犯の事件でした。

　なぜあらかじめ証拠申請したかというと、やはり316条の32の問題とも絡んでいるのです。審理予定上、どうなのでしょうか、そこは議論がありえるかもしれないけれど、審理時間を取る以上は、あるいはあらかじめその事件の場合には

率直に申し上げると主尋問段階でどういうレベルのことを共犯者がいうかは確定的にわかるといいますか、確定的にというと少し言い過ぎですけれども、少なくとも法廷でDVDよりはこちらにとって不利なことをいうと予想されました。ですので、それは確か立証趣旨は捜査段階では殺意を否定しているというような立証趣旨にしたと思うのですけれども。どこまで実質証拠として申請しているのか、補助証拠として申請しているのか、ファジーな状態の立証趣旨になっているのですけれども、それを申請して当然検察官も同意しまして、その事案については共犯者の主尋問が終わった段階で反対尋問を始める前に、共犯者のDVDを見ておいてもらった方がいいのではないでしょうかというようなことでDVDを法廷で再生して、それから、その共犯者に対する反対尋問を始めたというケースがあります。

　それはもしかしたら特殊なケースかもしれません。あくまでももしDVDを弾劾で使えるのだという大前提があるのであれば、弾劾については316条の32のやむを得ない事由の問題をクリアできるのだという説が有力だし、現にそういう高裁段階での判断も出ています。ただ、弾劾であればすべてやむを得ない事情をクリアできるかどうか、これはそういうものでもないようです。ですので非常に慎重に配慮しないといけないとは思うんですが。ですから、共犯者のDVDについてはこちらが使えると思った場合には、今申し上げたとおりあらかじめ公判前整理で請求していくこともあるし、あるいは弾劾としてあくまでも持っておいて使う方にかけるかです。こちらにも不利益なものであれば置いておけばいいわけで、あとは仮に公判廷で証人の証言が崩れたときに、特信性の立証として検察官が出すか出さないかという問題になってきます。

久保　特信性の立証として検察官が出してきた場合に対する証拠意見というのは、先ほど任意性立証として検察官が出してきた場合と同じになるのでしょうか。

小坂井　全く一緒です。

久保　任意性立証として検察官が請求した場合と同じになってくるということですから、証拠意見としては具体的にどうなるのでしょうか。

小坂井　不同意。そして、取調べに異議ありです。

可視化立法について

久保　最後に、現在議論をされている可視化の立法についてどのような動きがあるのかお話しいただけますか。

小坂井　後半、久保さんと予定していた質問を大分はしょってしまったところが

実はあるのですけれども、皆さんもご承知のとおり、可視化立法は、実現していく方向にあるでしょう。ただ、先ほどから申し上げているとおり、取調べというものは捜査官の聖域だというのは日本の刑事司法には根強いものがあって、この伝統はちょっとやそっとの伝統ではありません。官僚政治の打破だとか何だとかいわれているようですが、検察・法務官僚、警察官僚はこの可視化立法に関してはとにかく何とか大きく自由な裁量で例外を認めさせようとしているという方向性が一つ。もう一つは、可視化立法をいみじくも立法化する以上は刑訴法の全体構造が変わるのだからおとり捜査だ、刑事免責だ、司法取引だ、盗聴だなどというものを制度として広く認める必要があるという方向がでてくるでしょう。こういう2通りのことが考えられると思います。

今の民主党案というのは、実は日弁連が2003年12月4日につくった取調べ可視化のための立法案と趣旨としては全く同じです。どこがどう同じかといいますと、全過程の録画であること。全過程の録画でなければ、その段階でつくられた調書には証拠能力はないのだと、こういうことなのです。これが要するに裏表でセットになっているのです。

私が思いますのは、この立法に向けて今後我々はどう考えていくかの1つの視点は、この線をとにかく堅持するということなのです。全過程で証拠能力論と裏表にすること。なぜ私がこういうことを申し上げるかといいますと、いわゆる可視化先進国で幾つかの国で原則全過程というのはされているのですけれども、必ずしも証拠能力ときっちりリンクできていないまま運用されている法域が多いのです。そういうところは結局事情の総合説と同じような形でぐちゃぐちゃすることが現にあります。他方、しっかりとリンクしているところはその問題はきれいに解決されているということが現にあります。ですから、今度立法するときにその線、まさに日弁連の法案を唱えて、民主党案がそれにのっとったというと恐縮なのですが、その線をとにかく堅持することが1つです。もう1つは、やはり例外なき、聖域なき可視化だと、こういうふうに私は思うのですが、それが大事だと思います。

最後に申し上げるとすれば、どんな立法ができようが、どっちにしても弁護実践がものすごく大事です。全過程録画・可視化時代になれば弁護活動は楽になると思っている方がいらっしゃるかもしれないのですが、残念ながら楽になりません。ますます大変です。おそらくそういう立法ができた暁には「だれや、こんなもんつくりやがったやつは」と私は皆さんから非難を受けることになることを今から覚悟しております。けれども、どんな立法ができても、それは弁護実践が大事だということを最後に申し添えておきたいと思います。

司会 2時間という枠内で可視化弁護実践のお話を大変最先端、かつ実務的な観点からまとめていただきました。どうも講師のお2人ありがとうございました。

　本日、お話のあった内容というのは、食わず嫌いという方もいらっしゃると思いますけれども、極めてシンプルで誰にでもできる弁護実践ですので、ぜひ実践をしてほしいと思っております。本当にありがとうございました。

第2章 何故、日本の司法に取調べの可視化は必要なのか[1]

　起訴されたほぼすべての事件が有罪という異常。捜査が見込みや目論見によって創作されていくという危険。証拠が任意に取捨選択されることはおろか、改ざんすら容易に行われることの少なくない可能性。日本の司法について露見した昨今の事例は、それが冤罪の直接的な温床となることの恐怖はもとより、司法そのものが、閉ざされた壁の向こうで行使される「見えない権力」であることを改めて伝えるものとなった。限られた有資格者だけで行われる、そうした密室の誤った連鎖は、いかに断ち切られるべきなのか。弁護士である小坂井久氏は、法廷で得た豊富な経験則から、「取調べの可視化」こそその突破口であると長年にわたって叫び続けてきた人物である。なぜ取調べを録音・録画することが、司法に横たわる大いなる闇に光を当てることになるのか。それがもたらす劇的な効能について語ってもらった。

インタヴュー＝渋谷陽一

高野山放火事件で、可視化が重要テーマに

渋谷　今回の特集では、日本の刑事司法について、元検察の方や元裁判官の方たちにお話をうかがっているんですが、小坂井さんの中で「取調べ可視化」というのが、ご自身のテーマになったのは、いつ頃からなんですか。

小坂井　十数年前ですね。大阪の刑事弁護委員会で、次の刑事制度改革はなんなのかという話をしていました。当時、当番弁護士制度（被疑者が起訴される前に、弁護士との接見を初回無料で行える制度）が始まって、しばらく経った頃で、今それが被疑者国選弁護制度（被疑者が経済的理由で弁護人を依頼できない場合に、国が弁護人をつける制度）として結実しています。そういうハード面の弁護士側の体制が整いつつある状況で、本来的な中味、ソフト面で何が中核となるのかという議論をしていたんですね。昔から議論されていることはたくさんあるわけです。たとえば、冤罪

---

[1] 本稿は、2010年11月のインタヴューである。

をなくすために、代用監獄（代用刑事施設。逮捕した者を、刑事施設の代わりに留置場に拘束することができる制度）を廃止しなければいけないとか、あるいは、逮捕勾留された人には、取調室に来ないといけないという、「取調受忍義務」が実務上あるとされているんですが、取調べを受けだしたら取調室を勝手に出てはいけないという形になっていて、その義務はないということをはっきりさせるのが筋だという議論とか。さらに、弁護人の取調べ立会いとか、身体拘束中の取調べ禁止論とか、そういった現状に対するアンチテーゼを弁護士会側から出していかないといけない、と議論していたんです。

　後藤貞人さんという、日本で有数の刑事弁護人がいらっしゃるんですが、この方が高野山放火事件（1987年から88年にかけて和歌山県で起きた連続放火事件）という事件を取り扱っておられて。この事件では、被告人がいくつかの事件のうちのひとつを否認していたんですが、警察が膨大な量の取調べのテープ録音をしていたんですよ。50巻前後だったと思うんですが、今まで私が調べた事件の中でおそらく、一番多いのではと思います。弁護団でそれをきいたところ、フランクに話しているようにきこえる場面がたくさんあった。やっぱり任意に自白してるんじゃないかと、最初は思われたそうです。ただ、取調べ時間とテープの時間を比べていくとね、ばらばらになっているわけで、中断時間がかなりあったり、話がおかしくなったら急に止まっているとか、こういう構造が見えてきたわけです。

　その中で、こんなやりとりがあったんです。「おまえ、保釈で出たいんだろう」「放火で、保釈なんかで出れませんよね？」「いや、そうでもないかもしれない。殺人でも保釈で出る奴は中にはいるからな」と。そこは明瞭に残っていたので、おそらく検察官が弁護団に開示する前に削除し忘れたのではという疑いもあるんですけれど（笑）。ここが決定的な場面となって、ここから彼が自白に転じているということがわかってきたわけです。要するに、ありもしない保釈をちらつかせて自白させるという、利益誘導です。結局、他の要素もたくさんあって、彼はこの事件については無罪になるわけです。当時後藤さんは、刑事弁護委員会で、虚偽自白を防ぐために弁護士会の力量でやり得ることといったら、取調べの録音という方法なのではないかとおっしゃった。そしてやる以上は、全過程を録音する。それにみんなが、特に私などが賛同していったんです。

　いわゆる否認事件、公判で無罪を主張する事件では、丹念に調書を読みながら仕事をするのが弁護士のひとつのやり方なんですが、依頼者と話をしていると、日本の調書がいかに「作文」なのかわかってくるんです。捜査段階でどんな質問があったのか、本当にその人がその言葉を発語したのか、誘導質問があったのか、

すべてオープンな質問だったのか。日本の供述調書では、そういう過程の判断ができない、ひとつのきれいな物語としてできあがっているんですね。調書は一人称の独白形式になっているんですが、私は何年何月に生まれました、私は何年何月、この日、思い立ってマッチを持って……と書かれているんですね。でも、それは被疑者が語っているんではないんです。問答の中で、(被告人が取調官に憑依して、というより)取調官が被告人に憑依して書く。これはある意味、日本の20世紀までの刑事司法を支えてきた、一大特徴だと思います。これを精密司法だと言って、日本の裁判は、非常に微に入り細を穿って事実を認定しているんだと、こういう捉え方をする元裁判官の方もいらっしゃるんです。でも実はそれは違っているんですね。取調室で取調官がお話を作って、被疑者にサインさせれば、一丁上がりなんですよ。

　他にもいろいろな冤罪事件がありましたが、高野山放火事件はひとつの契機となりました。虚偽自白をどうやって防止するかというのが最大の問題となったときに、取調べの中核部分をどう変えるか、我々はなんでもかんでもできるわけではないので、一点突破でいけるものは何かと考えていくと、それは取調べの可視化だということになりました。それが、90年代の前半ですね。それで私のほうでいろいろ調べ始めた、という経緯なんです。

渋谷　なるほど。なんの知識もない僕なんかが見ていると、冤罪事件の起こる原因って、結局自白なんじゃないかと思うんですよね。検察の作った作文にどうしてもサインせざるを得ないという、虚偽自白を生む構造について、司法界ではこれまで問題になってこなかったんですか。

小坂井　ずっと問題にはされてきました。たとえば、平野龍一さんという大学者は、85年に書かれた論文で、「日本の刑事司法はかなり絶望的である」とおっしゃっています。戦後、本来ならば英米法を取り入れて、当事者主義化して、弾劾構造(裁判官・糾問官のみが真実を解明し犯罪者を処罰する糾問主義・職権主義に対し、犯罪を糾弾する者と、判断をする者、さらに防御する者が分かれている当事者主義構造)という形になるべきだったのが、結局糾問主義的な制度がずっと続いていると。その後、石松竹雄さんという、大阪高裁の部総括判事を長年やっていらっしゃった元裁判官の方が、89年、退官記念のときに「わが国の刑事被告人は裁判官による裁判を本当に受けているのか」というテーマで講演をされたんですよ。昔から日本の司法の構造については問題になっていたんですが、80年代になってくると、学者さんや実務家の方が、わりとこう、グッとくる言葉をですね(笑)。

渋谷　はははははは。

小坂井 「かなり絶望的である」、それから、「裁判官による裁判を本当に受けているのか」と、こういうフレーズが出てくる時代になった。死刑再審無罪事件（免田事件、財田川事件、島田事件、松山事件が、80年代に再審無罪となった）があったというのも背景として大きいんですが、調書裁判というものが延々と続いていることはおかしいんではないかという意識が、弁護士、あるいは一部の裁判官、そして相当数の学者の中で共有され始めたのが、80年代だと思うんですね。

80年代は、当時は「起訴前弁護」という言い方をしていたんですが、捜査弁護がとにかくずっと手薄だったわけです。今でこそ被疑者国選（弁護制度）ができて、捜査段階で弁護人がついてフォローするのが、刑事弁護活動としてあたりまえになりましたが、80年代までは特殊な事件や公安事件は別ですけど、ほとんどの事件では捜査段階には弁護士はつかなかった。公判弁護が弁護だというふうに言われていたんですね。弁護士会としては、89年、松江で人権大会という大会をやりました。この起訴前の現状をなんとかしないといけないということで、イギリスでやっている当番弁護士を日本でもやれば、捜査弁護活動がとにかく活性化するだろうと。90年代はじめから全国で当番弁護活動が広がって、10年かかってなんとか被疑者国選にたどり着きました。今の司法制度は、検察・警察側の力がとにかく圧倒しているわけで、捜査、また公判でさえ糾問的に行われるという現状に対して、被疑者国選の実現でなんとか対抗してきたんです。

日本の刑事司法に対する、伝統的な考え方

渋谷 小坂井さんは、日本の司法制度の背景には、お上が人を裁く、そこに正義があるという、大岡裁判じゃないですけど（笑）、その伝統があるとおっしゃっていますが、日本人の中にそういう刷り込みがあるのでしょうか。

小坂井 刷り込みがあるとまでは言いたくないんですが、日本の取調べ観というのは独特だと思います。たとえば、実況見分でも、科学的なチェックについても、日本でも捜査官は正確に、客観的にやろうとしていますよね。ところがいざ取調べとなると、なぜかみなさん、告解を求めるわけです。取調官は、牧師か坊主になるわけ。日本の司法制度は、そういう意味では坊主司法で（笑）。裁判官も坊主になりたがるし、弁護士もそう。私なんかもしょっちゅう説教してしまうんですが、取調官も、みんなそろって説教するんです。僕は、この取調べの淵源をたどると、江戸時代に行き着くのではないかと思っています。当時、口書という制度がありまして、このやり方がパターン化していて、伝統として根深いんです。

渋谷 時代劇でよく見るように、最終的に犯人が「申し訳ございません、私がやりました！」と (笑)。

小坂井 そこにカタルシスがあるわけですね。

渋谷 『水戸黄門』とか『大岡越前』みたいな (笑)。

小坂井 この前、ある大物のヤメ検 (元検事) の方とお話しする機会がありまして。検察はどうあるべきかっていう話の中で、彼は、「遠山の金さんであれ」と言うわけ。

渋谷 はははははは！

小坂井 僕は、びっくりしましたよ (笑)。検察官が一番なってはいけないのが遠山の金さんなんですよ。要するに、自分が現場にいて、潜入捜査して (笑)、桜吹雪を見せてこれが証拠だと言って、ひとりで全部やってしまう。彼はね、正義感を強調したかったのかもしれないけど、それは一番やってはいけない。それくらいの人物でもそういうことをおっしゃるから、非常に根強い、伝統的な取調べ観というものがあるんだと思います。

渋谷 そもそもこの特集をしようと思った大きなきっかけのひとつが、例の大阪地検特捜部の主任検事 (前田容疑者) による、証拠の改ざん事件でして、我々はこれにびっくりしたわけですけれども。これは、司法界でもやはり、すごくインパクトのある事実だったんですか？

小坂井 弁護士の間でも、温度差はあると思うんですね。ただ、我々のように刑事弁護をよくやっていて、特捜相手の弁護もしている者にとってみれば、驚くべきことではあるけれど、ひっくり返るほど驚いたかというと、実はそうではないんです。これは司法の根幹に関わるとんでもない問題だと、もちろん認識はできますよ。しかし、自分自身が驚いたかというと、まあ、普段彼らがやっていることの延長線上だなと。確かに彼個人の問題もあるけれど、これはシステムの問題だと思います。当然、起こるべくして起こったという感覚です。

　特捜事件に限って言いますと、いくつかの特徴があります。もちろんいろいろ内偵調査とかをしていらっしゃると思うんですが、特捜はある段階で決めてしまえば、もう決め打ちなんですよ。検察が、一旦犯人だと決めたら、大新聞にほとんど同じ内容が載るんです。まあ、「リーク」ですね。検察もメディアもそんなことはないとおっしゃいますけど。私の依頼者が来て新聞を見ながら、「先生、私はどうもこういうことになっているらしい」と言っていて、そのとおりになるわけです (笑)。そして、ターゲットとされた人物はおもむろに逮捕され、必ず起訴される。今まで特捜事件はたくさんありますけど、ターゲットにされた人が逮捕されて、それから

後戻りできたケースは、1件あるかないか程度で、ほとんどないと思います。

　要するに、あらかじめ検察のストーリーが決まっているんです。その人を捕まえる前に、周囲の人を捕まえる。グレーゾーンの人はだいたい捕まえるんです。ひどいと思うのは、誰から見てもホワイトゾーン、つまり、なんらかの関わりがあっても絶対起訴されることはないだろうという人まで逮捕して身体拘束するわけです。そうすると、ターゲットの人物を中心にしてぐるーっと円周ができる。周りの人物から取調べをすると、検察のストーリーに過不足なくピースが当てはまっていくような供述が集まるんですよ。そういうふうにするんです。

　もうひとつの特徴としては、今回の事件でもある程度議論されていたと思うんですが、基本的には、主任検事が全情報を握っているんです。それぞれの取調官というのは、鵜飼いの鵜なんですよ。あの人からこういう供述を取ってこいと言われ、取ってこれた検事が優秀な検事だと、こういった妙な構造があるんです。そうやってピースを集めてきて、ストーリーに当てはめる。ですから、その中心になった人物はもちろん起訴される。そのまま公判も進んでいってしまうというケースがほとんどです。

渋谷　そういうことが行われてきた中で、これほどラジカルに、構造の欠陥が外に出てしまったということが、むしろインパクトがあったんじゃないかという気もします。

小坂井　今回は、誰が見ても無理筋なところがありましたね。逮捕当時の新聞を見ればそうではない書き方ですけど。これは余談ですが、村木（厚子元厚生労働省局長。現内閣官房内閣審議官）さんに悪い噂がまったくなかったんで、どんなに取材してもネタが出てこなくて、新聞が悪く書けなかったという話もありますね。

　ただ、今回の件でさえ、率直に言うと、わかるべくしてわかったわけではないんですね。まず、村木さんの弁護団が頭抜けて優秀だったことがひとつ。それと、改ざんを受けた側の上村（勉・元厚生労働省係長）さんの弁護団もとてもセンスが良かったんですね。非常に不思議なことなんですが、裁判の途中で、本人の持ち物が郵送で急に還付されてきたんですね。その意図がなんだったのかがよくわからなくて、いくつか説はあるわけですけど。そんな状況の中で、上村弁護団に、「これはなんか変だな」と気付く感性があった。村木弁護団のほうでは、いわゆる6月1日問題、6月8日問題と言われているんですが、公判前整理手続の証拠開示の中で、6月1日というのがひとつ大きな論点になってくるということがわかってきた。要するに今回の事件は、彼らの弁護活動があってはじめてわかったのであって。今となっては、「よくもこんなずさんな」と言われているけれど、一歩間違っていた

ら、村木さん、有罪になって控訴していたかもしれませんよ。だって、捜査段階の調書は、本人の供述を除けば、ピースとしては全部埋まっていたわけですからね。そういうことを言いだすと、ロッキード事件だって怪しいということになってくるわけです。

取調べ可視化の意義とは

渋谷 取調べの可視化によって、日本の司法制度の問題点が是正されていく方向が見えてくると思うんですが、具体的にそれはどういうものなんですか。

小坂井 取調べの可視化というのは、二面性があります。一方で、「たかが可視化」なんですよ。ただ単に、最初から最後までテープに録ってください、それだけのこと。でも、「されど可視化」ということがあります。つまり、日本の調書裁判というのは、今までの日本の刑事司法実務の要の部分なんです。可視化が実現されれば、この要が外れるわけですから、もう革命的なことです。だからこそ、今までいろいろな議論があるにもかかわらず、いまだに警察も検察も大反対が本音なんですね。それだけ根深いものがあるんです。可視化によって、日本の司法制度の問題点がいくつか是正できるというレベルではなくて、根本的な是正になり得ると私は思っています。可視化が実現されれば、いろいろ危険な面もあるでしょうけれど、それも含めて大変革です。

　具体的に何が変わるかといえば、まず、可視化は違法な取調べに対しての抑制力をもちます。先日大阪で、東署事件というのがありまして、その任意取調べの段階で録音されたものがあるんですね。警察は彼がクロだと思って取調べを始めたんですが、彼が「違います」と言ったので、頭にきた刑事が延々3時間怒鳴り続けた、その様子を収めたテープなんです（笑）。そういうことは、可視化されれば間違いなく抑制されます。

　でも、そんな取調べばかりではないですよね。一生懸命話して、「真実」を引き出しているんだと。しかしそれでも、テープなどが残っていないと、「真実」をまったく検証できないわけです。可視化が実現すれば、ようやく告解の場が科学的な光に照らされるわけです。また裁判で、捜査段階の供述と言っていることが違うというとき、結局、水掛け論になるんですね。そこは、テープがあれば一発だということになるわけです。不当な取調べを抑制する機能と、全面的な検証の可能性、このふたつは今までの日本の刑事裁判にまったくなかったことですから、大きな意味を持っていると思いますね。

渋谷 取調べというのは、取調官と被疑者の密なコミュニケーションの中で真実が明らかになっていくわけで、テープやカメラが介在することで真実に近づく回路が絶たれる、という反論もありますが。

小坂井 その議論はまったくナンセンスです。隠せば隠すほど真実が出てくるという、こんな悪質なパラドックスはないですよ。しかも、彼らの言う信頼関係論というのは、まさに虚偽自白を生みやすい構造なんですよね。取調官には100の力があって、被疑者は個人で1の力もないという状態がずっと続くわけですから、誰もが、いずれは、迎合するんですよ。ですから、きわめて危険です。最近、心理学者の方たちが、取調べ方法についてもいろいろコミットするようになってこられたんですが、心理学で「ラポール」という言葉があります。適正な供述を引き出すためには「ラポール」を作らないといけない、という言い方がよくされるんですね。これが「信頼関係」と訳されて、取調官は、10〜20日間、延々と調べてようやくふたりが心を開きあう「信頼関係」ができあがると言われるんです。心理学者の方々からすると、これは違うんですね。ラポールというのは、面会して話をするときに、最初に、お互い人格として認め合っていますよというメッセージをきっちり示すこと、これが必要だということなんです。長い日数をかけて築くものではないという話を、何人かの心理学者の方にききました。

可視化をもっとも恐れるのは真犯人

渋谷 小坂井さんの言葉の中で、最高だなと思ったのは、「可視化を一番恐れるのは真犯人だ」と。これは、雑誌屋的にも使えるメッセージだし（笑）、可視化に反対している側にも結構響く言葉だという気がしますね。

小坂井 可視化で自白率がどう変化しているかについては、いろいろ議論はあるんですが、増えているという統計もイギリスなんかではあるんですね。もちろんイギリスの取調べは平均20、30分から1時間までとも言われていますから、比較はできない面もあるんですけど。なぜ可視化によって自白率が上がるかというと、取調官もきっちり準備して臨むわけです。取り調べられる側も、いい加減なこと言ったらいけないということで、もう「すいませんでした」となるわけです（笑）。これは私の推測が入っているから、違うかもしれません。でも、可視化したら自白率は減るはずだとみんな思っていますが、上がっているという統計もあることも事実ですからね。ただ、可視化の危険性というのもあるんですね。つまり、真犯人ではないのに真犯人のように見えてしまう人を、どうするのかという問題です。これは、難

関なのです。今は、可視化がようやく弁護士会のテーゼのようになりましたが、最初は弁護士会の中でも反対論が結構あったんですよ。理由は簡単で、「わからないからこそ、俺の弁護技術で無罪にしたんだ」と。

渋谷　はははははは！

小坂井　「可視化なんかされたら、裁判で（自白の）任意性を争えなくなるじゃないか」と、こう言った方もいらっしゃったわけです。当時は、その調書裁判の中でぐちゃぐちゃと任意性を争って、なんとか無罪にするというケースが現にありまして。老練な、ベテランの刑事弁護人の方には、そういうややこしいところをなんとか勝ち取ってきたと思っていらっしゃる方もいらっしゃるわけです。でも、可視化の議論を進める中で、真犯人ならば、そこはあきらめましょうよと（笑）、なんとか説得したという経緯はあるんですね。正直に言うと、可視化というテーマに皆さんの意識が統一されるまでに時間がかかりました。日弁連（日本弁護士連合会）では、むしろ弁護人立会いのほうが優先課題だという意識が強くて。日弁連として可視化を第1に掲げたのは、21世紀に入ってからでしょう。

渋谷　小坂井さんは、弁護士立会いも両方やるべきだと主張なさっていますよね。

小坂井　そうです。ただ、あえてプライオリティをつけるのであれば、可視化が第1ということになると思います。これはちょっときわどい話になるんですが、仮に今日いきなり弁護人立会い法案ができて、じゃあすぐに立ち会える弁護士が何人いるかっていうと、いませんよ。空気を食って生きていくんだったら別ですけど（笑）。とてもではないけれど、取調べ禁止とセットにしないと、ほとんど機能しないと思います。可視化だけでは危険なので、理想的には、弁護人立会いを同時に実現すべきだと思いますが、現実にはそちらは少し先の課題にならざるを得ないですね。体制作りに時間が必要かなというのが、本音ですけどね。

取調べの可視化は世界標準

渋谷　世界の状況というのは、どうなっているんですか。

小坂井　可視化は、グローバル・スタンダードになっているという言い方ができると思うんです。イギリスが一番最初に取調べの可視化を始めています。アメリカはミランダルールというのがありますから、もともとは可視化はいらないはずだったんです。被疑者が取調べ中に弁護士を呼ぶことができて、弁護士が同席するまでは取調べはできないというルールですね。しかし、そのアメリカで冤罪が非常に多いことが最近、わかってきた。なぜかというと、弁護士は呼べるけれど、弁護士

がいなくてもミランダの権利を放棄することはできる。ですから、ほとんどのケースでミランダの権利を放棄させるんです。そうすると結局同じことになる。アメリカも、85年くらいから徐々に、2000年あたりからは多くの州で、州法化、あるいは州の最高裁レベルでの判例化で可視化が実現しています。ただ、たとえばイリノイ州は殺人事件だけに限るとか、いろいろばらつきはありますよ。イリノイ州は、オバマさんが州議会の議員だった時に提案したらしいですけれども。確か、ワシントンD.C.を入れて17か18の州で実施されていると思います。アメリカでも、そういう形で広がってきているんですね。

　それからオーストラリアとニュージーランド、フランス、イタリアでもやっています。アジアで言えば台湾、そして去年（2009年）から始めている韓国。香港はイギリス系でもともとやっていましたから、アジアの可視化先進国といえば、香港になると思います。G7とかそういった先進国の中で、弁護人立会いも可視化もやってないなんて国は日本だけですよ。

渋谷　日本は、国際人権規約委員会というところから、勧告も受けているそうですね。

小坂井　国連の人権規約からすると、日本の取調べ制度はどう見てもいびつなんでしょうね。冤罪を生みやすい構造とみられているわけです。ですから、代用監獄をやめなさいよと。テープがない時代には、せめて逐語録くらいはつくりなさいと言われてきました。テープに通用性が出てきた時期からは、2回ほどテープ録音せよという勧告が出ていますね。これに対して日本政府は、我が国の治安がいいのは、適正な取調べをしているからだと主張しています。実際に、日本は治安が非常にいいですから、欧米諸国が日本の刑事司法を称揚している時期がありましたからね。でもそれは日本人が真面目だからで、密室取調べとの因果関係はないと私は思いますけどね（笑）。

裁判員制度によって進んだ取調べ可視化論

渋谷　可視化の動きを阻止している最大の勢力というのは、検察と考えていいのでしょうか。

小坂井　今の段階としては、やはり阻止しているのは警察、検察ということになるんでしょうね。ただ、我々が可視化をテーマとして掲げだした頃は、まだ弁護士会の一部が言っているだけ、という時期がしばらくあったんです。やはり裁判員裁判という制度で動きはありましたね。2003年、元裁判官で、札幌高裁の長官をやら

れていた吉丸眞さんという方が、裁判員裁判になれば可視化が不可避だという趣旨の論文を書かれたんですね。

　裁判官側から出てきた可視化についてのメッセージは、これがはじめてだったんですよ。

　2003年に、続けざまに2本ほどそういった論文が出たんです。これは僕の推測ですが、おそらく吉丸さんは、最高裁からGOサインが出た上で書かれたんだろうと思います。それまで裁判官側はずっと可視化について沈黙を守っていたんですが、最高裁自身が可視化賛成論へ舵を切ろうと決めたのが、2003年。裁判員裁判をやる以上、やはり可視化は必要だということになったんでしょう。市民の方に来ていただいて審理してもらうのに、任意性の審理で水掛け論をいつまでもやっているわけにはいかないと。被告人の権利とか言う以前に、集中して迅速に、充実した審理を行うために可視化は必要という、運営上の問題が大きいのかもしれません。

渋谷　裁判員制度というシステムを作ろうという、そういう動きが出てきたのはなぜなんでしょうか。

小坂井　それは僕のほうで解説できる能力はないですが、司法制度改革審議会での、この結論というのは、まさに同床異夢みたいなもので。検察・裁判官サイドは、日本の刑事司法は健全に発展してきて、それで問題はないと。しかし、弁護士会としては、日本の刑罰司法システムを根本的に変えないといけない、だから陪審員だと、そうやってやりあってきたわけですよね。その妥協の産物でぽこっと生まれたのが、裁判員という制度です。ある意味では、瓢箪から駒みたいなところはあると思います。

　僕も裁判員裁判、3回経験しましたが、率直に言うとやり甲斐はものすごくありますよ。エネルギーと時間は3倍かかりますけどね（笑）。裁判官っていうのは、こちらが何を言っても暖簾に腕押し、糠に釘の人がいて、どうしようもないこともあるんですけど（笑）、市民の方は揺れてくれるんです。それを法廷で感じ取れるということは、今までなかったことで。僕は今まで18人の裁判員の方を見たことになるわけだけど、皆さん真面目だし、一生懸命考えてくれる。いろいろ反対論はありますが、後戻りはせずに、改善策を出せばいいと思います。

渋谷　裁判員はやはり素人ですから、今までのような調書裁判で任意性を争われたら、専門用語を延々きかされる。それが、可視化されることで、当然裁判の内容はのみ込みやすくなるわけですよね。

小坂井　裁判員裁判で、本格的な無罪事件とか、虚偽自白が大きなテーマになっ

て争われている事件がまだほとんどないですから、その問題に本当にメスを入れないといけないのは、これからでしょうね。裁判員裁判の側から、可視化問題がクローズアップされていくと思います。おそらく、可視化すれば、旧来よくあったような任意性の争いは、ほぼ消滅すると思いますよ。ただ、グレーゾーンは残るかもしれません。というのは、日本の取調べは時間が長いですから、それをすべて法廷できけるのか、という議論をする方もいるわけです。ただすでに今、証拠厳選と言うんですけど、公判前整理の中で証拠をピックアップしていますから、裁判員の方に必要十分な情報を与えることが可能となっています。録画・録音したものについても、検事と弁護士が協力すれば、ちゃんとしたサマリーができあがるだろうし、問題ないと思います。サマリー化ができないというケースが万が一あればね、もう全過程見てきいてもらったらいいんです（笑）。それはもう、しょうがないですね。

渋谷 検察審査会についてはどう思われますか。

小坂井 あまり勉強はしていないんですが、裁判員と決定的に違うのは、裁判員は公開法廷ですから、さらされますよね。審査会はその点、ブラックボックス化していますからね。いろいろな批判が出る要素があり得ると思います。

渋谷 先ほどうかがって驚いたんですが、イギリスって、取調べの時間制限があるんですか？

小坂井 イギリスは、例外はありますが、原則24時間以内に起訴しないといけませんから。英米法系はだいたいそういう括りですよ。英米法では無令状で膨大な人数を逮捕してしまいますが、24時間以内に告発するかどうかを決めて裁判所に連れて行って、予備審問手続きで、その先をどうするか、決めるということになります。基本は24時間勝負なんで、取調べは多くても数時間以内なんですね。

　日本の捜査官から言わせると、欧米には囮捜査も盗聴もあれば、DNA鑑定もあり、日本に比べてはるかに捜査手法が多いから、取調べは1時間あれば十分だと。イギリスなどは、インテロゲーション（取調べ）ではなくインタヴューですからね。日本は捜査手法がないから、これだけの時間をかけてきっちりと話をきかなきゃいけないと、そういう論法になっているんですよね。ただ、可視化する以上は、取調べ時間も自然に短縮されてくるでしょう。ですが、そのぶん別の捜査手法をいろいろ獲得しなければいけないという、家事場泥棒のようなことをおっしゃる方もいるわけですよ（笑）。

渋谷 可視化をすることによって、可視化の効果というのもさることながら、それによって日本の司法制度のいろいろなバグが顕在化していくんですね。それを修正していかざるを得なくなるから、可視化は一点突破とはいうけれど、ものすごく

大きな突破口になるんですね。

小坂井 まさにそうです。今までの刑事事件は、業界の中で密閉して、業界言葉で処理されてきましたが、21世紀に入って10年も経って、このままではいけないというのは明らかでしょう。

渋谷 日本の裁判制度や検察や調書のあり方に対して、今回の村木事件で、これは問題だっていう国民レベルの認識は得られたと思います。でも、いろいろ問題があるなかで、それをひとつひとつ対症療法的にやっていっても、砂漠に水を撒くような感じで、改善したのかしてないのかわからないような、その繰り返しだったんだなあと思います。そこでこの可視化という一点突破の方法論というのは、本当に有効なんだと改めて感じますね。

政権を獲った民主党の、可視化政策への変化

渋谷 そんな中、可視化反対論に、「テープ代がもったいない」という理由もあるみたいですけど（笑）。

小坂井 今はさすがにほとんど、ないんじゃないですかね。デジタルメディアもありますし。ただまあ民主党政権は、結局予算がかかると盛んに言いますよね。可視化するには、今の装置ではまったく足りないですから。その種の業者がだんだん、どういう形で導入するか、ようやく本気になってる時期だと思うんですが（笑）。

渋谷 景気浮揚策にもなりますよね（笑）。民主党は、自民党よりは、可視化に対して積極的な印象がありますが。

小坂井 だって、民主党は可視化法案を過去に2回も参議院で通してるんですよ。つまり、「全過程を録画・録音しなさい。可視化が欠けていれば、証拠として認めません」ということです。この内容は、2003年に日弁連が作った案とほとんど同じです。いきなり可視化記録のみということになると厳しいので、調書と一応並存させるという前提にはなっていますけど。以前から民主党は、河村たかしさんが河村案という弁護人立会法案などを作っていたんですが、民主党は、可視化と全証拠リストの開示をセットにした案を2008年と2009年、参議院で可決しているんですよ。それが衆議院で、2回とも廃案になった。こういう経緯があって、民主党はマニフェストにも可視化と書いているわけです。だから私は政権交代したとき、素直に「今度こそ可視化法案が成立する」と言いふらしたわけですよ（笑）。

渋谷 はははははは。

小坂井 オオカミ少年か、オオカミ中年か老年か知らないけど（笑）、私は可視化

法案が提出されると思い込んだんですよ。千葉景子さんも法務大臣になって最初に、全面可視化だとおっしゃった。でも、あにはからんやですね。同時に、中井洽さんが国家公安委員長になられて。彼は、「国家公安委員長として、警察として、可視化に取り組まないといけない」と言ったんですが、「しかし、可視化する以上、警察に武器を与えないといかん！」とも話されていて。その研究会を作るということで、日弁連から人を出せという話になり、出すべきか議論したんですが、好き勝手に議論されるくらいなら、もうバカのように可視化可視化と叫び続けようと(笑)、私はメンバーにさせられたんですけど。可視化へ進むべきという声が強くなりつつあるのは事実だと思いますけど、やはり頑強に反対される方もいらっしゃる。その場で何か展開があるかどうかは、なんとも言えませんけどね。

　とにかく、民主党は自ら2回も法案を通したんですから、政権を獲ってから少なくとも法案提出ぐらいはできるだろうと思っていましたが、それすらできずに、法務省は内部で三役と法務官僚だけで勉強会をやりましたと称して、今年(2010年) 6月に中間取りまとめを出したんです。それで来年(2011年)の6月以降に本格的な案を出して、来年6月以降のなるべく早い時期に可視化を実施しますと言う。どう早く計算しても、再来年(2012年)の1月の通常国会以降にしか上程されない前提ですよね。しかも、その中間取りまとめの内容が、なるべく全過程にならないよう、なんとか一部の可視化で収めようという思いが露骨にあらわれてるんですね。やはりそれだけ、官僚の取り込みというのがすごかったんだろうと思いますけど。そういう意味では、外部者を入れて研究会を開いた中井さんのほうが見識がおありだったわけですね。

渋谷　小坂井さんは、一部分にとどまる可視化には猛反対していますよね。それは、オール・オア・ナッシングなわけで。

小坂井　いや、ゼロどころかマイナスですね。品のない言葉を使うと、日本の捜査というのは、板金捜査なんですね。叩いて伸ばして型に嵌めて、20日間余りで作られたところだけを、ポッと取るわけですよ。極端に言えば、今やっている取調べの一部録画は、「取調べ」の録画ですらなく、取調べ後のセレモニーなんです。だから、裁判でこの人は捜査段階で罪を認めていたんだっていう印象が鮮明になるだけですから、かえって危険です。

渋谷　要するに、作られた印象を与える、検察に有利なツールになってしまうということ。

小坂井　そうですね。ただこちらもね、録画されるときに最低限これだけは言え、というような弁護戦略があることは事実です。それに、録画がフォーマルなものと

して設定されたということが今までと違います。今は、一旦開始したらテープは止めることはできないし、証拠開示を求められたら必ず開示しないといけない。かつては、警察・検察は都合のいいところだけを好き勝手に録って、都合が悪いところは消せばよかったわけですからね。そういうことができなくなったという意味では、ひとつのステップを踏んでいることは間違いないですよ。ただ、今のやり方は最悪です。

渋谷 テープが回ってから、「俺はやってねえんだよ！」って言えないと、ダメなわけですよね。そんなこと、言えませんよね（笑）。

小坂井 無理ですね（笑）。

渋谷 民主党が、法案を2回も参院で通したにもかかわらず、政権を獲った後になんだか後回しにしているというのは、いかに壁が厚いかということですよね。

小坂井 それはもう、根強い伝統ですからね。氷見事件、志布志事件とあって（氷見事件、志布志事件ともに2007年に無罪が確定）、可視化の議論が盛り上がって、僕らは可視化の神が降りてきたって、良くない冗談ですが、そう言っていたんですよ。でもまあメディアの勢いは一過性で、一気に下がりました。次に足利事件。そして政権交代でしょ？　可視化の神がいよいよ降りてきたなと思ったら、法案も出ないんですから。ようやく村木事件で、今は神は地上にいらっしゃるんじゃないかなというところですね。

第3章　可視化論の誕生と展望[1]

インタヴュー＝指宿信

可視化論が生まれるまで

指宿　よろしくお願いします。まず、可視化論が生まれた90年代ですね、そのあたりから伺っていきたいと思っております。先生が取調べの録音や録画のことに関心をお持ちになった経緯とか、そのころの状況とか、ご紹介いただけますでしょうか。

小坂井　取調べの録音問題は高野山事件を担当されていた後藤貞人さん（弁護士・大阪弁護士会）からこういう事件を弁護していると聞いたときからのかかわりになるでしょうね。確か、93年に調書の任意性を却下する決定が出て、一部無罪判決が出たのが94年だったんじゃないかと思うんです。その事件を経験した後藤さんが、弁護士会が取組むこれからの改革課題は取調べの録音であろうと言いはじめたんです。当時、大阪弁護士会の刑事弁護委員会ができて、3年目ぐらいの時期だと思うんです、時期的には。

指宿　つまり、当番弁護士制度がスタートした時ですね。

小坂井　その少し後くらいですね。要するに、日弁連刑事弁護センターと全国の弁護士会で、90年代の初めには、刑事弁護委員会をつくっていったんです。それで、大阪でも刑事弁護委員会のなかに色々な部会ができました。僕が刑事弁護委員会に入ったのは、3年目からだと思いますが、最初は接見部会だったんです。そこで、将来の制度を考える部会として制度研究部会というところがありまして、その部会に移ったんですね。私自身は、当時は自称コマーシャルロイヤーでしたけれどね（笑）。もともと刑事弁護をやりたいなという気持ちがあって弁護士にはなったんですが、圧倒的に民事事件が多かった。刑事は趣味というか、刑事弁護は好きだけれども年に数件くらいは何とかやりたいというタイプの弁護士でした。今に比べれば刑事の受任件数はすっと少なかったです。

指宿　それはなにも先生だけじゃないでしょうね。

1　本稿は、2011年2月7日のインタヴューである。

小坂井 そうでしょうね。僕は毛利与一事務所出身なんです。毛利・島田事務所といいまして。ボスの島田信治弁護士は民事弁護士でしたが、最初に教わったのは訴訟は法廷内での合法的な闘争だと、ボスのカバンを持って法廷に出たときそう思ったことを覚えています。ものすごくアグレッシブなタイプで、「あいつは生まれつきの弁護士や」と、毛利さんが言ったという人だったんです。勉強になりましたね。僕は、基本的に刑事弁護は大事なんだとは思いながらも、年に数件は間違いなくやりましょうというくらいのペースで、おおむね 10 年間やってきました。刑事の事件数は決して多くないけども、否認事件もよく来るようになってきたなかで調書ってなんだろうと絶えず思ってたんですね。要するに、「作文」調書の問題です。僕の記憶がもし間違ってなければ、80 年代の終わりから 90 年代のはじめにかけてはまだ、「調書なんて作文だ」ってこう、はっきり言い切るまでの雰囲気はなかったような気がするんです。そんななかで、刑事弁護委員会の、制度研究部会で制度の研究をし、いろいろ議論をしていました。やっぱり刑事弁護委員会の存在は大きくて、そういう意味でも当番弁護士制度の発足が大きかったんでしょう。弁護士会として、刑事弁護の全体を組織化していく活動っていうのはやっぱり、刑事弁護委員会の発足まではなかったと思うんですよ。全部をカバーしながら、弁護士会全体の問題としてやってくという受け皿が 90 年代になってはじめて登場したと思います。それがだいたい 90 年代のはじめから、90 年代の半ばころの状況だと思うんです。

そういった状況の中で被疑者国選弁護に向かって頑張っていこうと、これが刑事弁護改革の第 1 の課題になってきた。けれども、その枠ができたときに変えるべき中身の、本当の刑事司法改革はなんなのかっていう議論がやっぱり取調べ問題に集中したわけです。そこで後藤さんが弁護士会の力量でやれるのは録音だろうというんです。94 年の春だったと思うんだけども、それだけ言って彼はその部会を去って行ったわけです。その提言だけを残してね。

「調書裁判」への疑問

指宿 まだ司法制度改革が始まる前の、時代ですよね。それ以前からはずっと弁護士会には代用監獄廃止という主張が組織としてあったと思うんですが。自白の温床が代用監獄なんだ、という。

小坂井 それはまさにそうだと思う。けれども、取調べ問題の改革こそが、刑事司法を変える要だと、たとえば 80 年代の末ぐらいまで、あるいは、当番弁護士が

始まる当時に、みんなの意識が共有されていたかといえば、必ずしもそうではないという気がする。今も、「小坂井さん、取調べの可視化よりも、代用監獄の廃止が先だ」と言う方はおられるんですよ。現に。そこは、多様な課題があるわけだけれども、実務に則して、今の実務の現状のなかで、どこをつかめばいいのか、どれが現実的かっていう発想、まあ大阪人的発想かもしれませんけども、それが大阪にはあった。それが、結局、取調べの録音となったわけです。93年度の制度研究部会だったと思うんですが、94年から、そのテーマを中心にやっていこうという提言が出されました。ですから、私の「可視化」への取り組みは、私が94年度の制度研究部会の部会長になったという、たまたまの、きっかけに過ぎないことになりますね。

　事件をやっていると、たとえば背任事件のように主観的要素がきわどい事件で、いわゆる自白をしてる人の調書でも、微妙なニュアンスで、捜査官がまさにここに手を入れたんだなっていうのに出会う。そういう経験がどうしても積み重なります。やっぱり調書そのものが「作文」なんだっていうことを、はっきり言うべきなのではないかと思い始めていた頃でした。同じ94年頃だと思いますが、『捜査弁護の実務』、大阪弁護士会の協同組合から出してる本があって、その改訂版の会議が始まったころに、元大阪高裁部総括判事の石松竹雄さんが「小坂井さん、調書なんて作文みたいなもんですよ」って、さらりと言わはったわけです。「石松さんが言わはんねんから、これはもう大声で言うてええんやな」と思った記憶があります。

　とにかく、あの当時は、パソコンもないなかで、まったく独自の方式で文献の注などから、関係ありそうな文献を集めていく作業をしているような状況でした。そういうなかで、テープ問題についての文献を漁った。だいたい、94年の夏季合宿のレジュメを作るためだったから、その前の3カ月くらいに集中的にやったんです。

指宿　刑弁情報に連載をお書きになられたのは。

小坂井　それは、その次の年です。

指宿　95年ぐらい、ですか。

小坂井　だと思います。94年に夏季合宿がありましてね、捜査の可視化について報告することが決まっていたわけです。取り組んだ最初は、「録音について捜査機関以外は別に反対してる人はおらへんのやろ」という程度の認識でした。そういう方向になるのは、時代と共に当然の話になっているんだろうと思ってました。捜査機関がどう言っているかは別にして。少なくとも学者、弁護士サイドで異議を唱えるような立場はないだろうと思いながら文献を集めていたんですよ。ところが、いろいろ調べてみると学者レベルであんまり評判良くないわけですね。

弾劾的捜査観への違和感

指宿 その当時、ですね。

小坂井 まあ今でもそういうところはありますけれど。札幌高裁判事から北大教授になった渡部保夫さんが、最初にイギリスの実務を受けての論文[2]を書かれていた。前後しますが、三井誠さん（当時神戸大学教授。現同志社大学法科大学院教授）が、可視化という言葉を使われたんだと思うんです。でも、学界サイドを見ていくと、たとえば、田宮さん（故田宮裕・立教大学教授）は時期尚早論なんですよね。

指宿 田宮先生は、日本の取調べはカウンセリング過程だ、まず捜査の弾劾化が先だ、と言われています。

小坂井 そのあたりから実務家としてはものすごい違和感を感じましたね。

指宿 なるほど。

小坂井 発達してきている機器を利用しない手がどこにあるのか、と思いながらいろんな文献を読んでいって、あの刑弁情報[3]に書いた論文を書いたんです。だいたい、94年の夏ごろに夏季合宿で言ったのをベースにして書いてます。そういう意味では構想的には90年代の半ばに僕自身の頭のなかには出来上がったとは思うんです。

指宿 なるほど。では、その後はどういう流れですか。

小坂井 その後にくる改革課題は何かというと、当時ちょうど日弁連の方はアクションプログラム[4]を出していこうとする時代だったと思います。ただ、あれは非常に総花的で、取調べについていえば、まず弁護人立会いなんですね。当事者主義の弁護活動の在り方としてね。僕はなにも弁護人立会いを消極的にみているわけでもなんでもないんですよ。けれども「可視化」を先にというのは、日本型のこの調書裁判、極めて特殊なものがあって、ここが日本の刑事司法の要の部分を形成しているんです。「タカガ可視化」だけれど、「サレド可視化」なんです。これを調べていくと、非常に根深いということがわかってくる。明治刑訴時代の「聴取書」、さらには江戸時代の「口書」制度にまで遡る伝統なんですね。で、ここをどう変え

---

2 渡部保夫「被疑者尋問のテープ録音制度——圧迫的な取調べ、誤判、裁判遅延の防止手段として」判例タイムズ608号（1986年）5頁。

3 大阪弁護士会刑事弁護委員会発行のニュース。

4 1995年に日弁連が策定した「刑事司法改革の実現に向けてのアクション・プログラム」のこと〈http://www.nichibenren.or.jp/library/ja/opinion/base_policy/data/951017.pdf〉。

るかといったときに一番簡明なのが記録として全部残すことです。ひるがえって言いますと、学界の状況を詳しくは知らないけども、平野さん（故平野龍一・東京大学法学部教授）が弾劾的捜査観をおっしゃって以降、多くの学者は、とにかく弾劾的捜査観って、書いているわけですよね。

指宿 それは、やはり私たちより上の世代っていうのは、1990年代頃に教職についていた者は、ほぼ全員平野刑訴を学んでるわけですね。やっぱり弾劾的捜査観が日本の刑事訴訟法のあるべき姿なんだっていう「ベキ論」は圧倒的でしたね。

小坂井 生意気ながら、僕は81年に弁護士になってるんですけれども、自称コマーシャルロイヤーで、細々と刑事弁護をやってきた人間からみても、10年ぐらい過ごすと刑事においていかに学界が言ってることと実務とが隔絶してしまっているか実感するわけですね。表現しようがないほど隔絶してるんですよ。こんな理論なんになるのかというのを、やっぱり弁護士として実務をやってるうちに思わざるを得ないわけですよ。

指宿 30分（依頼人と）接見すらできないときに、どこが弾劾主義、当事者主義だ、というわけでしょう。

小坂井 だからこそ、録音録画に対する田宮さんの言葉にひっかかったわけです。カウンセリング過程という言い方で、現状を追認して認めておきながら、捜査の弾劾化が先で、時間を短縮することからまず考えないかん、みたいなこと書いてあるわけですよね。全部録音やるなんてあまりにも無駄な作業だと、いろいろ田宮さんが書いているわけです。こう言ったら悪いけども、「今の実務に対してそんなこと言ってる場合か」と思うわけですよね。

　余談をさらにしますと、『憲法的刑事手続』（日本評論社、1997年）という本の作成に途中からかかわりました。僕は、たまたま38条の1項、2項を当てられたので、一生懸命文献を読んだというようなことも、可視化論に実は関係はしていると思うんです。あの本のなかで、高野隆さんは、デュープロセス論が、むしろ今の裁判所を支えているとして田宮（説）批判をしています。要は平野刑訴で始まって、田宮刑訴でデュープロセス論になったんですけれども、裁判官期待論にすぎなくてどうも現場の裁判所ではそれが単なる利益衡量みたいになってきている。

指宿 実務追認ではないか、ということですね。

小坂井 そうです。たとえば、任意性で言えば、事情を総合衡量して証拠能力を認めるための手段になっている。違法収集証拠にしても、結局、最終的には明確な基準はあってないような感じです。いわゆるデュープロセス論というのは、結局、実務の現場で裁判所に期待しているだけなんですよ、一言で言えば。

そういう状況もあったんで、実務の現場できっちりとした声をあげないと、変わりようはないと、思ったわけです。そのことは日弁連も自覚していて、被疑者国公選（弁護制度）を立ち上げるのがまず先だけども、その後にはいろいろアクションやっていきましょうということになってきたわけです。

大阪流の実践型、共有型の刑事弁護

指宿　たとえば、起訴前保釈、これは、諸外国と比べて、大きな違いですね。

小坂井　人質司法の打破は当然ですよね。でも、弁護人立会いだとか、アクションプログラムでいろいろとなんでもかんでも言っているという感じがあったわけです。机上の空論ではないかという感じもありました。「言うのはええけども、だれが、どこで、やるの」と。どうやって、運動として立ち上げるのか。そういう話です。そういうことを議論していくうちに、もうひとつの要素にどうしてもなると思うんですけど、一点に絞っていいなら、これはもう、「可視化」だと。これが、今の、日本の調書裁判と言われている、あるいは、冤罪を生む、あるいは不正確な事実を認定させる、あるいは、圧倒的に判検が一体になっている構造になっているような、この非常にどうしようもない状態を作っている、大本はとにかく調書にあるということです。調書の何がいけないかと言えば、それはまさに、それこそ「特捜型」と今回言われたように、取調官本人が結局、調書を「作文」している、最後にサインさせたものを、あたかも、直接的で一級の証拠であるかのようにして、事実を認定させている。調書におんぶして、一丁上がりにしてるわけです。この構造を変えるしかない。そのためには、取調べ過程そのものがクリアになれば、根本的に変わる。ということで、「可視化」だと言いはじめたわけです。

　自分なりの可視化論みたいなものをイメージしはじめた時に、実務と乖離した学説と実務を架橋したいというモチーフはあったと思います。

指宿　特に、大阪弁護士会は委員会派遣を真っ先にはじめましたね。弁護士会のなかでは、最も先鋭的な弁護活動を実践されてきたと思いますし、それは、法曹界でもマスコミでも知られていますよね。

小坂井　大阪のそういったところの良さは、とにかく、刑事弁護をみんなで共有しあい、実務上の経験を交流しあいながら、現場での実践に則してやるというところですね。委員会派遣も、大阪的で刑事訴訟法39条1項のこれは弁護人となろうとする者に当るから、とにかくやろうということでした。どこに依頼人がいるのかという、例の議論にはなるわけですけれども、とにかくやってみようと。「まず実績を

作っていって、理屈は後づけになってもかまへん」みたいなところも一方ではありましたけれど。

指宿 警察も、押しかけてきたらそれを断るわけにはいかないだろうというような、期待ですか。

小坂井 初期にもめたのはあったんですけれど。でも、最低限、それはもう本人の意思確認はしてくれと言えないはずがないとなったわけです。そこは実務上のせめぎあいというか、細かい場面ではいっぱいありえたと思うんですけどね。

　話を戻すと、私としては、「可視化」問題がベースということは間違いないということで、権利論を考えました。根拠は、自分の言ったことはちゃんと記録されないのはおかしいということに尽きますね。身体拘束されている人が取調室にテープ機器を持っていけるかと言えば、どうも持っていけない。機器を差し入れするとか言うといろいろ言われる。戒護上の問題だとか言って、なんで無理かようわからんけど、「とにかく無理」となるわけです。そうするとやっぱり捜査機関に申入れするしかない。

指宿 なるほど。

小坂井 僕としては、理論的確信に達して、95年からだと思うんですけれども、申入れ実践を始めたんですね。僕自身、最初は自白事件ではやってなかったんですが、否認事件になると、「自分の訴えていることがちゃんと記録に残らないのはおかしいでしょう」と言って本人に説明して最初は、連署してもらってたんです。申入書に。今になっては笑い話に近いかもしれないのですけど、申入れにはものすごく気を遣いました。「こういうものを入れて俺の依頼者がいじめられたらどないするんや」と思ったわけですね。

指宿 なるほど。そんな時代だったんですね。

小坂井 これは冗談でなくて、当時は、検察官に必ずごあいさつに行ったんです。私はこれこれこういうものを提案させていただくけれども、これはこれこれこういう考えに基づくものであって、決して他意はないと。

指宿 ははは。

小坂井 当たり前のことを当たり前に言ってるだけなんだと説明しに行っていました。当時は、まだあっちも牧歌的でしたね。

指宿 ほう。

小坂井 面白いもんを出しはりますなと、話しのできる検事さんなんかも結構いたりして。

指宿 へえー。

小坂井　それはそれでおもしろかったんです。で、可視化申入れのなかに立会い要求もくっつけたり、都合のいい時間はこれとこれやから何とか立会いできませんかと言ったりしながらね。で、結局、純然たる参考人の代理人としては当時も立会いをやりましたけれども、被疑者では無理でした。当時は参考人でも立会いしたことは公表しないでくれといわれましたが、もう時効だし、最近はめずらしくなくなったから、言っていいと思いますけど。

　しかし、私だけがやったところで運動としては意味もないので、これやっぱり会として、取り組むべきだという発想を持ち始めたんです。当番弁護士活動がだんだん活発になって、刑事弁護委員会もちゃんと委員会として活発に活動していくなかで、個別にやっていればいいという時代でなくなってきたんですね。逆に言えば、「刑事司法は、もう個人の力ではあかん、何度どれほど頑張ってもあかん」というところに来ていました。制度が変わらないとだめだと、どっかを入れ替えないと絶対だめだと思い始めたわけです。

「可視化」運動への展開

指宿　そこから会の運動になっていったわけですね。
小坂井　もともと大阪の刑事弁護委員会からの発信で、可視化の問題が始まっていたものですから、大阪弁護士会の運動にしようと考えました。90年代の終わり頃は、根回しって言うと語弊がありますが、活動もはじめたわけです。刑事弁護委員会自体は早くまとまるわけですけれども、個々の弁護活動に介入するというのはどういうことかという反対意見を言う委員会もありましたね。大阪弁護士会として、当番弁護士として活動する際の袋には可視化の申入書を入れて、なるべくこれで申入れをやりましょうということを言っても、これを決めるだけで多分1年くらいかかってます。
指宿　そんなに。
小坂井　2000年の3月にはじめて大阪で可視化一本に絞ったシンポジウムをしたんですよ。これが、多分、可視化一本に絞った全国最初のシンポだと思うんです。静岡県弁護士会の小川秀世さん（弁護士）に来てもらったり。彼は、指印拒否と録音要求をいつもセットにしてるということでしたから。甲山事件の関係では、谷野哲夫さん（大阪弁護士会所属）に来てもらって、園児供述のテープの話とかしてもらったり。あと財前昌和さん（大阪弁護士会所属）に、弁護人側として供述証拠を保全すれば、署名指印拒否でいいということを言ってもらった。何人か、そういう

弁護実践をしている人を呼んで、最後に秋田真志さん（大阪弁護士会所属）が可視化申入書を弁護士会として当番弁護士の袋に入れたいと、言ったんです。だから、2001年くらいです。

指宿　あの頃、司法制度改革審議会が始まってきますよね。

小坂井　そう、あのなかで、やっぱり可視化論がどこまでいけるのかなって関心を持ってたわけです。日弁連の方の動きで言えば99年の前橋の人権擁護大会のシンポジウムですが、「人質司法」と、「市民の司法参加」、そして、「可視化」がテーマだった。要するに可視化がようやく最優先課題の1つになったんですね。それまではアクションプログラムの中で、まず立会いが先だという弁護士会の状況があり、学界としては、弾劾的捜査観に立つ学説がいろいろあった。他方で、99年の時には（当番弁護士創設のきっかけとなった人権擁護大会のシンポジウムであった）松江から10年経ったという状況の下で、ようやく「可視化」が改革課題の三本柱のひとつになったわけです。

　そういうなかで、司法制度改革審議会がどうなるのかなあと、見ていたわけです。結局、全部先送りになっちゃったんですよね。

指宿　そんな状況のなかで、付帯決議が衆議院で2003年に出ましたね。

小坂井　それ以前に、われわれも、大阪弁護士会で可視化申入れ運動をはじめたし、当番弁護士の袋に入れた。しかし、申入れ運動はなかなか広がらない。どうもいまひとつだという時期に、秋田真志さんがイギリスに行こうと言い出した[5]。

指宿　こんどは海外に目を向けた。

小坂井　やはり、百聞は一見に如かずですね。イギリスでは、まだダブルデッカーの（テープレコーダの）時代だったし、ビデオは、始まるか、始まらないかという状態でした。

指宿　あれは、個人的に行かれたんですか。大阪弁護士会として行かれたんですか。

小坂井　名称としては、正式なかたちで会として行ったと思います。もちろん旅費は自前です。カンパはしてもらいましたが。

　まず、ボールドウィンさんにお会いしました。お会いして、取調べビデオを見て、それから一通り可視化の現場を見た。僕は、すべてイギリス型がベストだとももちろ

---

[5]　イギリス調査については、以下の書籍にまとめられた。小坂井久＝秋田真志編、渡辺修＝山田直子監修『取調べ可視化――密室への挑戦――イギリスの取調べ録音・録画に学ぶ』（成文堂、2004年）。

ん思ったわけじゃない。けれども、捜査官にとって可視化はいいんだと言われたのは印象に残りましたね。可視化論を自分なりにつくっていくなかで、僕は正直言って今起きている議論はわかっていました。こういう言い方すると傲慢に聞こえたら困りますけれども、それはある意味では全部見えていたと思います。可視化っていうのは危険なんですってことも含めてね。

指宿 ボールドウィン先生も、今私が危険性として指摘しているようなことを、インタビューのなかでおっしゃっていましたね。

小坂井 そう、言ってますね。僕も確かに、見る者に対する印象の強烈さみたいなものはどう解決するのかは大難問だと思っていました。

指宿 新しいようで、以前から意識されていたという問題なんですね。

小坂井 次の話に移るわけですけれども、次の大きなエポックが、2003年になるんです。なぜ2003年かと言うと、後藤さんの次の刑事弁護委員会の委員長が、山口健一さん（大阪弁護士会所属）だったんです。日弁連の国選弁護シンポジウムを大阪でやることになったと日弁連で決まったから、と彼が言ったわけです。で、「小坂井さんやってくれ」って言われるわけ。私は、当時副委員長だったかな、刑事弁護委員会の。私は、可視化だったらやりますけど、それ以外一切やりませんよと言ったわけです（笑）。

指宿 なるほど。

小坂井 2003年の初めに、プレシンポと、本シンポと両方やったんですが、本シンポの方は被疑者国選のいろんな制度論とかを含めて、可視化はひとつのパートでした。でもプレシンポの方は可視化一本に絞ってやりました。クライヴ・デントンというイギリスでお会いした刑事さん、巡査部長さんに来ていただいて、講演していただきました。

指宿 海外から捜査する側を招いたのはすごいですね。

可視化運動の転機、2003年

小坂井 もうひとつ組んだ企画が、「後藤・髙野論争」（後藤貞人弁護士対髙野嘉雄弁護士）というものです。

指宿 なぜでしょう？

小坂井 なぜかというと、それはこの前の2002年くらいに一度、近畿弁護士会連合会で可視化のシンポやったときに僕と髙野嘉雄さんで論争になったんです。僕は、可視化、とにかく第一の改革テーマだと。しかし、髙野さんは、「可視化な

んかして、被疑者を証拠方法としてその場でさらす。そういうことを認められると思うのか」と言って、批判された。

指宿 それは弁護側からすれば危なすぎるということですね。

小坂井 そう。それと同時に、「取調べが見えないからこそ、俺は無罪とってきたのに、俺の商売奪うな」という話でしたね。

指宿 それは、別に髙野先生だけではなくて、多くの積極的に刑事弁護されてきた方で、まさに密室であることを逆手にとって無罪、あるいは一部認定落ち、あるいは、量刑で成功されている方が主流だったんじゃないかなと思うんですが。

小坂井 それが主流かどうかは、私はなんともいえないんですが、とにかく、緻密に、刑事弁護で緻密に調書を読み込む。すると、わからないところが出てくるわけですよ。で、わからないからこそ、やっぱりこれは別の筋が立ち得るんだというような話なわけです。それなのに、それを可視化でクリアにして、証拠方法にしてしまうことが「どんなきわどいことだと思うてんねや、小坂井」といわれましたね。

指宿 浜田式自白調書分析も、結構似てますよね。

小坂井 ですね。後づけして、調書をすべて丹念に見て行って、ストーリーがこう立つという、浜田寿美男教授の理論ですね。

指宿 あの当時、弁護側のそうした方法論と、浜田理論は合致する部分があったんじゃないかなという気がしますね。

小坂井 それは、おっしゃる通りかもしれませんね。それで、髙野さんと可視化論の論争がしばらく続いたんです。その議論自体はもともと予想されたことではあったわけですが、髙野嘉雄弁護士のように「証拠方法として、早期の段階から、自分の依頼者をさらすとは何事だ」と強く言われると、論ずべき重要な論点ではあり得ますよね。

　だから、2003年に決着をつけましょうということになった。実は日弁連全体はともかく、大阪グループというか、近畿グループでは、だいたい合意に達していた。それで、2003年にクライヴ・デントンさんの講演とともに、後藤・髙野バトルトークというコーナーを設けたんです。髙野さんは、いろいろ議論していくなかで、「わかった」と、「もうほんとうにほんとうの真犯人は諦めよう」と、ようやく彼が納得してくれたわけです。

指宿 なるほど。

小坂井 それまでに結構時間がかかったんですが、髙野さんにヒール役をやっていただいて、後藤さんが可視化について勝利をおさめるという、シナリオ通りになりました。そこで、われわれとして密室擁護型の弁護からの決別を決め宣言した

わけです。密室取調べこそが日本の刑事司法の伝統で、まず弁護人がここから脱しないとどうしようもない。

　この、2003年に、ちょうどまさにそのときに相前後して吉丸論文[6]と佐藤論文[7]が出たんですね。

指宿　なるほどね。それは偶然とはいえ。

小坂井　ええ。2003年が可視化運動にとってひとつの活性期の始まりになったわけです。2003年に、それまで止まってた風がまた吹き始めたわけです。さらに言いますと2003年の夏に、僕は当時大阪の刑事弁護委員会の委員長をやっていたんです。そこで、日弁連の接見交通権確立実行委員会と刑弁センターの制度改革部会に、大阪に来ていただいて合宿したんですよ。

　何を決めたかというと、要するに「日弁連（可視化）法案」をつくろうとした。稚拙なものであっても、とにかく条文化して、立法運動しかないということになった。

　今まで、運用で何とかやろう、やろうとしてやってきたけれども、事態はやはり動かない。いろいろと個別実践はコツコツ広がり始めたけれども追いつかない。やはり立法化をきっちり日弁連でも打ち出さないとダメだと。日弁連は自ら積極的に法案を打ち出した経験は、あまりないんではないか、それを今こそやるべきだという想いがありました。そこで議論をしまして、今の民主党案と趣旨としてはまったく一緒と言っていい内容ですが、被疑者取調べについては、最初から最後まで録音・録画するとした。1カ所でも抜けていれば、つくられた調書には証拠能力はないという法案をつくったんですよ。

　その時の議論のなかで、今も尾を引いてる議論は権利だと言うんであれば権利放棄を認めるのか、あるいは逆の意味で同意にかからしめるかどうか、それとも全部記録を義務とするのか、それらの点をどうするのかという議論を相当時間をかけてしました。

指宿　2010年にできたアメリカのモデル録画法案でも、その点について同じように激しい議論があったようですね。

小坂井　なかなか難しいんですが、そのときは、結局、全部義務でいいと、国家

　6　吉丸眞「裁判員制度の下における公判手続の在り方に関する若干の問題」判例時報1807号（2003年）3頁。その後、吉丸判事は可視化問題について、「録音・録画記録制度について（上）（下）」判例時報1913号（2006年）16頁、同1914号（2006年）19頁という論文を公刊することになる。

　7　佐藤文哉「裁判員裁判にふさわしい証拠調べと合議について」判例タイムズ1110号（2003年）4頁。

の義務にしましょうとなりました。そうしないと、証拠能力判断がややこしいからという理由もあって。そういう法案をつくりました。

その後、日弁連に可視化のワーキンググループをつくろうということになって動き始めたのが2003年の秋ぐらいのことですね。

指宿 激動の2003年ですね。

小坂井 この「後藤・髙野バトルトーク」の時に、初めて「被疑者ノート」[8]の原型を発表してると思います。プレシンポのひとつの目玉で、当時「勾留ノート」とかなんか呼んでいましたが、それを本シンポでも発表して、会としてつくっていきましょうと言いはじめたんです。そういった意味で、日弁連の2003年のワーキンググループの発足を契機に、可視化が日弁連としての運動となったわけです。最初は一応私が事務局長をやるかたちで大阪から半分近くメンバーを出すという非常に変則的なチームが日弁連内にできたんです。今は、そんな構成ではないですけれど。

指宿 その後日弁連は次々に海外調査に行かれました。

小坂井 ええ、2004年には、僕自身が行ったのは、台湾、韓国、香港、イタリアです。2004年は、海外視察をやってシンポをするという、もう、やみくも路線というのを、打ち出したという経緯があります。ひとつ目新しかったのは、日弁連として、運用面ではなくて立法化でこの改革は勝負するんだというのを、明確に打ち出したことです。それと、もうひとつは、同時に「やっぱり実践でもやってかないかん」っていうのが、絶えずあります。ようやく、最近になって可視化申入れもスタンダード化してきたという感じがするわけです。特に被疑者ノートはあっという間に広がりました。そういう現場の実践を積み上げることによって、必ず制度の改革にも結びつくはずなんだという、発想は良かったのではないかと思っています。

政策運動と弁護実践の共存

指宿 最初は、アクションプログラムに距離感を感じられてた小坂井先生が立法化を進めなきゃいけないっていう観点に立たれるようになった。他方では、従来からの、地に足の着いた実践の方も、やらなきゃいけないというスタンスも維持された。

---

8 被疑者ノートにつき、詳しくは、自由と正義58巻10号（2007年）の特集「取調べの可視化に向けたあらたな弁護実践と理論」を参照。

小坂井　逆に言えば僕は、その現場の実践がなかったらやっぱりどうにもならんと思うんですよ。あの、アクションプログラムが間違ってるなんて言う気はまったくないんです。ただ、改革の方向性自体は正しいんだけれども、弾劾的捜査観と一緒で必ずしも地に足がついていないわけですよ。

　何でもかんでもと言いすぎだし、距離があり過ぎる。人間は、どっかでこう、ひとつひとつ、少しづつやるしかないところがある。一挙に変わるときもあるかもしれないけれども、それは地道な努力の積み重なりの結果、生じるんです。だから、被疑者ノートっていうのは、極めてささやかな、地道な路線ですよね。可視化申入れにしてみたって本当は極めてささやかなはずなんです。けれども、可視化することについてはすごく抵抗があるわけですね。他方で、弁護人立会いをいきなり求めても、それで、実現するわけじゃない。申入れはいいんですよ、申入れて個別実践としてやるのは。本当に制度として実現しようと思ってやっていくとき、少しは実務からの距離の近いところで、理想に向かうところの実践を積んでいかないといけない。いきなり理想の刑事司法になることは絶対ないっていう発想がずっとありました。

指宿　可視化についても申入れだけではらちがあかない。

小坂井　だから、可視化には学者の方でクレームをつける方がいるんだけれども、僕は、最初の可視化論を出したとき、これは刑訴法１条にまさに適合的なんだと申し上げた。糾問的捜査観、弾劾的捜査観っていうけれども、録音録画は日弁連が今言ってる通り価値中立的なんだから、どっちから見たってこれは別に等距離だと思う。文句はどこからもつけようはずがないと考えたわけです。髙野嘉雄さんがおっしゃるみたいに、いきなり可視化をはじめたら、たとえ全過程であっても、危険は必ずあるでしょう。しかし、全過程だったらそれは相当程度希釈できるだろう。弁護括動がしっかりしていれば、フォローもある程度はできるだろう。まっとうな経験則ができ上がれば、自由心証主義にゆだねても、楽観論の一歩であるかもしれないけれども、全過程が鍵で、なんとかフォローできるのではないかという発想です。

　他方では、しかし、取調べ側から言わせれば、それは圧倒的に防御権の強化になると、彼らは言うわけです。僕は、あっちの反対は根強いとは思っていました。けれど、必ずしもこれほどまでとは思っていなかったですね（笑）。

可視化が政治的課題になる

指宿 だんだん現在の話になってきますけども。

小坂井 本音を言うと、それほどに可視化されて具合の悪い調べばかりとは思わなかった（笑）。やっぱり、2003年の吉丸・佐藤論文で裁判所がとにかく可視化論者の立場に立つということがある程度はっきりしてきたわけじゃないですか。

指宿 はい。

小坂井 その後、実は、先に触れた付帯決議以降、「刑事手続の在り方等に関する法曹三者協議会」をとにかくやるとなって、僕もそのメンバーになって行ったんですよ。今はもうほとんど休眠状態なんですが、実は、あのときに、国会答弁では、「可視化の議論を法曹三者で、順次検討中でございます」という答弁があったわけです。ところが、三者協議会に行くとみんな決まりきった言葉を言って、おしまいです。結局、法務省・最高検としてこれが課題ですいうのは何も出てこないんです。そのうち、裁判員裁判が近づいてくるというので真っ先にまず規則をつくらないととか、そういう方向に三者協議会の方も流れて行ったわけです。そんななか、妥協の産物として2006年でしたか、一部の部分録画というのがはじめられました。で、僕は、最高検とか法務省とは、御都合主義的なところがあるんじゃないかと思うところがあります。以前は任意性立証のための一部録画ですと、嫌というほど言っていたという記憶なんです。適正化のための方策に位置づけてなどいなかった。絶対に「可視化」という言葉は使わなかった。

ところが、民主党政権になったとたんに、コロッと変わった。2010年の（法務省の勉強会から出された）「中間取りまとめ」[9]を見ていくと、しっかり表現を変えているんですよ。以前は「取調べの適正化のための手段ではない」としていたのが、中間取りまとめでは、「この間の取調べの適正化の一環、進み方」というようななかに一部録画が「可視化」と称して入ってるんですね。

指宿 なるほど。

小坂井 一部録画自体はとても危険なものですが、とにもかくにも、フォーマルなかたちでの録画ではある。徐々にこう、運動なり、現場での活動なりが進展していくなかで、まったく無視することは当局側もできないとなってきたと思います。

指宿 最初に日弁連の法案をつくられたのが2003年で、民主党政権が2009年

9　法務省「被疑者取調べの録音・録画の在り方について――これまでの検討状況と今後の取組方針」（2010年6月）〈http://www. Moj.go.jp/content/000069882.pdf〉。

に誕生ですね。その間に民主党案が出てきました。

小坂井 今までの実は2008年と2009年に2回参院通ってますけど、その前にね、「河村案」いうのがあるんです。河村たかしさん（現名古屋市長、当時民主党衆議院議員）がつくったといわれている弁護人立会法案、多分2002年ぐらいと思うんです。とにかく、2008年と2009年の2回参院を通ってるわけですよね。だから、一部録画が始まって、裁判員裁判も始まって、政権交代となって、政権交代があったら法案提出くらいはすると思っていたんです。少なくとも。

指宿 もういよいよ可視化の時代だと。

小坂井 今、法案として出せないという事態がずっと続くということは、僕がちょっと政治の世界の理屈を知らなかったせいもあるんだろうけれど、僕のイメージのなかにはなかったですね。さすがにがっくりきましたね。

指宿 小坂井先生が警察庁の「捜査の高度化」研究会のメンバーになられたのは2010年でしたね。

小坂井 民主党政権になって、中井洽さん（民主党衆議院議員。当時の国家公安委員会委員長）が「可視化はするが、警察にも新たな武器が要る」みたいなことを言って。日弁連に委員推薦の打診が来たんです。日弁連内ではだいぶ議論はしたんです。委員を出すか出さないか。まあ、行くしかないだろうということになって、竹之内明さん（弁護士・東京弁護士会）と僕がいくことになったんです。

指宿 研究会について、差支えない話を伺いたいんですが。

小坂井 この間ずっといろいろ議論してきて、厚労省元局長事件があり、その後の前田検事などの大阪事件があって、この研究会での議論も可視化推進の方向になってきているのではないかな、と私としては認識しています。元捜査官の方は、なかなか賛成されないですけどね。心理学の知見などが元捜査官の方々にすんなりと受け容れられなかったりするのは残念なところですね。この研究会自体も、可視化はやる方向で、とにかく意見を言う場ではあると思っています。厚労省元局長事件や東署のテープ事件[10]は影響はあったんじゃないかと思いますよ。

指宿 それらの事件の影響となると、2010年の下半期から雰囲気が変わってきたと。

10　いわゆる大阪府警東署事件。警察官が「警察舐めてたら殴るぞ」などと取調べ中に被疑者に述べたことがICレコーダーに記録され、これが弁護人を通じてメディアに提供された。指宿信編『取調べの可視化へ！』（日本評論社、2011年）Ⅱ〈4〉参照。また「暴言問題で大阪府警東署の警部補らを処分」産経ウェブ〈http://sankei.jp.msn.com/region/news/110113/osk11011300450001-nl.htm〉等も参照。

小坂井 そうかもしれませんね。今、取調官と被疑者の間で人生を語る時代かどうかですね。今の若い連中には人生は語れないとかいう話もありましたね。中間取りまとめが今年（2011年）の4月はじめには出ますけれど、それは、今までの調査や議論の内容を紹介しているだけのもので方向性はないのです。

　議論は、それなりには進展しているんじゃないでしょうか。もっとも、他方では、可視化先送りの議論しかできていないような感じもしますけれどね。

今後の展望

指宿 では、今の、現時点での先生の展望と課題みたいなものを、お聞かせいただきたいんですが。

小坂井 そうですね。まあ、いつも同じようなこと言ってるから、またはずれたらオオカミ少年かオオカミ中年・壮年と言われるんですけど、この1年余り、場合によっては、もう少しかかるかもしれませんけれど、やっぱり勝負のときでしょうね。法務省（の勉強会）がまとめを出しますよね、間違いなく6月以降に。それで、それを警察庁との間で協議して、法案として、来年2012年の通常国会で出すんだ、今は一応そう言われているわけですね。検察在り方検討会議が、どういう提言をするかはわかりませんが、大筋では、そういう流れとされてますよね。

指宿 はい。

小坂井 中身はともあれ「可視化法案」と称するものを出すんだといっているわけですから、そういう意味では、この6月以降、江田（法務）大臣になって速度が早まるという説もありますけれども、今年6月以降に、最終取りまとめというようなものを、出すことは間違いないんですよ。

　ただ、いかんせん、こちらにとっても危機的な状況と言わざるを得ないのは、2010年の6月の中間取りまとめというのが、「可視化」という言葉を初めて法務省が使ったんですけれども、まさに、「一部可視化」という概念矛盾と言わざるを得ないようなかたちで、「可視化」と言い出して、それを持って民主党の言うところの「可視化」だっていう誤魔化しをしようとし始めたわけですね。

指宿 うーん。

小坂井 彼らとしてみれば今一部録画としか言ってなかったものを「一部可視化」とかいう表現にして、「全面可視化は無理なんだ」っていうところから始まっています。とにかく、「全事件はだめだから」とまず始まったわけです。たとえば、「道路交通違反（事件）はこんなに多いじゃないか」というような話です。しかし、日弁

連は全過程可視化と言ってますが、これは現実として言ってるんです。だけれども、全部可視化っていう場合は、別に直ちにすべての事件だと言ってはいないのです。

指宿 そこは非常に重要ですね。

小坂井 そう。明日から直ちに道路交通法まで可視化せよと言ってるわけじゃないですから、そこは段階踏めばいいんで、被疑者国選がそうであったように、現実には、そういう方法を取らざるを得ないんですよね。

もちろん、理想論を言えば軽い事件だって、冤罪事件あるじゃないかと言われれば、もちろんそうなんです。僕自身も被疑者国選が段階的だってきかされたときに、最初は違和感感じたのは事実です。それはしかし、ある意味はしょうがないことですよね。だからもう、段階を踏んでやる、裁判員裁判なら裁判員裁判からやる、これは必要性が高いですし、あるいは知的障がいの人や、いわゆる「供述弱者」[11] についてやる。請求事件でやるっていう発想もありますね。いずれにしても、全事件にいずれはっていうのは理想なんです。ただ、全過程の方は絶対に譲れない。

指宿 全事件ではなく部分的でも全過程可視化を優先する、という戦略ですね。

小坂井 はい。ただ、「全過程」だって、まあ、これも概念矛盾になっちゃうんだけども、「より全過程」っていうことはあり得るわけです。とりあえずは、日弁連が言っているのは、取調室に入ったときにスイッチが入って取調室を出たときにスイッチが切れる、それが「全過程」です。もちろん任意同行の過程とかいろいろある。それは望ましいとはいえるんですけど、まず法制化するとしたら、取調室でということははっきりしています。

指宿 なるほど。

小坂井 だけど、法務省はその全過程がとにかくだめだという。ムリだといういろんな論拠を出してきたわけです。たとえば、中国マフィアの場合、話して記録されたら殺される、というような類の話です。そういう、極めて特殊な例をいくつか挙げてきて、全過程は無理だというキャンペーンを未だにはってるんですね。2010年の6月に中間取りまとめを出してきて、結局「可視化」って言葉を初めて使ったけれど、全過程がいかに難しいのか、問題があるのか、を並べたてて、それで「可

---

11 vulnerable suspectの訳語。vulnerableとは「弱い」「脆弱」「攻撃を受けやすい」を意味する。転じて、取調べ時に誘導されやすく暗示にかかりやすい人を指す。証人の場合は、vulnerable witnessという。

視化」らしく、お茶を濁してしまおうという姿勢です。

　厚労省元局長事件があろうが、前田事件があろうが、とにかく2010年の6月に出した中間取りまとめ路線のままで、「全過程は無理なんです」、「一部しか無理なんです」というかたちのままで、雪崩れ込んでいこうという姿勢が顕著にみられるわけです。

指宿　こういう情勢で、日弁連がこれから可視化論についてどう在るべきでしょう？　どのように国民の目線を取り込んで訴えたり、あるいは運動的なうねりを起こしていけばいいと思っておられますか。

小坂井　そこは妙案はないです。結局、やみくも路線を続けるのが正しいと言うしかないんですよ。いろんなイベントであれ、シンポジウムであれ、市民に向けて、あるいは、弁護士や学者に向けて、可能性のあるところで全部やっていくということです。

　それと今、順不同で言えば、兵庫県弁護士会で盛んにやっていただいてるのが、市町村の議会レベル、県議会レベルでの、可視化決議をあげるっていう運動です。大阪でも府議会に行きまして、今度また市議会に行くんですが、そういう草の根的レベルでの呼びかけもしていく。

指宿　なるほど。

小坂井　それから、もちろん弁護士会だけの集会もあるんだけれども、市民の方を呼べるかたちでやっていく、あるいはこちらから出かけていって市民の方々に話をする。日弁連は一度、可視化署名運動をやって111万筆集まって、「えらい集まったなあ」、と言って喜んでいたんだけれども、結局、それ以降、市民的な活動の広がりっていうのかな、それにはすぐには繋がらなかった。今は、市民の方の動きも活性化してきています。今後はそういう幾重かの層での運動として、やれることは全部やるしかないというのが、今の情勢だと思うんですよ。

指宿　よくわかりました。

小坂井　そして絶対欠かせないのは、もちろん弁護実践です。裁判員裁判事案では可視化申入れして、任意性を欠く事例をなるべく早く出し、それを続けるということなんですよ。別にわれわれは、制度改革のために、なにも個別の弁護実践しているわけじゃないです。けれども、被疑者本人、生身の被疑者・被告人のための弁護が、イコール、可視化弁護実践になるんだと、こういう発想を持ってるわけです。

指宿　たしかにそういう発想は重要ですね。

小坂井　はい。現にあの荒井俊英さん（弁護士・東京弁護士会）と髙見秀一さん（弁

護士・大阪弁護士会）がやって公訴取消しになった事件ですけれど。

指宿　知的障がいのため訴訟能力に問題のあったケースですね[12]。

小坂井　ええ、僕はもう、あれは検察の意図は明らかだと思う。とにかく法廷であの事件の取調べの一部録画DVDが流れて任意性に疑いありという判断が出ると、やっぱり全過程じゃないとだめだとそういう議論を盛り上がらせることになる、それで公訴を取り消した、というのが私の見方です。

指宿　なるほど。

小坂井　ただ、いずれ必ずどこかで出てくると思います。一部録画しかしていないケースで、ほんとうに一部ではダメなんだという問題事例が必ず出てきます。

指宿　どうもありがとうございました。

---

[12] 2010年11月に大阪地検堺支部が現住建造物等政火罪で起訴した男性に対する公訴を取り消した事件。荒井俊英「取調べ一部録画がなされている場合に自白の任意性を争った弁護活動」季刊刑事弁護66号（2011年）89頁参照。

終　章　「転換点」としての刑事司法の「現在」
——「取調べ観」に関わる幾つかの論点について

「取調べ観」という視点について

　本書の終章となる、この論攷は、幾分エッセイ風のものになる。そのことをお赦しいただきたいと思う。日本の刑事司法実務は、現に、何処に行こうとしているのか、自らをどう展開させようとしているのか、そして、どのようにあるべき（あろうとすべき）なのか。堅苦しくないかたちで、取調べの可視化を軸にしながら、「刑事司法改革」に関わる経緯・動向について、「自由」に「思考」してみたいと思う。

　もっとも、如何にラフなものであっても、そのように大風呂敷を広げ、我が刑事司法実務について語ろうとすることは、かなり無謀な試みということになるだろう。そこで、「考え」を何処まで進めていくことが出来るかはわからないが、このテーマに則すべく、1つの視点を設定してみたい。すなわち、「取調べ観」である。これを1つの軸として、刑事司法の全体像を少しでも「視える」かたちで捉えていくことが可能になるかもしれない[1]。

　というのも、「取調べ観」という視点を通すことで、今日までの我が刑事司法実務のほとんど全てとさえいってよい要素が収斂され、ひとつの像を結ぶことが出来るようにも思えるからである。そして、結論を言えば、我が刑事司法実務の「取調べ観」は、今こそ根本的に変化すべきであり、転換されるべきである。一言で言うなら、「告解を求める取調べから、ニュートラルに情報（もしくは、裁判における証拠）を収集する取調べ」へ、である。

　実際、その途を歩んでいるはずだとも思われる。たとえば、2012年12月に警察庁刑事局刑事企画課が発表した取調べ教本『取調べ（基礎編）』は、そのような転換の萌芽には違いない[2]。ただし、可視化の進展と同様に、その変化は極めて「遅々」たるものでしかないことを否めない。が、この機こそに大きな転換を成し

---

[1] 「取調べ観」という言葉が、我が刑事司法実務にとって意義あるタームであることを私は渡辺修教授から御教示いただいたと記憶する。

遂げなければならないはずである。

このとき、当然のことながら、2013年1月29日に公表された法制審議会新時代の刑事司法制度特別部会の「基本構想」に触れないわけにはいかないであろう[3]（以下、これを単に「基本構想」という）。「基本構想」自体、既に様々な批判を受けているといえるし、その耐用期間がどの程度のものかはわからない。しかし、どのような捉え方をするにせよ、此処に2013年の我が刑事司法実務の「現在」があることは確かである。

以下、21世紀になってからの情況を基本に据えつつ、みていくことにしたい[4]。

司法制度改革審議会、そして、その「取調べ観」

1　裁判員裁判の誕生

2001年6月25日に出された司法制度改革審議会意見書の裁判員裁判制度導入の提言によって、日本の刑事司法実務は、いわば長い眠りから醒めることになったといえる。敗戦後の憲法下で刑事訴訟法は、「一部の手直し」的「改正」はなされたものの、それ以外はなされてこなかった。もとより、たとえば、被害者保護や被害者参加に関連する条項の定立は「一部手直し」という域を明らかに越え

2　これについては、田崎仁一「心理学的知見に基づく取調べ技術」警察学論集66巻4号（2013年）37頁以下参照。同教本は心理学的手法（認知面接法）を踏まえ、取調べの相手方から正確に情報を収集するための基本的スキルを取りまとめたものであり、主に参考人からの事情聴取を念頭に置いたものとされているが、当然のことが書かれているとの見方はあるものの、従来の警察の「取調べ観」からすると、警察における「取調べ観」の転換を画す出来映えと評してよい。しかし、同教本には大きな欠陥がある。可視化に言及していないことである。それが致命的欠陥というべきだろう（なお、田崎論文は、研修のロールプレイにあっては、録画・録音記録の再生によるフィードバックを重要としている。同55〜56頁）。この点、日本弁護士連合会「警察庁作成の取調べ教本に関する意見書」（2013年2月14日）日弁連ウェブサイト〈www.nichibenren.or.jp/library/ja/opinion/report/data/2013/opinion_130214_2.pdf〉参照。

3　法制審議会新時代の刑事司法制度特別部会「時代に即した新たな刑事司法制度の基本構想」（2013年1月）法務省ウェブサイト〈http://www.moj.go.jp/content/000106628.pdf〉参照。なお、私は、この特別部会の幹事の1人であり、委員26人と幹事14名からなる計40人の合議体（さらに、松尾浩也顧問が議論に参加しておられるので、実際は41名）の議論に関わっている。その意味で、この「基本構想」の策定に与った側の人間の1人ということになろうけれども、その責任は責任として、この「基本構想」に言及しえない立場にあるとは考えていない。

4　主に21世紀に至るまで（1980年代・1990年代）の「刑事司法改革」に向けての動向・論争経緯・状況などについては、青木孝之『刑事司法改革と裁判員制度』（日本評論社、2013年）2〜75頁（同書第1編「刑事司法改革の原点」）がこれを的確にまとめており、大変参考になる。

る要素を持っていたが[5]、ここでは、その問題には深入りしない。我が国において、20世紀までは刑事司法に携わる者は、立法が動くということ自体について基本的には未経験でもあり、そういう予見可能性さえも欠いていたのではないか。実際、法の組み替えや改変がなされること自体、なかなか発想しえない情況下にあったといえる。

裁判員裁判の誕生は、誰が何と言おうと、日本の刑事司法実務にとって、画期的なことであった。これは、立法によって、我が刑事司法実務が基盤から動き、かつ、現に機能するということをリアルに示した出来事である。司法制度改革審議会の（総体としての）基本的思想が、どのようなものであったにせよ、裁判員裁判制度の定立は、我が刑事司法実務にとって、「改革」の名に相応しく、むしろ「革命的」と評してさえよい出来事であったと思う。

刑事司法が市民に開かれることになったということ自体、圧倒的に正しく、我が刑事司法にとって歴史的転換を画すことになったのである。これにより警察官・検察官・弁護人・裁判官・研究者といった「業界人」以外の視線（「外部」の視線）がようやく刑事司法という世界の内部に届けられることとなった。裁判員制度のもつ歴史的意義は今後の展開において、より明確になっていくであろう。

渡辺修は、従来の古典的な法価値・法原理に加え、「21世紀刑事手続は……『可視化』を司法的正義のありかたを示す『法原理』とすることを求めている」とし、「正義実現の次のステージ」を「市民が参加する刑事手続だ」としている。渡辺は、「法律家にしか見えなかった法の世界を市民と社会に見える状態に置き換え、市民が公正・適正さを判断できる状態にすること」の重要性を説いている[6]。その意味で、裁判員裁判は可視化原理の端緒なのであり、その具現化というべきなのである。

2　手を付けられなかった下部構造

しかし、21世紀を迎えて、可視化の端緒は形成されたものの、その道筋が、ほんのわずかに示されたにとどまったと評すべきかもしれない。「業界人」の保塁は、なお固く、崩れるべき壁が未だ崩れていない。そもそも、司法制度改革審議会

---

[5] さしあたり、2000年立法につき、「特集・新立法下の刑事弁護——犯罪被害者保護立法」季刊刑事弁護25号（2001年）37頁以下、2007年立法につき、「特別企画・犯罪被害者参加制度・損害賠償命令制度の創設」季刊刑事弁護57号（2009年）88頁以下、「特集・被害者参加制度の導入と刑事弁護の変容」同61号（2010年）30頁以下参照。

[6] 渡辺修「被疑者取調べ『可視化』立法への道」法律時報83巻2号（2011年）53頁。

(個々の委員の意見はともかく、その総体としての意見)は、捜査の領域にメスを入れようとは全く考えなかったといわざるをえないし、また、証拠法そのものの「改革」を試みようともしなかった。上部構造の一部は改変されたが、下部構造には全く手が入らなかった。そのため、「改革」の途は遅々たる歩みを余儀なくされたともいえる。

要するに、同審議会には、我が刑事訴訟実務において不可避的に冤罪が発生してしまうシステムになってしまっているとの認識がなかった(少なくとも余りに乏しかった)。同審議会が、そのような発想をもたなかったのは、今となっては、不思議といえば不思議なほどである。が、その時期までの、取調べを中軸とする、刑事司法実務が、まっとうに作動していると考えられていたからなのであろう。これは、刑事弁護実務に携わってきた者からすれば、ほとんど信じ難いことといわざるをえない。私見では、今日までの我が刑事司法実務の特徴は、まずは「実体的真実主義」という名の「フィクション」に強く規定されてきたことだと思われるからである[7]。

我が刑事司法実務において、冤罪生産(再生産)システムが内包されており、その病根には根深いものがあるなどとは、同審議会は(総体としては)認識していなかったとみざるをえない。その認識を欠いていたから、冤罪防止という目的自体、生じなかった(少なくとも、表面化しなかったのである)。それが「改革」を限定し、ブレーキとしても作用したといわざるをえない。その結果、有効な「改革」策が現実化せず、その後の冤罪を生じることになったと言うとすると、その「因果関係」性は、あるいは、証明の対象であるのかもしれないけれども、私は、一定時期以降のものについて、その証明は十分可能だと思う。

司法制度改革審議会の認識を端的に表すのが、おそらくは、その「取調べ観」なのである。同審議会にあっては、我が国における(従来からの、そして、当時の)被疑者取調べの在り方が基本的に肯定的に捉えられていた。

3　司法制度改革審議会の「取調べ観」

司法制度改革審議会の「取調べ観」は、次の文章によく表れている[8]。

7　取調べの過程で、「物語」が創出されるが、それは、多かれ少なかれ、「虚構」(フィクション)の要素をもっている。これを「精密司法」と呼び、「実体的真実主義」の表れとみるとすれば、それは根本的な誤りといわなければならない。このような私見とは異なる見解としては、たとえば、ニュートラルな記述ながら「実体的真実」を重視する、石井一正「わが国刑事司法の特色とその功罪」司法研修所論集1987年1号、ユニークな考察を経つつ「実体的真実主義」を強調する、土本武司「もう一つの診断──わが刑事司法は"病的"か」研修492号(1989年)など。

すなわち、「被疑者の取調べは、それが適正に行われる限りは、真実の発見に寄与するとともに、実際に罪を犯した被疑者が真に自己の犯行を悔いて自白する場合には、その改善更生に役立つものである。しかしながら、他方において被疑者の自白を過度に重視するあまり、その取調べが適正さを欠く事例が実際に存在することも否定できない。我が国の刑事司法が適正手続の保障の下での事案の真相解明を使命とする以上、被疑者の取調べが適正を欠くことがあってはならず、それを防止するための方策は当然必要となる。そこで、被疑者の取調べ過程・状況について、取調べの都度、書面による記録を義務付ける制度を導入すべきである。制度導入に当たっては、記録の正確性、客観性を担保するために必要な措置……（中略）……を講じなければならない」というのである（下線引用者）。ここには、取調べのなかに「告解による浄化作用」を求めることを良しとする発想がある（結論をいえば、そのような「目的」をもつ「取調べ観」は正しくない。また、そのような「機能」が取調べにあるとする「取調べ観」もまた、間違いであると断ずべきであり、改められなければならない）。

　かくて、取調べの可視化も弁護人立会いも、同審議会では、採用されなかった。すなわち、「これに加え、取調べ状況の録音、録画や弁護人の取調べへの立会いが必要だとする意見もあるが、刑事手続全体における被疑者の取調べの機能、役割との関係で慎重な配慮が必要であること等の理由から、現段階でそのような方策の導入の是非について結論を得るのは困難であり、将来的な検討課題ととらえるべきである」などとして、これらは「将来的な検討課題」とされてしまったのである。「将来的な検討課題」というタームは、我が刑事司法実務にあっては、少なくとも10年単位の時間幅の問題だということであり、最短でも10年を越えねばならず、場合によっては、100年をも要する話だということである。もし、そのような認識なしに「将来的な検討」という言葉が語られていたとしたら、やはり、それは問題といわざるをえないであろう。既述のとおり、実際に、それがために、さらなる冤罪（少なくとも、いくつかの防ぎえた冤罪）が生じた（そのことを否定できない）というのが、私の偽らざる実感である。

　もっとも、取調べが「適正に行われる」ことを第一義とするなら、「取調べが適正を欠くこと……を防止するための方策」が「書面による記録を義務づける制度」のみになってしまうのは、およそ筋が通る話ではない。その意味で、上記審議会

　8　この点については、さしあたり、小坂井久＝秋田真志「司法改革と被疑者取調べの可視化」渡辺修＝山田直子監修『取調べの可視化――密室への挑戦』（成文堂、2004年）3～6頁参照。

意見書のこの文章自体、論理的ではないといわざるをえないが、この文章を善解しようとするならば、「取調べの適正確保」を優先的に扱う意図がもともとなかったということを読み取る以外ないであろうか[9]。

「取調べ観」と「8号書面」、そして、その意味

1　「8号書面」に象徴される司法制度改革審議会の「取調べ観」

以上のとおり、結局、司法制度改革審議会は、取調べの適正化に関わる措置としては、「被疑者の取調べ過程・状況について、取調べの都度、書面による記録を義務づける制度」のみを提言した。現行316条の15の、いわゆる「8号書面」の制度化がなされたのである。が、これは、まさに、その程度のものが現実化したにすぎなかったと表現するしかないレベルのものである。

司法制度改革審議会の我が国における被疑者取調べの在り方に関する認識、すなわち、「取調べ観」を象徴するのは「8号書面」であったといってよい。「8号書面」のレベルで取調べの適正化に資する、一つの「進歩」と考えられたというほどに、21世紀になったばかりの我が国の取調べの実情は不透明極まるものであったと断じざるをえない。それまでは何処で何時から何時まで取り調べたのかどうかさえ訴追機関自らにおいて明らかにしない状況（判然としない状況――させない状況――というべきか）が延々と続いてきていたのである[10]。

これはほとんど野蛮と評する以外ない。あくまでも、その意味においてではあるが、「8号書面」において外形的経緯を示すことになったという点は、そのレベルの実現はあまりに当然のことであるにもかかわらず、当時にあっては、それはそれで我が刑事訴訟実務のうえで「進歩」とみざるをえなかったわけである[11]。

2　「8号書面」制度の現実

しかし、司法制度改革審議会において、取調べ適正化のための相応な一歩とされたはずの「8号書面」は、それ自体において、取調べの適正化に資するという要素をもっているとはいい難い（余りに外枠のみであり、取調べの中身の検証という点につ

　9　司法制度改革審議会意見書が孕む矛盾について指摘し、同審議会の発想による「思考実験」の結果においても、被疑者取調べの抜本的改革などが必然であることを説くものとして、渕野貴生「刑事司法改革の理念と捜査の構造」法律時報83巻2号（2011年）41頁以下参照。
　10　この点、たとえば、梶田英雄「取調べ経過一覧表による立証の失敗と教訓」季刊刑事弁護14号（1998年）48頁参照。

いていえば、仮に適正化の要因でありえたとしても、極めて限定された関係性しかもたないというべきであろう）。そのうえ、任意性・信用性立証のうえでも、それ以前の時代の審理状況の酷さを一定克服したといいうることは肯定されるとしても、その実態においては、決定的な（むしろ、致命的な）限界を有していることは明らかであった（取調べ状況の中身については、既述のとおり、何ら言及されていないのであるから、それ自体は当然のことであろう）[12]。

実際、現在の実務にあって、現場の検察官が「8号書面」の開示におざなりな対応をし、極めて低い評価しか与えていないという現実がある。すなわち、現状では、「8号書面」は被告人のものしか類型証拠開示されず、共犯者のそれは、主張関連証拠として開示請求するしかないのであるが、共犯者の「8号書面」の開示請求に及んだ際、検察官から、「たかだか取調べ日時や供述録取書作成の有無等を明らかにする程度の意義しかないので、信用性判断にとって2次的・3次的証拠にすぎず、被告人の防御の準備のための必要性はない」旨の反論をされることがある。私自身、既にそういう反論をされた経験が複数回ある。現場の検察官自身が「8号書面」をその程度のものとしか思っていないのである[13]。

制度としては、書面による取調べ過程の記録化で足るとしつつ、他方で、個別事件では、共犯者に関わるものとなるや、その開示の必要性を否定する。ここには、捜査機関・訴追機関側の姿勢として明らかに矛盾があるようにみえる。が、もしかすると、矛盾はないのかもしれない。どんな理屈をつけてでも、可能な限りは、取調べ状況を（その外形的経過さえ含め）秘匿しておきたいとの姿勢自体は一貫しているともいえるからである。

11　たとえば、松尾浩也「刑事訴訟の課題」同ほか編『刑事訴訟法の争点〔第3版〕』（有斐閣、2002年）5頁参照。もとより、私自身、当時、それまでの状況に比する限り、これを「一歩前進」とみてよいとしていたことを否定しようとは思わない（小坂井久『取調べ可視化論の現在』〔現代人文社、2009年〕182頁参照）。しかし、以前にも述べたことであるが（同185〜186頁参照）、審議会が「書面による記録化」と言ったとき、必ずしも現在の「8号書面」の如きもの（のみ）をイメージしていたとは思われない。取調べ状況（その中身）を書き記すことが先験的に排除されていたわけではないからである。その後の検討会への過程で、事務方において、取調べの中身に触れるかどうかにつき、意図的に議論の対象からはずし、なし崩し的に「8号書面」が誕生したように思われるところがある（小坂井＝秋田・前掲注8論文参照）。

12　小坂井・前掲注11書278頁参照。

13　この点、私自身、既に言及したことがある（小坂井・前掲注11書）。ちなみに、共犯者についての「8号書面」の開示を命じた裁定例として、たとえば、酒巻匡編著『証拠開示の実務と概論』（判例タイムズ社、2010年）529頁以下参照。

3 必要なのは捜査過程全体の透明化

　このように、今はまだ取調べのブラックボックス性を少しでも維持しようとする動き・考えが強く残っているといえるだろう。が、いずれにしても、取調べの中身をアンタッチャブルにしなければならないというのは、全く非近代的な思い込みである。もとより、これはポストモダンではなく前近代的（プレモダン）的な思い込みに外ならない。このことが明々白々になってきている。「8号書面」の「制度」化で足るとの考えは、そのような非近代的（前近代的）な思い込みと相補的というべきであろう。本来、「8号書面」は、「書面による可視化」といえるほどの要素をもってはいない。余りに当然のことであるという以上のことではない。

　もっとも、「8号書面」自体は、取調べ状況・経過の外形的経緯を明確にする意味で、今後も必要である。可視化時代にあっても、「8号書面」を原資料とする「取調べ経過一覧表」は、取調べの外形的経緯を「一覧する」という意味で、有用性を失うまい（さらには、留置出入との関係をも明示するなど、24時間の外形的情況全てが判るように改訂されるべきである）。

　繰り返しにならざるをえないけれども、そのようなものでしかない「8号書面」の「制度」化を取調べ適正化のための「一歩」とみなければならなかったこと自体に、我が国の取調べ過程のとてつもない不透明さが表れている。それほどに捜査過程の総体が秘されてきたといえるし、それは、まさに証拠開示制度の全体像にも深く関わる問題だということが出来る。

　国家の側は、本当はこのことを強く恥じるべきである。一国の文明水準を明示するものとして、刑事司法手続きは存在しているといわれるが、あまりに非近代的（前近代的）な状況を21世紀に入った段階でも続けてきたことが露骨に明らかなのだからである。今後は、事後的であっても、捜査過程全体の透明化が果たされていかねばならない。

　さて、ここでの問題は、そのような非近代性（前近代性）が現在の実務や新たな制度構想のなかで克服されてきているといえるかどうかだということになる。項を改めて、可視化の本質論について言及しつつ、さらに「近代化」の動向がどうなっているか、みていくこととしたい。

「取調べ観」と取調べ可視化に関わる本質論・原理論

1　可視化否定論の本質

　以上のような捜査機関・訴追機関の姿勢に照らすと、やはり、その本音は、取調べというものは「告解による浄化作用」を導くことをも含むのであるから（彼らは、それを含むとしか考ええないため）、これに関わるものはすべからく秘儀の域にしたいということであろう[14]（後述するとおり、私は、捜査機関・訴追機関に携わる人々が全員そのように認識しているなどとは毛頭考えていない。ただ、そのような「考え」をもつ人々のほうが、まだ優勢なのかもしれないと思うことはある）。

　ここでの「秘儀」というような表現は、必ずしも私の筆の滑りというものではない。犯行告白の場面について、「少なくとも、否認から自白に転ずる佳境の時期には録音・録画は全くなじまない」とし、これを録画・録音することは「暴戻なる行為」だとする取調べ経験者の見解が現にあるくらいだからである[15]。かつて私たちが「悪質なパラドクス」と呼んだものと同じく[16]、取調官のみが万能だとでも思わない限り成り立たない論理をみてとることができる。やはり、「取調べ」を、神か、神の使いのみがなしうる「秘儀」だと錯覚している（秘儀によって告解させ浄化させる作業と思い込んでいる）としか思われないと揶揄せざるをえないのである。

　このような見解のなかに、可視化否定論の本質というべきものが浮かび上がっている。「告解」や「秘儀」といった言葉に反発を覚える取調官の方々も当然おられるやもしれないが、その実質を直視していただかねばならない。この実質は、繰り返し確認しておいてよいことだからである。

　いうまでもなく、犯行告白の「場面」を（客観的にそのまま）記録しておくことが「暴戻なる行為」なら、犯行告白を求める（そのような「場面」を設定しようとする）こと自体、「暴戻なる行為」でないはずがない。そういう筋合いである。そのような場面を設定しようとすること自体を「暴戻なる行為」であると認めるのであれば格別、そう

---

[14]　共犯者の「8号書面」の開示という観点からみると、参考人の取調べ過程を明らかにしたくないということであり、結局、捜査過程の総体を秘匿したいということに通底している。ただ、これもまた、捜査を司る者がオールマイティであるとの思想を基盤にしているように思われ、「告解」の問題と通じるところがあると考えられる。

[15]　加藤康栄「取調べ可視化の限界について」日本大学法科大学院法務研究6号（2010年）27頁。「被疑者の人権擁護の観点からしても当然避けるべき行為」などとする（加藤康栄『適正捜査と検察官の役割——適正な裁判を求めて』〔北樹出版、2008年〕50頁も同旨）。

[16]　小坂井・前掲注11書158頁。

でなければ、それをありのまま記録することを取り出して、記録化のみを「暴戻なる行為」とすることなどはできない[17]。

むしろ事態は明らかに逆であろう。「暴戻なる行為」になりかねない場面・状況の設定をニュートラルなものにするのが、可視化である。もっとも、可視化は、リアルタイムで即時に、必ずそのような効果をもつものとは限らない。仮に「暴戻なる行為」がなされてしまったなら、可視化は、そのときは、それをありのまま記録するだけであり、ここでも、その存在自体はニュートラルである。ありのまま記録することを「暴戻なる行為」だと叫ぶ取調官は鏡に映る自らの姿に恐れ戦いているとみざるをえまい[18]。

2 　出頭滞留義務と取調べ受忍義務の分離という考え

おそらく、ここには、相当に本質的で原理的な問題が孕まれているだろう。「可視化なんかされたら『取調べ』など出来ない」との言は、その「取調べ観」をこそ、その根っ子から改めてもらわなければならないのだが（それが本稿のテーマなのだが）、ここで私が問いたいのは次のような課題である。

すなわち、取調官は被疑者に対し、問いに応えるよう求めることが出来るけれども、その発問への答を拒絶されたとき、「取調べ」という場面設定自体をさらに続けようとすることが許されるかどうかという問題である。（包括的な）黙秘権行使であることがはっきりしていれば、直ちに取調べを止めなければならないとするのが理論としての筋であろう[19]。この点、公判で被告人が黙秘権を行使した場合、何処で検察官の発問を止めるかという問題とも共通する。これは、裁判体によって判断を異にしているが、その中止までの質問時間は私の経験でいえば、総体的（かつ、相対的）に、明らかにかつてより短くなっていると思われる。包括的な黙秘権の行使を宣明した場合は、証言台に立つ必要を認めない裁判体も決して珍しくはない。他方で、とりあえずは「証言台」に立つことを求める裁判体もある[20]。

17　小坂井・前掲注11書157頁。
18　取調官が自己を投影する（同一化して防衛規制を働かせる）ことがある端的な例として、公判では真実が語られない、との認識の表明がある（小坂井・前掲注11書308頁）。本文の例も、転嫁、あるいは、投影同一視の典型であろう。
19　人間の尊厳領域に踏み込む行為であるとするものとして、渕野貴生「黙秘権保障と自白法則」法律時報85巻4号（2013年）116頁。小坂井・前掲注11書267頁を参照されている（もっとも、私が述べているのは、「身体拘束が人格拘束となる」という事実についてである）。
20　なお、法制審議会新時代の刑事司法制度特別部会・前掲注3「基本構想」29〜31頁は、「被告人に証人適格を認め」る案を「採否を含めた具体的な検討」の対象としている。

これを身体拘束下の取調べという場面に引き直してみることとする。率直に言うと、私は、かつて出頭滞留義務と取調べ受忍義務の分離を説く学説を「難解な論理」と批判していたが[21]、それは密室取調べだからこそ、そうみえたのかもしれないとも考えるようになっている。可視化を前提にしたときは、その分離もありうるとすること自体は現実的（比較的容易に想定可能な状況）ではないかと考える余地がある。

このような言辞は、取調べ可視化論が出頭滞留義務の肯定と親和的であるとの従来からある批判を一層強く招かずにはいないやもしれない。いわば火に油を注ぐかの如き言説ともとられかねまい[22]。ただ、私がここで考えたいのは、取調べ可視化論が出頭滞留義務（分離不能とするなら、つまりは、取調べ受忍義務）を肯定している、といった類の批判の実質的論拠なのである。おそらく、それは、次のような「最悪のシナリオ」を危惧するからではないだろうか（この問題は、取調べの可視化に関わる本質論・原理論に通底するところがあると思う）。

3　木谷明元裁判官の見解

自身、可視化論者であることを明確にされつつ、裁判官としての豊富な経験にもとづいて、木谷明は次のとおり述べている。

> 私が心配しているのは、可視化によってせっかく違法・不当な取調べ方法が明らかにされても、裁判所が次々にこれを是認して自白の任意性を肯定してしまうのではないかという点です。確かに、可視化が実現されれば、あからさまな暴行・脅迫による自白は減少するでしょう。しかし、私は、それ以外の違法・不当な取調べによる自白が可視化によって有効にチェックできるかどうかについて不安を持っています。任意性に関する比較的最近の最高裁の判例としては、高輪グリーンマンション事件決定が有名です。この事件では、任意捜査として、被疑者を警察が手配した施設に4夜も連続して宿泊させたうえでした取調べを違法でないとしています。しかし、それより更にひどいのは、1989年の無欲事件決定です。この事件では、警察は、別件で身体拘

21　憲法的刑事手続研究会編『憲法的刑事手続』（日本評論社、1997年）456頁。渡辺修説と松尾浩也説に対して、そのように述べた。刑事弁護実務の立場からは、酷く観念的な議論のようにも思えたのであった。

22　むろん、いうまでもなく、取調べ可視化という措置は価値中立的であって、出頭滞留義務の肯定・否定いずれともニュートラルな関係にある（小坂井・前掲注11書172頁）。

束中の被告人を逮捕状の出ていない贈賄罪で取り調べたのですが、否認する被告人に対し、「否認するのは私欲があるからだ。無欲の境地に達したとき自供することができるのだ」と言って、昼食時の30分を除き、自白するまで合計4時間も、「無欲」という紙の貼ってある壁に向けた椅子の上に正座させたというのです。しかも、被告人は高齢で高血圧の持病もあります。それでも最高裁は、自白の任意性を疑いませんでした。こういう判例の下では、先ほどの私の心配も杞憂ではないのではないでしょうか。このような判例の出現は、今後何としても阻止していかなければなりません。そうでないと、事態は、ある意味で現在よりいっそう深刻化します。……（中略）……もし、この判例のように、ひどい取調べの実態が明らかになってもなお、自白の任意性・信用性に影響がないということになったらどうでしょうか。警察は、裁判所にお墨付きをもらったと考えて、今度は堂々とそういう捜査をするでしょう。それは最悪のシナリオです。私は、可視化の実現に向けては、日弁連の更なる努力に期待したいと思います。しかし、それとは別に、日常刑事事件の弁護に当たる弁護士の方々に対し、「こういう判例の出現を何としても阻止するのだ」という強い決意で弁護に当たっていただきたいと希望します[23]。

さて果たして、可視化のもとでの「最悪のシナリオ」はあるか。

4　問題となるのは「適正」な取調べの存在

可視化（＝全過程録画・録音）のもとで、どの程度の取調べがなされ、供述がなされるのか（なされないのか）。仮に、そこでなされた供述の任意性などが争いになったとき、可視化記録にもとづいて、どのような判断がなされるのか。

可視化記録を欠いた場合の証拠能力の議論は（それが収束の兆をみせているかどうかは別にして）、相当になされてきているといってよい[24]。が、他方、可視化の下での取調べと、それに伴う供述についての証拠の適格性・信用性判断という問題に

---

[23] 日本弁護士連合会取調べの可視化実現委員会『可視化でなくそう！違法な取調べ──取調べの可視化で変えよう、刑事司法！Part 3』（現代人文社、2005年）37頁以下の木谷明講演。なお、高輪グリーンマンション事件決定は最決昭59・2・9刑集38巻3号479頁、無欲事件決定は最決平元・10・27判時1344号19頁参照。

[24] たとえば、法制審議会新時代の刑事司法制度特別部会第1作業分科会の第2回会合（2013年4月25日）は、取調べの録画・録音制度に関する議論であったが、録画・録音記録媒体を欠いた場合の捜査段階供述の証拠能力問題についても議論されている。

ついては、必ずしも十分な議論がなされてきているわけではない。可視化記録媒体のなかの供述はその立証対象が何かという議論をさて措くとして、それ自体適正であることが判る取調べのもとでの供述記録である筋合いであり、実際、リアルな逐語録でもあるわけであるから、一般に、そのニュアンスをも含めて「供述」（＝発言）記録そのものとしては正確な資料として用いうるであろうといわれるわけである。そうである限り、問題は、まずは、「適正」な取調べの存在だということになる（そのうえでの応答なのだからである）。木谷が挙示した「ひどい取調べ」が仮に可視化の下でも「適正」の範疇に納まってしまうのなら、一体全体、何のための可視化だということになりかねない筋合いである。

もとより、「適正」如何（その判断）は、基本的には（あるいは、最終的には）、市民的ないし国民的合意によって決せられる問題である。それは実務上の実践によって決せられるという面と落ち着くべきところに落ち着くという側面の双方から、そういえるであろう。

さらに、むろん可視化記録については、撮影角度などのパースペクティヴバイアスをどう処理すべきかといった論点をも含め、心理学の知見をもとにした検討もなされなければならず、それもまた、重要な課題であることは確かである。要するに、可視化自体はひとつの前提なのであり、もとより、それだけで直ちに全てが改善されるわけではない。むしろ、その検証可能性を全うさせるべく、不断のチェックが必要なことは明らかである。ただ、木谷の言う「最悪のシナリオ」に対しては、いくつかの観点を提供しうると思う。

5　私の見解

アトランダムに思いつくままにいえば、1つは、上記木谷発言は裁判員裁判制度施行前のものだ、と言うことである。裁判員の方々が証拠能力を決めうる法制にはなっていないとの点を考慮するとしても[25]、また、裁判員が捜査段階供述に対してどのような判断姿勢を採っておられるかはもとよりケースバイケースであろうし一言で言えるわけではないけれども、要は、木谷が挙げた2つのケースについては、これをまともでないとするのが、社会常識であろう。このことは明らかと断じてよいのではないか。市民は「業界人」ほど非常識ではないと思われる。要するに、可視化記録にもとづく判断は、基本的には、裁判員の眼を無視してなされるものではないものと考えられる（ひいては、非対象事件でも、裁判員の存在は、これを意識せざ

25　裁判員の参加する刑事裁判に関する法律6条2項、68条3項参照。

るをえなくなってくるものと思われる）。

　2つめは、裁判官自身（あるいは、裁判員をも含めてもよいが、要するに、事実認定者）の感得の違いである。やはり、文字面で考え判断するのと、可視化記録媒体でリアルな記録を眼のあたりにするのとでは、自ずと判断に相違は生じるであろう。もっとも、仁保事件において、そのテープを聴いて、警察段階をも含めて調書記載の任意性を全て肯定した裁判体もあったわけであるから[26]、格別楽観できる根拠があるというわけではない。けれども、少なくとも、可視化記録媒体のもとでは、判断そのものは「水掛け論」ではなく、一定の収束をみせるはずだということはいえそうである。そのとき、「論理則・経験則等」に照らし、木谷の挙げた2つの事例の方向に人々の判断が「収束」するものとは思われない[27]。

　3つめは、近時において、裁判所の判断は任意性の疑いというものの存在基準を従来よりは下げているということであり、あるいは、任意性の存在という立証の基準を明らかにより高度にしてきていると思われるということである[28]。「業界人」も、何時までも非常識でいられるものとも、いるものとも思われないというべきである（良識のある「業界人」も確実に存在する）。

　さて4つめは、今まで述べたところと重なりつつ、もっとも留保を要するところである。つまり、被疑者取調べ録画・録音の試行拡大をも含めた、捜査機関側の

---

[26]　広島高判昭43・2・14判時528号4頁（なお、小坂井・前掲注11書98～105頁参照）。
[27]　仁保事件においても、二転三転したとはいえ、警察段階の供述については任意性に疑いがあるという判断に「収束」しているという言い方もできる（小坂井・前掲注11書106～108頁参照）
[28]　かような意味で、大阪地決平19・11・14判タ1268号85頁は、もっと注目されてよい決定である。すなわち、「検察官は、被告人が、調書の読み聞かせ及び閲読によってもその内容を正しく理解することが困難な状態にあり、被暗示性が高いか、又は迎合的になりがちであることを認識しながら、被告人に対し、自己の意に沿うような供述を誘導ないし誤導し、被告人に不利な内容の供述を押し付けるという取調べをしていたのではないかとの疑いは払拭できない。このように、相当の高齢で聴力及び理解力等が劣り、被暗示性が高いか、又は迎合的になりがちであって、調書の読み聞かせ及び閲読によってもその内容を正しく理解することが困難な状態にある被告人に対し、そういう状態にあることについて十分な配慮をせず、かえって、被告人の弁解を無視して、自己の意図する供述内容を誘導ないし誤導して押し付けるという取調べ方法は、供述の信用性の有無という程度を超えて、任意性に疑いを生じさせるものというべきである」との判示である。これを具体的事例判断の一つとして捉える見方もあるが（たとえば、杉田宗久『裁判員裁判の理論と実践』〔成文堂、2012年〕403～404頁）、「誘導・誤導──被暗示性・迎合的」レベルを「任意性に疑いを生じさせるもの」とした判断基準は、やはり画期的である。なお、同書では「一部」録画DVDについても、その証明力を高く評価されていると読めるところがあるが、任意性ないし信用性「肯定」の方向での「証明力」については、類型的に、そのように解することはできないというべきである（小坂井・前掲注11書169頁）。

一連の取調べ適正化に向けての動きについて、これをどうみるかである。「取調べ観」の転換を完遂させる方向が明示されない限りは、到底楽観視しえないと釘を刺さねばならないけれども、危険度は従来よりは少しは減っているといえるか[29]。可視化論の進展と実務動向は、かような背景として、ほんの少しは寄与しているとみる余地はあるかもしれない。

　以上の次第で、私は「最悪のシナリオ」が生じる確率は、かなり低いと考えている。可視化時代にあっては、任意性の争いが一層減少することは必然とみられるし、そのことをも踏まえると、あるいは、上記2例の如き「ひどい」ケースは、裁判上の判断対象としては上がってこないことも予想される。むしろ、それでも判断対象として残されるケースというのは、超難関のグレーゾーンになってくる可能性があるようにも思われる。たとえば、取調べの時間幅にもよるが、発問の誘導性が緩やかなように見え、応答供述が迎合的なのかどうかも一見判りにくいようなケース・場面で、その供述の自発性如何を問いうるものなどが想定できるのではないだろうか。

　もとより、裁判体も様々であり、何時でも何処でも「非常識」な判断は生じうる。そうである限り（あるいは、そうであろうとなかろうと）、木谷の言う「誤った判断を絶対にさせない」という弁護活動こそが重要である。当然、捜査段階では、可視化を通して「供述の自由」を現実化させなければならず、公判・公判前の段階では、取調べ過程に関し、弁護人の見落としがないよう十分な注意が必要となり、まさに弁護活動としての的確な判断が求められるのである。

「取調べ観」の近代化①

1　この間の実務の動向

　裁判員裁判の施行を前にして、最高検は2006年8月から、警察庁は2008年9月から、裁判員裁判対象事件についての被疑者取調べの一部録画試行を開始した。この開始当初に極一部のレビュー方式の録画であったものは、その後、節目となる事件やさらなる勉強会・審議会・研究会の各議論・各審議などを経て、

---

　[29]　取調べ問題に必ずしも限らず、警察不祥事は後を断たない。たとえば、朝日新聞2013年4月18日朝刊（関西版）は大阪府警での「調書改ざん」事件と証拠品廃棄事件が書類送検された旨を報じている。これら報道の増加については、従来より不祥事が増えているとみるのか、むしろ、隠蔽がむつかしくなっているとみるのか、様々な見方があるであろう。ただ、内部における適正化の施策だけでは全く十分でないことは既にはっきりしているといわざるをえない。

順次拡大され、さらに広く展開されていく経緯を辿ることになっている(その経緯・状況は、本書で言及しているとおりである)[30]。数々の事件の多くの冤罪被害者の存在を思うと、その「歩み」の遅さは、ほとんど犯罪的と評さざるをえないが、とにもかくにも「歩み」は続いてきたし、今も続いている。

　そこに「取調べ観」自体が変容する兆しがあるのかどうか。今の実務の動向が司法制度改革審議会意見書の取調べについての基本的思想(その「取調べ観」)を「越えた」とまでは必ずしも断定できないであろう。ただ、レビュー方式の極一部の録画しかなかった頃はいざ知らず、身体拘束下とはいえ、検察段階にあっては「全過程」の録画を行うようになって、かつての「取調べ観」は、これを否応なく「越えつつある」(越えざるをない)とはいえるのではないか。時代としての実務の実情は既に、そのような「転換」のなかに存在しているとみうるであろう[31]。

　おそらくは、司法制度改革審議会がイメージしていたよりは、早く、かつ、大きく、被疑者取調べの可視化をめぐる動きが実務上で展開されていくことになっている[32]。裁判員裁判の施行という大きな転換点をひとつの軸にして、可視化原理が作動し始めたといってよい。それは同時に、冤罪事件発覚の連鎖に伴って、なお現在進行形のなかにおいてではあるが、「取調べ観」自体の変容をも導こうとしていると思われる。

　この点に関して、現象面として、2つ論じておきたい。

2　限定されている取調べの録画試行

　1つは、実務における取調べの録画試行(ないし本格実施)の現状についてである。これについては、本書において、既に繰り返し論じているところであるが、その現況にあっては、次の両義性を指摘しておかねばならない。1つは、「約3％」への限定であり、今1つは、現段階では検察の身体拘束段階に限られてはいるものの、「100％」への志向があるということである。

---

[30] 本書第Ⅰ部第3章、同第5章など参照。

[31] 法務省・取調べの可視化に関する省内勉強会の中間とりまとめ「取調べの可視化に関する今後の検討方針について」(2010年6月)、国家公安委員会委員長・捜査手法、取調べの高度化を図るための研究会「中間報告」(2011年2月)、法務省「被疑者取調べの録音・録画に関する法務省勉強会取りまとめ」(2011年8月)、国家公安委員会委員長・上記研究会「最終報告」(2012年2月)、最高検察庁「取調べ録音・録画検証結果」(2012年7月)など。これらのなかに何処までの「転換」を看取出来るか。議論は岐れるだろう。

[32] 田口守一「取調べ適正化──現状と今後の課題」法学教室335号(2008年)8頁は、この趣旨を述べている。

すなわち、まずは裁判員裁判対象事件は、公判請求事件数のうち約3％程度にとどまることを確認せざるをえないだろう[33]。知的障がい者でコミュニケーション能力に問題がある者と捜査機関が認知する事件や独自捜査事件は、さらに少ない件数でしかないことを見定めなければならない。検察段階については、2012年11月以降、「精神の障害により責任能力の減退・喪失が疑われる被疑者に係る事件」を試行における録画・録音対象に加えるとされたが[34]、だからといって、その件数が飛躍的に増大するわけではない。このような限定志向を捜査機関側は強く堅持するという姿勢を崩していない現実がある[35]。

　他方において、これら対象事件の検察段階の身体拘束下にあっては、「全過程」が既に過半の域に達していることも確認しておいてよい。本書で既に述べていることであり、これは「100％」に限りなく近づいていくことになるだろう[36]。この必然的動向は「取調べ観」そのものの変容を否応なくもたらそうとしている。あるいは「取調べ観」の変容の兆候が、この動向を導いているともいえる。これらは相互規定的だとみることができる。

　他方で、先に述べた「約3％」への限定は、従来の「取調べ観」への固執の表れとみざるをえないであろうか。そうすると、「取調べ観」自体が分裂する傾向を示していることにもなる。ここでは、これ以上論じないが、両義性のバランスが、どちらに振れるかは、タイムスパンを長くとる限り、必然的に予測できることである。ただし、録画・録音の対象外とすることで、従来の「取調べ観」を生き続けさせようとする勢力があり、現にそういう関係にある以上、成り行きまかせでは、これは簡単に決着がつく事柄とはいえない。「自然過程」は人為的な力を含んで成立するというべきであり、弁護実践において可視化の対象を少しでも広範化させる活動は

---

[33] 年間約90,000件の公判請求事件数のうち、約3,000件程度が裁判員裁判対象事件である。
[34] 最高検察庁「今後の検察における被疑者取調べの録音・録画について」（2012年7月）。
[35] もっとも、裁判員裁判に発展することが想定された事案について、死体遺棄被疑事件段階の身体拘束下から「全過程」録画がなされたケースが報告されている。が、今のところは、試行対象とされている事件を越えての「全過程」試行は、このようなものにとどまっているという言い方もできよう。
[36] この意味において、2012年11月最高検報告における「全過程」の率といったものは、1つのプロセスにすぎないといってよい。「全過程」率が今後減るとはおよそ考えにくく、順次、100％に近づいていくとみて、まず間違いがない。なお、警察段階の試行は、未だかなり限定的といわざるをえないが、しかし、「全過程」の試行が排除されているわけではないことは確認しておいてよい（菅潤一郎「『捜査手法、取調べの高度化を図るための研究会』による最終報告について」警察学論集65巻7号〔2012年〕45頁参照）。

一層必要になってくるというべきである。可視化に関する立法化（ないしは、立法化へと向けた動き自体）を機に、これを一挙に広げる努力が要るといわなければならない。

3 取調べメモの問題

今1つは、「可視化代理戦争」としての取調べメモの問題である。これは「8号書面」で取りこぼされた部分を必然的に埋める機能を果たすべく、最高裁が示した英断であった[37]。刑事訴訟規則198条の4と相俟って、取調べ状況の「的確な立証」が促されているとみることができる。

もっとも、たとえ取調べメモによって浮かび上がる取調べ実態があったとしても、それは、いわば二次元レベルものである[38]。見通しとしていえば、いわば三次元措置としての「全過程録画・録音」が不可避なことは明らかである[39]。「全過程」が全面的に制度化されるまでの「過渡的役割」としてではあるが、なお実務の現状においては、取調べメモの適正な保管と公正な開示が求められることになる。

ここで、実務の実情において取調べメモ開示についての訴追機関の抵抗が尋常ではなかったことを振り返っておかなければならない。最高検が、表裏の二重の事務連絡によって、密かに取調べメモの廃棄を奨励してきたことは、我が訴追機関の恐るべき前近代性（要するに、「由らしむべし、知らしむべからず」の思想）[40]を示すものとして記憶されざるをえないからである。ここに（従来の）訴追機関の本音としての「取調べ観」を読み取ることができる（むろん、これは過去の問題というわけではない。現在進行形の課題というべきである）。

すなわち、最高検は、全国の高検及び地検に対し、2008年7月9日及び同年10月21日の2回にわたり、取調べメモの廃棄を示唆する文書を送付していた。このことが発覚したのであった[41]。

---

[37] 最決平19・12・25刑集61巻9号895頁、最決平20・6・25刑集62巻6号1886頁、最決平20・9・30刑集62巻8号2753頁。
[38] 取調べメモについては、可視化に至る過程の「過渡的役割を担うにすぎない」との見解を表明されるものとして、杉田・前掲注28書400頁（なお、被疑者ノートについては、「記載の様式・事項・方法」が定められていることから、リアルタイムで記されたとの事実認定を前提とされつつ、より高い評価が与えられている。同402頁を併せ参照）。
[39] 小坂井・前掲注11書194頁。
[40] 本文では、前近代的言葉として、「知らせてはいけない」、もしくは、「知らせるべきではない」といった意味で、この語を用いたが、これ自体は、一般化しているとはいえ、誤用のようである。論語の本来の意味は、知らせること（理解してもらうこと）の困難性をいうことにある、とされている。

これらの文書は、「取調べメモの保管について（通知）」などの通知文書を最高検刑第199号、同296号などとして公に発し、あたかも最高検として、取調べメモを「適正に保管する」ための方策をとっているかのような姿勢を示しつつ、同時に通知の「補足説明」と称して、検察庁の内部では、取調べメモの早期廃棄を奨励するかのような内容を伝達していたものにほかならない。

4　最高検に求められる取調べメモ廃棄の実態調査と「補足説明」の開示

　「補足説明」は、「取調べメモの保管の在り方を考えるに当たっては、必要性の乏しいものを安易に保管しておくことで、無用に開示を巡る問題が生じかねないことに思いを至し」などとし、「本来、取調べメモは、そこに記載された供述内容等について、供述調書や捜査報告書が作成されれば、不要となるものであり……、捜査の秘密の保持や関係者の名誉及びプライバシー保護の観点から、安易に保管を継続することなく廃棄すべきものである。……裁判所において取調の状況についての争いを公正に判断するのに資すると認められるものは適正に保管し、不要となった取調べメモは関係者のプライバシーや名誉の保護等の観点から速やかに廃棄されるべきである」などと繰り返し述べ、さらには、「証人出廷した場合に、個人的メモの存在にはあえて言及しない」などと、事実を隠蔽することを慫慂する内容さえ含まれていたのである。

　最高検が、全国の検察官に対し、表と裏を使い分けるように指示し、証拠となるべき取調べメモを組織的に隠蔽する対応をとったものと言わざるをえない。重大かつ深刻な事態とは、何よりもこういうことをいうのである[42]。

　そもそも、これらの通知・補足説明は、取調べメモが証拠開示の対象となることを認めた3つの最高裁決定（最決平19・12・25、同平20・6・25、同平20・9・30）を受けて出されたものであるはずであり、実際、6月25日決定は、捜査官が「捜査の過程で作成し保管するメモが証拠開示命令の対象となるものであるか否か

---

[41]　指宿信「証拠開示をめぐる日米の落差——最高検メモ廃棄通知と米国司法省指針を比較して」法律時報85巻4号（2013年）85頁以下参照。最高検平成20年7月9日付最高検刑第199号、同平成20年10月21日付最高検刑第296号。各々に「補足説明」がある。これら「補足説明」に初めて眼を通した時、さすがに我が眼を疑った、と言って過言ではない。

[42]　これらの通達よりは前の時期になるが、いわゆる特捜案件で、さんざん開示要件などの論争をした挙句の果てに、提示命令が出された段階で「実は廃棄され存在しない」旨の回答を受け、驚いたことがある（裁判所もお怒りになっていたと記憶する）。酒巻編著・前掲注13書529頁以下は、そのような例である（同530～531頁において、メモ廃棄が相当な行為といえるのかについて「少なからず疑問がある」とされている）。

の判断は、裁判所が行うべきものである」と明言している。それゆえ、検察官において、裁判所の判断より自らの必要性判断を優先させることなどは、およそ想定されていない。廃棄によって開示対象となる取調べメモの範囲を限定し、裁判所からの開示命令を回避しようとするのは、公正かつ適正であるべき司法制度の尊厳を毀損するものといわざるをえない。それが、検察という「国家権力」の中核において行使されていることにとてつもない恐ろしさがある。最高検に必要なことは、この補足説明によって全国的に行われた取調べメモ廃棄の実態を明らかにする努力をすることである。また、本件に限らず、従前作成し公開してこなかった一切の「補足説明」文書を公開することである。

5　取調べメモの適正・公正な開示が信頼回復への途

　いずれにしても、それほどまでにして、取調べ過程を透明化することに抵抗し、これを客観的に明らかにすることを忌み嫌ってきたという事実は、銘記しておかねばならない。適正保管と言いつつ廃棄を示唆するという二枚舌的対応は、一応は形式的には改められたことにされているとはいえ[43]、この経緯からも、何が何でも取調べ過程を秘匿し、取調官の完全な裁量のなかでコントロールしたいという、根深い発想をみることができる。そこにも（自らをオールマィティにするという）「取調べ観」の問題が横たわっている。取調べメモ類の開示自体は今日では、めずらしいものではなくなってはいるとはいえ、まだまだ「不存在」回答は多いし、そのなかには廃棄ケースが相当に含まれているものと思われる。

　このような秘匿ケースからいえることは、何なのであろうか。取調べの「全過程」に関するリアルな資料が検討対象とされることをどうしても避けたいということにしかならない。「取調べ」の実態がそういうものだ（そういう隠蔽を招かずにいないものだ）ということである。

　つまり、未だに、「板金捜査」[44]にもとづく、「イタコ調書」[45]によって（こそ）、「事案の真相を解明するもの」と思い込み、それ以外の方途を考えつかないでいるの

---

[43]　最高検平成23年4月6日付最高検刑第135号。同日付運用指針。
[44]　私の認識しているところでは、この用語をはじめて用いたのは、故高野嘉雄弁護士である。身体拘束下の密室の長時間（長期間）の取調べのなかで、「叩いて、延ばして、枠を嵌めて、固めて」「供述録取書」を作成することを彼は、そう呼んだ。
[45]　私の認識では、この造語は自作である。人が人に憑依して、その人になり変わって「一人称で独白」に「語る」ことを意味しているつもりである。そのような調書の来歴については、たとえば、青木・前掲注4書100頁以下（「検察官調書の史的考察」）参照。

ではないかとの疑いを払拭できないのである。そういわざるをえないということではないか。

結局、取調官が取調べを自らの秘儀であるとし、他の介入を自由に排除しても許されるという発想をもっている以上は、可視化について、取調官の判断に委ねる領域というものを設けることは許容し難いということになるだろう。仮に「全過程」の例外領域を設けるとしても、取調べ官の恣意が入る余地をなくさなければならない。そうでなければ、それは可視化でなくなる危険を孕んでいる。信頼回復の途は容易ではないといわざるをえない。捜査機関・訴追機関は可視化制度化・完全施行までの間、取調べメモの適正・公正な開示を励行すべきである。

「取調べ観」の近代化②

1　法制化への議論

2010年秋から2011年春の間の検察の在り方検討会議の議論を経、その提言を受けて、2011年6月に第1回が開かれた法制審議会「新時代の刑事司法制度特別部会」は、取調べ可視化の制度化をひとつの軸としながら、その議論を展開・継続している[46]。もっとも、「取調べ観」をめぐる対立の根は深い。一言で言えば、「新時代の刑事司法制度」の構築のためには、「取調べ観」自体の根本的転換を明確にすることが必須であると思われるのに、司法制度改革審議会が示した「取調べ観」をなお、一歩も出ようとしない立場があるからである。

ただし、私は、たとえば、それは警察の立場である、と単純に決めつけうるとは必ずしも考えていない[47]。あるいは、法務・検察の立場はそうである、との決めつけが可能だとも思ってはいない。あえて言えば、可視化をめぐっては公権力の内部で明らかに対立した見解が存していると思われるからである。様々な見解のな

---

[46] 2013年1月末までに、計19回の会議が開催されている。その全文議事録は、法務省ウェブサイトに、会議開催のおおむね1カ月半位後には掲載されている。第20回会議は同年6月14日が予定されており、同年3月以降は作業分科会が開かれているが、その議事録も法務省ウェブサイトに公開されている。

[47] たとえば、警察庁刑事局刑事企画課・前掲注2『取調べ(基礎編)』参照。既に言及したとおり、「取調べ観」自体の転換の契機はみてとれる。他方、志布志・氷見・足利の検証を経て、PC遠隔捜査事件においても、なお警察は「供述の吟味」というレベルで問題を抽出するにすぎず、自らの側に虚偽自白を生み出す因があるとの認識を欠いているとしか思われない検証(警視庁・神奈川県警察・大阪府警察・三重県警察各都府県警察の検証結果〔2012年12月〕)で済ませている。その認識転換が必要なことは論を俟たない。

かで、旧来からの「取調べ観」が基盤のように存在するという言い方のほうが正しいのではないだろうか。

しかし、現在、この対立は、特別部会の議論の収束自体を難しいものにさせているとはいえるだろう。2012年12月までの計17回の論議などの「中間とりまとめ」の案が「基本構想」の土台となるべく「部会長試案」として2013年1月18日の第18回会議で示されたが、この試案が、それまでの議論状況を的確に反映したものといえるかどうかは相当に疑問といわざるをえなかった。実際、第18回会議は相当に紛糾したと評してよい[48]。

2 議論を踏まえた課題

その議論を経、第19回会議（2013年1月29日）で、とにもかくにも、「基本構想」はまとめられた[49]。が、次のような「取調べ観」を、どう位置づけ、どのように評価すべきだろうか。

すなわち、「これまでの刑事司法制度において、捜査機関は、被疑者及び事件関係者の取調べを通じて、事案を綿密に解明することを目指し、詳細な供述を収集してこれを供述調書に録取し、それが公判における有力な証拠として活用されてきた。すなわち、他に有力な証拠収集手段が限られている中で、取調べは、当該事件に関連する事項についての知識を有すると捜査機関において判断した者本人の口から機動的かつ柔軟に供述を得ることができる手法として、事案解明を目指す捜査において中心的な機能を果たしてきた。また、供述調書は、取調べの結果得られた詳細な供述について、争いのない事件ではこれを効率的かつ時系列に沿って分かりやすく公判に顕出させて供述内容を立証する手段として機能するとともに、公判廷で供述人が捜査段階の供述を翻した場合等においては、捜査段階における供述内容を公判に顕出させる手段となり、しばしば、公判廷での供述より信用すべきものと認められてきた」というのである[50]。

従来からの経緯について述べられているところに必ずしも誤りがあるというつもりはない（もっとも、調書の性質については、より突っ込んだ捉え方が可能なように思われる。この点は後述したい）。

その認識は認識として、問題は、この議論が何処に向かっているかということで

48　前掲注46の第18回会議参照。
49　前掲注46の第19回会議および前掲注3参照。
50　法制審議会新時代の刑事司法制度特別部会・前掲注3「基本構想」2頁。

ある。ここから「取調べ観」の変容を看取することが可能かどうかである。

3 「基本構想」の趣旨

「基本構想」は次のように続けている。

> しかし、取調べによる徹底的な事案の解明と綿密な証拠収集及び立証を追求する姿勢は、事案の真相究明と真犯人の適正な処罰を求める国民に支持され、その信頼を得るとともに、我が国の良好な治安を保つことに大きく貢献してきたとも評されるが、戦後60余年にわたりこのような運用が続けられて我が国の刑事司法制度が諸外国に類を見ない独自の姿となってきた中で、それに伴うひずみもまた明らかになってきたと言わざるを得ない。すなわち、当事者主義を採る我が国の刑事司法制度においては、公判廷で当事者が攻撃防御を尽くす中から事案の真相が解明され、それを踏まえて適切に刑罰権が行使されることが予定されているというべきであり、これとの関係で、被疑者の取調べは、捜査段階での被疑者の供述を収集する手段、供述調書は、その結果として得られた供述を記録する手段とそれぞれ位置付けられるべきものであるが、取調べ及び供述調書への過度の依存は、本来公判廷で事実が明らかにされるべき刑事司法の姿を変容させ、取調べを通じて作成された供述調書がそのまま公判廷でも主要な証拠として重視される状況を現出させ、刑事裁判の帰すうが事実上捜査段階で決着する事態となっているとも指摘される。そして、そもそも取調べにより、特に黙秘権を有する被疑者から自分の犯罪事実等に関する不利益な供述を得ることは、それ自体、必ずしも容易ではないが、取調べ及び供述調書に余りにも多くを依存してきた結果、取調官が無理な取調べをし、それにより得られた虚偽の自白調書が誤判の原因となったと指摘される事態が見られる。この点に関連して、捜査段階において真相解明という目的が絶対視されるあまり、手続の適正確保がおろそかにされ又は不十分となって、無理な取調べを許す構造となってしまっていないかとの指摘もなされている[51]。

ここで「基本構想」は何が言いたいのだろうか。一読して明瞭とは言い難い記載といわざるをえないし、さまざまの立場に配慮し、どちらを向いているのか、非

51　法制審議会新時代の刑事司法制度特別部会・前掲注3「基本構想」2頁。

常に判りにくい文章になっているというべきであろう。ただ、「公判廷で当事者が攻撃防御を尽くす中から事案の真相が解明され」るべきことや「手続の適正確保」へと重点が移行している記載になっていることは看取できないわけではない。

4 「基本構想」は司法制度改革審議会の「取調べ観」を越えたか

その後、次の記載が続いている。

すなわち、「もとより<u>供述証拠の収集は適正な手続の下で行われなければならない</u>ものであるし、供述調書等を通じて捜査段階での被疑者の供述による立証が行われる場合であっても、その供述の任意性・信用性に争いが生じた場合には、できる限り客観的な方法により的確に取調べ状況に係る事実認定がなされ、もって公判廷に顕出される捜査段階での供述が、<u>適正な取調べを通じて収集された任意性・信用性のあるものであることが明らかになるような制度でなければならない</u>。諮問第 92 号が発せられた経緯を見ても、検察の在り方検討会議の提言及び『捜査手法、取調べの高度化を図るための研究会』の最終報告のいずれにおいても、近時の誤判事例等を原因として、捜査機関に対する信頼が大きく揺らぎ又は損なわれている旨の指摘がなされているのであるから、<u>取調べを中心とする捜査の適正確保が重要な課題であることが認識されなければならない</u>」というのである（下線引用者）[52]。

相応に「基本構想」の視点は明らかにされているようである。これは、果たして、司法制度改革審議会の「取調べ観」を越えているか。

議論は岐れうる。私は、わずかながらに越えたものと考えている。たとえ「かろうじて」という表現を使うにしても、適正確保を何よりも優先課題と位置づけていることは確かだからであり、この文脈のなかで（公判中心主義によるそれより捜査段階の）真実発見に力点を措く記述はない。また、取調べの改善更生機能についても、さすがに（というべきか）言及していない（言及する必要のない文脈であるからだと捉えることができないわけではないが、司法制度改革審議会意見書の文章と対比するならば、むしろ、そのような言及は注意深く避けられたといえ、そのような視点を排除したといえなくはない）。

「取調べを中心とする捜査……」という言葉には、取調べ中心主義とでもいう発想の根強さも看取しえないではないとしても、「取調べ……の適正確保が重要な課題である」としたところにこそ、むしろ力点があることは明白である。そして、任意性・信用性の明確化と適正な取調べとの関係についての記述は「適正な取調

---

[52] 法制審議会新時代の刑事司法制度特別部会・前掲注 3「基本構想」2～3 頁。

べを通じて収集された任意性・信用性のあるものであることが明らかになるような制度」を唱っており、両者を同義と捉える制度の構築を提言しているように読むのが素直なように思われ、ここに1つの進展をみることは可能だろう。

5 適正化と任意性・信用性はコインの表裏

ここで、任意性・信用性と取調べ適正化の関係について、一言しておく必要がある。この問題について、たとえば、堀田周吾は次のとおり述べている。

すなわち、「取調べの開始から終了までの全過程を可視化すべきか、その一部分で足りるとするかは、最も争われている点である。これは可視化の監督機能と記録機能のいずれを重視するかによる。可視化の監督機能を強調するならば、全過程の可視化は欠かせないこととなろう。一方、記録機能を重視し、任意性の立証のために必要な範囲で可視化すればよいとした場合、任意性をどのように判断するかによってその範囲は広くも狭くもなる」というのである。また、堀田は「任意性説に立った場合に、取調べ過程のどの範囲まで可視化されたDVDが証拠として必要かという問題である」と括ったうえで、「全過程の記録でなくても、裁判所は任意性の有無を判断する際にDVDを有用な証拠として扱う傾向が認められる」としつつ、「適切な任意性判断のためにどの程度の可視化が必要かは、今後さらに議論が深められなければならない」としている[53]。実際、任意性判断のためには「一部」で足るとの学説も存在している[54]。

しかし、適正化と任意性・信用性は、コインの表裏の関係にある。堀田が適正化のために「全過程」が不可欠とするのは全く正しい。が、これは、任意性・信用性の判断にとっても同じことであるといわねばならない。任意性・信用性の疑いを導くのは「一部」であっても差し支えないが、任意性・信用性の立証を全うするためには「全過程」が必要である。「全過程」でない限り、紛糾の種が残ることは明らかである。

6 「基本構想」が示した2つの制度案

さて、「基本構想」は、上述のとおり述べたうえで、さらに、様々な観点への配慮を示したうえ[55]、「被疑者取調べの録音・録画制度を導入する」とし[56]、「可視

---

[53] 堀田周吾「取調べの可視化」法学セミナー 58巻3号 (2013年) 8〜9頁。
[54] 田口・前掲注32論文11頁参照。
[55] 法制審議会新時代の刑事司法制度特別部会・前掲注3「基本構想」3頁、4〜5頁参照。

化」に関わる制度構想案を示した。次のとおりである。

> 被疑者取調べの録音・録画制度の導入については、以下の2つの制度案を念頭において具体的な検討を行う。
> ○ 一定の例外事由を定めつつ、原則として、被疑者取調べの全過程について録音・録画を義務付ける（※）。
> ○ 録音・録画の対象とする範囲は、取調官の一定の裁量に委ねるものとする。
> ※ 対象事件については、裁判員制度対象事件の身柄事件を念頭に置いて制度の枠組みに関する具体的な検討を行い、その結果を踏まえ、更に当部会でその範囲の在り方についての検討を加えることとする。

　1つめの案として、原則「全過程」が唱われたとはいえ、その例外論の設定・その幅などを巡っての議論が残されている。そのうえ、もう1つの案としては、取調官の「一定の裁量に委ねる」案さえもが提示されている[57]。後者などは制度と呼ぶには値しないといわざるをえないであろう。
　もっとも、私は、後者の案が制度化される目処は、まずないものと考えている。前者の案に立ち、原則「全過程」のうえで、例外事由をどう定めるかが焦点になってきていることは明らかだと思う。また、それを限定しようという方向性自体も認められるものと思われる[58]。
　さて、2013年のうちに、可視化制度について、どのような結論が導かれるか、同年春の段階では、なお不透明といわざるをえない。なお対象事件の範囲や在宅段階を含めるかどうか（含めるとして、どのような基準を設けるか）、そして参考人問題については、作業化の議論自体が、開始されているとはいえないし、不確定な要素は少なくないというべきであろう。けれども、具体的制度を導く際には、「取調べ観」の転換を果たしうるか否かが、1つの鍵になるように思われる。
　以下、可視化以外の「基本構想」の中身にも若干言及しながら、可視化に伴いつつ、改めて、さらに議論すべきことは何かを概観しておきたい。

　56　法制審議会新時代の刑事司法制度特別部会・前掲注3「基本構想」4頁。
　57　法制審議会新時代の刑事司法制度特別部会・前掲注3「基本構想」7頁。
　58　前掲注24のとおり、2013年4月25日の法制審特別部会第1作業分科会で具体的制度構想が議論された。本人の拒否といわゆる報復問題をどう考えるかに問題点は絞られてきているのではないかとも思われるが、なお予断を許さないというべきであろう。

「取調べ観」と縦横の手続二分論

1　手続二分の必要性

　司法制度改革審議会の「取調べ観」で特徴的なのは、既にみたとおり、取調べ機能・目的のなかに、改善更生の目的・機能を肯定したことである。これが、日本型取調べの一大特徴だとみなすことができる。取調べに「告解」を求めてきたわけである。

　本稿で繰り返し述べてきているとおり、このような「取調べ観」こそ変えなければならない。が、その根は非常に深い[59]。おそらく、それを「目的」とすることのオカシサは比較的容易に理解されるのだが、「機能」、とりわけ、「結果的に」そう「機能」するということは誰も否定できないのではないか－というかたちで、この理論は生き続けてきたのだと思う。成程、たとえば、人間には良心がある。良心の呵責ということもある。自白といったものが、そのような作用としてなされる場面があることは、もとより否定されない。しかし、逆にいえば、そうではなく、つまりは、「改善更生」といったことと関係なく（あるいは、それに結びつくとは言えないかたちやレベルで）、「自白」されることも当然あることである[60]。

　取調べで、「真正」な自白がなされたとき、それが、何によるのかは、実は不明である。良心の呵責でなされる自白だとしても、それが取調べの「結果」かどうかも必ずしも実証されているとはいえない[61]。ましてや、取調べで自白したことと現実の更生との有意な関係性が実証されたとも聞かない。そうだとすると、この機能自体、格別認めるべきものではないことは、むしろ明らかというべきだろう[62]。

　ところで、取調べの録画・録音試行のなかで、警察官の意識自体に有意的な変化はみられなくはなく[63]、これもまた、「取調べ観」そのものの変容の兆しだとみる余地はある。が、「改革」の途として、余りに遅々たる歩みであることは否定出

---

[59]　小坂井・前掲注11書1頁以下、155頁以下、小坂井＝秋田・前掲注8論文1頁以下参照。
[60]　土本・前掲注7論文14頁は、日本における自白について「その縁由となった悔悟自体が一時的で底が浅い場合が少なくな（い）」としている。取調べ経験の豊富な論客の言だけに、大変興味深い。実際、「告解」を求めた末、「一時的で底の浅い」「反省悔悟」しか引き出せていないとすれば、それは一体、何なのだろうか。
[61]　たとえば、ドストエフスキー『罪と罰』のラスコーリニコフの「自白」が「良心の呵責」によるかどうかは、おおむね否定的に解されているであろう。また、予審判事ポルフィリーの「取調べ」とラスコーリニコフの「自白」との関係性についても相当の議論があるだろう。

来ない。

　以上述べてきたところからすると、本来は、取調べの目的・機能から、改善更生目的・機能（と称されるもの）をバッサリと切除する途を探ることが肝要である。このことが、まずは本来の改革に進むための方策のように思われる。

　そのためには、制度として、捜査は、公判における罪責認定手続のための証拠収集作業に純化すべきである。そうだとすると、これは同時に公判が手続二分され、量刑審理は基本的には、罪責認定手続とは切り離されるという関係を必要とする。さらには判決前調査手続を導入したうえで、量刑審理を行うものとすべき筋合いだと思われるのである[64]。「目的」についてはいうまでもなく、取調べ「機能」それ自体の側面からみても、これはそれに外側から枠を嵌める試みとして、極めて有効なものとなると思われる。

　しかし、「基本構想」は、手続二分論の制度化を今回の特別部会の検討課題から省いてしまった[65]。果敢な手続二分的運用の実践がなされているなかで[66]、極めて残念なことというべきである。

2　精密司法・「実体的真実主義」という名のフィクション司法

　上述したとおりの手続二分論は、要するに、「縦の二分論」であって、本来は、私が「横の二分論」と呼んでいるものとセットにされて然るべきだと思う（両者にもとより論理必然的な結びつきがあるわけではない。しかし、極めて親和的な制度とみることが出

---

[62] 日本は坊主司法の国であって、警察官も検察官も裁判官も弁護人も、皆坊主になりたがる傾向がある。誰もが説教をしたがるといってもよい。これは多分、日本独特のものではないだろうか。ただ、私は立場・役割を弁える必要があると考えている。それゆえ、議論はあるが、弁護人が「更生に資する弁護」にエネルギーを注ぐことは当然であると考えている（奈良弁護士会編『更生に資する弁護──高野嘉雄弁護士追悼集』〔現代人文社、2012年〕参照）。なお、裁判官の「説諭」については説がわかれるであろう。

[63] 警察庁「警察における取調べの録音・録画の試行の検証について」（2012年12月）14頁以下は、取調べの全過程を録音・録画することについて、3.7％の者が「そうすべきである」と回答し、34.0％の者が「事件によっては、全過程を録音・録画した方がよい場合がある」と回答した（「そうすべきでない」との回答は54.6％であった）としている。2011年6月時には、「そうすべきである」と回答した者が1.0％（「そうすべきでない」と回答した者が90.9％）であったことに比すれば、明確な変化を看取することが出来る。上記報告書自体は、「事件によっては」との留保付きが多数であることを強調しているが（同15頁）、この変化自体は不可逆的なものであることが明らかであり、これは本文でも言及するとおり、「取調べ観」自体の変容と結びつく可能性がある。

[64] 判決前調査手続は裁判員裁判制度になじまないと言われるが、裁判員が改めて集まることが、それほど無理を強いることかどうか。十分検討の余地があると思う。

[65] 法制審議会新時代の刑事司法制度特別部会・前掲注3「基本構想」34頁。

来る)。つまり、罪責認定手続きに純化させ、量刑審理を個別化させて行くべきだとするなら、そもそも罪責認定手続が必要か否かの振り分けが行われること (横の二分) が、(縦の) 手続二分を促進させる関係にあるものと思われる。逆にいえば、縦の二分が横の二分を必要とするといえるであろう。

　この点も極めて残念というべきであるが、いわゆるアレインメント制度は、今回の特別部会では議論されないこととなり、「自白事件を簡易迅速に処理するための手続の在り方」のみが検討されることとなっている。すなわち、「新たな制度を設けるに当たっては、英米法系の諸外国において採用されているように、被告人が有罪答弁を通じて当該事件について争わない旨の言わば処分をすれば、合理的な疑いを超える証明を要せずに有罪判決を下すことができるとする仕組みも考えられる。しかし、公訴事実が証拠によって客観的に認められるかどうかを確認することなく被告人を有罪と認めることは、我が国の刑事司法制度が採用する実体的真実主義とはなじみにくく、現状においてこのような制度の採用に踏み切ることについて国民の理解を得るのは難しいのではないかなどの指摘もあり、これを採用することにはなお慎重な検討を要することから、新たな制度においても、現行の簡易公判手続や即決裁判手続と同様、犯罪事実について証拠による合理的な疑いを超える証明を必要とするという在り方を維持しつつ、手続の簡易・迅速化を図るべきである」というのである[67]。

　しかし、「基本構想」自体も言及しているように[68]、即決裁判手続きは極めて限定された利用でしかない。簡易公判手続自体は、全く利用されておらず失敗した

---

[66]　杉田・前掲注28書193頁以下、424頁以下参照。杉田は「立法による手続二分の実現につき悲観的な見通しを述べたことから、何人かの研究者から、筆者の手続二分論的運用の提案は、この問題に関する立法的解決を回避しようとするためのものではないか、運用で足りるのだから立法的手当の必要までないという底意があるのではないかなどという指摘を受けた。しかし、これは全く誤解である。筆者においても、これが立法的に解決され、……法や規則の根拠を有するものとなって、何らかの形で中間判決を行い得るように制度化される方が望ましいに決まっている……。筆者の提案は、決して立法的解決を忌避するものではなく、むしろそれが実現するまでの過渡期の方途として、かつ、立法される際の理論的・実務的な参考資料としてこれを行うものである。だが、立法的解決は、……手続二分論のこれまでの歴史的展開や裁判員法の立法経過に照らしてみても、決して楽観視できるものではない。裁判実務家としては、手続二分を必要とする事件が刻々現れているのに、そのような立法まで手をこまねいて待っているわけにはいかないのである。筆者の提案は、そのような思いから出たものである」とされている (同434～435頁)。各裁判官がこの言葉を真摯に受け止め、手続二分の法制化・施行までの間、この運用を前向きに検討され実施されることを望みたい。

[67]　法制審議会新時代の刑事司法制度特別部会・前掲注3「基本構想」32頁。

[68]　法制審議会新時代の刑事司法制度特別部会・前掲注3「基本構想」32～33頁。

制度である。これらのことを直視したとき、中途半端に屋上屋を架しても、まっとうに機能する制度を構築することはできないように思われる。

ここで必要なのは、ドラスティックな発想転換なのではないか。従来の「調書裁判」は、権力者たる取調官と一個人の被疑者が、そのやりとりのなかで、形成された「物語」＝「フィクション」を証拠としての調書として実質「合意書面」と化すことによって成立してきた、そういう精密司法・「実体的真実主義」という名のフィクション司法ともいうべきである。このことをこそ見据えるべきである。

そうであることを直視するならば、有罪答弁制度や合意制度は何も英米法固有のものではないことも理解されるであろう[69]。弁護人の適切な援助がなされる前提であれば、むしろ、そこに一歩踏み出すことによって、一気に改善を図ることこそが重要であり、それは可能なことというべきである。あるいは、それは可視化制度のもとでこそ可能になるというべきであろうか。

「取調べ観」と「刑事司法改革」のその他の課題

今回の特別部会の議論において、被疑者・被告人の身体拘束の在り方についての新たな改善策を模索しようとし[70]、あるいは、弁護人による援助の充実化を図り[71]、さらに証拠開示についてリスト開示の創設を検討しようとするものであること[72]、注目すべきことである。これらはいずれも、現在の刑事司法実務を改革する糸口足りうるものということができる。そして、それらは、可視化の実現とともに、いずれもが「取調べ観」を変容させる要素になりうるであろう。

もっとも、可視化そのものを含め、「日本における『自白に頼る捜査』は、密室、代用監獄（刑事施設）、取調べ受忍義務の3点セットにより維持されてきた。取調べの適正化を図ろうとするならば、これら3点の全てに対し、同時に、メスを入れる必要がある」との指摘がある[73]。これに対しては、もとより、「基本構想」において十分応える内容が用意されているわけでは全然ない。しかし、私の考えでは、同時に全て達成できなければ改革にならないわけでは決してない。現実に全てを

69　たとえば、田口守一『刑事訴訟の目的〔増補版〕』（成文堂、2010年）323頁以下参照。
70　法制審議会新時代の刑事司法制度特別部会・前掲注3「基本構想」18～19頁。
71　法制審議会新時代の刑事司法制度特別部会・前掲注3「基本構想」20～21頁。
72　法制審議会新時代の刑事司法制度特別部会・前掲注3「基本構想」22～23頁。
73　中川孝博「取調べの可視化は進展したか・改善されたのか」法学セミナー52巻6号（2007年）24頁以下。

一挙に改善出来るわけではないということだけでなく、物事はそもそも、喫緊の課題から順次解決されていかなければならない。理想の王国が直ちに建立されるわけではない。その筋をこそ見定めるべきである。
　率直に言って、裁判員制度の導入から始まったことは正しい。そして今、まずは密室の解除であり、可視化が最優先課題であることは論を俟たないのである。その意味で、「基本構想」が「取調べの全過程の録音・録画などの手続的保障を併せて講じる必要があるのではないか」と言及しつつ、刑の減免制度を採り上げているのは注目される[74]。これは協議・合意制度についても連動する話だと思われる。有罪答弁制度の復活折衝までには相当の距離があり、ましてや縦の手続二分の議論までには、さらなる距離ができてしまったと思わざるをえないが、手続が透明化されるなかで、弁護人の適切な援助がなされることにより、今まで隠されていた不透明な「協議・合意」は、その途を失うことになるのである。そうだとすれば、協議・合意の適正化のなかから横の二分論もまた浮かび上がってこざるをえないかもしれない。いずれにしても、可視化に伴う「取調べ観」の転換のなかで、もう1度、「実体的真実主義」が問われてくるように思う。
　可視化の実現は、やはり、「刑事司法改革」を次のステージへと間違いなく運ぶであろう。可視化実現のもとでの様々な動向が生まれ、そのとき、現在の実務も学説も乗り越えられていくのではないだろうか。

---

[74] 法制審議会新時代の刑事司法制度特別部会・前掲注3「基本構想」12頁。

◎初出一覧

序章　書き下ろし

第Ⅰ部　取調べ可視化論の展開

第1章　「えん罪防止と可視化の意義」部落解放640号（解放出版社、2011年）

第2章　「『取調べの可視化を求める宣言――刑事訴訟法施行60年と裁判員制度の実施をふまえて』の意義」自由と正義61巻3号（日本弁護士連合会、2010年）

第3章　「『取調べ可視化』の動向」季刊刑事弁護67号（現代人文社、2011年）

第4章　書き下ろし（国際犯罪学会第16回世界大会シンポジウム『取調べの可視化とあるべき取調べ』〔2011年8月7日〕での講演原稿をベースとした）

第5章　「『取調べ可視化』論の展開――法務省『取りまとめ』を踏まえて」季刊刑事弁護68号（現代人文社、2011年）

第6章　「取調べの可視化をめぐる現状と課題」ロースクール研究18号（民事法研究会、2011年）

第7章　「取調べ『可視化』の情況――国家公安委員会委員長研究会・最終報告を契機として」季刊刑事弁護70号（現代人文社、2012年）

第8章　「最高検「『可視化』試行『検証』」を検証する」季刊刑事弁護72号（現代人文社、2012年）

第9章　書き下ろし

第10章　書き下ろし

第Ⅱ部　法制審議会新時代の刑事司法制度特別部会での議論

リード文　書き下ろし

第1章　「法制審『新時代の刑事司法制度特別部会』第10回会議の概要報告」月刊大阪弁護士会2012年7月号（大阪弁護士会）

第2章　「2012年・秋から冬へ――可視化制度構想の『本番』に向けて」月刊大阪弁護士会2012年9月号（大阪弁護士会）

第3章　「法制審議会・新時代の刑事司法制度特別部会イタリア・フランス視察の報告」月刊大阪弁護士会2012年11月号（大阪弁護士会）

第4章　「法制審議会・新時代の刑事司法制度特別部会アメリカ・ワシントンDC視察の報告」月刊大阪弁護士会2012年12月号（大阪弁護士会）

第 5 章　「2013 年は『可視化元年』か?!」月刊大阪弁護士会 2013 年 1 月号（大阪弁護士会）

第 6 章　「法制審特別部会——基本構想から作業部会へ」月刊大阪弁護士会 2013 年 3 月号（大阪弁護士会）

第Ⅲ部　取調べ可視化論の基礎とその周辺

リード文　書き下ろし

第 1 章　「第 38 条第 1 項」憲法的刑事手続研究会編『憲法的刑事手続』（日本評論社、1997 年）

第 2 章　「第 38 条第 2 項」憲法的刑事手続研究会編『憲法的刑事手続』（日本評論社、1997 年）

第 3 章　「黙秘権をめぐって」柳沼八郎ほか編著『新・接見交通権の現代的課題』（日本評論社、2001 年）

第 4 章　「主張明示義務と黙秘権」季刊刑事弁護 41 号（現代人文社、2005 年）

第 5 章　「刑事訴訟法第 316 条の 17」大阪弁護士会裁判員制度実施大阪本部編著『コンメンタール公判前整理手続〔補訂版〕』（現代人文社、2010 年）《共著：森直也》

第Ⅳ部　取調べの可視化を語る

第 1 章　「今、可視化弁護実践とは何か」日本弁護士連合会編『現代法律実務の諸問題〔平成 21 年度研修版〕』（第一法規、2010 年）《インタビュアー：久保尚弘》

第 2 章　「何故、日本の司法に『取調べの可視化』は必要なのか」SIGHT 46 号（ロッキング・オン、2011 年）《インタビュアー：渋谷陽一》

第 3 章　「『可視化論』の誕生と展望」指宿信編『取調べの可視化へ！』（日本評論社、2011 年）《インタビュアー：指宿信》

終章　書き下ろし

◎著者プロフィール

小坂井 久（こさかい・ひさし／弁護士）

1953年大阪府生まれ。
早稲田大学法学部卒業。司法研修所33期修了。大阪弁護士会所属。
日本弁護士連合会取調べの可視化実現本部副本部長。
法制審議会新時代の刑事司法制度特別部会幹事。
主な著作に、『取調べ可視化論の現在』（現代人文社、2009年）、
「身体拘束と弁護権」村井敏邦ほか編『刑事司法改革と刑事訴訟法』（日本評論社、2007年）、
「弁護人の誠実義務」季刊刑事弁護22号（2000年）などがある。

取調べ可視化論の展開
（とりしらべ　かしかろん　てんかい）

2013年6月10日 第1版第1刷

著　者	小坂井 久
発行人	成澤 壽信
編集人	北井 大輔
発行所	株式会社 現代人文社
	〒160-0004 東京都新宿区四谷2-10 八ツ橋ビル7階
	Tel: 03-5379-0307　Fax: 03-5379-5388
	E-mail: henshu@genjin.jp（編集）
	hanbai@genjin.jp（販売）
	Web: www.genjin.jp
発売所	株式会社 大学図書
印刷所	株式会社 ミツワ
装　丁	Nakaguro Graph（黒瀬章夫）

検印省略 Printed in Japan
ISBN978-4-87798-534-9 C3032
©2013 KOSAKAI Hisashi

◎ 本書の一部あるいは全部を無断で複写・転載・転訳載などをすることは、または磁気媒体等に入力することは、法律で認められた場合を除き、著作者および出版社の権利の侵害となりますので、これらの行為をする場合には、あらかじめ小社または著者に承諾を求めて下さい。
◎ 乱丁本・落丁本はお取り換えいたします。